Das geheime Wissen der Kelten

Lancelot Lengyel

Das geheime Wissen der Kelten

enträtselt aus druidisch-keltischer Mythik und Symbolik

HERMANN BAUER VERLAG KG, FREIBURG I. BR.

Titel des Originals: Le Secret des Celtes
par Lancelot Lengyel

Aus dem Französischen von Modeste zur Nedden Pferdekamp
Lektorat und Redaktion (dt.): Siegfried Hermann

CIP-Kurztitelaufnahme der Deutschen Bibliothek
Lengyel, Lancelot
Das geheime Wissen der Kelten: enträtselt aus druid.-kelt. Mythik u. Symbolik. — Freiburg i. Br.: Bauer, 1976.
Einheitssacht.: Le secret des celtes ⟨dt.⟩.
ISBN 3-7626-0200-X

Umschlaggestaltung: Strehlau & Hofe,
Freiburg i. Br.
Gesamtherstellung: Otto Zluhan, Bietigheim-Bissingen
ISBN 3-7626-0200-X

INHALTSVERZEICHNIS

Einführung

EINFÜHRUNG

Dieses Buch befaßt sich mit der geistigen Auseinandersetzung der Kelten, das heißt mit dem, was für uns das größte spirituelle Mysterium zu Beginn der Geschichte des Okzidents bleibt.

Daß eine solche Betrachtung bisher weitestgehend vernachlässigt wurde, sollte uns nicht überraschen; denn nach dem heutigen Stand unseres Wissens sind wir kaum fähig, in der Geistigkeit der Kelten etwas anderes zu sehen als verworrene und barbarische Versuche.

Dieses Vorurteil gründet sich auf das scheinbare Schweigen der Texte, auf die scheinbare Mittelmäßigkeit der Artefakte sowie auf das Fehlen von Architektur und üblichen Formen der Zivilisation. Nicht zuletzt wurzelt dieses Vorurteil gerade auch in der traditionellen und desinteressierten Geringschätzung, die direkt von den klassischen Autoren ausging.

Muß daran erinnert werden, daß die keltische Kultur — wie viele andere Kulturen — dem Verfall und Untergang anheimfiel, daß nur ein minimaler Bruchteil dessen, was sie zum Ausdruck brachte, vor der Katastrophe bewahrt blieb, und daß diese künstlerischen Darstellungen des keltischen Universums, oder, wenn man will, diese „Götterbilder", im Untergang den Schlüssel zu den heidnischen Vorstellungen mit sich nahmen, die ihnen zugrundelagen?

Das Rätselhafte, — denn es gibt ein keltisches Rätsel, — beruht auf einem uns ungewohnten Weltbild, das in Ablehnung der klassischen Werte der Antike dieser die eigenen Werte entgegenstellte. Leider sind wir von jenem griechisch-lateinischen Denken so ausschließlich geprägt, daß es uns kaum noch möglich ist, der keltischen Weltsicht, die in ihrer Einmaligkeit eine Negation dieses Denkens darstellt, gerecht zu werden. Hier erhebt sich ein schwerwiegender Einwand: Die Kelten haben ihren Glaubensauffassungen und Traditionen abgeschworen und auch ihre Sprache im Lauf der Zeit vergessen. Was hat es da für einen Sinn, zur Zeit unaufgeklärte Rätsel erhellen zu wollen und gegen tief eingewurzelte Vorurteile anzugehen?

Wozu soll es gut sein, unter Mühen ein Weltbild zu rekonstruieren, das in der Erinnerung seiner Anhänger von selbst verblaßte?

Verblaßte es wirklich von selbst? Allem Anschein nach ging es nicht infolge einer freiwilligen und freudigen Bekehrung zum Christentum, vielmehr schon vorher durch einen Bewußtseinsverlust unter dem Druck historischer Umstände verloren.

Dieses Volk, dessen geistige Führer, die Druiden, so grausam von den römischen Eroberern verfolgt wurden, dessen Aristokratie seine Priester verriet und aus Habsucht ins gegnerische Lager überwechselte, — es hatte zu viel erdulden müssen. Seine Religion — und hier greifen wir späteren Ausführungen vor — war eine wohldurchdachte Metaphysik und nicht einfach ein Trostmittel. Auch konnte das Christentum mit seinem Heilsversprechen im zweiten Jahrhundert der römischen Besetzung mit Leichtigkeit unter den der Verlorenheit Preisgegebenen Fuß fassen. Den irischen Kelten blieb zwar eine Invasion der römischen Legionen oder eine Besetzung durch Angeln und Sachsen erspart, dennoch öffneten auch sie sich in ihrer Verlorenheit schließlich der Evangelisation.

Das Heidentum, dem sich die Kirche demnach gegenüber sah, hatte nichts mehr mit der druidischen Philosophie zu tun, die gewissen griechischen Denkern so verdächtig war; es bestand nur noch in einem Gemisch aus Aberglauben, aus leeren Riten, die in absurden Formen weiterlebten.

Es ist das Verdienst der Romantik des vorigen Jahrhunderts, den Sinn für diese Vergangenheit wiedererweckt zu haben. Sie lüftete ein wenig den Schleier, der sich über die letzten Erinnerungen an die Kelten gebreitet hatte, und entdeckten, neben der zu Unrecht von den Humanisten gering geschätzten romanischen und gotischen Kunst auch die einzigartige Schönheit und Poesie der Kelten.

Aber das war nicht allein Nostalgie. Die nordischen Barbaren zu bewundern, kam in der Tat einer Ablehnung des Klassizismus gleich. Diese Ablehnung beruhte auf emotionellen und ästhetischen Beweggründen und weniger auf historischen Einsichten.

Ende des neunzehnten Jahrhunderts traten die gefühlsmäßigen Motive hinter dem Interesse an den Forschungen kritischer Spezialisten zurück. Die Linguisten, im Besitz keltischer Manuskripte, konnten einen Teil des Vokabulars ergänzen und legten Übersetzungen vor. Archäologen unternahmen Ausgrabungen und stellten Inventare auf. Numismatiker konnten Münzen klassifizieren, und die Historiker begannen die Vergangenheit neu zu ordnen und zu deuten.

Diese materiellen Fakten sind es, auf die sich unsere Analyse des keltischen Geistes stützen wird. Die Entzifferung mancher vergessener Schrift, die Interpretation sakraler Texte und zahlreicher, nunmehr bekannt gewordener Bildwerke liefern uns kostbare Werkzeuge. Weder das Geheimnis der ägyptischen Hieroglyphen noch das der christlichen Ikonen des Mittelalters vermochten dem Forschergeist derer zu widerstehen, die sich zum Ziel gesetzt hatten, in ihre verborgene Symbolik einzudringen. So wird auch uns eine neue Methode zur Entzifferung der Zeichen als Schlüssel zu den Texten und Ideogrammen zur Verfügung stehen, in denen sich das keltische Denken spiegelt.

Diese Forschungsmethode wird ihren Wert in der Fülle der Vergleiche zwischen literarischen und ikonografischen Gestaltungen erweisen; diese wiederum stützen und ergänzen sich gegenseitig und ergeben eine zusammenhängende, bis ins Letzte definierbare Struktur.

Eine diesem Buch vorangegangene Studie (Lancelot Lengyel, L'Art Gaulois dans le Médailles, Montrouge 1954) war Forschungen gewidmet, die einem ersten Vorstoß in diesem Neuland galten. Die hier vorliegende Arbeit setzt sich nun zum Ziel, das durch diese vorbereitenden Forschungen gewonnene Terrain systematisch auszubeuten.

Und es ist ein riesiges Terrain. Gewiß, die Druiden übermittelten ihre Lehren nur mündlich; dennoch sind diese nicht, wie man annehmen könnte, restlos mit den Druiden untergegangen, die ihre Aufgabe darin sahen, sie zu verbreiten und zu bewahren. Das Wesentliche hat in Tausenden von bildlichen Darstellungen überlebt oder ist in einer Fülle von einfachen Volksmärchen verborgen erhalten geblieben. Dieses Rohmaterial ist in Spezialistenkreisen durchaus bekannt; *unsere Studie hingegen zielt im Besonderen darauf ab, die Chiffren zu lösen und ein Gebiet jenseits der täuschenden Sinne zu betreten, das voll von verborgenen Bedeutungen ist.*

Durch diese Dechiffrierung werden wir zu einer anderen Version der Mythologie, der Theologie und der religiösen Entwicklung der Kelten vor dem Hintergrund des keltischen Denksystems gelangen.

Andere Kulturen bedienten sich mit ihren Legenden ätiologischer Praktiken und suchten nach Erklärungen. Den Kelten hingegen ging es um die *Formulierung des nicht begrifflich Faßbaren* als solchem, die ihnen vielleicht auch gelungen ist.

Die Forscher haben gewissermaßen stets die falsche Stimmgabel benutzt, der sie lediglich Dissonanzen oder überhaupt keine Klänge zu entlocken vermochten. Der sagenhafte walisische Barde TALIESIN indes hat es verstanden, dem unverletzt Göttlichen in folgendem Gesang Ausdruck zu geben:

> Weißt Du, wo die Nacht bleibt,
> wenn sie dem Lauf des Tages folgt?
> Kennst Du das Zeichen?
> Hast Du der Bäume Blätter gezählt?
> Weißt Du, wer die Berge baute,
> vor dem Sturz der Elemente?
> Weißt Du, wer die belebte Erde stützt?
>
> Die Seele klagt, weiß keine Antwort.
> Wer hat es erschaut? Wer weiß das alles?
>
> Ich achte die Bücher
> wie auch das, was sie nicht wissen.

(Juveniles ornements de Taliésin, in J. MARKALE, Les grands bardes gallois, Paris 1956, p. 71)

Leuchtet aus diesen Worten nicht eine Weisheit, die uns viel näher steht als die der klassischen Antike, eine Einsicht, der anthropomorphe Götter fremd sind, und die zur Errichtung eines Universums nur der Magie bedarf?

Der Barde besingt das Mysterium und denkt nicht daran, sein Nichtwissen hinter müßigen Erklärungen verbergen zu wollen. Er respektiert, was unzugänglich ist, und verleiht dem Universum eine neue Dimension: die wesensmäßige *Unbegrenztheit.* Es handelt sich hier nicht um eine geometrische Größe, vielmehr um die schöpferische Ausdehnung *einer hinter der sichtbaren Welt verborgenen Realität.*

Abb. 16: Gewölbte Goldmünze vom Typ der „Regenbogenschüsselchen“, die schon durch ihre Form das Tagesgestirn symbolisieren, mit eingravierten menschlichen Zügen. Das mandelförmige Auge ist ein weibliches Fruchtbarkeitsmotiv. Die Mandelform ist häufig auch das Zeichen des Mondes. Die Nase ist sichelförmig, die Lippen werden durch zwei miteinander verbundene Kugeln wiedergegeben; das Haar ist mit drei vereinfachten Strichen angedeutet.

DIE KELTEN

Der humanistischen Auffassung zufolge ist die westliche Zivilisation aus dem griechisch-lateinischen Geist hervorgegangen, eine Behauptung, die zum unantastbaren Axiom geworden ist. Nichts ist in diesem Zusammenhang bezeichnender als die Abneigung, die Leute wie PETRARCA, VASARI und GHIBERTI als stolze Verfechter der *latinitas* gegen die mittelalterliche Kunst des Okzidents hegten.

Die Entstehung der Gotik gab den Blick auf eine komplexe Entwicklung frei, unter deren ausgeprägter, auf ihre lateinische Herkunft pochender Bewußtseinoberfläche ein ihr immanentes antagonistisches Prinzip am Werk ist. Ehe wir dieses schöpferische Prinzip näher definieren, wollen wir in die Vorgeschichte zurückgehen, um uns seine Ursprünge anzuschauen.

Gegen Ende des 3. Jahrtausends v. Chr., im Neolithikum, zu einer Zeit, als im Westen die Megalithkultur mit ihren Menhiren, Dolmen und Kromlechs im Untergang begriffen war, begannen sich die Völkerstämme nördlich der Alpen gewaltig auszudehnen. Obwohl es ihnen an besonderen anthropologischen Charakteristika mangelte und sie noch keinen eigenen Namen hatten, zeigten sie doch eine sprachliche Verwandtschaft. Man faßt sie unter der Bezeichnung „indoeuropäische Völker“ zusammen.

Nichtsdestoweniger müssen sich einige dieser Gruppen ihrer ethnologischen Verbindung bewußt geworden sein, als ihre Territorien infolge ihres schnellen Anwachsens für ihre Ernährung nicht mehr ausreichten und sie sich zur kollektiven Expansion gezwungen sahen. Im Bronzezeitalter mit seiner verbesserten Waffentechnik begann sich die östliche, in den russischen Steppen umherschweifende Gruppe der Skythen auszubreiten und verdrängte die Bewohner der Donaugebiete, die dem Druck nachgaben und sich in zwei Kolonnen teilten. Die eine nahm ihren Weg über den Nahen Osten, überquerte die Dardanellen und verband sich mit den Hethitern zum indoeuropäischen Flügel ihres Imperiums. Die andere wandte sich dem Balkan zu, in den sie in mehreren Wellen einströmte. Aus ihnen gingen die historischen Griechen hervor.

Unter diesem Druck räumte die nordische Gruppe das von den Proto-Germanen besetzte Zentrum dieses Gebietes und suchte sich in Skandinavien eine neue Heimat, während die anderen verwandten Völkerstämme sich an der Ostseeküste niederließen.

Die westliche Gruppe, die Kelten, drangen in westlicher Richtung vor, wo sie sich fächerförmig ausbreiteten. Zwischen 950 bis 700 v. Chr., in der Hallstattzeit (ältere Eisenzeit) trafen die Häduer, Sequaner, Lingonen, Arverner, Petrocori und Segusiaren als Erste in Gallien ein. Um der Germanisierung zu entgehen, setzten sich ein halbes Jahrhundert später die Lemoviken von der nördlichen Elbe aus auf der Suche nach einem neuen Lebensraum in Bewegung, den sie an der Loire fanden. Ebenfalls an der Loire trafen 600 v. Chr. die Turonen ein. während die Bituriger sich bei Bourges und an der Mündung der Garonne in der Gegend von Langon niederließen.

Eine der Wanderungswellen durchquerte die Niederlande auf dem Weg nach Belgien, wo sie verblieb und sich bis an die Seine ausdehnte; andere besetzten Schottland und Irland. Der Ungestüm der Kelten führte sie bis nach Spanien (Galicien=gallisches Land) und Portugal (=gallischer Hafen). Auch nach Osten haben sie sich beträchtlich ausgebreitet. Von ihnen haben das Land Galizien in Polen und die Stadt Galatz in Rumänien ihre Namen. Auch einer der Vororte von Istanbul heißt nach ihnen Galata. In Kleinasien gründeten sie die Landschaft Galatien.

Auch Italien wurde nicht verschont. Die Insubrer zerstörten das etruskische Melprum und bauten es als Mediolanum (Mailand) wieder auf; die Bojer und eine Gruppe der Lingonen eroberten Emilia, die Semnonen teilten sich Umbrien und die Adria, andere drangen bis nach Apulien und Sizilien vor. Und 387 v. Chr. nach der Schlacht an der Allia wird sogar Rom von den gallischen Truppen erobert. Voller Kampfgeist nehmen sie 379—368 am Feldzug des DIONYSIOS VON SYRAKUS gegen die Lokrer teil. Auch ALEXANDER DER GROSSE gelangt mit ihnen in Berührung. Um 280—260 stützt sich König PYRRHOS auf seine gallischen Söldner; in den gegnerischen Bataillonen des ANTIGONOS GONATAS standen sie ihren Landsleuten gegenüber. Unter Führung von BRENNUS bedrohten sie sogar das Heiligtum von Delphi. Eine ihrer Niederlagen ist auf dem berühmten Pergamonfries verewigt. Auch in den Armeen der Karthager waren die allgegenwärtigen gallischen Kelten anzutreffen.

Der Schrecken, den die Kelten, das Schwert in der Hand, in Europa verbreiteten, spiegelt sich in den vor allem dem kriegerischen Aspekt gewidmeten Berichten der Antike wider. Unsere Historiker malten die Dinge noch schwärzer und schilderten die Gallier als plündernde Horden, als hätten die „zivilisierten“ Armeen jener neuen Zeit mehr Federlesens gemacht, von der Brutalität der römischen Legionen ganz zu schweigen. Das dynamische Vorgehen der Kelten war nichts anderes als eine Folge ihrer auffallenden Dynamik, die sich wesentlich von der griechischen Gelassenheit unterschied. Auch ihre Ethik war eine andere, ebenso ihre Lebensauffassung. Und auch ihre Zukunft sollte eine andere sein.

Von Grund auf unabhängigen Wesens, bezeichneten sich diese verschiedenen Stämme im Bewußtsein ihrer ethnischen Einheit als Kelten, nach Cäsar CELTAE, von den Griechen Keltoï geschrieben. Die Römer nannten sie die GALLI. DIODOR gebraucht beide Bezeichnungen und hält Keltoï für korrekter. Ihre Sprache spaltete sich in zwei Sprachgruppen: Die Iren sprachen Gälisch oder Goidelisch, die anderen eine der drei Versionen des Britischen, das in das Kymrische, Bretonische und Kornische zerfiel; das in Cornwall gesprochene Kornisch starb im 19. Jahrhundert aus.

Gewisse Stammesnamen ergaben sich aus ihrem geographischen Siedlungsraum. Die Rauraker lebten an der Ruhr, die Taurisker (oder Noriker) in den Tauern. Der Name der Sequaner verrät ebenfalls ihr früheres Wohngebiet an der Seine, während die Mediomatriker bei Metz an der Mosel lebten.

Nicht selten wurden die Stämme mit Spitznamen bezeichnet. Die Häduer sind die Feuergeister (*aedh*=Begriff des Feuers), die Ruthenen die Blonden, die Medulier die Honigwassertrinker. Auch numerische Bezüge tauchen auf: Die Remer waren die „Ersten“, zu den Vokontiern (Voconti) gehörten zwanzig Stämme. Die stolzen Bituriger bezeichneten sich als die Könige der Welt. Das Element „Casses“, ein lateinischer Plural zur Bezeichnung keltischer Kriegsgottheiten, erscheint in den Namen der Trikassen, Vidukassen, Badiokassen und Veliokassen, ebenso wie das Wort *amb*, Fluß, in dem Stammesnamen der Ambianen.

Sind auch die gallischen Bauwerke verschwunden, legen doch noch viele Städtenamen von gallischen Siedlungen Zeugnis ab. Fraglos wurde Evreux von den Eburonen, Sens von den Semnonen, Meaux von den Melden, Rennes von den Redonen und Chartres von den Karnuten gegründet. Soissons wurde von den Suessionen, Nantes von den Namneten, Senlis von den Silvanekten, Verdun von den Virodunen, Reims von den Remern bewohnt, Troyes von den Trikassen, Amiens von den Ambianen und Arras von den Atrebaten. Und wer wollte noch daran zweifeln, daß der schöne Name Paris von den Parisii oder Parisiern stammt?

Die Grenzen der französischen Departments stimmen im großen und ganzen noch mit den Stammesgrenzen der Gallier überein. Die römischen Eroberer behielten sie für die Besteuerung, die Kirche später bei der Gründung ihrer Bistümer bei.

Die Kelten, mittlerweile seßhaft geworden, unterwarfen die Urbevölkerung, ohne sie zu vernichten. Zweifellos haben sie sich mit den ansässigen Ackerbauern und Viehzüchtern vermischt. Heute stößt man nur noch auf wenige Franzosen, für die Cäsars Beschreibung der Kelten zutreffen würde: sie seien groß blond und blauäugig gewesen. Tacitus hatte Mühe, die Kelten von den Germanen zu unterscheiden, deren Ähnlichkeit ihm verblüffend schien. Da sich das römische Eindringen in Gallien nicht so stark ausgewirkt hat, wie man noch vor kurzem annahm, werden sich die Bewohner in bestimmten Regionen, die Arverner in der Auvergne zum Beispiel, eher mit den Proto-Kelten als mit den Römern vermischt haben.

Was diese Völkermischung betrifft, sollte man sich vor voreiligen Verallgemeinerungen hüten, hier ist Vorsicht geboten. Die verschiedenen Einschläge werden für unsere Schlußfolgerungen nicht von Belang sein. *Wenn ich von Kelten spreche, meine ich damit weniger das Volk als den keltischen Geist, der aus den authentischen Werken spricht.* Mag dieses Erbe ausschließlich keltischen Ursprungs oder aber mit autochthonen Einflüssen verwoben sein, ist es doch von einer Geschlossenheit und Dichte, die es zu einer der wichtigsten Quellen der entstehenden westlichen Kultur werden lassen.

Die kapitale Bedeutung der hier behandelten Materie beruht weniger auf ihrer formalen Beschaffenheit, als auf der ihr zugrundeliegenden geistigen Konzeption. In dieser Hinsicht ist es mit der rationalen und ideographischen Formgebung der Kelten ähnlich, wie mit den 2000 v. Chr. entstandenen piktographischen Schriftzeichen der Chinesen. Beiden ist gemeinsam, daß sie die geistige Basis für eine große neue Kultur schufen, und zu einer Zeit, als ihre anderen kulturellen Leistungen noch in rudimentären Anfängen steckten.

Die gerade Linie in dieser von einer keltischen Elite getragenen geistigen Entwicklung wurde von den Römern unterbrochen. Ihre überlegene militärische Organisation wirkte sich im Laufe der Zeit tiefgreifend auf die Struktur des keltischen Zusammenhalts aus. Im Jahr 124 v. Chr. fielen römische Legionen in die Provence ein. Gegenseitige Feindseligkeiten unter den gallischen Stämmen ermutigten Cäsar zum Gallischen Krieg, der mit der Niederlage der Gallier bei Alesia unter ihrem Führer Vercingetorix im Jahr 52 v. Chr. ein Ende nahm, obwohl sich ihre völlige Niederwerfung noch bis ins Jahr 51 hinzog. Die keltische Welt hatte ihre Unabhängigkeit eingebüßt.

Damit geht nach dem ersten Akt der westlichen Kultur der Vorhang nieder.

BRITANNIA
SILURI
DOBUNI
TRINOBANTES
ATREBATES
DUROTRIGES
REGNI
CANTII
DUMNONII
Fretum Gallicum
Oceanus Britannicus
BATAVI
MENAPII
TUNGRI
NERVII
MORINI
ATREBATES
AMBIANI
TREVIRI
Samarobriva
VEROMANDUI
REMI
CALETES
BELLOVACI
VELIOCASSES
CÆSAREA INS.
UNELLI
Rotomagus
Isara fl.
SILVANECTES
Durocortorum
MEDIOMATRICI
BAIOCASSES
LEXOVII
PARISII
SUESSIONES
VIRODUNI
VIDUCASSES
CATUELLAUNI
AULERCI EBUROVICES
Lutetia
MELDI
Melodunum
Sequana fl.
Matrona fl.
OSISMII
ABRINCATUI
CURIOSOLITÆ
AULERCI DIABLINTES
Autricum
LEUCI
CORISOPITES
Rhenus fl.
VENETES
REDONES
AULERCI CENOMANI
CARNUTES
Agedincum
Cenabum
SENONES
LINGONES
Alesia
MANDUBII
NAMNETES
ANDES
Liger fl.
Vesontio
SEQUANI
Corbilo
TURONES
Avaricum
Bibracte
HELVETII
PICTONES
BITURIGES CUBI
ÆDUI
Lemonum
Cabilonum
Matisco
Genava
Oceanus Atlanticus
LEMOVICI
Mediolanum
Lugdunum
SANTONES
Gergovia
SALASSI
ALLOBROGES
Vienna
SEGUSIAVI
ARVERNI
MEDULI
Burdigalia
PETROCORII
Cularo
INSUBRES
Rhodanus fl.
VOCONTI
BITURIGES VIVISCI
CADURCI
VASATES
NITIOBROGES
CABALES
HELVII
COCOSATES
SOTIATES
Sotium
RUTENI
Avenio
Cocosa
ELUSATES
Elusa
Nemausus
Cabelio
Druentia fl.
Mare Cantabricum
AUSCI
Elimberis
Tolosa
VOLCÆ ARECOMICI
Arelate
Nicea
Antipolis
SALUVII
TARBELLI
Agatha
Massilia
Narbo Martius
Tauroentium
CONVENÆ
VOLCÆ TECTOSAGES
HISPANIA
Ruscino
Rhode
Emporia
Mare Internum

DAS UNIVERSUM UND DAS HEILIGE

Die Kelten konnten schreiben, haben aber keine Begebenheiten schriftlich festgehalten.

Ihr religiöser Eifer war legendär, doch die keltische Religion ist unauffindbar geblieben.

Sie hatten begabte Künstler, — die ersten unter griechischem Einfluß entstandenen Münzen beweisen es, — doch wandten sie sich schleunigst von ihren Meistern ab, um einen entgegengesetzten Weg einzuschlagen.

Sie waren gute Baumeister, — ihre Befestigungen kamen denen des CÄSAR gleich, — doch wollten sie von einer monumentalen Architektur nichts wissen.

Wenn sie all jene Leistungen verweigerten, die nach allgemeiner Übereinkunft als Maßstab für eine Kultur gelten, so geschah es bewußt und nicht aus Mangel an Fähigkeiten. Wenn der Grund nicht in Unvermögen zu suchen ist, — und das ist gewiß nicht der Fall, — sehen wir uns einer jener Abweichungen von der intellektuellen Linie der Antike gegenüber, die unsere Vorfahren voreilig als *Unkultur* abstempelten und für *barbarisch* hielten.

Aus historischer Sicht wirkt die Abneigung dieses begabten Volkes gegen die Schrift in der Tat unverständlich, und so gelangt man zu der Vermutung, daß die Kelten garnicht den Wunsch empfanden, etwas dokumentarisch zu bewahren und zu erhalten, daß sie keinen Sinn für die Vergangenheit und auch keine „historische“ Weltvorstellung im üblichen Sinne besaßen. Damit ist nicht gesagt, daß sie nicht eine andere Konzeption, zum Beispiel ein *anti-* oder *suprahistorisches Weltbild* gehabt hätten. Diese Frage ist ebenso kühn wie fundamental. Sie verlangt, daß wir, — ehe wir uns mit den Zeugnissen selbst befassen, — zu den Quellen hinabsteigen, aus denen diese beiden möglichen Einstellungen hervorgingen und Wert und Ziel des menschlichen Abenteuers in unterschiedlicher Gestalt Ausdruck gaben.

Der Mensch erfaßt und begreift die Welt zunächst mit Hilfe seines Gesichts- und seines Tastsinns. Insofern ist die Welt in ihren drei Dimensionen der Länge, Breite und Tiefe als materielle Schöpfung existent. Die Erfahrungen des Tast- und Gesichtsinnes sind uns so vertraut geworden, daß die ausschließliche Beweiskraft der Sinne lange Zeit unangefochten geblieben ist.

Ich plädiere hier für die Existenz und Gültigkeit eines Gegenuniversums, oder zumindest für das mögliche Bestehen einer anderen Realität, die weniger eine „prä-logische" als vielmehr eine Wahrnehmung des Universums mit anderen Mitteln als denen unserer Sinne und Maße ist.

Dieses Universum hat in der Tat noch eine vierte, *spirituelle Dimension*. Diese abstrakte, aber unwiderleglich vorhandene Dimension gilt dem Menschen schon seit der Zeit, da die Künstler der prähistorischen Höhlen die Frage nach dem Geheimnis ihres Daseins stellten, als heilig.

Das Heilige sah beispielsweise für die Kelten und die Sumerer verschieden aus und rief bei ihnen unterschiedliche Reaktionen hervor. Das Entsetzen des Gilgamesch, als er sich angesichts der Unsterblichkeit seines anderen Ich der eigenen Sterblichkeit bewußt wird, gab den Anstoß zum Entstehen der sumerischen, später der ägyptischen und griechischen Kunst. Ägypter und Sumerer, vom absoluten Wert der gegenständlichen Dreidimensionalität überzeugt, widmeten ihre ganze spirituelle Kraft der Welt des sinnlich Wahrnehmbaren.

Aus dieser geistigen Einstellung, geboren aus der Festigkeit des Steins und der bewahrenden Kraft der Schrift, sind Begriffe wie „dauerhaft" und „konkret" hervorgegangen, ohne die sich unser „historisches Bewußtsein" nicht entwickelt hätte. Schriftliche Zeugnisse, Skulpturen oder Bauwerke schaffen hieß, die Gegenwart der Vergessenheit und damit dem Tod zu entreißen.

Diese Völker meißelten Gott und Mensch aus dem gleichen Stein und gaben ihnen die gleiche Gestalt, um die Distanz zwischen Gott und Mensch durch die Vermenschlichung des Gottes und die Verewigung des Menschen zu verringern. Aus dieser Naivität, oder wenn man will, aus dieser Verzweiflung angesichts des Todes ist die großartigste Kunst der Welt hervorgegangen.

Unter solchen Vorzeichen sind die Kelten auf den Plan getreten. Im Besitz eines inneren, andersartigen Wissens handelten sie lediglich konsequent. Da sie die Herrschaft der Sinne als höchstes Erkenntnismittel nicht anerkannten, lehnten sie es ab, sich der konsolidierten Einstellung anzupassen und siedelten die Existenz allein in einer nicht meßbaren Dimension an. Nicht, daß sie die empirische Wirklichkeit der Welt, in der sie lebten, geleugnet hätten; doch maßen sie der Materie nichts Heiliges, also auch keinen höheren Wert bei. Für sie war diese Welt nur eine zeitliche, und der Mensch existierte lediglich als Mitglied der Gemeinschaft, des Stammes, der seinerseits im Überzeitlichen verankert war.

Der Gott der Kelten glich indes nicht dem Menschen. Als der gallische Feldherr BRENNUS an der Spitze seiner Truppen 279 Jahre vor unserer Zeitrechnung das Heiligtum von Delphi betrat, brach er in Gelächter aus, als er sah, daß die Griechen ihren Göttern menschliche Gestalt gegeben hatten. Für einen Gallier waren solche Götter undenkbar und damit lediglich Hervorbringungen einer anthropozentrischen Konzeption.

Angesichts eines behauenen Steins, einem menschlichen Bild gegenüber, konnten keine religiösen Gefühle entstehen. Deshalb empfanden sie keinen Anreiz, Gott menschliche Gestalt zu verleihen.

Die Kelten sahen das Göttliche im Kreislauf der ewigen Wiederkehr, und so lehnten sie jede auf dem Wege der Schrift, Skulptur und Architektur angestrebte Fixierung ab. Die keltische Erfahrung beruht auf der intuitiven, frühen Erkenntnis einer außersinnlichen Realität, der Ausdruck zu geben die Antike weder die bildnerischen Mittel noch die Argumente besaß. Der Kelte strebte die Überwindung der Materie, die Entstofflichung seines irdischen Zustands an, um so dem Leben wie auch dem Tod zu entfliehen.

LUKAN hat diese Vorstellung von einem unbegrenzten Leben am besten wiedergegeben: „Euren Lehren zufolge, ihr Druiden", schrieb er, „steigen die Seelen weder in die stillen Wohnungen des Erebos noch in die Tiefen der blassen Königreiche des Pluto hinab. Es belebt sie in der anderen Welt der gleiche Atem, und wenn eure Gesänge Wahrheit enthalten, ist der Tod nur die Mitte einer lange währenden Existenz."

Eine antihistorische Konzeption

Setzt man das irdische Leben zu seiner Vorvergangenheit in einer anderen, nicht sichtbaren, doch ebenso wirklichen Welt in Beziehung, in der die Schöpfung kontinuierlich weitergeht, ist dieses Leben nur eine kurze Durchgangsphase. Diese Auffassung entspringt der Vision einer Existenz ohne Vergangenheit, Gegenwart und Zukunft: einer unteilbaren Ganzheit.

Aus dieser Perspektive einer der Gegenwart immanenten Unendlichkeit gibt es keine Vorgänge oder Daten, die es verdienten, festgehalten zu werden. Das Leben der Könige, die Kriege und Invasionen, sie spielen sich für den Eingeweihten in Bereichen ab, die sich der Zeit und dem menschlichen Zutun entziehen. Diese sich unablässig erneuernde Welt ist unergründlich. Mit Hilfe der Schrift eine präzise Aussage über sie festhalten zu wollen, wäre für die Kelten ein Sakrileg gewesen, das zu der unerschöpflichen Vieldeutigkeit des göttlichen Mysteriums in Widerspruch stand.

Was auch immer der offen bekundete oder verborgene Grund für die Ablehnung der Schrift gewesen sein mag, sie galt beispielsweise auch für Verträge; sie wurden nur mündlich abgeschlossen. *So erhielt das Wort vorrangiges, magisches Gewicht und war für die Vertragspartner unwiderruflich.* Aufgrund dieser Bedeutung des *Wortes* sind die rezitierten Texte der Barden mündlich mit einer Genauigkeit überliefert worden, dank derer sie im Mittelalter dann schriftlich weitgehend wortgetreu festgehalten werden konnten.

Das von uns als supra-historisch bezeichnete Weltbild kommt in der Kunst vor allem negativ, in der Abwertung des „Sichtbaren" und insbesondere des „Gegenständlichen" als Zeugnis und Bürde dieser materiellen Welt zum Ausdruck. Positiv äußert sie sich in der Suche nach den Gesetzmäßigkeiten einer Überwelt, die dem Diesseits entgegengestellt wird, und in welcher der Mensch am absoluten Sein teilhat.

Die Geringschätzung irdischer Werte und der Wunsch, statt dessen der verborgenen Werte des Mysteriums teilhaftig zu werden, ist mehr oder weniger ausgeprägt in allen Religionen anzutreffen. Indes wird man sie nirgends so kühn und mit solcher Kraft realisiert finden, wie in der Kunst der Kelten. Hier ersetzt das Transzendentale konsequent die „objektive" Realität. Zum Beispiel hat die platonische Idee von einer höheren immateriellen Realität auf die gegenständliche Kunst der Griechen keinen Einfluß gehabt, und ebenso ist Dantes Hölle ganz einfach eine in sublimen Farben wiedergegebene Fortsetzung der Welt, wie sie sich in unseren Augen spiegelt. Und auch der sitzende Buddha entzieht sich nicht dem Gewicht irdischer Schwere. Brahma und Jahwe jedoch sind zu keiner Zeit bildlich dargestellt worden.

Obwohl die vorgeschriebenen klassischen Proportionen uns nahezu unfähig gemacht haben, die keltische Abweichung von den überkommenen ästhetischen Normen als schön zu empfinden, sollten wir uns, — wollen wir die keltische Kunst dennoch verstehen und schätzen lernen, — mit dem Grund für dieses Anderssein und seinen erfolgreich verwirklichten Zielen vertraut machen.

„Kognitive Emotion"

Ehe wir in unser eigentliches Thema einsteigen, muß ich noch kurz auf die Frage eingehen, wo dieses Wissen herrührte, das sich so unerwartet und unter tiefster Geheimhaltung zur Zeit der Antike im westlichen Europa zu erkennen gab. Offensichtlich ist es nicht dem lateinisch-griechischen Geist entsprungen und auch nicht einer unmittelbaren Gegenreaktion zuzuschreiben. Alles deutet darauf hin, daß sich dieses Bewußtsein spontan auf Grund einer großen eigenen Religiosität entfaltete.

Woher rührt der unbesiegbare Wunsch eines Volkes, — das keine spekulativen Traditionen(?) und theoretischen Gerüste kannte — einem Weltbild Ausdruck zu geben, das sich von den etablierten der bereits bestehenden Hochkulturen so grundlegend unterscheidet? Diese Weltschau scheint von einer kollektiven Emotion des *Über-Ich*, getragen von der unerschütterlichen Gewißheit der Glaubenden und einer Welle der Religiosität, aus verborgenen Tiefen aufgestiegen zu sein.

Der „Phänomenologe des Heiligen" RUDOLPH OTTO, ist der Ansicht, daß religiöse Erkenntnis sich allein auf das Gefühl stützt und sich aus diesem Grund das Heilige intellektuell ebenso wenig übermitteln läßt wie im Bereich des Ästhetischen das eigentlich Schöne. Der Glaube geht seiner Ansicht nach nicht aus der Betrachtung des Sichtbaren und Greifbaren hervor, er beruht auf einem Empfinden, das alle Glaubenden kraft ihrer Überzeugung teilen.

Der Glaube, von dem OTTO spricht, scheint dem gleichen emotiven Grund entsprossen zu sein, in dem das Bewußtsein der Kelten wurzelt, allerdings mit dem Unterschied, daß OTTO, für den es zweierlei Formen der Erkenntnis gibt, nämlich die sakrale und die profane, den Bereich des Religiösen verlassend die Welt allein durch die Sinne erlebt. Seine Welt teilt sich in zwei, sie ist eine Welt der Widersprüche, während die Welt der Kelten *die Gesamtheit der Existenz* emotional umfaßte.

Aus dieser Sicht wird man versucht sein, die keltische Wirklichkeit, in der die Bereiche des Heiligen und des Profanen voneinander *untrennbar* sind, für eine Entwicklungsstufe zu halten, die alle Kulturen einmal durchlaufen haben. Ohne daß ich im Einzelnen hierauf eingehe, scheinen doch alle Anzeichen dies zu bestätigen.

Wahrhaftig, zieht man in Betracht, daß zweitausend Jahre einer Entwicklung vor uns liegen, von der wir nicht wissen, wohin sie uns führt, war dieses neue Bewußtsein der späteren Entwicklung des Westens bereits weit voraus, — des westlichen Menschen, der in seinen Anfängen danach getrachtet hatte, seine Knechtschaft der materiellen Welt gegenüber zu überwinden, und das schon ehe die Zeit reif war und aufgrund abstrakter, jeder Vernunft zuwiderlaufender Spekulationen, als wolle er die Schwächen dieser Art von Vernunft aufdecken.

Es liegt auf der Hand, daß die sich hartnäckig außerhalb des rein sensoriellen Kontextes bewegenden Überlegungen der Kelten nicht alle Probleme in ihrer unendlichen Fülle angehen konnten. Gezwungenermaßen haben sie sich auf die vorrangige Frage nach dem Sinn des Daseins beschränkt und darauf nur die eine Antwort gefunden: in der fortgesetzten Erneuerung des Lebens, (dem Beweis für die Unsterblichkeit der Seele), — eine Antwort, die in Tausenden von Varianten Ausdruck findet. In der Logik dieser Formulierungen wohnt der keltische Geist.

Indes, diese wenigen Zeichen genügen noch nicht, um uns die Weisheit vergangener Jahrtausende zu erschließen. Ikonographie und Mythen, Domänen verschlüsselten Geheimwissens, sind gegen jegliche Profanierung hermetisch mit einem Panzer abgedichtet, den es zu durchdringen gilt, will man zu diesen Bereichen Zugang finden.

SYMBOLIK

„Auch ist ja nichts der pythagoreischen Philosophie so eigentümlich, wie die Symbolik, eine Art Lehre, wie sie in einem Geheimkult aus Sprechen und Schweigen gemischt ist . . . Unmittelbar ist das Gesagte hell und deutlich für die Vertrauten, dunkel und unverständlich für die Unkundigen. Wie der Gott in Delphi, nach Heraklit, ‚nichts sagt und nichts birgt, sondern bedeutet', so bleibt bei den pythagoreischen Symbolen das scheinbar Gesagte verborgen, und das scheinbar Verborgene wird verständlich." (PLUTARCH, Moralia, Fragment 202. In der Übersetzung von Theo Salfinger, Heraklit-Zitat nach Hermann Diels.)

Dieser treffenden Beschreibung des PLUTARCH zufolge könnte man glauben, die Symbolik sei eine Geheimlehre. Die Symbolik kann dazu werden, wenn man sich ihrer in besonderer Weise bedient, doch im Grunde ist sie ein universales Phänomen, bei dem sich Dinge und Denken verbinden.

Die Gegenstände unserer Umwelt, unsere Handlungen und Gesten, die Erscheinungen, wie wir sie wahrnehmen, haben über ihren unmittelbaren Nutzen und Zweck hinaus noch eine spirituelle Bedeutung, die uns mehr oder weniger bewußt wird. Der Tiger verkörpert Grausamkeit, die Taube die Sanftmut, der Olivenzweig kündet den Frieden. Die beiden ersten Bedeutungen drängen sich natürlicherweise auf, der Bildsinn des letzteren beruht auf allgemeiner Übereinkunft.

Schon die einfachsten Figuren haben noch eine zweite Bedeutung: die Vertikale suggeriert Aufrechtes, Festigkeit, Aufstieg, das aktive, männliche Prinzip; die Horizontale empfinden wir als etwas Liegendes, Ruhiges, sie verkörpert die Erde, das passive und weibliche Prinzip.

Ein Unterricht in Symbolik würde diese uns allen früher innewohnende „Fühlfähigkeit" wieder bewußt machen, die uns auf unserem geistigen Wege aus Mangel an Übung verlorengegangen ist. Der empirisch-rationalistische Geist hat diese uralten Nebenbedeutungen abgelehnt. Zu Unrecht!

Die Symbolik ist etwas Lebendiges. Eine Kunst ohne symbolische Qualitäten gibt es nicht, denn

Abb. 82: Kopf, mit Zahlensymbolen kombiniert, in Anlehnung an ein Bildnis des Bacchus auf einer griechischen Münze aus Thasos. Hier sind die prototypischen Züge durch arithmosophische Anordnungen ersetzt. Drei Kügelchen bezeichnen Auge und Mund, ein Winkel gilt für die Nase. Die Haartracht wird mit zwei und drei paarweisen keilförmigen Strichen angedeutet. Die Wange zeigt ein Ornament aus vier Stäbchen, eine schlangenförmige Kontur hält das Ganze zusammen.

erst der den Linien und Farben innewohnende symbolische Ausdruck ist es, der das Gemälde zu einem Kunstwerk von vielfacher, über das Gegenständliche hinausführender Bedeutung macht. Ein Porträt von REMBRANDT oder EL GRECO unterscheidet sich von einer Fotografie durch seine abstrakten Qualitäten, ebenso wie ein Gedicht noch etwas anderes ausdrücken kann und soll, als seinen offensichtlichen Inhalt.

Es gibt also auch heute eine kontemporäre Symbolik im wörtlichen Sinn. Mögen ihre vielfältigen, verstreuten Elemente nicht konkret genug sein, um sich klassifizieren zu lassen, und auch nicht lapidar genug, um mit der wünschenswerten Präzision definiert zu werden, treten sie doch in den Künsten in einem Maße zutage, daß sie als Grundlage für das Allgemeinverständnis der modernen Kunst dienen können.

Ehe man das Prinzip von Ursache und Wirkung logisch zu fundieren vermochte und sich die wissenschaftlichen Konzepte mehrten, bediente sich das Denken des Altertums der Symbolik. Diese natürliche Fähigkeit, den Bildsinn der Dinge erfassen zu können, bildete die Basis allen spekulativen Denkens. Auch die Säulen der Tempel wurden zum Beispiel nach einem detaillierten Plan errichtet, dem kosmogonische Forschungen zugrunde lagen. Die in Hieroglyphen eingekleidete Symbolik von Zahlen, Silben und Buchstaben war oft von mehrfacher Bedeutung, was das Geheimnis der Beziehung zwischen Mensch und Kosmos noch vertiefte. Die hermetische Alchemie sah in der metallurgischen Umwandlung von einfachen Metallen in edlere eine Parallele zur Vervollkommnungsfähigkeit des Menschen. Schließlich ist ja auch die Mathematik, eine archaische Erfindung, aus dem Symbolwesen hervorgegangen.

Die Ideen, um die es in den keltischen Münzen geht, werden durch einfache Zeichen wiedergegeben, denen man zum Teil in Mesopotamien, Ägypten, Indien und sogar auf der Osterinsel wiederbegegnet: die leuchtende Scheibe entspricht der Sonne, die Sichelform dem Mond. Doch sind diese Scheibe und diese Sichelform nicht nur Symbole; als Zeichen für Sonne und Mond können sie ganz unterschiedliche Vorstellungen ausdrücken. Obwohl die Mondsichel in den verschiedenen Symboliken die gleiche Gestalt hat, stellt der Mond, den sie bezeichnet, in jeder Mythologie einen anderen Wert dar.

Vielfach dienen Tiere aufgrund der ihnen innewohnenden Eigenschaften oder ihnen zugeschriebenen Bedeutung als Symbole. Wenn die Insel Ägina im alten Griechenland sich die Schildkröte zum Emblem wählte, so deshalb, weil sie in ihr die Idee der Langlebigkeit und Klugheit verkörpert sah, die sie für würdig befand, der Stadt Ägina als Wahlspruch zu dienen.

In der Esoterik vertieft sich die Bedeutung des bildlichen Ausdrucks durch die Aneinanderreihung mehrerer Symbole: Schlange - Erde - Tod - Nacht - Mond fügen sich aufgrund der Wechselwirkung ihrer Verwandtschaft zu einer Kette nicht austauschbarer Glieder.

Der Vogel ist das Symbol der keltischen Luftgötter. Unter ihnen entspricht der Adler dem Feuer, der Rabe der Erde und der Kranich dem Wasser. Das sind symbolische Formeln zur Verdeutlichung der Macht dieser Götter über die Elemente. Die Schlange, die sich um die Sonnenscheibe auf dem Haupt des Pharao legt, verbindet Himmel und Erde. Es wäre jedoch ein Irrtum anzunehmen, daß die Schlange bei den Kelten dasselbe bedeutet, wie bei den alten Ägyptern. Bei den Kelten ist sie aufgrund ihrer beispielhaften Regenerationsfähigkeit wie auch wegen ihrer Giftigkeit zum Symbol geworden. Denn der Gott der Kelten ist Schöpfer und Zerstörer zugleich.

An diesem Beispiel wird ersichtlich, daß man die symbolische Bedeutung, die ein Zeichen in der einen Mythologie hat, nicht ohne weiteres auf ein Zeichen einer anderen, beispielsweise der keltischen, übertragen kann. Die Symbolik ist keine Wissenschaft oder Philosophie mit gültigen, feststehenden Bedeutungen. Sie ist eine geistvolle Denkweise, doch können die Aussagen ähnlicher Symbolsysteme zu unterschiedlichen, wenn nicht gar widersprüchlichen Deutungen führen.

Es ist deshalb unerläßlich, sich zuerst mit der zentralen Idee einer Religion vertraut zu machen und ihre Symbolik sozusagen von innen nach außen zu durchleuchten und so sämtliche Elemente in ihrem Bezug zu dieser Zentralvorstellung zu erfassen.

Unsere Bemühungen werden der Erforschung dieser vielfältigen Bezüge und ihrer Einbettung in ein Ganzes gelten. Dafür sind die bildlichen Darstellungen auf den keltischen Münzen ein ideales Feld.

Die metallenen Archive

DIE KELTENMÜNZEN

Diese seltsamen Geldstücke sind schon sehr lange bekannt. Heute werden sie zuweilen in Massen in den Gärten gefunden. Im Rheinland kommt häufig eine kleine schüsselförmig gewölbte Münzenart aus Gold vor, die man „Regenbogenschüsselchen" genannt hat, weil die Bauern früher geglaubt haben, sie seien vom Himmel gefallen, wenn sie nach Regenfällen in den Ackerfurchen zutage traten. Bisweilen entdeckte man ganze Münzschätze, die ihre Besitzer einst in unsicheren Zeiten in Steintöpfen vergraben hatten.

Die wichtigsten Funde (12 000 Exemplare) stammen von der Insel Jersey. Vermutlich handelt es sich dabei um den Inhalt einer Kriegskasse, die eine vor den römischen Legionen fliehende Truppe in Stich lassen mußte. Die vollständigste Sammlung (etwa 10 000 Stück) befindet sich im Cabinet des Médailles de France. Zahlreiche Museen und Sammler in Frankreich, Großbritannien, Belgien, Deutschland und der Schweiz besitzen Zehntausende der verschiedensten Exemplare, die zusammen die eindrucksvolle Zahl von annähernd 100 000 Stück erreichen.

Die Tatsache, daß sich die Münzprägungen schnell abnutzten und der Ehrgeiz der Graveure nicht zuließ, die Münzen immer wieder zu kopieren, hatte zur Folge, daß die Hälfte dieses Schatzes mit unterschiedlichsten Darstellungen versehen ist, aus denen sich lückenlos eine künstlerische Entwicklung ablesen läßt. Diese Münzen, die im 18. Jahrhundert noch von einem hervorragenden Medailleur als „barbarisch" abgelehnt wurden, sind das authentischste Zeugnis keltischen Geistes, das wir besitzen.

Als die gallischen Kelten im 3. Jahrhundert vor unserer Zeit selbst Münzen zu prägen begannen, wählten sie sich die griechischen Münzen zum Vorbild und übernahmen deren Herstellungstechnik, Legierung, Gewicht und Art der bildlichen Darstellungen. Bald ließen die verschiedenen Emissionen (Inumlaufsetzungen) deutlich den Wunsch der verschiedenen Stammesgemeinschaften erkennen, Eigenprägungen in Umlauf zu setzen, die sich von denen der anderen unterschieden. Zuletzt existierten von Großbritannien bis an die unteren

Donaugebiete etwa einhundert Münzstätten, die etwa dreihundert Jahre lang in Blüte standen, bis im Gefolge der Eroberung durch die Römer 40 Jahre später die keltischen Münzen durch römische Emissionen aus dem Kaiserreich ersetzt wurden.

Die Mehrzahl der keltischen Münzen trug keinerlei Inschrift noch Werkstattstempel, die eine Klassierung nach den einzelnen Regionen erlaubt hätte; es existieren auch keinerlei Dokumente, nach denen man eine auch nur ungefähre Chronologie der in immer schnellerem Tempo aufeinander folgenden Emissionen erstellen könnte.

Nichtsdestoweniger haben die hundertdreißigjährigen Bemühungen der Numismatiker zur Folge gehabt, daß man sich ein trotz mancher Vorbehalte doch als gültig akzeptiertes Bild über ihre numerische Verteilung auf die verschiedenen Stämme machen kann. Diese Klassierung ist noch nicht abgeschlossen, und ein Korpus, der einen Überblick über die Gesamtheit der keltischen Münzen ermöglicht, steht noch aus.

Die ersten, noch in rein griechischem Stil geprägten keltischen Münzen waren dicke Goldstücke, die bis zu acht Gramm Gewicht erreichten. Aufgrund der Tatsache, daß im Lauf der Zeit parallel mit der Abweichung von der Gestaltung der Prototypen Gewicht und Legierung abfielen, hat man die Anfangszeit als „Hochepoche“, spätere Eigenprägungen als Zeit der „Degeneration“ bezeichnet; man war der Meinung, daß nach vielversprechenden Anfängen ein Verfall des gallischen Denkens und der gallischen Wirtschaft eingesetzt habe. Wie in anderen Fällen hat auch hier die Anwendung klassischer Maßstäbe auf die gallische Formenwelt zu *irrigen Schlüssen* geführt. In Wirklichkeit besteht nicht der geringste Grund, eine Zeit der reinen Nachahmung als Hochepoche und das Auftauchen kleinerer Silberstücke abwertend zu deuten. Versteht es sich nicht von selbst, daß kleine Münzen bei zunehmendem Geldumlauf für den täglichen Gebrauch mehr gefragt waren als große?

Nachdem wir auf diese Fehleinschätzungen der klassischen Antike eingegangen sind, ist es an der Zeit, zu den Zeugnissen selbst zurückzukehren und sie aus der Sicht unseres Jahrhunderts zu betrachten. Diese hat sich seltsamerweise gleichermaßen weit von den klassischen Schönheitsidealen entfernt.

Es sind jetzt fünfzehn Jahre her, daß ich überwältigt vor einer Vitrine mit gallischen Münzen stand, die ich hier zum ersten Mal zu Gesicht bekam. Das war eine revolutionäre Kunst von einzigartiger Konzeption, und ich konnte nicht begreifen, daß sie aus einem Volk hervorgegangen war, dem man keine besondere künstlerische Bedeutung beimaß.

Von jenem Tage an befaßte ich mich mit den verschiedensten Dokumentationen und Unterlagen, konnte aber nichts finden, das mir Zugang zum Geist dieser Werke verschafft hätte. In dem berühmten Katalog der Pariser Nationalbibliothek von Muret wurden diese bewundernswerten Stücke monoton mit der Bemerkung „barbarisch“ abqualifiziert. Ich stand der keltischen Kunst, die in der *rhythmischen Gestaltung* ihre Hauptaufgabe sah, allein gegenüber.

Während man in den bildenden Künsten der antiken Hochkulturen eine sinnliche, anatomisch naturgetreue Darstellung anstrebte, wich die Kunst der gallischen Kelten von diesem Weg ab, zu dem sie freilich anfangs durch die Kunst der Griechen angeregt worden war. Auf dem neuen Weg gelangte sie nach und nach zu jener rhythmischen Gestaltung, in der wissenschaftliche Spezialisten lediglich eine unzulängliche „Deformation des griechischen Vorbildes“ sahen.

Indes, wo Nachahmung nicht beabsichtigt ist, kann man von Deformation nicht sprechen. Nahmen sich die Gallier das griechische Vorbild zunächst als Modell, diente es ihnen doch später als Anregung, oder besser gesagt als *Provokation zu einer völlig anders gearteten Entwicklung*, zur Suche nach dem eigenen Ausdruck. Dieser Entwicklung setzte die „Pax romana“ brüsk ein Ende.

Nun, dieses rhythmische Element hätte der Kunst der Kelten einen Ehrenplatz in der Kunst des Westens sichern müssen. Sie gehört mit einer anderen, ebenso originalen wie ausschließlich westlichen Kunst auf die gleiche Stufe: der Kunst der Gotik, deren Wesen auf die Wiederentdeckung des rhythmischen Elements als Daseinsgrund eines Kunstwerks beruht, und die offensichtlich keine unmittelbaren Vorläufer in der italienischen Kunst hat.

Doch war da noch etwas anderes, nicht weniger Überraschendes: die auf den Bildern eingravierten Zeichen. Zuerst bemerkt man sie nicht, sei es, daß der Rhythmus einen gefangen nimmt oder man sie für Verzierungen oder vergröberte Kopien griechischer Ornamente hält.

Die Epoche der Romantik mit ihrer Bewunderung für die Vergangenheit entdeckte auch den Symbolismus wieder, was einige hellsichtige Numismatiker dazu anregte, keltische Münzen auf ihre Symbolik hin zu untersuchen. LELEWEL hat 1840 als Erster einige symbolische Motive entdeckt. Gegen 1860 kann man sogar schon von einer symbolistischen Schule in der Numismatik sprechen, der Forscher wie HUCHER, SAUSSAY, FILIOU und unter den Archäologen DECHELETTE angehören.

Ihre Arbeit trug nur wenig Frucht. Sie entdeckten ein summarisch als Sonnensymbolik bezeichnetes System, schlossen daraus auf eine astrologische oder astrolatrische Herkunft und hielten am „Primitivismus" der Kelten weiterhin fest. Wie hätte es auch anders sein können, da die Ethnologie, — unsere mächtigste Helferin, wenn es um das Verständnis anderer Kulturen geht, — damals noch in den Anfängen steckte.

Nachdem sie zu keinem akzeptablen Resultat gelangt waren, trat schließlich im Gefolge einer ebenso ungeduldigen wie ahnungslosen Kritik eine Unterbrechung in der Forschungstätigkeit dieser Männer ein, so daß ihre Bemühungen leider voreilig in eine andere, zu jener Zeit wahrscheinlich ausweglose Richtung abgedrängt wurden. Seit Beginn unseres Jahrhunderts blieb die Frage der Symbolik in der keltischen Numismatik verfemt. Es war von ihr nicht mehr die Rede.

EMILE SOLDI, nach GUENON einer der besten Kenner der religiösen Symbolik, hat diese Münzen zweifellos genau untersucht. Da er aber von der vorgefaßten Idee ausging, daß die Symbolik mit den Kulturtriften mitwanderte, wollte er sie mit dem ägyptischen Sonnenkult in Verbindung bringen. Indessen wurde die Sonne in Ägypten zum Zeichen pharaonischer Würde, während hier die Sonnengötter abgewertet und in böse Gottheiten verwandelt wurden. Zwischen diesen beiden Erlebniswelten gibt es weder einen religiösen noch einen künstlerischen Zusammenhang.

Eine Untersuchung archaischer religiöser Themen wird zweifelsohne von Nutzen sein, doch berechtigt die Ähnlichkeit einiger Elemente noch nicht dazu, verfrühte Schlüsse zu ziehen. Ich werde hier analytisch vorgehen; das wird vom Leser einige Geduld erfordern. Wenn er darauf bedacht ist, den Weg abzukürzen, werden die systematisch eingefügten Bilder ihm die Materie in gedrängter Form darbieten.

DIE DARSTELLUNGEN

Wenn wir die Darstellungen auf den Münzen studieren, werden wir uns der Schwierigkeit gegenüber sehen, daß es ganze Reihen von Emissionen bereits unabhängiger Eigenprägungen gibt, was den Eindruck einer verwirrenden Vielfalt von Umkehrungen und gegensätzlichen Assoziationen erweckt: eine Welt, die auf dem Kopf steht.

Natürlich hat unsere eigene zeitgenössische Kunst uns längst an die Tatsache gewöhnt, daß im Bereich der Kunst nichts unmöglich ist. Das stimmt, freilich nur unter der Voraussetzung, daß man sich über die Grundgesetze der Kunst einig ist. Auch haben wir uns an die bizarrsten Masken und Kunstwerke primitiver Völkerschaften gewöhnt, die uns zum Teil auch durch deren Erzählungen, Gesänge und Tänze in ihrer Menschlichkeit näher gebracht wurden. Im Gegensatz dazu hüllt sich die keltische Kunst in ein undurchdringliches Dunkel, das man fast als aggressiv bezeichnen könnte. Wie läßt sich dort Licht hineinbringen?

Unser Befremden wird, selbst wenn wir vom Künstlerischen, von der rhythmischen Gestaltung her Zugang gefunden haben, noch lange andauern. Will man sich thematisch im Blick auf die symbolhafte Bedeutung orientieren, steigert es sich noch. Beim Vergleich gewisser Typen mit ihren griechischen Vorbildern hinsichtlich ihrer stilistischen Entwicklung wird man bestimmte Züge entdecken, die von einem Stück zum anderen wiederkehren; man wird erkennen, daß diese Zeichen ursprünglich einen Kopf oder ein Pferd darstellten. Das ist aber auch alles.

In diesem Stadium läßt unsere optische Routine uns im Stich, denn das Bild verflüchtigt sich hinter einem Gitter von motivischen Andeutungen, die nur noch mehr Fragen aufwerfen. Verwirrend sind auch die Zahlen, die als thematische Ergänzungen auftauchen, denn diese ändern sich ebenso, wie ihre unmittelbare Bedeutung: Daß 2 und 3 und 5 identisch sind, überschreitet unsere alltäglichen Vorstellungen.

Zuguterletzt zeigt sich alles in rätselhaften Kombinationen: Ein Reiter erscheint plötzlich ohne Fuß, sein Rumpf endet in einer Schlange oder in einem Pferd; er verwandelt sich in eine Schlange mit Pferdekopf, während das Streitroß einen menschlichen Kopf trägt, oder einen Vogelkopf, oder einfach eine Kugel oder ein Horn oder sich sogar ganz ohne Kopf präsentiert.

Diese Fülle der Austauschmöglichkeiten (ich habe allein für den Reiter siebzig Abwandlungen gezählt), diese augenzwinkernde Bedenkenlosigkeit im Umgang mit der organischen Materie erinnert mal an Zauberei, mal an die Virtuosität eines Taschenspielers.

Eine erste Gewißheit konnten wir erlangen: Wir haben es hier mit Meistern zu tun und keineswegs mit „Halbzivilisierten". Und die Unfähigkeit der Forscher, zumindest die *Originalität dieser Kunst* wahrzunehmen, beruht vielleicht weniger auf ihrer Skepsis als auf ihrem mangelnden künstlerischen Sinn; dem orthodoxen Archäologen fehlen hier die Voraussetzungen.

Die Hauptschwierigkeit besteht in der Interpretation der Zeichen, die den Schlüssel zum thematischen Verständnis bieten. Und schließlich, worüber sind die symbolistischen Vorläufer denn gestolpert? Über eine Kleinigkeit, die aber von kapitaler Bedeutung ist: Das häufige Vorkommen von Gestirnzeichen registrierend, schlossen sie auf astrologische oder astrolatrische Zusammenhänge im materiellen Sinn, ohne auf den Gedanken zu kommen, daß der Lauf der Gestirne in übertraggenem Sinn Tag und Nacht und damit Leben und Tod bedeuten könnte.

Sehen wir die bildlichen Darstellungen unter diesem neuen Aspekt, sind die Gestirne nur der kosmische Grundbezug, während das Hauptthema — nennen wir es ruhig das einmalige — der Mensch im Angesicht seines Schicksals mit seiner Sehnsucht nach Unsterblichkeit ist.

Diese Sehnsucht wohnt allen Menschen inne. Doch während die Ägypter und Sumerer ihre Anstrengungen auf die Verwirklichung der Unsterblichkeit im „irdischen Stoff" richteten, während der Christ sie durch Gnade und Verdienste zu erlangen trachtet, geht es dem Kelten erstmals in der Geschichte darum, die Unsterblichkeit der Seele als Naturgesetz, als Schöpfungstatsache nachzuweisen.

Doch läßt sich der Kelte von seiner eignen Argumentation nicht irreführen. Er leugnet nicht das Phänomen des Todes im irdischen Sinn. Was er bestreitet, ist die Objektivität der sinnlichen Wahrnehmung sowie die ausschließliche Existenz des Irdischen. Kurz, er zweifelt, was Tod und Realität betrifft, an der Erkenntnisfähigkeit des Menschen.

Die ganze scheinbare Irrationalität der keltischen Darstellung entspringt dieser ungewöhnlichen Auffassung, die zudem *das Leben mit dem Tod und den vorgeburtlichen Zustand mit dem Zustand nach dem Tode gleichsetzt* und diese durch die Vision eines ganzheitlichen Seins neutralisiert, dessen Fortbestand durch die *zyklische Erneuerung der Natur* garantiert wird.

Der Sieg des Tages über die Nacht, des Lebens über den Tod, sie werden in diesen Darstellungen in Frage gestellt. Wie soll man ihrer Zeichen habhaft werden, wenn das, was man für den Mond hält, sich als Tagesgestirn entpuppt? Wenn der vom Pferd abgeworfene Mann der Genius des Lebens ist?

Die Vereinigung der Gegensätze ist es, das Prinzip der *coincidentia oppositorum*, die im Denken der Kelten die erste Stelle einnimmt und in ihren Bildwerken dargestellt wird. Hat man dies einmal erkannt, liegt die Hauptschwierigkeit auf dem Weg schon hinter uns. Wir brauchen nun nur noch aufmerksam die keltischen Darstellungen zu verfolgen.

Diese erstaunliche, dem klassischen Geist diametral entgegengesetzte Einstellung gehört schon der Neuzeit an. Mochte ihr Auftreten verfrüht, ja inopportun sein und ihre Argumentation nicht ausreichen, änderte das doch nichts an der Tatsache, daß die ihr zugrundeliegende geistige Erfahrung gemacht worden war.

An dieser von der Erschöpfung des griechischen Geistes gekennzeichneten Wende der Geschichte, sah sich der Okzident vor die Wahl zwischen lateinischer und keltischer Dialektik gestellt. Er entschied sich für die lateinische, die das begriffliche

Denken auf ein Piedestal stellte, indem sie ihm beinahe religiösen und absoluten Wert zuerkannte. Die keltische Dialektik hingegen wollte der Herrschaft einer Logik entgehen, die sich auf die Fragwürdigkeit der sensoriellen Erfahrung gründete. Für die lateinische Dialektik blieb der Mensch weiterhin das Maß aller Dinge; die keltische ging von dem Eingeständnis aus, von Universum und Mensch nichts zu wissen.

Die intuitive Erkenntnis der Kelten von der Relativität der Dinge hatte nichts Vollkommenes, kein unmittelbar brauchbares Rezept anzubieten. Die Kelten sahen sich genötigt, erst einmal ihren elementaren Begriffen Form zu verleihen, von denen jeder einen von dem seines klassischen Gegenstücks abweichenden Sinn erhielt. Da die Sprache nicht stark genug war, um den neuen Gedanken Ausdruck zu geben, nahmen sie ihre Zuflucht zu einer Symbolschrift, der sie hieroglyphische Strenge verliehen. Die Motive, denen wir begegnen werden, sind also Hieroglyphen im buchstäblichen Sinn des Wortes, das heißt „heilige Zeichen" (griechisch *hieros,* heilig, und *gluphein,* eingravieren).

Die keltischen Zeichen unterscheiden sich von den ägyptischen Hieroglyphen, die zur Schrift entwickelt wurden, insofern, als das griechische und das lateinische Alphabet den Kelten bekannt war und sie deshalb kein neues zu erfinden brauchten. Das Kommunikationsmittel der Zeichen war keineswegs anachronistisch, denn es signalisierte, wie das ägyptische seinerzeit, den Beginn einer neuen geistigen Orientierung, die ihren Ausdruck suchte. Also waren die Kelten wie die Ägypter gezwungen, die Elemente ihres religiösen Denkens in Bilder zu fassen, die auf symbolische Zeichen reduziert wurden.

Bei der Entwicklung der Hieroglyphen ging es darum, ein rationelles Kommunikationsmittel zu schaffen. Daher ist es den keltischen Zeichen eigentümlich, daß sie sich mit bildlichen Darstellungen verbinden, sich mit ihnen verschmelzen und sie zu guter Letzt ersetzen, indem sie sie in heilige Ideogramme verwandeln. Obwohl ich ausdrücklich betonen möchte, daß die Motive, mit denen wir uns beschäftigen werden, keltische Hieroglyphen sind, werde ich mich dieser Bezeichnung nicht bedienen, um nicht zu verfrühten Diskussionen Anlaß zu geben. Da die Bezeichnung im übrigen weniger wichtig ist, als ihr Inhalt, begnügen wir uns damit, sie als Schlüssel zum keltischen Denken zu sehen.

Die Analysierung dieser Elemente ist eine *Pionierarbeit.* Sie geschieht in Reaktion auf den Pessimismus des Historikers, dem Fustel de Coulange in kategorischer Kürze folgendermaßen Ausdruck gab: „Wir kennen kein einziges Dokument, aus dem zu ersehen ist, daß die christliche Kirche in Gallien eine Religion vorfand, die sich von der des übrigen Römischen Reiches unterschied." (Rev. Celt. V. 1879). Heute befindet sich der Informationsstand noch auf dem gleichen Punkt.

In den folgenden Kapiteln werden wir uns nun mit diesen *wohlbekannten Dokumenten* befassen, *deren verborgener Inhalt jedoch im Lauf der vergangenen Jahrhunderte verlorenging.*

DAS SCHLANGENEI

Das Phänomen des Lebens, der Abstammung und der Fortpflanzungsfähigkeit der Natur hat den Menschen seit jeher bewegt. In dem Bemühen um eine Erklärung dieses Rätsels fand er ein Symbol: das Ei. Es schien dem Geheimnis des Seins wie auch, auf die belebte Materie übertragen, dem Mysterium der Schöpfung in komprimierter Gestalt Ausdruck zu geben. Zugleich Embryo und Same, bekundete es, daß der Mensch und die hundertjährige Eiche eines Ursprungs waren und sich das Leben ständig erneuerte.

Wie viele andere Motive, gehört auch das Ei zum weltumfassenden Repertoire der Symbolik. Doch gibt es nur den Rahmen ab für einen Inhalt, der von einer Religion zur anderen beträchtlich abweicht. Um uns über die besondere Bedeutung des Eis für die Kelten im Vergleich zu anderen Glaubensauffassungen und das Fortleben seiner Bedeutung in der Folklore klarzuwerden, wollen wir uns einige diesbezügliche Riten und Mythen in Erinnerung rufen.

Der Brauch, sich in Persien zum Neuen Jahr rotgefärbte, oder, wie in vielen anderen Ländern üblich, zu Ostern buntgefärbte Eier zu schenken, bekräftigt die Zusage der Erneuerung. Ähnlich gibt es zahlreiche andere Bräuche: in Finnland und Schweden schmückt man den Maibaum, in anderen Ländern Zweige in der Vase mit Eiern oder Eierschalen, oder man wirft ein Ei in die frisch gezogene Ackerfurche. Diese Sitten sind aus alten Frühlingsriten hervorgegangen, mit denen der Neubeginn der Vegetation gefeiert wurde. In Böotien findet man in Gräbern bisweilen Dionysos-Skulpturen, die ein Ei in der Hand halten. In Indien wirft man beim Holi-Fest, das zugleich Frühjahrs-, aber auch Totenfest ist, zwei Puppen, eine männliche und eine weibliche, zusammen mit einem Ei und einem Huhn ins Feuer. Das „Weltenei" ist auch in Indien, Indonesien, im Iran und in Griechenland, bei den baltischen Völkern sowie in Afrika und Amerika bekannt. (M. Eliade, Traité de l'Histoire des religions, Paris 1935, S. 353 ff.)

Plinius, Verfasser einer Naturgeschichte, berichtet aus Gallien, daß er dort *ein Schlangenei, außen hart und wie ein Apfel so dick*, für einen „druidischen Talisman“ gehalten habe. Wir werden diesem Motiv auf einer Stele aus dem Oo-Tal im Museum von Toulouse wieder begegnen: Sie zeigt eine Figur mit eiförmig rundem Geschlecht, dem eine Schlange entschlüpft (Abb. 1). Dieses zweigeschlechtliche Wesen soll fraglos den noch ungeteilten Ahnen darstellen, der im Begriff ist, sich in

seine männliche und seine weibliche Komponente zu spalten. Hier scheint der Schöpfungsakt durch das Ausschlüpfen der Schlange aus dem Ei versinnbildlicht, die Genesis mit der Zeugung verglichen zu werden.

Da die Schlange, weil sie keine Gliedmaßen hat, für das „primordiale“ Wesen gehalten wird und daher für den ältesten Lebensträger, gilt ihr Ei als erste göttliche Manifestation der vormenschlichen Vergangenheit. Darüber hinaus entsprechen das höhere weltgeschichtliche Alter der Schlange sowie ihre beispiellose Fähigkeit zur Verjüngung bei gleichzeitiger Bedrohung durch ihre Giftigkeit den Eigenschaften des keltischen Gottes, der Schöpfer und Zerstörer zugleich ist.

Die Stele von Toulouse, das exemplarischste Stück der keltischen Bildsäulen, wird von vielen für ein Werk aus dem Mittelalter über das allbekannte Thema der Fleischeslust gehalten. Indes untersagt die hermaphroditische Natur der Figur jede moralische Deutung. Die Übereinstimmung mit dem „druidischen Talisman“ dagegen ist recht groß. Dieses Stück ist den gallo-römischen Stelen zwar ähnlich, doch aufgrund des Themas und der archaischen Gestaltungsweise wohl früher zu datieren; es kann zu Beginn unserer Zeitrechnung entstanden sein.

Auf diese Zeit läßt sich zudem aus der sehr expliziten Darstellung des Gegenstandes schließen, denn in der prä-römischen Epoche ist vor allem bei den Münzen der Bildinhalt meist nur in Andeutungen wiedergegeben. Es genügt, daß sich ein Haarlöckchen in S-Form wellt, um eine Beziehung zum Schlangensymbol auszudrücken. Die gesamte Bildgestaltung unterliegt dem Gesetz solcher Assoziationen.

Abb. 1: Zweigeschlechtliche Gottheit, deren Geschlechtsteil als Schlangenei dargestellt ist, — Wiedergabe eines beherrschenden keltischen Themas: Der Tod bringt Leben, das Leben bringt Tod hervor; die Schlange entwindet sich dem Ei (Tod) und beißt der Gestalt in die Brüste (Leben).
Im Gegensatz zur biblischen Konzeption, nach der das Weibliche aus dem Männlichen hervorgegangen ist, entspringt in der keltischen Mythologie das Männliche (Schlange) aus dem Weiblichen (Ei).

Plinius erwähnt in diesem Zusammenhang auch, daß der Talisman gegliedert gewesen sei, *wie die Arme eines Tintenfisches.* Nun, ein solches Motiv ist auf einer Münze der Turoner (Abb. 2) zu sehen; einem halb geöffneten Ei entspringen fünf gewellte, wie Tintenfischarme aussehende Linien. Die mittlere berührt den Bauch des Pferdes, das auf diese Weise als *Epona*, die Pferdegöttin der Kelten, kenntlich wird (kelt. *epos*, lat. *equus* = Pferd). Die Schlange befruchtet sie.

Auf dieser Darstellung der Schöpfung wird man erkennen, daß die Urzeugung noch ein zweites Mal durch den Wagenlenker mit den beiden erhobenen Daumen symbolisiert ist, denn sein beinloser Torso läßt ihn als ophidianisches Wesen erkennen, das mit der Schlange, das heißt dem Schöpfungsakt, identisch ist. Wie dem auch sei, eine andere, menschlichen Vorstellungen gemäßere Darstellungsweise würde nicht vermittelt haben, woran dem Kelten durch die Kombination der Symbole Ei-Schlange-Pferd-Mensch gelegen war, nämlich, das *Hervorgehen des Menschen aus seiner prähumanen Zustandsform.*

Abb. 2: Ideographische Darstellung der Schöpfung. Der Wagenlenker mit dem strahlenförmigen Haarkranz und den beiden erhobenen Daumen lenkt das Pferd, unter dem aus dem halb geöffneten Ei fünf Schlangen hervorschlüpfen. Eine davon berührt den Bauch des Pferdes (Befruchtung), die vier anderen attackieren die Pferdebeine (Tod). Davor, rechts, ein Auferstehungsmotiv kombiniert mit einem Pferdegeschirr.

Von nun an können wir uns davon überzeugen, daß die figürlichen Darstellungen in Wirklichkeit Ideogramme sind, bei denen weder Ei noch Tier oder Mensch als reale Erscheinungen aufzufassen sind. Im Gegenteil, der Künstler bemüht sich mit allen Mitteln, eine realistische Darstellung zu vermeiden, um zu verhindern, daß der Betrachter am Gegenständlichen, rational Erfaßbaren hängen bleibt.

Da alles an diesen Bildwerken Idee ist, wird man nicht überrascht sein, dem Ei in verschiedenster, kaum vorhersehbarer Gestalt zu begegnen: in Gestalt eines Balles, eines Kügelchens oder eines Punktes. Schwebt es oberhalb der Haartracht, bezeichnet es die Göttermutter (Abb. 3). Unter einem

Eber angebracht, weist es, wie wir sehen werden, auf die Zeugungsfähigkeit des Königs hin. Es kann den Kopf ersetzen (Abb. 4); im Mund bedeutet es das Wort (Abb. 6). Stellt es das Hinterteil dar, zielt es auf den Ort der Fortpflanzung ab (Abb. 11/S. 43).

Die Schlange der Kelten gehört nicht zu den zoologischen Gattungen, wie wir gesehen haben, und der Kelte betont dies noch, indem er uns eine

Abb. 3: Göttermutter. Eine Kugel (Ei) schwebt über der Haartracht, die nach außen hin von kurvenförmigen Perlenschnüren umgeben ist, an denen kleine Totenköpfe und Kopfvorformen hängen. Einer der Köpfe ist vollkommen durchgebildet, die anderen nur angedeutet.

Abb. 4: Der Kopf des Reiters besteht aus einem von einer Schlange umgebenen Schlangenei. Die skizzenhafte Reiterfigur berührt fast den Schwanz des Pferdes; sie ist mit dem Pferd so verwachsen, daß das Pferd seine Beine zu ersetzen scheint. Hier ist die höchste Gottheit dargestellt, die durch Pferd und Schlange symbolisiert wird. Unter dem Pferd sieht man einen Eber, der die Vorderbeine des Pferdes attackiert.
Abb. 6: Das Ei im Mund eines Gottes bedeutet die Geburt des Wortes. Der Kopf hat die Form des Halbmonds, das strahlenförmige Haar evoziert die Sonne, die stilisierten Geweih-Motive vor dem Kopf sind Kennzeichen des gallischen Hirschgottes Cernunnos.
Siehe auch das Verzeichnis der Illustrationen auf S. 375, in dem auf die Seitenbezeichnung der Abbildungen und ihrer Legenden rückverwiesen wird.

Schlange mit Hörnern vorstellt (Abb. 7). Da sie das primitivste Wesen im Stammbaum der Tiere ist, kann sie durch ein anderes Reptil, zum Beispiel die Eidechse oder das Krokodil ersetzt werden, die dann die gleiche Schöpfungsidee verkörpern. Bei

dem hier abgebildeten, dem Bildnis des Zeus Ammon auf dem Tetradrachmon (Vierdrachmenstück) des Thrakierkönigs LYSIMACHOS nachempfundenen Kopf wurde das Widderhorn durch einen Tausendfüßler ersetzt. An der Schläfe und in der Haartracht kehrt das Schlangenmotiv wieder (Abb. 8/ S. 42).

Sind wir mit dieser Metaphersprache erst besser vertraut, werden wir die vielfach schlangenförmigen Bewegungen und Umrisse der Pferde als symbolische Anspielungen auf das Urpferd erkennen (siehe auch Seite 152).

Das Ei ist eine Entsprechung nicht nur der Fortpflanzungskraft, sondern auch der Zahl 1, die in diesem Fall keine Zahl im eigentlichen Sinne des Wortes ist, vielmehr alle anderen Zahlen zu unteilbarer Einheit in sich begreift.

Die Zahlenmagie war allen archaischen Kulturen vertraut, uns jedoch werden ihre Ergebnisse hier

Abb. 7: Eine gehörnte Schlange rollt sich um eine kleine, sich gleichermaßen einrollende Strahlenschlange. Da sich die gehörnte Schlange, deren Schwanzende sich um ein Ei krümmt, selbst in den Schwanz beißt, bedeutet sie hier Schöpfung und Zerstörung zugleich, eine Anspielung auf die Eigenschaften des Keltengottes.

nicht viel nützen: die Zahlen hatten für die Kelten keinen absoluten numerischen Wert. Wenn eine Zahl den Mond und eine andere die Sonne bezeichnet, werden diese Gestirne mit den ihnen zugeordneten Zahlen identisch. In diesem Fall erheben sie sich also über ihre rein numerische Bedeutung und werden zu Symbolen, die den Bildsymbolen gleichrangig sind.

Abb. 8: Der Kopf ist dem klassischen Bildnis des Zeus Ammon mit seinen Widderhörnern nachempfunden. In der keltischen Version ist aus dem Widderhorn ein Tausendfüßler geworden. Die Schlange, der rudimentärsten Tiergattung angehörend, scheint mit ähnlichen Kriechtieren, wie Eidechse, Tausendfüßler, in anderen Kulturen dem Krokodil austauschbar zu sein. Auf der Wange des Kopfes zeichnet sich eine ei-förmige, von einem Kranz umgebene Tätowierung, daneben eine in Form einer Leier ab.

Abb. 11: Zweigeschlechtliches Pferd mit Reiter, auf rein symbolische Darstellung reduziert. Der Kopf des Pferdes ist gleich dem Ei, der Bauch gleich dem Halbmond, das Hinterteil gleich der weiblichen Leierform. Das männliche Geschlechtsteil und die vier Seiten der Harfe, unten, Kugeln an Stengeln, sind zweigeschlechtliche Fruchtbarkeitssymbole. Vom Reiter ist nichts als die Hand geblieben, die den *stimulus* hält. Diese mandelförmige Hand ist weiblich, der erhobene Daumen dagegen männlich. Daß sie unmittelbar neben dem Pferdeschwanz angebracht ist, deutet darauf hin, daß dieser mit dem Reiter identisch ist.

FRUCHTBARKEITSSYMBOLE

Das Ei versinnbildlicht den Ursprung des Lebens, die Schlange soll anzeigen, daß sich dieser Vorgang in vormenschlicher Zeit abspielte. Die folgenden Motive beziehen sich auf das Leben selbst, auf die Lebenskraft, auf die schöpferischen Energien, kurz auf die Fruchtbarkeit, und in erweitertem Sinn auf die göttliche Fruchtbarkeit in der Schöpfung.

In allen Religionen des Altertums gibt es zahlreiche solcher Symbole. Die keltischen Fruchtbarkeitssymbole weichen indes in ihrer Bedeutung beträchtlich von anderen ab. Hier wird die Schöpfung mit dem Zeugungsakt und damit einer ununterbrochenen Kontinuität gleichgesetzt. Die keltische Schöpfung war kein isolierter, einmaliger, zeitlich begrenzter Akt, sondern ein unaufhörlicher Prozeß ohne Anfang und Ende. Denn das Ei setzt etwas Vorhergehendes, eine Aszendenz voraus. Das Ei soll als Symbol nicht den allerersten Uranfang bedeuten, es demonstriert vielmehr sein irgendwo in der unendlichen Abstammungsreihe fixiertes Prinzip.

Was könnte natürlicher sein, als die Fortpflanzungsorgane zum Ausdrucksmittel zu wählen, wenn es darum geht, die Idee der göttlichen Fruchtbarkeit zu vergegenständlichen? Daß sich solche Darstellungen auf den keltischen Münzen finden, ohne daß man sie als Symbole erkannte, liegt daran, daß der hinter der angeblichen Barbarei der Kelten verborgene Einfallsreichtum das strenge Forscherauge hinter der Lupe beleidigte.

Nun, besitzt man keine Geduld, und hat man keine Freude daran, sich in das dichte Geflecht der verborgenen Bedeutungen zu stürzen und die Suche nach ihnen zur eigenen Sache zu machen, wird man niemals einen Lichtstrahl vom Glanz der Erkenntnis erhaschen. Bücherwissen allein bleibt diesen Rätseln gegenüber machtlos. Sie geben ihr Geheimnis nur dem in die Tiefe gehenden sichtbaren Bemühen preis.

Es muß erwähnt werden, daß die im Umlauf befindlichen Münzen und damit die aufgeprägten Darstellungen in der Welt der Kelten durch alle Hände gingen, und es ist anzunehmen, daß die gallische Hausfrau, die sie bei sich trug, wenn sie zum Markt ging, die dargestellte Idee in ihren zahllosen darstellerischen Varianten sehr genau zu verfolgen wußte. Die Münzstempel nützten sich sehr schnell ab, so daß oft neue angefertigt werden mußten. Und bei jeder neuen Emission wird man sich gewiß freimütig über ihre Aufprägungen unterhalten haben.

Die Fruchtbarkeitssymbole lassen sich in drei Gruppen einteilen: in *androgyne* (zweigeschlechtliche), *weibliche und männliche.*

Das androgyne Bildzeichen ist ein Kreis beziehungsweise eine Öse oder eine Kugel an einem graden oder gewellten Stiel oder Stab (Motive 29, 30 auf der Tabelle Seite 93), ein Motiv, das wir schon von der Stele von Toulouse her kennen, wo eine Schlange (männliches Prinzip) dem Ei (weibliches Prinzip) entschlüpft. Unter dem Bauch eines Ebers finden sich die gleichen Motive in Gestalt „der Frucht seiner Eingeweide", an einer Nabelschnur hängend wieder (Abb. 9 und Abb. 161). Der Sinn des Motivs liegt auf der Hand: er besteht in

Abb. 9: Der Kreis, der an einem Stab unter dem Bauch des Ebers zu hängen scheint, ist eine Anspielung auf die Nabelschnur mit der „Frucht der Eingeweide". Jedoch daß das eingekreiste Ei am Hals des Tieres angebracht ist, einer Stelle, wo man es am wenigsten erwartet, deutet darauf hin, daß auch alles übrige der Darstellung rein symbolische Bedeutung hat, infolgedessen im sackförmigen Kopf das Matrixsymbol, im Auge das Motiv des Keimes oder Eies und in der männlich geformten Nase das Motiv des befruchtenden Organs aufgegriffen wurde.

der Verbindung des männlichen Prinzips (Stiel, Stengel, Stab) mit dem weiblichen (Kreis oder Kugel). In der Hand des Reiters, ihm als *stimulus* dienend (Abb. 10), sieht man es als androgynes

Abb. 161: Eine Triade (Dreigestalt) aus Eber—Vogel—ophidianischem Pferd. Unter dem Bauch des Ebers entspringt die „Nabelschnur", an der ein Ei hängt. Auf der Rückenmähne sitzen am Nacken zwei miteinander verwachsene Vögel ohne Flügel. Darüber sieht man eine Schlange mit einem Pferdekopf.

Abb. 10: Der schlangenförmige Reiter hält einen Perlenkranz an einem Stab als *stimulus*. Die eiförmige Kruppe des menschenköpfigen Pferdes wird von dem leierförmigen, aus Schwanz und Hinterbeinen gebildeten Matrixmotiv umschlossen. Die unten am Boden hingestreckte Gestalt hält einen gewellten Stab, der in eine Ähre ausläuft, was versinnbildlichen soll: aus dem Tod geht das Leben hervor.

Schöpfungssymbol. Außerdem kann es einen Kopf darstellen, in reduzierter Größe auch den männlichen Geschlechtsteil oder auch das männliche Geschlechtsteil des Pferdes (Abb. 11/S. 42) wie auch

Zitzen (Abb. 12) oder die vier Saiten einer Harfe (Abbildung 11).

Abb. 12: Die drei Zitzen der Stute werden durch das gleiche Motiv, Stengel (Stab) mit Kugel, dargestellt, das auf Abb. 11 als männliches Geschlechtssymbol verwandt wurde. Das Tier hat zwei Schwänze; der eine ist mit Strahlen versehen, der andere krümmt sich in Schlangenform und endet in einer Kugel, ein Zeichen dafür, daß die Stute sowohl für den Sonnen- wie auch für den Mondkult eine Rolle spielt.

Die zweite Gruppe der Fruchtbarkeitssymbole spielt auf die göttliche Gebärmutter oder Matrix an, deren Hieroglyphe die Gestalt eines leierförmigen Sackes hat. Dieser Sack hängt mit seinem Inhalt, einem Ei in einem Perlenkranz, am Bauch

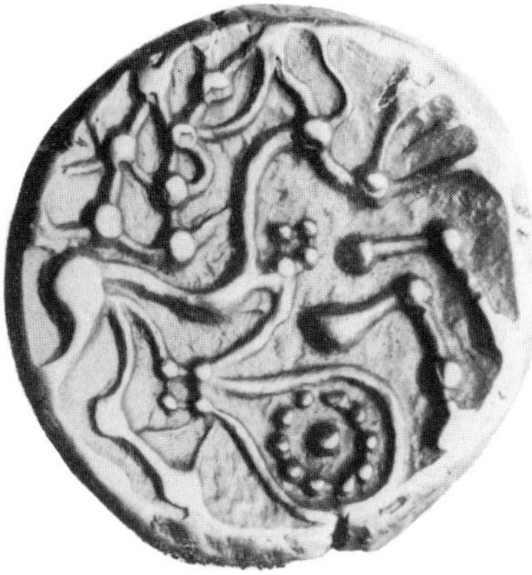

des Pferdes (Abb. 13). Der andere Sack mit den zurückgebogenen Rändern, der die Form einer

Leier hat (Abb. 14) ist nicht eine Blume mit geöffneten Blütenblättern, sondern ebenfalls eine Matrix, die ein Zeugungssymbol umfaßt.

Forschen wir weiter nach diesem Motiv, werden wir ihm oberhalb der Schulter des unter dem Pferd hingestreckten Toten wiederbegegnen (Abb. 15) Sein dreigeteilter Körper ohne Kopf und Glie-

der taucht noch einmal in dem hier durch eine Schnur gebildeten Matrixmotiv auf: das Symbol für die Seelenwanderung. Der Lehre der Druiden zufolge geht das Leben aus dem Tod hervor. Das Land der Toten ist, um das Bild Henri Huberts zu benutzen, ein Seelenreservoir, in dem ein durch Geburten und Tode reguliertes Kommen und Gehen herrscht. Der Mechanismus dieses Austauschs findet im Matrixmotiv symbolischen Ausdruck.

Abb. 13: Das Symbol der göttlichen Matrix ist unter dem Bauch der Stute wie ein Sack an vier Knöpfen aufgehängt. In diesem Sack befindet sich eine Kugel (Ei) in einem Kreis aus Perlen. Der Kopf der Stute besteht aus einem Halbmond mit zwei Kugeln. Aus ihrem Maul geht der „Atem" in drei Strömen hervor; ihrer Stirn entspringt das „Denken". Hier tritt an die Stelle des Reiters ein Netz aus sieben, miteinander verbundenen Kugeln.

Abb. 14: Das Matrixmotiv unter dem Pferd zeigt hier die Leierform und enthält das männliche Symbol. Der Pferdekopf ist eine Abwandlung des gleichen Motivs. Der Schweif besteht aus vier Strahlen, von denen einer schlangenförmig ist.

Abb. 15: Die Auferstehung. Unter dem Pferd liegt ein Toter. Über seiner Schulter sehen wir das Matrixmotiv, in der sich eine identische Gestalt ohne Kopf und Glieder befindet: das Symbol für die Seelenwanderung. Die Matrix ist durch die Axe der Hinterschenkel mit dem Pferd verbunden; sie bilden ihrerseits wieder das Matrixmotiv, was darauf verweist, daß es sich hier um Epona, die Mutter- und Pferdegöttin handelt.

Eine Variante dieses Motivs treffen wir auf Abb. 21 wieder, wo es den Kopf der Figur bildet,

auf die wir später zurückkommen werden. Bisweilen taucht es auch oberhalb von Köpfen auf, wie schon auf Abb. 3/S. 40: schlangenförmige Perlenrei-

Abb. 21: Ein Wesen, halb Mensch, halb Eber, dessen seltsamer Kopf, bestehend aus einem Ei und einer Schnauze, hier auffällt. Es neigt sich über eine Pflanze und begießt sie mit dem Regen, der aus seinem Bauch fällt. Sein rechter Arm gleicht der verlängerten Granne (Abb. 20), die dafür sorgen soll, daß man dieses Motiv als männliches Fruchtbarkeitssymbol erkennt. Diese Armform erinnert an die Legende vom Kriegsgott „Silberhand", dessen verlorene Hand (versiegte Manneskraft) durch eine Hand aus Silber ersetzt wurde.

hen bilden das Leiersymbol; an ihren Enden sind kleine Totenköpfe oder rudimentäre Andeutungen davon zu sehen. Das ist das Bild der Muttergöttin mit den Seelen, die auf ihre Inkarnation warten. An die leierförmig geschwungenen Kurven schließen sich zwei andere Perlenkurven in S-Form, männliche Schlangenmotive, an. Im Ideogramm der Zeugung verbinden sich also männliche und weibliche Motive.

Vielfach bilden die Hinterbeine der armorikanischen Pferde zusammen mit dem Pferdeschwanz ein leierförmiges Matrixmotiv, in das sich die stilisierte Kruppe (das Ei) einfügt (Abb. 10, 11/S. 45, 46). Eine Variante dieser erstaunlichen Komposition finden wir auf Abb. 17. Daß bei diesem Zeu-

gungssymbol der Schweif des Pferdes die männliche Komponente darstellt, ist sofort zu erkennen.

Der unter dem Pferdebauch aufgehängte Kessel ist eine weitere Variante des Matrixsymbols (Abb. 18). und erinnert an den aus der Sagenwelt

bekannten „Kessel der Auferstehung", in den die gefallenen Krieger hineingeworfen wurden, um am nächsten Tag wieder aufzuerstehen. Das war der Kessel der Zaubergöttin Keridwen, der das allmächtige Elixier der Intelligenz enthielt.

Der keltische Kessel erinnert sowohl in seiner Form wie in seiner religiösen Bedeutung an eine Graburne. Beide künden die Hoffnung auf Auferstehung. In der Geschichte vom Schwein des Mac Dâthô besitzt die Brühe befruchtende Kraft, und das Fleisch, das im Kessel schmort, ist der Leib in seinem präformalen, vorstofflichen Zustand. Im übertragenen Sinn galt auch der tägliche Gebrauch des profanen Kessels als heilige Handlung; somit wurde die Mahlzeit zur Zeremonie.

Abb. 17: Der geknickte Pferdeleib ergibt ein V: das binäre Rinderhörnermotiv. Der Kopf, dargestellt durch einen Kreis mit einem androgynen Fruchtbarkeitssymbol, hat sich vom Hals gelöst. Der Reiter scheint ihn an einer leinenartigen Linie zu halten und in Laufrichtung zu lenken. Die Formung des Hinterteils mit den beiden Beinen läßt wieder das Matrixmotiv anklingen. Darunter ein Eber, dessen Hinterteil das Matrixmotiv in einer anderen Abwandlung aufgreift.

Abb. 18: Auch hier das Matrixmotiv: der Kessel ist unter dem Pferdebauch an der gleichen Stelle aufgehängt, wo ihn auf Abb. 2 die Schlange berührt. Bei diesem Gefäß handelt es sich um den berühmten, in den Sagen erwähnten „Kessel der Auferstehung". Haar und Hüfte des Reiters weisen die gleiche Schlangenlinienform auf. Er schwenkt ein Schwert, aus dessen in Punkte aufgelöster Spitze eine Wellenlinie hervorgeht, die mit dem Hammer und seinen zwei Enden, dem leben- und dem todbringenden verbunden ist.

Schließlich taucht auf Abb. 19 auch der In-

halt des Kessels auf, ohne diesen Behälter, aufgehängt unter dem Bauch des Pferdes, an der gleichen Stelle, wo auf Abb. 2/S. 40 die Schlange das

Abb. 19: Ein kleines Wesen, das man als vorgeburtlich bezeichnen könnte, ist unter dem Pferdebauch angebracht. Seine aus Perlenschnüren bestehenden Arme, Kopf und Haar sind deutlich erkennbar. Die Figur endet in einem Schlangenschwanz, was auf die Abstammung des Menschen anspielt, auf die auch durch die Motive Pferd und Vogel hingewiesen wird. Der Sperber und das Ei vor seinem Schnabel sollen Assoziationen an Vaterschaft wachrufen. Darüberhinaus stellt das Relief die Prinzipien Seele, Leib, Fruchtbarkeit dar, die bei der urzeitlichen Entstehung im Spiel waren.

Pferd berührt: ein vorzeitliches Wesen, dessen untere Extremitäten noch Schlangenleib sind.

Das männliche Fruchtbarkeitssymbol wird auf Abb. 21/S. 47 dargestellt. Hier ist es ein Wesen, das

nach seinem eierförmigen Kopf mit der Schweineschnauze zu urteilen halb Mensch, halb Tier ist. Es begießt eine Pflanze mit dem Regen, der aus seinem Bauch fällt. Ungewöhnlich an diesem Bild ist, daß sein einer Arm der überdimensionalen Granne einer Getreideähre gleicht, siehe Abb. 20, ein formales Motiv, das auch im Schwanz der meisten armorikanischen Pferde wiederkehrt (Abbildung 10/S. 45).

Abb. 20: Der Wagen hinter den Pferden ist stark abstrahiert durch einen Stab wiedergegeben, der das Rad trägt, das dadurch die Form eines weiblichen Symbols erhält. Das Thema Fruchtbarkeit erscheint darüber hinaus auch in einem männlichen Symbol: der Kornähre.

Ich komme noch einmal auf die eigentümliche, aus Hinterbeinen und Schwanz des Pferdes entstehende Leierform zurück (Abb. 10/S. 45, 50). Offensichtlich soll sie, im Hinblick auf die Symbolbedeutung der stilisierten Kruppe auch die Schöpfung bedeutungsmäßig miteinbeziehen: Ei, Matrix, bestehend aus weiblicher und männlicher Komponente.

Aufgrund seiner Form ist der erhobene Daumen des Reiters (Abb. 2/S. 40) ein männliches Ge-

schlechtssymbol, ein Symbol für die Schöpferkraft. Finn, der irische Held, verbrennt sich, als er bei seiner Weihe den Lachs der Allwissenheit röstet, den Daumen. Diesem Mythos zufolge, gewann Finn, als er an seinem Daumen saugte, das „übernatürliche Gesicht", das heißt die Allwissenheit. Nun wird diese Geste bedeutungsmäßig auch mit der Geburt des Wortes in Zusammenhang gebracht, und so ist es interessant, hier zu erwähnen, daß Francoise Henry in Irland auf mehreren mittelalterlichen Kruzifixen neben der Gestalt Christi zwei Figuren entdeckte, die ihren Daumen lutschten, — eine Geste, die sie für keltischen Ursprungs hielt.

In der keltischen Ikonographie fehlt es nicht an Darstellungen von unglaublicher Kühnheit und künstlerischer Freiheit. Zu ihnen gehört das auf Abb. 22 wiedergegebene Bild vom Auge Gottes,

— das *oculus mundi* im Profil gesehen, ein an sich klassisches Thema. Das obere Augenlid ist durch ein männliches Geschlechtssymbol dargestellt, und dessen schlangenförmige Emanation, einen Stern oder strahlenden Keim mitsichführend, ergießt sich in die in Gestalt eines Matrixsymbols konzipierte Pupille. In einer solchen Vorstellung vom göttlichen Auge äußert sich eine Originalität und eine wissende Heiterkeit, die jenseits aller klassischen Maßstäbe ist.

Abb. 22: Ideogramm des göttlichen Auges. Die Augenbraue wird durch fünf aneinandergereihte Kugeln wiedergegeben. Das obere Augenlid hat die Gestalt eines männlichen Geschlechtssymboles aus dem eine Schlangenlinie (männlich) austritt, den Samen andeutend, der einen strahlenden Keim mit sich führt. Die Schlangenlinie setzt sich fort und berührt die Pupille, die durch das Matrixmotiv, einen Beutel mit einem Ei darin, wiedergegeben ist. Das typisch Weibliche seiner Öffnung wird durch die Mandelform noch betont.

DER ERDE-WASSER-KULT

Ehe der Mensch über den Sinn des Daseins Überlegungen anzustellen begann, hatte er bereits Boden unter den Füßen: die tragende, Generationen verbindende Erde, — etwas Festes und Sichtbares. Schon vor dem Ackerbau galt der Boden als heilig, denn sobald die letzte Eiskappe der letzten Eiszeit dahingeschmolzen war, strömte die Erde unter ihrer noch dürftigen Vegetation bereits die ihr eigene Lebenskraft aus.

Diese belebende Emanation der Erde gab Anlaß zu der keltischen Vorstellung, daß das Leben aus dem Unbelebten hervorgehe, für dessen Gestalt jener zuerst die Erde als Modell diente. So brachten sie den Tod mit der Erde in Verbindung und ebenso auch das Leben.

Kunde von dem, was unter der Erde vor sich ging, kam von der Schlange, die in der Erde wohnte. Als Kennerin und Wahrerin der geheimnisvollen Kraft, die sie dank ihrer wunderbaren Fähigkeit zur Verjüngung auch sichtbar demonstrierte, galt sie den Kelten als Archetypus jenes Gottes, den CÄSAR als DISPATER (Unterweltsgott), als den keltischen PLUTO bezeichnete. Er ist es, der in Gestalt der Schlange die Muttergöttin in Pferdegestalt befruchtet.

Um diese Idee von der Geburt des Lebens aus dem Tod anschaulich zu machen, stellte der Graveur der Münze (Abb. 23) den Tod durch ein Schwert dar, das er unter dem Pferd anbrachte, und ließ aus seinem Knauf eine Wellenlinie hervorgehen (Hieroglyphe der in eine Kornähre auslaufenden Schlange).

Ausgedrückt in dieser Metapher tritt die zeugende Kraft des Blutes verbindend zwischen Leben und Tod, zwischen belebte und unbelebte irdische Kräfte, — das befruchtende flüssige Element, dessen Heiligkeit mit der Heiligkeit alles Erdhaften untrennbar verbunden ist. Anspielungen auf das Wasser sind in der Symbolik der an Küsten und Binnengewässern lebenden Völker natürlich weit häufiger anzutreffen als bei den kontinentalen Bevölkerungsgruppen. Dies wird aus Münzemissionen ersichtlich, bei denen Schiffsdarstellungen eine große Rolle spielen. Doch wurden ihre Bilder nicht im Gedanken an die weltliche Schiffahrt oder zum

Lob der Seetüchtigkeit, der Macht und des Reichtums eines Landes entworfen. Hier geht es um die kleinen geräuschlosen Fahrzeuge, welche die Verstorbenen zu ihrem künftigen Wohnort bringen (Abb. 23 und 24).

Ob diese Bilder tatsächlich den Sinn haben, den wir ihnen beilegen, ist wissenschaftlich nicht gesichert, denn von diesen figürlichen Dokumenten abgesehen, werden sie in schriftlichen nicht erwähnt. Doch der menschliche Geist ist darauf angelegt, gewisse Zusammenhänge für gegeben zu halten, sofern sie einem allgemeinen Bedürfnis entsprechen und für bestimmte, auf andere Weise unzugängliche Vorgänge eine Erklärung bieten.

Deshalb haben wir die Interpretation dieser Zeichen auf ein gerade noch zulässiges Minimum reduziert in der Absicht, keine auf anderen im Bereich der Symbolik gemachten Erfahrungen begründeten, hier aber prekären Schlüsse zu suggerieren. Dennoch müssen, den Figurationen nach zu urteilen, gewissen telluro-aquatischen, bei den Kelten wie auch anderswo üblichen Riten ein und dieselben Spekulationen zugrunde gelegen haben. Unter diesem Vorbehalt kommen wir hier auf ein paar uralte Volksbräuche zu sprechen. Sie werden uns Einblick in die Logik der Symbolanwendung gewähren, — wie durch ein gewisses signifikantes Gebaren die Einheit der menschlichen und vegetabilen Fruchtbarkeit zum Kosmos in Verbindung gesetzt wird.

Im früheren Ostpreußen wurden die Erbsen von nackten Frauen gesät. In Finnland trugen die Frauen das Saatgut im Menstruationshemd oder im Schuh einer Prostituierten aufs Feld, um durch die Berührung mit Kleidungsstücken von Personen, die von einer Macht sexuellen Charakters gezeichnet waren, die Fruchtbarkeit der Felder zu sichern. (Bantasalo, Der Ackerbau im Volksaberglauben der Finnen und Esten mit entsprechenden Gebräuchen der Germanen verglichen, Bd. 5, 1919—1925, zitiert bei M. Eliade, *op. cit.* II, S. 7 u. S. 120) Diese Bräuche erhalten einen Sinn, wenn man sich vor Augen hält, daß die Alten einen Zusammenhang sahen zwischen der geheimnisvollen Fruchtbarkeit der Erde und der Fruchtbarkeit der Frau.

Abb. 23: Der Reiter, dessen Beine von dem Pferdeschwanz verdeckt werden, hat selbst einen schlangenartigen, von zwei Kommas hinter seinem Rücken ausgehenden Schweif. Er hält ein Himmelsschiff mit kreuzförmigem Mast, an dem zwei seltsame Vögelköpfe auffallen: Kopf und Schnabel des Vogels zur Linken bestehen aus zwei Kugeln, — Symbolzeichen für die Sonne-Mond-Opposition —, der rechte zeigt den Kopf eines gehörnten Adlers. Aus dem Schwert unter dem Pferd geht eine Wellenlinie hervor, die vor dem Kopf des Pferdes in einer Kornähre endet: Sinnbild für den Tod als Erzeuger des Lebens.

Abb. 24: Der Rumpf des Bootes hat die Form des Halbmonds. Über seinem Heck schweben drei Kugeln, zwei weitere sieht man unter dem Zelt. Die Strahlen im Hintergrund bedecken nur die Hälfte des Himmels, was Tag und Nacht bedeuten soll, — die antagonistischen Aspekte, unter denen sich Existenz vollzieht.

Aus der Vielzahl der Bräuche sei noch die Gepflogenheit angeführt, den Pflug am ersten Arbeitstag des Jahres mit Wasser zu besprengen. Die Zeremonie gilt weniger der Beschwörung der bewässernden Kraft des Regens als, analog dazu, der Keimkraft des Saatguts; beide wirken befruchtend. Hier nimmt man, unter Verzicht auf die bildliche Darstellung, zum Analogiezauber Zuflucht, der durch nachahmende Handlung die gewünschte Wirkung beschwören soll.

Die meisten der keltischen Kultstätten wurden an geweihten Quellen errichtet und dienten dem Wasserkult (VAILLAT, Le culte des sources dans la Gaule antique, Paris 1934). Sicherlich handelte es sich dabei um heilende Thermalquellen, doch dienten sie zweifellos auch der Reinigung und auch anderen, den Meeresgeistern, Fluß- und Quellgeistern geltenden Zeremonien.

Das Eintauchen ins Wasser, in die lösende Kraft, symbolisiert die Rückkehr in den vorstofflichen Zustand, ebenso wie das Auftauchen aus dem Wasser eine Wiederholung der kosmogonischen Geste der Erschaffung des formalen und differenzierten Leibes darstellt. Dieses Symbol hat im „Jungbrunnen“ wie in der christlichen Taufe überlebt. (M. ELIADE, *op. cit.*)

Von den Bildnissen weisen einige ein Gebilde vor dem Mund auf, das vermutlich den Lebensodem verbildlicht (Abb. 25 bis 29). Obwohl von luftiger, immaterieller Struktur, hat man dem

Abb. 25: Die sich aus dem Munde ergießende Emanation (der Lebensodem) und die Stirnlocke (das Denken) haben S-Form, — ein Zeichen für ihren vorzeitlichen Ursprung. Im Nacken ein Pfeil (der Tod), unter dem Hals der Halbmond. Die Haartracht wird durch sich kreuzende Schlangen, der Lorbeerkranz durch Halbmonde wiedergegeben.

Abb. 26: Hier hat die Emanation einen fließenden Charakter (Samenfluß), womit es begründet scheint, diese Gestaltung dem Wasserkult zuzuordnen. Natürlich handelt es sich auch hier um den „Odem“, doch wird er hier durch Einbeziehung des wässrigen Elements und dessen befruchtende Wirkung ausgedrückt. Bemerkenswert ist die an das Haupt der Medusa erinnernde Haartracht aus sich windenden Schlangen.

Abb. 27: Halbmondförmiges Profil mit dreieckigem Auge. Aus der Mundemanation ist eine auf der Brust auftreffende Kurve geworden, fraglos eine Versinnbildlichung des Atemweges. Aus der Schläfe ragt ein Horn, das die fünf Spiralen in zwei und drei aufteilt. Eine davon ist die Stirnlocke, die letzte ein S, das sich um das Ohr ringelt.

Abb. 28 und 29: Diese beiden aquitanischen Münzen zeigen zwei verschiedene Entwicklungsstufen des Symbols der Mundemanation. Auf dem oberen, realistischeren Relief hat es die Form von zwei Fischen vor dem Mund angenommen, die sich auf der unteren, abstrakteren Darstellung in ein zusammenhängendes Ornament verwandeln. Der Odem ist nicht mehr so explizit dargestellt wie bei den vorherigen Beispielen, dagegen ist eine aquatische Herkunft um so wahrscheinlicher.

Atem hier flüssigen, aquatischen Charakter verliehen, was wir als Anspielung auf den Ursprung aller Dinge, auf die schöpferische Qualität des Wassers deuten. Auf einer Münze der Parisii ist ein Pferd dargestellt (Abb. 72/S. 57), aus dem drei Emanationen hervorgehen. Die eine strahlt von der Stirn aus (das Denken), die andere entspringt dem Munde (die Lebenskraft), und die dritte tritt zwischen den Beinen aus (der Samenfluß).

Die figurative Anregung zu diesen aquatischen Anspielungen kam von griechischen Münzen aus Syrakus; auf ihnen war häufig die Quellnymphe Arethusa, Schutzgöttin der Stadt, umgeben von vier Delphinen, abgebildet. (L. LENGYEL, Chefs-d'oeuvres de monnaies grecques, 1952, passim.) Die iberischen Graveure des Emporiums griffen diese Anregung auf, verwandelten jedoch die Exhalation in zwei Fische vor dem Mund des Kopfes. In der aquitanischen Version werden die Fische zum Ornament (Abb. 29).

Indes verbleibt hier ein Moment der Unsicherheit: Birgt dieser schöpferische Lebensodem nicht auch zerstörerische Macht in sich? Im Sagenzyklus um Finn vernichtet Ailill durch den feurigen Atem, der seinem Mund entströmt, die Weihestätte Tara. Hier scheint es einen ganzen Komplex von verworrenen Bedeutungen zu geben. Allein durch geduldige Bemühungen werden wir die Beziehungen zwischen solchen mythologischen Widersprüchlichkeiten, bei denen die wohltätigen Eigenschaften der einen sich bei der anderen in schädliche verwandeln, erhellen können.

Die gegensätzlichen Kräfte, die sich hier auswirken, sind vorgestellte. Sie bringen eine Lebensanschauung zum Ausdruck: den *keltischen Dualismus*. Dieser äußert sich in den verschiedensten, auf Erde und Wasser bezogenen Bildern, denen, wie sogar aus noch überlebenden telluro-aquatischen Riten ersichtlich, ehemals eine weit ausgedehntere religiöse Basis zugrundelag. Diese umfaßte neben der Fruchtbarkeitssymbolik noch einen vitalen astralen Bereich, dem wir uns nun zuwenden wollen.

Abb. 72: Der gestirnte Himmel oben berührt die Mähne des Pferdes, die schlangenförmig verläuft und in einem Bovidenhörner-Motiv endet. Aus Stirn, Maul und Geschlechtsteil gehen Emanationen hervor: aus der Stirn das Denken, aus dem Maul der „Odem" und aus dem Hinterleib das befruchtende flüssige Element. Die Gelenke der Vorderbeine sind als fünf Kugeln wiedergegeben, von denen die des Pferde-Ellenbogens zugleich Teil eines weiteren, sich an Brust und Hals aufwärts erstreckenden Fünfermotivs ist. (Unterhalb der Vorderbeine noch einmal ein quinäres Kugelmotiv.)

DER MONDKULT

Im sakralen Leben der Vorzeit war es der Mond, der die überragende Rolle spielte. Sein tatsächlicher — inzwischen erwiesener — Einfluß auf irdische Vorgänge und seine Eignung als Gegenstand entsprechender Analogien verliehen ihm einen besonderen Wert. Dank dieser Eigenschaften kam ihm auch im Rahmen der Initiation eine vorrangige Bedeutung zu.

Strabo vermerkt in bezug auf die Keltiberer, daß sie einen anonymen Gott anbeteten, der fraglos den Mond darstellte. (Strabo, III, IV, 16) Wir würden diese Gottheit ohnehin bald selbst auf den Münzen entdeckt haben, zumal der Mond unter den abgebildeten Motiven die erste Stelle einnimmt. Wir werden den ihm von den Kelten beigemessenen eminenten religiösen Wert zu rekonstruieren versuchen und uns dabei vor allem auf die Untersuchungen von Religionswissenschaftlern wie Hentze und Eliade stützen, deren reiche Ergebnisse wir zu der Fülle der Motive auf den Münzen in Bezug setzen wollen.

In den Religionen des Altertums, die den Mondkult praktizierten, verehrte man nicht den Mond an sich; vielmehr galt er als Manifestation des Heiligen. Er war der „Hierophant" der Mysterien, — nicht nur wegen seiner Anziehungskraft, die Ebbe und Flut bewirkte und ihn deshalb zum „Herrscher der Gewässer" machte, und nicht nur aufgrund seines Einflusses auf den Rhythmus der weiblichen Menstruation, der ihm in manchen Religionen wiederum den Titel „Herrscher der Frauen" eintrug, sondern auch wegen seiner Wirkung auf das Wachstum der Pflanzen, zu Lande wie im Meer. Der erotisch-telluro-aquatische Kreis, der unter der Herrschaft des Mondes stehende, stark differierende Bereiche verbindet, ähnelt den prä-solaren Kulten Mesopotamiens und Ägyptens — vor allem dem Kult des babylonischen Mondgottes Sin und des ägyptischen Gottes Osiris.

Zu dieser organisatorischen Tugend des Mondes kommt das Phänomen seines Zunehmens und Abnehmens hinzu, das am nächtlichen Himmelsgewölbe dem Menschen *Dauer* und *Maß* demonstriert. Aus diesen Beobachtungen ging schon lange, ehe man die astronomische Zeit des Sonnenzyklus zu untersuchen begann, die konkrete Zeit des Mondkalenders hervor.

Wie die Völker indoeuropäischer Sprache, wie die Semiten und viele andere, zählten die Kelten die Zeit nach den Nächten. Der keltische Kalender teilte das Jahr in zwei Hälften, in eine dunkle und eine helle; das Jahr begann mit der dunklen Jahreszeit.

Die Mondphasen, das Verschwinden des Mondes und sein Wiedererscheinen bewiesen, daß sein Tod niemals endgültig war, daß Geburt, Alter und Wiedergeburt ewig währten. Dieser grundlegende Rhythmus regiert die Abläufe in der Natur und kommt in den Gegensätzen von Tag und Nacht, Leben und Tod wie auch in den Jahreszeiten zum Ausdruck.

Der Tod, das Bild der Nacht und ihres Ursprungs, evoziert den Mond und zugleich auch die Erde, die sich beide in den Anspruch auf den Verstorbenen teilen. Der Anblick der Erde, aus der die Vegetation sprießt, und in welche die sterbliche Hülle des Menschen zurückkehrt, erweckte die Vorstellung von der Großen Göttin, der Terra Matra, der Mutter Erde, die schon von der Urzeit an als Repräsentantin der tellurischen wie der chtonischen Kräfte, der befruchtenden wie der unterweltlichen, doch auch der schützenden Kräfte galt. „Krieche zur Erde, deiner Mutter", sagt der RIG VEDA (X. 18, 10), „kann sie dich doch vor dem Nichts retten."

Freilich treffen wir im Keltenreich vor der gallo-römischen Epoche die klassische Erdmutter nicht an. Die Originalität der Kelten erfand die Pferdegöttin, dann die Adlergöttin: Beide unterscheiden sich ausdrucksmäßig von allen anderen durch das Prinzip der Bewegung, die durch Pferd und Adler symbolisiert werden. Der tote OSSIAN kriecht nicht in die Erde zurück, er folgt der Totengöttin NIV zu *Pferde* in das *Land der ewigen Jugend* (S. 304).

Hier bewegen wir uns noch im Rahmen archaischer Vorstellungen über die Zusammenhänge. Das System der Entsprechungen wird durch eine Symbolkette wiedergegeben, deren Glieder austauschbar sind. Spuren davon klingen noch in alten Volksweisen an.

Die Gleichsetzung von Mond, Gewässer und Erde beruht also nicht auf gedanklichen Spekulationen, sondern auf dem intuitiven Erfassen ihrer sich ergänzenden, sich in der Fruchtbarkeit vereinenden Funktionen. Die Fruchtbarkeit evoziert den Ursprung alles dessen, was ist: *Wasser, Regen, das männliche Prinzip des Samens, ebenso Frau, Erde und Vegetation.* Von der Periodizität der Frau und der Gezeiten über das Meer mit seinen Muscheltieren zu der Kette: Spirale — Perle — Muschel — Schlange — Schnecke — Vulva und von dieser zur Reihe: Vase — Behälter — Kessel — Matrix — Graburne führend, ergänzt sie den Kreislauf des Mondes, der die Basis des Erde-Wasser-Kults bildet.

DIE KELTISCHEN MONDMOTIVE

Der Mond wird überall auf der Welt durch das Zeichen der Sichel oder des Halbmondes dargestellt. Häufig ist das Haar der Mondgöttinnen mit dem Halbmond geschmückt, der schon von Urzeit an formal einem Horn angeglichen wird. Später erscheinen die Nachtgottheiten gehörnt. Um den Bildsinn dieser Formel zu verdeutlichen, weisen zum Beispiel bei den Kretern die göttlichen Hörner Kugeln an den Enden auf.

Der Mondkult bedient sich nicht allein der Symbolik von Mondsichel und Horn, sondern auch der Symbolik der Zahl. Welcher Zahl? Lange Zeit versuchten die Forscher, an Hand der Anzahl der auf den keltischen Münzen erscheinenden Punkte und Kugeln auf deren Geldwert zu schließen, doch ohne Erfolg. Denn aus den unterschiedlichen Anordnungen der Punkte läßt sich ersehen, daß es sich hier um arithmosophische (zahlensymbolische) Darstellungen handelt. Diese Zahlen haben kultische Bedeutung, und infolgedessen bezieht sich zumindest eine von ihnen immer auf den Mondkult. Nun, unter den aus Sichel oder Horn abgeleiteten Motiven tritt die Zwei am häufigsten auf. Sie ist die Zahl des Mondes.

Betrachtet man die binären, durch zwei Kugeln am Ende betonten Zeichen, die gekoppelten, verdoppelten, doppellinigen oder zweiteiligen Motive, wird man entdecken, daß sie stets aus Sichel oder Horn abgeleitet sind. Wird der Halbmond noch stärker gekrümmt, bis er das geschlossene Rund des *Torques*, des offenen keltischen Halsringes mit zwei Rundscheiben oder Knöpfen an den Enden ergibt, zweifelt man nicht, daß dieser Schmuck ein Mondtalisman ist. Doch kann sich die Sichel auch öffnen und zu einer geraden Linie strecken und die beiden Kugelknöpfe an den Enden beibehalten, oder sie kann sich zu einem V knicken, — stets bewahren diese abgeleiteten Formen die binäre Gestalt. Wie sind diese Abwandlungen zu deuten?

Fertigt man eine methodische Aufstellung der Zeichen an, wird man entdecken, daß sich aus den Varianten von Mondhorn oder -sichel und Tierhorn immer neue sinnverwandte Zeichen entwikkeln ließen. Zweifellos war den Graveuren darum zu tun, sich ein Reservoir von mondbezogenen Elementen und Metaphern zu schaffen, mit denen sie frei umgehen konnten, ohne sich in ihren Entwürfen allzuoft zu wiederholen. Diese Künstler scheinen geradezu in der Erfindung immer neuer Abwandlungen der einfachsten Motive gewetteifert zu haben.

Die Kelten stellten den Mond nicht nur als Mond- oder Tierhorn dar. Es bot sich ihnen noch die Möglichkeit, den Mond durch das Oval oder vor allem die Mandelform wiederzugeben, was umso besser war, als er dann formal zum kreisförmigen Sonnenzeichen in Kontrast stand. Wir werden übrigens gleich sehen, daß die Mandelform aufgrund ihrer beiden Spitzen ebenfalls zu den binären Motiven gehört, und da sie zudem das weibliche Geschlechtssymbol ist, ergibt sich hier noch in anderem Sinn eine Beziehung zum Mond.

Das Oval, das man auf einigen Münzen hinter dem Pferd dargestellt sieht, hatte ursprünglich eine andere Bedeutung; es sollte das Rad der griechischen Quadriga darstellen; doch als der Wagen verschwand, gelangte es als solches in Vergessenheit. Wußten die Künstler nicht mehr, was sie da „hinkritzelten"? Zieht man in Betracht, daß die Graveure das Kunststück fertigbrachten, das Hinterteil des Pferdes in eine Matrixform umzuwandeln, wird man zu der Annahme neigen, daß sie das Rad in ihren Entwürfen beibehielten, weil seine Form an die Zeugungskraft erinnerte (Abb. 15/S. 155). In diesem Sinn erhält auch das mandelförmige Auge (Abb. 100) plötzlich Signalwirkung, zumal im Vergleich mit dem Auge auf einer anderen Münze, das durch eine Kugel im Kreis wiedergegeben wurde (Abb. 57).

Abb. 100: Drei Ansichten simultan dargestellt. Die Frontalansicht wird durch die Symmetrie des von zwei Voluten flankierten Halses betont. Sie enthält das göttliche Auge, das alle anderen Züge zurücktreten läßt. Die Nase des Profils ist von einem S umhüllt; das Kinn wird durch drei Kügelchen hervorgehoben. Sieht man in der oberen Einrollung des S ein Auge und in der unteren einen Mund, tritt zu den beiden anderen Aspekten ein Dreiviertelprofil hinzu.

Abb. 57: Kopf in Form einer Mondsichel. Auge, Nase, Haar, Bart und Kopfschmuck sind stark reduziert zeichenhaft wiedergegeben. Vor dem Kopf erscheint die Zahl 5 (fünf Kugeln), hinter ihm die Zahl 2 (zwei Kugeln).

Je nach ihrer Verwendung, ob sie ein Ohr oder eine Augenbraue oder einen Pferdebauch darstellt, wird die Halbmondform fortgesetzt abgewandelt. Bisweilen hat sie die Form eines Kommas oder auch eines Tropfens, — ähnlich dem für die irischen und gotischen Malereien so charakteristischen „Fischblasenornament“. Die Neigung zur Halbmondform ist derart ausgeprägt, daß sie zur Darstellung von Profilköpfen verwendet wird und Augen, Nase und das kugelförmige Kinn in sie eingebettet werden (Abb. 70).

Die Zahl 4 scheint für die Kelten keine andere Bedeutung gehabt zu haben als die der Verdoppelung der 2. Demnach wäre sie mondbezogen und würde räumlich die vier Kardinalpunkte, die Weite der Erde und des Ozeans oder des Himmelsgewölbes evozieren.

Die dem Mondzyklus zugeordneten Tiere zeichnen sich durch exemplarische Fähigkeiten aus, allen voran durch die der Verjüngung: die Schlange wechselt ihre Haut, der Hirsch wirft sein Geweih ab, der Bär verschwindet im Winter (der Tod) und kehrt im Frühjahr zurück. Der Eber zeichnet sich durch Mut und durch Fruchtbarkeit aus, das Pferd und der Hund sind schon seit grauer Vorzeit vom Menschen unzertrennlich, der Lachs ist der Götterbote aus dem Ozean.

Dem Mondzyklus aufgrund ihres tellurischen Wesens zugeordnet, nimmt auch die Vegetation einen wichtigen Platz in der bildlichen Darstellung ein. Da sie Symbole sind, erhalten die Pflanzen mehr heraldischen als naturalistischen Charakter. Die Ähre, die Eibe, die Eiche, der Mistelbaum dienen mit ihrem Gezweig dem numerischen Ausdruck, der 2 oder der 3, je nach dem, welchen Kulten sie zuzurechnen sind.

Das Gestirn der Nacht wiederholt durch seine Periodizität den Rhythmus des Lebens. Es bringt die Vielfalt der biokosmischen Erscheinungen auf einen gemeinsamen Nenner und gestattet die Einbindung der Quasitotalität der Weisheit in ein geordnetes System.

Mit zunehmender Erweiterung des Bewußtseins für immaterielle Werte, begann man im Rahmen archaischer Religionen mehr Überlegungen ,über das Leben der Seele anzustellen; man fragte nach der schöpferischen Kraft des Geistes oder der magischen Qualität des Willens.

Diese neuen Werte wurden, als sie in die Religionen Eingang gefunden hatten, mit dem solaren Weltschöpfer, einem Neuankömmling, in Verbindung gebracht, um den sich ein Kult zu entspinnen begann in der Absicht, den althergebrachten Mondkult durch ihn zu ersetzen.

Abb. 70: Die tätowierte Harfe auf der Wange ist das Symbol der Seele. Ihre in Kügelchen endenden Saiten gehen aus einem Eimotiv hervor, das bedeutungserweiternd von Ursprung und göttlicher Abkunft zeugt. Der Kopf ist ein Halbmond, der oben und unten in einer Kugel endet, wobei die untere das Kinn darstellt. Das Auge ist mandelförmig, die Lippen sind zeichenhaft wiedergegeben. Die Haarsträhnen haben Schlangenform. Zwei Strähnen über der Stirn zeigen Anklänge an das Hörnermotiv. Daneben das Ei-Symbol.

DER SONNENKULT

Wer hätte sich nicht an der glanzvollen Gestalt des Sonnenheros in den schönsten Hymnen des Altertums begeistert? Er wurde Gegenstand einer Überfülle an antiker Literatur und zog damit die Aufmerksamkeit der Historiker auf sich, die ihm eine auserwählte Stellung im mythologischen Bereich einräumten. In den irischen Heldenepen heißt er CUCHULAINN und besitzt beispiellose Kraft und Klugheit. Er allein bot einer ganzen Armee die Stirn, was ihm viel Sympathie und alle einem Sagenhelden zustehenden Ehrungen einbrachte.

Im nordischen Raum legt seit der Bronzezeit auf dem berühmten Wagen von Trundholm (Dänemark) eine große, von Pferden gezogene Sonnenscheibe Zeugnis vom Sonnenkult ab; ebenso weisen in Schweden Felszeichnungen auf ihn hin, während in Gallien zahlreiche kleine Räder, die man mit anderen Gegenständen in Gräbern fand, mit dem Sonnenkult in Zusammenhang gebracht werden. Diese Funde haben viel dazu beigetragen, daß man seit der Mitte des vergangenen Jahrhunderts die Sonnenanbetung und den Totenkult als die Grundlage der keltischen Religion ansieht.

Neuerliche Untersuchungen haben ergeben, daß der Sonnenkult unter den Völkern weniger verbreitet war, als man annehmen sollte. Es gibt sogar Völkerschaften, wie zum Beispiel die von HERODOT (IV. 184) erwähnten Ataranten der Sahara, die die Sonne verwünschten. Auch hat man festgestellt, daß in Afrika, Australien und auf den Ozeanischen Inseln die Mythen nicht ausreichend Elemente enthielten, um auf einen typischen Sonnenkult schließen zu lassen.

Vorherrschend ist er vor allem in den Hochkulturen, in Asien, im alten Ägypten, im präkolumbianischen Mexiko und Peru, also überall dort, wo sich große Imperien unter einer führenden Elite oder mit Dynastien bildeten, die seine Autorität und eine entsprechende Titulierung für sich in Anspruch nahmen wie „Sonnenkönig“ oder „Sohn der Sonne“, deren politischer Akzent zudem unverkennbar ist.

Gleicherweise hat man erkannt, daß es für die natürlichen Symbolreihungen des Mondkults keine gleichermaßen reichhaltige Entsprechung im Sonnenkult gibt, und daß vor allem die Idee des „geistigen Feuers" schon die Folge einer rationalistischeren Orientierung ist, eine Maske des älteren Weltschöpfers, aus dem sich der erst spät in Erscheinung getretene Sonnenheros herleitet. Wahrhaftig ist die Forschung, als sie tiefer in die urzeitlichen Glaubensanschauungen einzudringen begann, auf eine noch ältere Schicht von uranischen, fast vergessenen Gottheiten gestoßen, aus der unser Sonnenheros hervorgegangen sein wird. In diesen uralten Bewußtseinsstadien stellte der Mensch also bereits metaphysische Reflexionen an, schon ehe das Zweckdenken und der Wunsch nach Geborgenheit in der Schaffung von Kultgegenständen Ausdruck fand. Das schon früh einsetzende, zersetzende rationalistische Denken hat diesen höchsten Wesen, den Schöpfern des Universums, ein Ende bereitet, um sichtbare, der Lösung der täglichen Existenzprobleme dienlichere Götter an ihre Stelle zu setzen.

Überall in Afrika ist man einem nur noch in der Erinnerung der Völker lebenden himmlischen Gott begegnet, der im Begriff ist, aus dem Kultleben zu verschwinden. Sein Kult wurde vom Ahnenkult abgelöst. Die Afrikaner glauben, daß dieser Gott über große Macht verfügt habe, die er nur allein ausüben wollte. (M. Kingsley, Travels in West Africa, London 1897, S. 508) Die Selk'nam auf Feuerland nennen ihren Gott Temankel, „Bewohner des Himmels". Er ist ein ewiger, allwissender, allmächtiger Schöpfer. Doch da er mit der Schöpfung schon fertig war, hat er sich zu den Sternen zurückgezogen und kümmert sich nicht mehr um weltliche Angelegenheiten. Dieser Gott kennt keine Priester, und es gibt keine Bilder von ihm. Doch hat er die Sittengesetze erlassen, ist Richter und Gebieter. (M. Gusinde, Das höchste Wesen bei den Selk'nam auf Feuerland, Festschrift Schmidt, S. 269—274, zitiert bei M. Eliade, *op. cit.*)

Auch aus der griechischen Mythologie läßt sich auf das Vorhandensein einer ersten Schicht von Schöpfergottheiten schließen. Von Uranos (Himmel) ist, abgesehen davon, daß er Sohn und Gemahl der Gäa (Erde) war, keine Spur verblieben, nicht einmal ein Bild. Aus dieser Hierogamie gingen Okeanos, Hyperion, Theia, Themis, Phoebe, Kronos, die Kyklopen und die hundert-armigen und fünfzig-äugigen Ungeheuer hervor. In Indien vermochte Djaus ebenfalls seine kosmische Stellung nicht mehr zu behaupten und wurde von dem solaren Gott Mitra, später Soter, und dem lunaren, aquatischen, allwissenden Varuna verdrängt. (G. Dumezil, Ouranos-Varuna.) In allen diesen Fällen weisen die Nachfolger dieser Gottheiten Zeichen der Solarisation auf, was in Griechenland Zeus, in Ägypten Horus und in Indien Mitras bezeugen. Auch die keltische Religion blieb von diesem Prozeß nicht verschont.

Man wird sehen, daß im Verlauf dieser Umwandlung die Fruchtbarkeit, die zur Mondsymbolik gehört und fest in ihr verankert ist, im Sonnenkult wiedererscheint. Doch in der keltischen Mythologie scheint zwischen Trächtigkeit (lunar) und Zeugung (solar), zwischen den männlichen und den weiblichen Prinzipien nach ihrem jeweiligen Übergewicht im Schöpfungsvorgang unterschieden worden zu sein. Und daß das lunare Heer, welchem Cu Chulainn, der solare Held, im Kampf um den solaren Stier allein die Stirn bietet, von einer Frau, der Göttin Medb befehligt wird, während deren Gemahl, der König Ailill, sich abseits hält, ist sicherlich kein Zufall.

Indes, mag die strahlende Sonne ihre Überlegenheit als Befruchter-Schöpfer-Held ebenso wie den Sieg des Geistes über die Dämonen der Erde noch so gut zum Ausdruck bringen, hat sie doch auch eine dunkle, infernalische Seite. Sie geleitet die toten Seelen hinüber in die andere Welt. Der Sonnenuntergang ist hierfür Symbol. „Die Sonne zeugt den Menschen, doch sie verzehrt ihn auch." *(Pançavimça* Br. XXI, 2, 1)

Um die Tagesreise des Gestirns zu symbolisieren, tragen ein bespannter Wagen oder ein von Ost nach West fahrendes Himmelsboot die Toten an den Eingang zur Unterwelt des Hades, der von den Griechen „Pforte der Sonne“ genannt wurde. Die chtonische Valenz des HELIOS erstreckte sich auch in die Finsternis und bis in die Hölle. Wie man weiß, ist er der Vater der Zauberin CIRCE und der Großvater der MEDEA, die sich auch auf das Zaubern und auf das Brauen des „Philtron“ verstand.

Die zündende Kraft der Sonne gebiert in ihrem täglichen Lauf auch tödliche Regionen, — ein Lauf, den sie vollendet, ohne zu „sterben“, während der Mond drei Tage lang nicht am Himmel steht, das heißt tot ist. Die unsterbliche Sonne bleibt über jeden Vergleich mit dem Leben erhaben; der Mond hingegen wird geboren, altert und stirbt ganz wie ein Mensch. Versteht es sich nicht von selbst, daß seine Auferstehung im Menschen die Hoffnung auf ein Fortleben außerhalb des Grabes erweckt?

Hat die stets lebendige Sonne die Gestorbenen ins Jenseits geleitet, kann sie diese, manchen Religionen zufolge, auch wieder zurückholen. CU CHULAINN kam dreimal zurück. Aber nicht alle kennen den „Gruß“; Zweck der Initiation ist die Vorbereitung auf die große Prüfung, deren verborgener Sinn in der Sage vom *Schwein des* MAC DATHO (S. 255) hindurchschimmert: Zu den sieben Türen von König MAC DATHOS Halle führten sieben Wege, und drinnen standen sieben dampfende Kessel. Jeder, der des Weges kam, durfte ein einziges Mal aus dem Kessel schöpfen, und von dieser Chance hing sein Los im Jenseits ab.

Mit der Infragestellung der Auferstehung belastete der Sonnenkult die keltische Vorstellung von der Wiedergeburt, die bei ihnen als Naturgesetz galt und jenseits aller Tugend und aller Zufälligkeit stand. Im Lauf der mythologischen Entwicklung wurde die Auferstehung zu einem unverhofften Ereignis.

DIE KELTISCHEN SONNENMOTIVE

Wir haben ein wichtiges Beweisstück gefunden, — eine Abbildung des höchsten uranischen Gottes, der auf gallo-romanischen Skulpturen nicht vorkommt, des Gottes mit den drei Hörnern (Abb. 44). Das mittlere Horn ist grade, ein Zeugungs-

symbol; die beiden seitlichen Hörner bilden eine Leier, das Symbol der Matrix. Sie sitzen auf einem Vogelkopf mit einem langen Schnabel, der dem Kopf der Sonne ähnelt, den der Gott in seiner rechten Hand trägt. Mit der linken hält er einen Schild, das mandelförmige Mondsymbol. Er gebietet beiden Gestirnen und ähnelt hierin dem Purusha der Hindus, dem Menschen, aus dem das Universum entstand, und dessen eines Auge die Sonne, dessen anderes der Mond ist.

Von diesem einzigartigen Stück abgesehen, ist der höchste Sonnengott auf keinem anderen so eingehend dargestellt. Um so häufiger sind auf den Münzen stilisierte Anklänge an die drei Hörner in den ternären Formen, den Dreierformen, zu

Abb. 44: Der höchste uranische Gott, mit Vogelkopf und drei Hörnern, zweifellos Taranis; die beiden seitlichen Hörner bilden eine Leierform (Matrix), das mittlere ist eine männliche Form. In seiner Rechten hält er eine strahlende Kugel mit einem Vogelschnabel (Sonne), in seiner linken einen mandelförmigen Schild (Mond). Diese prärömische Gottesdarstellung wurde in der gallo-römischen Epoche abgewandelt: an die Stelle der drei Hörner treten drei Köpfe oder Gesichter.

finden: im Haarornament (Abb. 45), in den drei

Haarrollen (Abb. 65), in Gestalt von drei Hörnern (83) oder drei Federn am Helm (81).

Abb. 45: Die drei Hörner des Gottes klingen hier stark stilisiert in der Frisur an. Eine Lorbeerkrone umfaßt das Haar. Auf der Stirn sehen wir zwei kleine verdoppelte Mondsicheln und die bekannte „Stirnlocke“.

Abb. 65: Zwei der drei Haarrollen laufen in S-Formen aus, welche die mittlere Rolle etwas hervorheben. Die gleiche Intention kommt in dem Motiv zum Ausdruck, das an die Stelle der Nase tritt, denn es wird durch drei Kugeln betont: 1, 2 und 3, die drei heiligen Zahlen, verbinden sich darin zu einer Einheit.

Abb. 83: Kopf mit Helm, der mit drei Hörnern geschmückt ist, darüber der angedeutete Umriß eines Ebers: zwei verbundene Kugeln. Der Kopf ist umgeben von gekurvten Perlenschnüren mit stark reduzierten Totenkopfformen an den Enden. Das Auge wird durch zwei Kugeln dargestellt in der Absicht, hier *drei* binäre Motive anzubringen: Auge, Nase und Mund.

Abb. 81: Kopf mit Helm, geschmückt mit dreilappigem Helmbusch, der an die drei Hörner des Sonnengottes erinnert. Die Wange ist der Halbmond, das Auge besteht aus einem Dreieck, das die Nase mit einschließt. Das geöffnete Visier mit herabgelassenem Lüftungsteil betont den rudimentären Charakter des Profils.

Der dreiköpfige gallo-römische Gott ist nichts anderes als eine weitere Transponierung dieser Art

(Abb. 158), und ebenso das Pferd Rudiobos mit der zu drei Spitzen verknoteten Mähne (Abb. 160). Die untersten ternären Zeichen, wie beispielsweise die drei Kommas hinter dem Rücken der das Himmelsschiff tragenden Gestalt (Abb. 23/S. 53), der dreigezackte Schwanz des Sperbers auf dem Pferderücken (Abb. 19/S. 49) bekunden die Anwesenheit dieses Gottes.

Abb. 158: Gallorömische Fassung des höchsten uranischen, durch Triaden (Dreiheiten) oder Dreifaltigkeit ausgedrückten Gottes (s. auch Abb. 159, S. 235). Diese Version bedient sich der dreiköpfigen Darstellung, während die keltische die Dreiheit durch drei identische Profile oder drei unentwirrbar ineinander verschachtelte Ansichten wiedergab. (Abb. 99, 100, 102).

Abb. 160: Kopf des gallo-römischen Pferdes, das der in der Bronze eingravierten Inschrift zufolge den Gott Rudiobos darstellt. Ruad heißt rot, Rudiobos vertritt das feurige Prinzip. Seine Zugehörigkeit zu den uranischen Göttern läßt sich an der zu einem Drei-Hörner-Motiv verknoteten Vordermähne erkennen.

Das am freiesten gestaltete Sonnensymbol ist der Triskeles oder Dreipaß, das drei-schaufelige Son-

nenrad (Abb. 48), und das überzeugendste Symbol ist die strahlende Sonne, die sich in ein durch drei Kugeln betontes Dreieck einschmiegt (Abb. 49).

Abb. 48: Zweigespann mit einem Wagenlenker, der die Daumen nach oben hält. Unterhalb der Pferde sieht man das keltische Sonnensymbol, den Triskeles, hinter ihnen ein Sichel-Motiv, in das ein aus zwei Sicheln gebildetes V eingefügt ist. Die drei Sicheln bilden zusammen ein Dreieck: solare und lunare Charakteristika werden in ein und demselben Motiv vereint.

Abb. 49: Die strahlende, mit einem Dreieck kombinierte Sonne bestätigt die ternäre Symbolik des Sonnenkults. Die drei beigefügten Kugeln reden hier eine deutliche Sprache.

Es besteht kein Zweifel: *Die Sonnenzahl ist die 3.* Das Auge, das „solare“ Qualität hat, wird daher als Dreieck dargestellt (Abb. 81/S. 67), und

die ebenfalls „solare“ Hand gibt sich als solche zu erkennen, indem sie nur drei Finger aufweist (Abb. 52, 76).

Eines der bevorzugten Themen der Graveure, mit denen sie die Vereinigung der Gestirne zum Ausdruck bringen wollten, ist der „Januskopf“

Abb. 52: Der Totenkopf ist hier unser Wegweiser. Er befindet sich innerhalb der Matrix, die vor dem Pferdekopf in einem Kreuz endet. Ein Pferdeschwanzmotiv verbindet die beiden Köpfe mit den identischen Zügen; in der aus Schweif und Hinterbeinen entstandenen Bildung wiederholt sich die Leierform (Matrix). Unter dem Pferd liegt eine vermutlich geflügelte Gestalt; freilich wird der Flügel nur angedeutet durch die drei langen, in Kugeln endenden, nach innen gekrümmten Finger.

Abb. 76: Das menschenfressende Ungeheuer verschlingt eine schlangenfüßige Gestalt, die drei in Kugeln endende Finger und so übermäßig vergrößerte Augen hat, daß man darin ein bewußt eingebautes binäres Motiv sehen muß. Das Ei in Gestalt der Radnabe ergänzt diese Machtdemonstration des himmlischen Schöpfers und Zerstörers.

mit den beiden nahezu identischen Profilen (Abb. 91). Das linke wird nichtsdestoweniger durch einen

aus drei Kugeln gebildeten Mund als das der Sonne gekennzeichnet, — eine Formulierung, der

Abb. 91: Januskopf. Die drei Kugeln, die den Mund des linken Profils bilden, wie auch die Dreieckform des Auges weisen auf seine solare Qualität hin. Sie verleihen den beiden Profilen die gleiche Bedeutung, die den vorhergehenden Darstellungen zugrunde lag.

man bei manchem anderen Profil wiederbegegnet (Abb. 47).

Das charakteristische Attribut des uranischen Gottes ist in Irland die Keule, der Donnerkeil; in Gallien wird daraus der Hammer. Und dieser „Hammergott“ ist auf gallo-römischen Skulpturen häufig zu sehen (Abb. 136 und Abb. 137). Die

Abb. 47: Kopf der sonnenbezogenen Muttergöttin mit flammenförmigem Haar. Das mittlere Horn ragt aus dem Hinterkopf auf; die seitlichen Hörner sind in leierförmig verlaufende Perlen-Kurven umgesetzt worden, dennoch behalten sie ihre Bedeutung als zwei der drei Hörner des Gottes. An den Enden der kurvenförmigen Perlenschnüre, von denen zwei der Stirn und zwei andere dem Hinterkopf entspringen, hängen kleine, noch im vorphysischen Zustand befindliche Köpfe. Die Lippen bestehen auch hier aus drei Kugeln, und vor dem Kinn befindet sich noch ein binäres Symbol aus zwei an ihren Enden verbundenen, in Voluten auslaufenden Sichelmotiven.

Keule läßt uns auf die „solare“ Heiligkeit der keltischen Waffen im allgemeinen schließen. Die Schneiden der Schwerter werden durch drei Linien wiedergegeben, an den Spitzen mancher Lanzen befinden sich drei Kugeln, und die Pfeile haben drei Federn.

Ein Sonnentier par excellence ist der Vogel, vorzugsweise der Raubvogel, — Adler, Geier,

Abb. 136: Figur eines Galliers, Aengus des Jüngeren, den irischen Sonnengott darstellend. Mit seiner Rechten hält er die Keule, deren eines Ende Leben spendet, deren anderes Tod bringt. In seiner Linken sieht man eine Weintraube, aus der in den gallo-römischen Darstellungen des Merkur ein Sack wird. Zusammen mit den beiden kleinen Figuren rechts und links über ihr bildet die Figur eine Triade, während die Beweinung in der untersten Bildzone auf die dunkle Seite des Lebens anspielt.

Abb. 137: Gott mit Hammer und Keule. Von diesen beiden Attributen, die den gleichen Inhalt ausdrücken, da ein jedes ein Leben spendendes und ein todbringendes Ende hat, ist das eine, die Keule, das archaische Symbol, während der Hammer ein späteres ist. Fraglos wollte der Bildhauer damit andeuten, daß sie beide dem gleichen Gott zuzuordnen sind.

Sperber und Falke (Abb. 63). Ihm folgen der gal-

lische Hahn, der hier einem Sonnenrad gegenübersteht (Abb. 138), der am Wasser heimische Kranich und die Krähe als Vogel der Schlachtfelder.

Durch ihre Siege über die Sonnengeister konnten die Luftgeister an die tellurischen (irdischen) Tiere Hand anlegen und sie „solarisieren". Aus dem Pferd wurde der Pegasus, Stier und Eber erhielten drei Hörner, und die Schlange taucht mit einem Widderkopf wieder auf. Der Widder mit dem goldenen Vlies ist in vielen Mythologien ein Sonnentier, und insofern geschieht mit diesen ausgefallenen Verbindungen, wenn die Kelten der Schlange oder die Ägypter dem Skarabäus einen Widderkopf aufsetzen, das Gleiche: dem tellurischen Symbol (Schlange, Skarabäus) wird ein uranisches aufgepfropft; durch die Verbindung dieser Gestirne soll die Unsterblichkeit der Seele ausgedrückt werden und implizite auch die Verbindung von Körper und Seele, Materie und Geist und Leben und Tod, — eine Reihung, in der sich der tiefe Sinn der keltischen Religion offenbart.

Ehe wir die zahlreichen Motive einer Sonne-Mond-Verbindung betrachten, soll ein kurzer Blick auf das künstlerische Wesen der Figurationen uns darüber belehren, daß zwischen Kunst und Symbolik der Kelten ergänzende Parallelen bestehen. Dann wird man die diesen Kombinationen und Gruppierungen zugrundeliegenden Intentionen besser verstehen.

Abb. 63: Die Idee der Auferstehung, die bereits im zusätzlich dargestellten Jungtier Verkörperung findet, wird noch betont durch die fünf Federn des Adlerflügels, während der junge Adler nur drei Flügelfedern hat. Auf die Auferstehung verweist noch einmal das Pentagramm mit den fünf Kugeln. Die Schlange liefert noch ein tellurisches Bildelement.

Abb. 138: Ein Hahn, daneben ein Sonnenrad, unter den Schwanzfedern ein Ei. Unter dem Bauch ein mondbezogenes Motiv: ein Gesicht mit halbmondförmig geöffnetem Mund. Vermutlich sollte die unbestimmte Formgebung die Nachtzeit zum Ausdruck bringen: die Nacht trägt den Vogel der Morgenröte entgegen.

SYMBOL UND RHYTHMUS

Von ihrem materiellen Wert abgesehen, sind die keltischen Münzen vor allem durch ihren plastischen Schmuck von besonderer Kostbarkeit. Während sich in diesen Darstellungen ein Schatz von Symbolen und geheimen Bedeutungen verbirgt, sind sie gleicherweise der Beweis für ein bildnerisches Können, in dem sich Denken und künstlerische Empfindung in ihrer Zielsetzung auf das Glücklichste vereinen.

Die symbolische wie die künstlerische Entwicklung sind nicht voneinander zu trennen und entspringen der gleichen Quelle. Wie Körper und Geist eine Einheit, schreiten sie gemeinsam voran und ergänzen sich ununterbrochen. Wollte man die eine ohne die andere betrachten, gelangte man zu einem nur unvollkommenen Verständnis der erreichten Leistung.

Unsere Untersuchung wendet sich daher beiden Bereichen zu, ohne daß es möglich wäre, gleichermaßen ausführlich auf beide einzugehen, und zwar aufgrund der speziellen Anordnung der Abbildungen — unserer Hauptbeweisstücke —, die der Reihenfolge der Erforschung folgen soll.

Die bisher behandelten bildnerischen Metaphern griechischen und keltischen Typs wurden an Hand von Bildserien erläutert, wobei nach dem Prinzip vorgegangen wurde, die Kette der Umwandlung durch die Auswahl des Bildmaterials zu verdeutlichen, — eine Wandlung, die von dem durch die Sumerer eingeführten Prinzip der gegenständlichen Darstellung über die lineare Abstraktion bis zur vollkommenen Ungegenständlichkeit, — der diametral entgegengesetzten Auffassung der Kelten — hinführt. Die Symbolsprache entwickelte sich in gleicher Richtung.

Das künstlerische Ziel liegt auf der Hand: Auflösung des anatomischen Körpers, Dislokation der organischen Elemente und Neuzusammenfügung der aufgebrochenen Formen zu einer neuen, allein dem Rhythmus gehorchenden Ordnung.

Dieser freizügige Umgang mit der für uns natürlich gehaltenen gegenständlichen Ordnung der Dinge ist auf die Negation der Authentizität des Sichtbaren zurückzuführen, die bis zur Behauptung des Gegenteils geht. Und warum? Weil man der Ansicht ist, daß wir die Wirklichkeit dieser Welt durch unsere täuschenden Sinne verfälscht wahrnehmen. Der Künstler sucht das verborgene Gesicht dieser Realität zu entdecken. Allein real scheint nur die Unsterblichkeit der Seele, doch diese bewegt sich in einem immateriellen Bereich, dem Antipoden zu dieser Welt. Um die Suche nach dieser anderen Welt geht es in der keltischen Kunst, und ebenso in der keltischen Symbolik.

Gewiß, auch für den Hindu ist die Realität nur Illusion (Maya), doch ist es ihm nie gelungen, die von den Sinnen errichtete Mauer zu durchdringen. Die Kunst der Hindu beginnt im fünften Jahrhundert vor unserer Zeitrechnung nach BUDDHA CAKYAMOUNI; sie ist eine körperliche, fleischlich-sinnliche Kunst. Die himmlische Wirklichkeit der Hindu ist eine Idee, die in ihrer bildenden Kunst nicht realisiert wird, denn diese ist ein Kompromiß mit dem Irdischen.

Die Kelten bemühten sich als Erste, dem Unvorstellbaren des göttlichen Plans sichtbare Form zu geben. Sie hatten den Mut, diese Konzeption zu realisieren und gingen dabei bis an die Grenze ihrer Imagination. Dieses Abweichen von den ästhetischen Normen der Griechen, das nur zu gern als ein Mangel angesehen wird, ist in Wirklichkeit ihre Stärke. Während die griechische und die indische Kunst sich der Darstellung der Schönheit des Menschen widmen, zielt die keltische Kunst auf die Erforschung der außer-menschlichen Wahrheit, des Geheimnisses der anderen Welt ab, die jenseits von Gut und Böse dem ästhetischen Empfinden des Menschen indifferent gegenüber steht.

Alle Künste kennen den Rhythmus als den Organisator der Anordnung von Volumen und Umrissen. Bei der keltischen Kunst ist er es in besonderem Maße: Der Rhythmus ist aktives, dynamisches Mittel, das an die Stelle des Statischen tritt, ist Gesetz eines unsichtbaren Universums. Diese Dynamik besteht nicht in Fortbewegung noch in rationalem Handeln; sie ist nicht dem Menschen eigen. Von außerhalb kommend, ergreift sie vom Menschen Besitz und durchdringt alle Dinge mit ihrer lösenden und belebenden Kraft. Hier auf Erden legt der Wechsel der Jahreszeiten von diesem dynamischen Rhythmus Zeugnis ab, oben am Himmel tun es die Gestirne in ihrem täglichen und nächtlichen Lauf. Kurz, der Rhythmus ist Wesen und Motor des sich ewig erneuernden Daseins.

Die keltische Betonung des rhythmischen Elements ist daher nicht der persönlichen Vorliebe bestimmter Künstler oder dem Programm irgendeiner Schule zu verdanken. Sie ist kein beliebig austauschbares Kunstmittel. Vielmehr verrät sie ein angeborenes inneres Wissen um die dynamische Qualität der Materie.

Unter den Griechen waren es ANAXIMANDROS und mehr noch HERAKLIT, die verkündeten, der Ursprung aller Dinge sei die Bewegung. HERAKLIT freilich meinte mit seinem *panta rhei* (alles fließt) den ewigen Wandel in einem geschlossenen System der harmonischen Ergänzungen. Der Rhythmus der Kelten dagegen weist ins Unendliche.

Wie jede Philosophie beruht das Konzept des HERAKLIT auf persönlicher Schau: sie ist ein Denken über das Universum, kein schöpferisches Nachvollziehen. So groß der Einfluß dieses Denkens auf andere Denker auch war, so hat es doch die griechische Wirklichkeit ebenso wenig verändert, wie das platonische. Das heißt, auf die Kunst, die der eigentliche Schöpfer der griechischen Wirklichkeit war, hat es sich nicht ausgewirkt; sie blieb von A—Z gegenständlich, konkret und statisch.

Was letzten Endes einen Vergleich unmöglich macht, ist der Umstand, daß sich Bewegung bei den Kelten nicht wie eine physische Eigenschaft definieren läßt. Nicht der Sprung des Pferdes oder der Wirbel freigesetzter Partikel noch der erhöhte Elan charakterisieren die speziell keltische Bewegung, vielmehr die Tendenz zur Entstofflichung des Gegenständlichen. Im Vergleich zu HERAKLITS beständigem Wandel tritt eine Polarisierung von Leben und Tod ein, die so entschieden ist, daß diese sich deckungsgleich spiegeln.

Bei den Griechen führt die Liebe zur Schönheit des Stofflichen und Leiblichen zur Sublimierung des Sichtbaren in der Kunst: Die Vollkommenheit der terrestren Welt wird Modell für die Götterwelt, und diese, der Olymp, ist irdisch, konkret und statisch.

Der dem Wesen nach lineare keltische Rhythmus löst den Körper auf (Abb. 33, 46); Kopf, Mensch und Pferd werden auseinandergenommen,

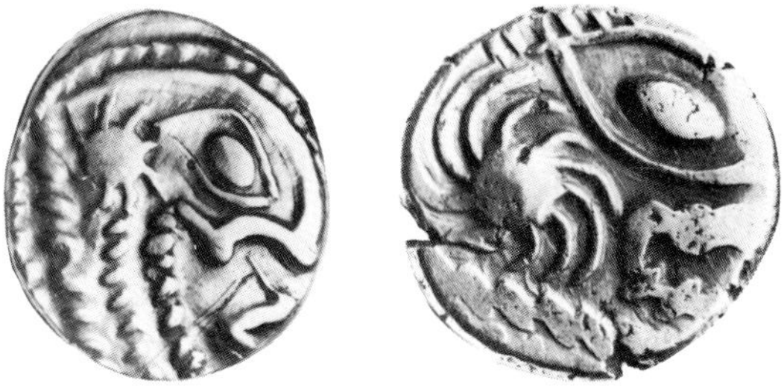

damit die ordnende Hand des Meisters sich ihrer Fragmente bemächtigen und sie einer anderen Kategorie als der der menschlichen Optik einordnen kann. Dieser Versuch, den Schöpfungsakt nachzuvollziehen, hat fraglos transzendentalen Charakter.

Daß diese keltische Kunst ein frühes Ende fand und ihre Werke im Lauf von zwei Jahrtausenden in alle Winde verstreut, vergessen und mißverstanden wurden, ändert nichts an der Tatsache der ihr zugrundeliegenden Erfahrung. Denn ist eine Idee erst einmal in die Welt gesetzt, hört sie nicht auf zu existieren.

Wenn wir uns nun wieder dem Inventar der symbolischen Motive zuwenden, so geschieht es in dem Bewußtsein, daß es eine speziell keltische Weltschau gibt, die Kunst und Symbolik Hand in Hand zu realisieren bestrebt sind.

Abb. 33: *Oculus mundi.* Das verdoppelte Auge ist durch eine lunare Kontur vergrößert. Die Sonne ersetzt das Ohr, das Haar wird mit drei Flechten angedeutet.

Abb. 46: Aus der Figuration auf Abb. 33 abgeleitetes Kopfsymbol. Das Auge ist mandelförmig, Nase und Oberlid sind miteinander verbunden, und ihre Kontur stößt an den Rand der Münze. Der Mund ist ein liegendes U, die Unterlippe trägt drei Kugeln. Das Sonnenrad bildet wieder das Ohr, während die Flechte als Zeichen für die Haartracht unten angebracht ist.

Bei der Inventarisierung der Zeichen wird uns deren Symbolik weniger um ihrer selbst willen interessieren als wegen der Art, in der mit ihr umgegangen wird; denn sie verrät besser als alle Texte, daß man sich hier einer Dialektik bediente, die nichts mehr mit der klassischen Antike zu tun hat.

FÜNFER-MOTIVE

In der esoterischen Zahlenlehre nimmt die 5 eine privilegierte Stellung ein. Nach den fünfzähligen Blättern und Blattständen vieler Bäume und den fünfgliedrigen Extremitäten des Menschen zu schließen, ist sie die „organische“ Zahl. Darüber hinaus bildet sie die Basis des Goldenen Schnitts, jener klassischen Proportion in Architektur und Malerei. Für PYTHAGORAS ist das Pentagramm ein Zeichen der Gesundheit; in Ägypten stellt dieser fünfzackige Stern den Menschen mit Kopf und vier Gliedern dar. In Indien bezeichnet das gleiche Pentragramm die fünf Elemente, während in China die 5 die sämtliche Klassifizierungen beherrschende Zahl ist.

Nachdem wir die auf der Zahl 5 basierenden keltischen Symbole in ihrer Beziehung zu den bestehenden Lehren untersucht haben werden, wird uns kein Vergleich dieser Art, der nur oberflächlich sein kann, eine Erklärung liefern. Am besten erklärt sich die 5 aus sich selbst. Hier bieten sich zunächst vor allem zwei Münzen aufgrund ihrer Komposition an, die allein arithmosophisch verstanden werden will (Abb. 55, Abb. 56). Auf bei-

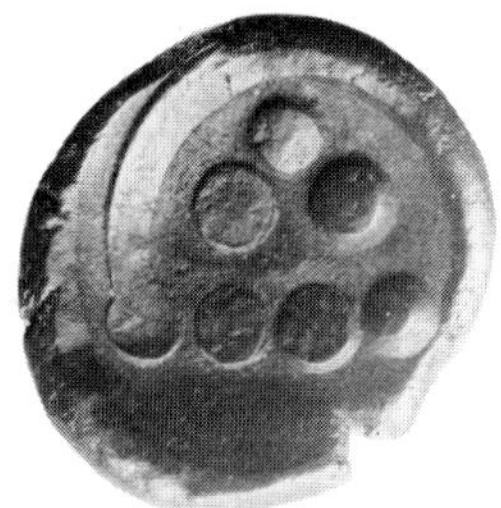

den ist ein Arrangement von fünf Kugeln zu sehen. Die gipfelständige Anordnung wird auf der zwei-

Abb.: 55: Zahlensymbolisches Ideogramm der keltischen Religion. Der obere Teil der Pyramide besteht aus einer Triade, deren Spitze die Einheit und deren Basis die Zweiheit darstellt. Darunter die Zahl 5 der Auferstehung. Das aquatische Schlangenornament bildet den Rahmen.

Abb. 56: Das gleiche Ideogramm, nur daß die Fünfer-Anordnung durch die zwei Knöpfe an den Enden des dargestellten *Torques*, des keltischen Halsringes, zustande kommt.

ten Medaille durch die Aufteilung in 2 und 3 spezifiziert, oder, präziser ausgedrückt, sie kommt durch die Addition von 2 + 3 = 5 zustande.

Auf unseren beiden pyramidenförmig komponierten Beispielen befinden sich oben drei zu einem Dreieck auf eine Weise angeordnete Kreise, daß sich das Ablesen der Komponenten 1, 2 und 3 aufdrängt; die 2 und die 3 kehren also wieder, öfter noch die Zahl 1.

In der keltischen Symbolik bezeichnen die Zahlen 2 und 3 die Himmelslichter, Mond und Sonne. Die 5 wird also das arithmosophische Symbol des miteinander verbundenen Mond- und Sonnenkults sein. Was hat das zu bedeuten?

Das Bestreben, beide Kulte miteinander zu vereinen, findet sich häufig in der Geschichte der Religionen. In Indien zum Beispiel, in Yoga und Tantras, stellen Sonne und Mond zwei einander entgegengesetzte physiologische Bereiche dar. Die hinduistische Mystik läßt diese Zonen nicht ineinander übergehen, sondern verkündet, daß die kosmische Wirklichkeit in der aus der Polarität zweier entgegengesetzter Prinzipien hervorgegangenen Einheit besteht. (M. ELIADE, *op. cit.*)

Die Dynamik der keltischen Logik, die von ähnlichen Überlegungen ausgeht, setzt die erwünschte Einheit in Bewegung um. Bei der Lektüre der Sagen wird sich zeigen, daß die gegensätzlichen Zonen mit unüberwindlichen antagonistischen Kräften besetzt sind, die in Gestalt zweier sich ständig bekämpfender Heere Personifizierung finden. Es wird sich herausstellen, daß diese Schlachten stets unentschieden ausgehen, denn ist einer der Gegner ausgelöscht, nimmt eine nachfolgende Generation den Kampf wieder auf.

Die Einheit ist also eine prekäre, das Gleichgewicht ist stets gefährdet und lediglich der jeweiligen Hegemonie des einen oder des anderen Prinzips zu verdanken. Auf dem Bild des Sonnengottes mit den drei Hörnern (Abb. 44/S. 66) trägt

dieser Sonne und Mond in seinen Händen: die Einheit kommt durch das Übergewicht der Sonne zustande. Indes ist diese Situation in der keltischen Religion keine endgültige. In Gallien gelangte die Entwicklung der keltischen Religion schon fünfhundert Jahre früher zum Stillstand als in Irland und entfremdete sich ihrem eigentlichen Wesen. Im Endstadium zeichnet sich in der Sagenwelt der britischen Inseln in den Heldengestalten FINNS und ARTHURS eine Vorherrschaft des Mondes ab. Zu dieser Zeit waren in Gallien die städtischen Regionen bereits christianisiert.

Der Gegensatz der beiden Kulte kann, abgesehen von anderen Betrachtungsweisen, wie folgt umrissen werden: Der Mondkult beruht auf der Offenbarung, die in der Reihung Tod—Fruchtbarkeit—Wiedergeburt zum Ausdruck kommt, wobei die Betonung auf der Wiedergeburt liegt. Beim Sonnenkult dagegen, liegt in der Kette Leben—Agonie—Tod, die Betonung auf Tod. Man stelle sich nun diese beiden gegensätzlichen Kulte als Halbkreise vor, die zu einem Kreis zusammengefügt werden. Nun ergibt sich eine Kette ohne Ende, eine endlose Bewegung. Dies ist es, das die Zahl 5 symbolisieren soll.

Die 5 war in jeder Hinsicht für die Errichtung einer lückenlosen zahlensymbolischen Ordnung unentbehrlich. Dank dieser Chiffren-Sprache kann der religiöse Inhalt, wie auf den beiden eben angeführten Münzen allein durch Zahlen vollkommen zum Ausdruck gebracht werden: Das Schlangenei, die Verbindung von Sonnen- und Mondkult und die Unsterblichkeit der Seele.

Unser Repertoire läßt einer umfassenderen Interpretation der 5 nicht viel Spielraum. Sie scheint lediglich die göttliche Matrix, den Kessel, die 8 oder den Halbmond zu bezeichnen, die alle Symbol für den „lebengebärenden Tod“ sind.

Die Fünfer-Motive auf der Münze auf Abb. 64,

— eines vor dem Kopf, eines hinter ihm und eines die Haartracht selbst, — dürften anzeigen, daß die dargestellte Person aus der Ewigkeit kommt, in die Ewigkeit geht und selbst die Ewigkeit ist.

Bei der Mehrzahl der Armorikaner-Pferde schleudert der Reiter ein quinäres Motiv an einer langen Wellenlinie dem Tier vor die Beine. Meist besteht es aus einem Viereck mit zwei Diagonalen, das mit fünf Kugeln markiert ist (Abb. 61). Von Numismatikern für ein *vexillum* gehalten, ein mi-

litärisches Abzeichen der Römer, das die gallischen Stämme auf den Feldzügen getragen haben sollen, läßt dieses — der Anordnung der fünf Punkte auf einem Würfel entsprechende — Fünfer-Motiv, das Zeichen der Auferstehung, darauf schließen, wohin die Reise des Reiters geht.

Ein besonders beliebtes Thema sind die fünf Finger der Hand, die als Fünfermotiv immer wie-

Abb. 64: Kopf der Muttergöttin mit drei Fünfer-Motiven. Vor dem Profil ein diagonales Kreuz mit fünf Kugeln. Die Frisur zeigt fünf Locken, von denen sich drei jeweils um eine Kugel rollen. Einer anderen Lesart zufolge sind zwei Locken gewickelt, die anderen drei legen sich um das Ohr. Das dritte quinäre Motiv zeigt sich hinter dem Kopf: ein Dreieck in einem Rechteck. Zwischen diesem Motiv und der über dem Kopf schwebenden Mandelform befindet sich ein kleiner Totenkopf mit nach oben gerichtetem Blick; er hängt an einer Perlenreihe, die der Stirn der abgebildeten Person entspringt.

Abb. 61: Der Reiter schleudert ein Fünfer-Motiv, das an einer Wellenlinie hängt, nach vorn. Das Pferd hat einen Menschenkopf mit einer aus zwei Kugeln bestehenden Nase. Haar und Bein des Reiters und der Reiter selbst zeigen eine identische Schlangenform. Hinterbeine und Schwanz des Pferdes bilden wieder die Matrixform. Unter dem Pferd ein Eber.

derkehren (Abb. 58, Abb. 59). Ein anderer Künstler findet nichts dabei, ein Pferd mit fünf Beinen zu präsentieren (Abb. 60) im Vertrauen darauf,

daß sein eingeweihtes Publikum sich nicht darüber wundern wird.

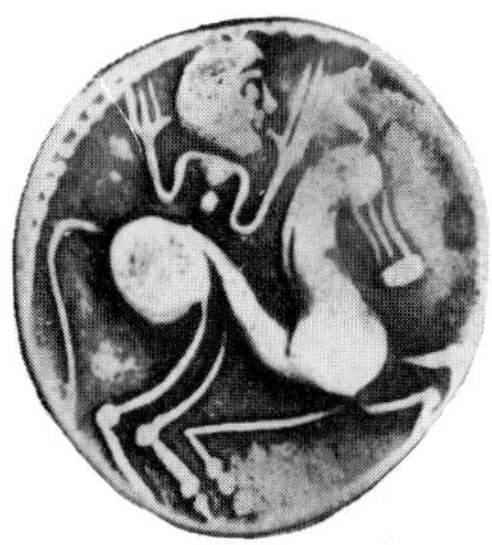

Abb. 58: Ideogramm. Auf ihm eine Hand, das Fünfer-Symbol. Drei Finger dieser Hand haben Strahlen. Handwurzel und Daumen werden von einer leierförmigen Kurve umschlossen, die den Daumen betont, der das Ei im Zentrum des Reliefs berührt.

Abb. 59: Unter dem Pferd mit Menschenkopf und Helm sieht man eine Hand. Sie hat sechs Finger. Vermutlich soll damit angedeutet werden, daß es sich hier nicht um eine wirkliche handelt. Darunter eine Schlange mit aufgerissenem Maul, rechts, die den Kopf attackiert, den das Pferd mit den Vorderbeinen der Auferstehung entgegen trägt.

Der wendige, unermüdlich produktive, das Paradoxon liebende Geist der Kelten ist wahrhaftig weit von dem des *Bardo thödol* des Tibetanischen Totenbuches entfernt. Die keltischen Aspirationen auf die Unsterblichkeit der Seele sind von einem anderen Hauch erfüllt als dem, der uns hier anweht, — einer bestürzenden, ins Einzelne gehenden Darstellung des Weges und seiner Etappen, die der Hinübergehende ohne zu straucheln zurücklegen muß.

Je mehr Bilder die Kelten zum Thema Unsterblichkeit erfinden, je mehr Gesichter sie der Anderen Welt abgewinnen, um so mehr Erfahrungen des Jenseitigen werden möglich. Wie soll man sich auf diese höchste aller Prüfungen vorbereiten, wie gelangt man zur Initiation? Hier können weder der Verdienst im christlichen Sinn noch die Schläue der Griechen noch die Kühnheit des GILGAMESCH helfen. Jenseits von Gut und Böse, und jenseits selbst von Mut, da sie alle ja tapfer und frei von Schwäche sind, bleibt das Geschick des Hingeschiedenen ebenso mysteriös wie die Schöpfung.

Eines kann als gesichert gelten, so seltsam es auch erscheinen mag: Die Kelten sahen dem Tod zuversichtlich und nicht ohne Humor entgegen. Der Tod, und was auf ihn folgt, ist für die Kelten das „Wunderbare".

Abb. 60: Der religiöse Sinn des Bildes steckt in den fünf Beinen des Pferdes, dessen Hinterbeine zusammen mit dem Schwanz und der zum Ei stilisierten Kruppe wieder die Leier oder Matrix bilden. Der Oberkörper des Reiters geht aus einem Punkt, dem *ovum anguinum* hervor. Die drei Finger an den schlangenförmig gebogenen Armen kennzeichnen den Sonnengott, die drei Striche des Pferdekopfs den solaren Charakter des Streitrosses.

ANDERE MOTIVE

Sieht sich der unvorbereitete Betrachter dem Kopf auf Abb. 65/S. 67 gegenüber, wird er verblüfft sein: Die Haartracht ist vollendet darge-

stellt, die Nase dagegen weicht weit von ihrer natürlichen Form ab. Wollte der Künstler einen Witz machen? Keineswegs. Die seltsame Nase ist ein Auferstehungszeichen, das man nach vorn gesetzt hat, weil das Gesicht der Zukunft entgegengewandt ist. Andere haben das Auferstehungskreuz vor der Nase plaziert (Abb. 64/S. 79). Unser Künstler jedoch hat in einem Übermaß an Fantasie den kür-

zesten Weg gewählt und das Zeichen einfach an die Stelle der Nase gesetzt.

Dieses Motiv ist nur eines aus der Reihe von Zeichen, die aus drei, durch ein die Einheit bezeichnendes Ornament verbundenen Punkten bestehen, nämlich aus Diade plus Triade, — kurz, aus dem, was die drei Kreise auf den Münzen (Abb. 55, Abb. 56/S. 77) bedeuten. Eine dieser

Varianten entdeckt man auf Abb. 66: Das aufge-

rissene Löwenmaul besteht aus einer Mondsichel, in der eine V-förmige, mit einer Kugel kombinierte Zunge zu sehen ist, die mit der Sichelform ein Dreieck bildet. Beide Figurationen haben den gleichen Sinn: die Verbundenheit von Leben und Tod drückt die eine durch Zahlen, die andere durch Mond, Sonne und Ei aus.

Mit der Zahl 5 sind wir bereits am Ende der keltischen Zahlensymbolik angelangt. Da die 5 durch Addition zustande kommt, stützt sich demzufolge die keltische Zahlensymbolik auf die Pfeiler 1, 2 und 3, aus denen sich die anderen Zahlen ergeben, ohne etwas anderes hinzuzubringen. Die 4 ist die Verdoppelung der 2, die 7 entsteht durch die Addition von 3 + 4 und hat die gleiche Bedeutung wie die aus der Addition von 2 + 3 hervorgehende 5. Die 6 ist die Verdoppelung und die 9 die Verdreifachung der 3. Das Bild der Sonne wird tatsächlich von drei- oder zweimal drei Kugeln begleitet.

Dieser Deutung entsprechend bringt das seltsame ternäre Motiv, das an die Stelle der Nase tritt, die Essenz der keltischen Religion in einem Kürzel zum Ausdruck, so wie das schlichte christliche Kreuz ein Signum des Christentums ist.

Vermutlich soll die Verdoppelung einfacher Zahlen nur die Heiligkeit hervorheben, so wie die neun Kugeln, die auf Abb. 73 die Fassade des Hei-

ligtums bilden, welche damit als Hierophanie, als Manifestation des Heiligen, gekennzeichnet wird. Und wenn der Barde TALIESIN die „neunte Welle" beschwört, meint er den Ozean, der die Erde umspült.

Die Kelten treiben die Zahlenspekulation nicht so weit wie PYTHAGORAS, der den Zahlen eine andere Bedeutung zusprach und die 10 miteinbegriff, die er als vollkommene Zahl bezeichnete. Zeigt sich hier eine Schwäche oder eine Stärke der keltischen Überlegungen? Dem Kelten widerstrebt es, nach östlichem Muster die Zeit passiv mit Meditation oder mit ätiologischen Abhandlungen über das Mysterium zu verbringen. Sein Temperament untersagt ihm, eine Erklärung für das zentrale Geheimnis zu suchen: Er hat seine Unzugänglichkeit erkannt und umgibt es mit seiner symbolischen Poesie. Bleibt er damit weiter von der Wahrheit entfernt? Ebenso ist es mit seiner Zahlentheorie. Anstatt das Feld der Phänomene zu erweitern, indem er sie ins Unendliche unterteilt, um sie mehr und mehr zu differenzieren, geht er entscheidend anders vor: Er reduziert sie auf Triade, Diade und Einheit.

Abb. 66: Der Löwe von Massilia hat etliche Metamorphosen hinter sich bringen müssen, um dieses formale Stadium zu erreichen, und er wird noch weitere durchmachen, um schließlich ein Löwe mit Schlangenschweif zu werden (Abb. 152, S. 316), was sich hier bereits andeutet. Der Rachen wird durch ein Zeichen wiedergegeben, dem wir bereits auf Abb. 48, S. 69 hinter dem Pferd begegneten: eine Mondsichel, in die ein mit Kugeln markiertes V hineingestellt ist und mit der Sichel ein Dreieck bildet. Über dem Löwen erinnert eine Anhäufung von V-Motiven nur noch entfernt an die griechische Inschrift MASSA.

Abb. 73: Pferd mit Menschenkopf, das von einem von einer Matrix umgebenen Totenkopf gelenkt wird. Ihr kreuzförmiges Ende zeigt an, wohin die Reise geht: zum „Palast der anderen Welt". Ihn sieht man unter dem Pferd: sein Dach ist mit fünf Kugeln, seine Fassade mit neun Kugeln markiert. Neun Kugeln schmücken auch auf einer von Amphyktionen um 339 v. Chr. geprägten griechischen Münze den Omphalos, den halbeiförmigen heiligen Stein zu Delphi (L. L., *Chefs-d'oeuvres des monnaies grecques*, Abb. 122). Auch der Omphalos auf einer griechischen Vase im Natur- und Kunsthistorischen Museum in Wien, angeführt bei S. Reinach, weist neun Kugeln auf. Der Omphalos zu Delphi galt den Griechen als der Nabel der Welt. Beide Kulturen kennzeichnen die große Heiligkeit der Stätte durch die Zahl 9.

In seinem Streben, der Unsterblichkeit der Seele betont Ausdruck zu geben, fand der Künstler in der Harfe oder Leier das geeignete Objekt. Die rätselhafte Rolle der Harfe in den alten Sagen und Mythen beruht auf magischen Überlieferungen. Wegen ihrer drei Melodien, der des Lachens, des Seufzens und des Schlummers, denen der Mensch nicht widerstehen konnte, wurde sie zum Symbol der Seele. Um sie zu einem Fünfer-Motiv zu gestalten, entwarf der Künstler die vier Saiten als Stengel mit Kugeln und ergänzte sie durch eine fünfte Kugel im Kreis, der den Resonanzkörper der Harfe darstellt, zugleich aber auch das Symbol des Eies, und läßt damit die Vorstellungen von Ursprung und Ewigkeit der Seele anklingen (Abb. 70/S. 66).

Will er den nächtlichen Sternenhimmel auf der winzigen Fläche einer Münze darstellen, so verlangt das vom Künstler-Graveur besondere

Kunstfertigkeit: hier fängt er ihn in einer pilzköpfig geformten Matrix ein (Abb. 72/S. 57).

Auch beschert uns die keltische Ikonografie bisweilen die absonderlichsten Tiere, wie dieses geflügelte Roß mit dem Elefantenkopf (Abb. 75), das jeden Teratologen erfreuen, aber jeden Verfasser

von Werken über Fabelwesen, der es nicht kannte, vor Neid erblassen lassen würde. Wo sollen wir dieses Monster einordnen?

Das zoologische Repertoire der Mythologie ist schier unerschöpflich. Schon die prähistorischen Höhlenmalereien geben uns mit ihren Bison-, Rentier- und Antilopendarstellungen Fragen auf, die noch nicht befriedigend beantwortet werden konnten. Auch ist es eine prekäre Angelegenheit, zu entscheiden, ob es sich um Tier- und Halbtiergottheiten handelt, selbst wenn das Tier mit dem Attribut eines Gottes ausgestattet ist. Es gibt da Fabelwesen, Sagentiere, symbolische, heilige oder himmlische Tiergestalten: Minotaurus, Zentaur, Greif, Hyppogryf, Sphynx, Sirene, Gorgone, — unwirkliche Wesen, die ihrem ungesicherten religiösen oder auf Aberglauben beruhenden Ursprung entsprechend rational erfaßt wurden.

Obwohl wir die keltischen Tiergestalten bereits summarisch in lunare und solare eingeteilt haben, kommt ihnen darüber hinaus eine Sonderstellung zu. Nehmen sie nicht in der Mythologie eine Schlüsselstellung ein? Ohne sie bliebe ein tieferes Eindringen in das Geheimnis der keltischen Religion weiterhin sehr schwer. Sie führen uns nicht nur zu ihrem Wesen hin, sie sind auch die Meilensteine einer Entwicklung, deren Ablauf auch ihren Sinn enthüllen kann.

Abb. 75: Pegasus mit Elefantenkopf. Der Rüssel mit seiner Trompete stellt den früher als Mundemanation dargestellten „Lebensatem“ vor. Das übergroße gekurvte Ohr symbolisiert wieder das aus dem Kopf hervorgehende Denken. Der Flügel fügt eine luftige Komponente hinzu, fraglos die Seele.

INVENTAR DER ZEICHEN

Aus dem Verzeichnis der Motive läßt sich in gewissem Grade das Vokabular der esoterischen Lehre rekonstruieren. Wie jedes Vokabular ist natürlich auch dieses nur Rohmaterial, — nichts als eine Vielzahl von Wörtern. Lediglich der Art ihrer Zusammenstellung werden die Dinge zu entnehmen sein, um deretwillen diese Symbolsprache erfunden und entwickelt wurde.

Es stimmt zwar, daß sich unsere Untersuchung auf ein einziges Thema beschränkt, wobei zahlreiche Seiten, die in ihrer Gesamtheit erst die ganze Struktur der Religion vermitteln könnten, im Dunkel bleiben. Nichtsdestoweniger ist dieses begrenzte Thema der Kern der Glaubensanschauung, ihre Essenz. Alle anderen Aspekte der Religion und selbst die des Denkens knüpfen daran an und beziehen daraus ihren Sinn.

Von diesem Kern her wird auch die gallo-römische Plastik verständlich. An ihren dem geistigen Nährboden entzogenen Figuren ist unter der unvollkommenen römischen Verkleidung fast nichts Keltisches mehr zu entdecken. Dennoch wirkt sich diese Schwäche bisweilen zu unserem Vorteil aus, zumal wenn zum Beispiel der Hirschgott CERNUNNOS als menschliches Wesen mit Hirschgeweih dargestellt wird, — eine realistische Konzeption, die der Kelte in der prärömischen Epoche abgelehnt hätte. Für ihn und uns läßt das Bildnis mit dem aus nur angedeuteten Geweihmotiven bestehenden Haar (Abb. 97) bereits die dargestellte Person vollauf erkennen. An diesem gallo-römischen Beispiel läßt sich die künstlerische Intention der Kelten ablesen, für die Gott weder ein Mensch noch ein Hirsch ist, sondern eine reine Idee, die im Hirsch symbolisiert wird.

Warum hat sich wohl die orthodoxe Religionsforschung lediglich den gallo-römischen Statuen und Skulpturen zugewandt und die keltischen Münzen ignoriert? Als hätte die Kunst der Römer die keltische Skulptur aus dem Nichts hervorgerufen.

Noch in jüngster Zeit hat sich ein Numismatiker, ein bedeutender Spezialist auf dem Gebiet der keltischen Münzen, entrüstet, daß wir diesen klei-

nen Gebilden so großen künstlerischen Wert beimessen und sich in diesem Zusammenhang auf einen von dem renommierten Archäologen ROBERT FORRER unternommenen Versuch berufen.

FORRER hatte Folgendes gemacht: Er gab seinem ältesten Sohn eine griechische Münze zum Kopieren. Die entstandene stark deformierte Zeichnung diente dann dem jüngeren Sohn als Modell, unter dessen Hand sich die Abweichungen noch vermehrten. Dieses Machwerk ließ er schließlich noch von dem kleinen Dienstmädchen kopieren, — was dabei herauskam, kann man sich vorstellen. FORRER veröffentlichte diesen amüsanten „Beweis" in der Überzeugung, daß es mit den keltischen Münzen keine andere Bewandtnis gehabt habe. (R. FORRER, Keltische Numismatik der Rhein- und Donauländer, Straßburg 1908)

Ihm sei verziehen; er war ein Kind seiner Epoche, die sich nicht vorstellen konnte, daß die Gallier etwas anderes im Sinn gehabt haben könnten, als die Griechen zu kopieren. Außerdem scheint er von der Annahme ausgegangen zu sein, daß die gallischen Graveure nur eine einzige Münze als Vorbild zur Verfügung gehabt hätten und alle anderen wie durch Zauberei, nachdem die eine kopiert war, verschwunden seien. Die angeblich „fortschreitende Degeneration" wäre dann also dadurch entstanden, daß sie die sukzessiven Entstellungen immer weiter kopiert hätten, ohne die Möglichkeit zu haben, sich jederzeit an den griechischen Urbildern zu orientieren! Offensichtlich hat sich der Gelehrte hier erheblich vergriffen.

Abb. 97: Ein in die Mondsichel eingebettetes Profil. Die Vermutung, daß es etwas mit dem Hirschgott Cernunnos zu tun hat, wird auf der Rückseite der Münze bestätigt, auf der ein Hirsch dargestellt ist (Abb. 68/S. 223), ebenso durch die geweihartig stilisierte Haartracht und den kleinen Bart unter dem Kinn. Jenseits der Nase sehen wir ein zweites Auge und entdecken dabei ein anderes, mit Schnurr- und Kinnbart versehenes Gesicht, das teilweise durch den Profilkopf verdeckt wird.

Korpus der keltischen Symbolzeichen

EI- UND SCHLANGENMOTIVE

Die folgenden systematischen grafischen Darstellungen erstrecken sich auf die Gesamtheit aller keltischen Motive, deren Gestaltung in der Mehrzahl — der unverkennbaren Absicht ihrer Urheber entsprechend — der numerischen Reihenfolge von 1 bis 5 folgt. Die hier dargebotene Ordnung bietet sich durch das häufige Erscheinen der repräsentierten Zahlen von selbst an.

Diese Zeichen werden der Untersuchung der bildlichen Darstellungen als Grundlage dienen.

Siehe das Verzeichnis der Abbildungen auf Seite 373, dem die Seitenzahlen der Abbildungen zu entnehmen sind.

Abkürzungen: M = Motiv, A = Abb.
KBN bezieht sich auf E. Muret, Catalogue des Monnaies Gauloises de la Bibliothèque Nationale, Paris 1889,

LL auf die in L. Lengyel, L'Art Gaulois dans les médailles, Montrouge 1954, enthaltenen Abbildungen von Münzen.

M 1 bis 8. Zeichen des Eies, insbesondere des Schlangeneies, sind Kugel, Kreis oder Kügelchen oder Punkt. Man begegnet ihnen unter dem Pferd (A 2, 13, 30, 35, 71, 86), unter dem Eber (A 17, 85, 161), im Haar (A 3), im Mund (A 6). Das Ei tritt an die Stelle des Kopfes einer Gottheit (A 4) oder bildet die Kruppe der Stute (A 10, 11, 38, 60, 61, 71, 86, 112, 164), erscheint als Zeugungssymbol hinter dem Hahn (A 138). Das Ei kann zum Pferdekopf werden (A 39), zum Mittelpunkt eines Kreises (A 5, 13, 17, 35) oder zur Radnabe (A 76, 112).

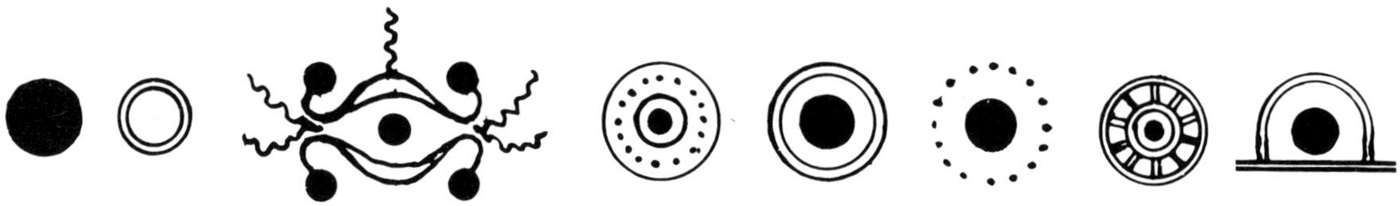

1 2 3 4 5 6 7 8

M 9 bis 17 sind Schlangenembleme; häufig in S-Form auftretend (A 1), nehmen sie aber auch die Gestalt einer Perlenkurve (A 3, 41, 47, 146) oder einer Wellenlinie (A 46, 114) an. Auch der gewellte Stengel einer Getreideähre (A 10, 23, 120) oder eine von einem Reiter ausgehende Linie (A 4, 15, 18, 61) soll an die Schlange gemahnen.

Das schlangenförmige S-Motiv spielt in der keltischen Stilisierung eine beherrschende Rolle. In der Mehrzahl bestehen die Pferdemähnen und -schweife aus den M 14, 15 (A 8, 26, 28, 29, 41, 64, 70, 79, 83), desgleichen die Helmbüsche (A 36, 80, 81).

Da die keltische Schlange keiner zoologischen Spezies angehört, sondern die Idee des Schöpfungsvorgangs darstellt, kann sie durch andere Kriechtiere ersetzt werden, durch eine gehörnte Schlange (A 7), einen Tausendfüßler (A 8), eine Eidechse (A 139, 150), ein Fantasiekriechtier (A 113) oder gar, wie in Nîmes, durch ein Krokodil (LL 450).

9 10 11 12 13 14 15 16 17

M 18 bis 26. Die Vielzahl der Tiere mit Schlangenschwanz erinnert an die Idee ihres göttlichen Ursprungs, ebenso die Schlange mit Pferdekopf (M 18 in A 161), das Pferd mit dem Schlangenschwanz (A 116), der ophidische Hund (A 146, 147, 162, 164), die Meerschlange (A 115), der abgetrennte Teil des Stiers mit den Flossen (M 23 auf A 118, 119), die Schlange mit Widderkopf und schließlich auch ein ophidischer Löwe (M 26 in A 152) mit einem Ei am Ende seines Schweifes.

18 19 20 21 22 23 24 25 26

Zuguterletzt gibt es noch den ophidischen Reiter ohne Beine und ohne Unterleib (Gott), der in einer Volute, ebenfalls ein Schlangenzeichen, auslaufen kann (A 4, 5, 18, 54, 61, 84, 112, 120, 146).

Neben diesen bildlichen Darstellungen spielt auch das reine Schlangenornament (M 28 auf A 53, 55, 86) unter den Schöpfungs- und Herkunftssymbolen in der keltischen Kunst eine dominierende Rolle.

27

28

ZWEIGESCHLECHTLICHE, MÄNNLICHE UND WEIBLICHE FRUCHTBARKEITSZEICHEN

M 29 bis 36. Zweigeschlechtliche (androgyne) Motive sind der Stengel, der eine Kugel trägt, — das Zeichen leitet sich von der aus dem Ei schlüpfenden Schlange her (A 1) und kann „Frucht des Leibesinneren an der Nabelschnur“ (A 9 und vor allem A 161) bedeuten —, M 33, der „Stimulus“, den der Reiter hält (A 10, 11), M 32, als Pupille des Auges (LL 402). M 35 kann ein männliches Geschlechtssymbol wie auch die Brustwarze (A 11, 12) oder die Saite einer Harfe (A 11) oder einfach Fransen darstellen (A 15). M 36 schwebt über einer Figur (A 21).

29 30 31 32 33 34 35 36

M 37 bis 44. Die leierförmigen Motive bezeichnen die himmlische Matrix, Symbol der Zeugung wie der Auferstehung (A 13, 35). Die Perlenkurven, die das Haupt der Muttergöttin umschweben, tragen an ihren Enden winzige Totenköpfe bzw. Köpfe in vorstofflichem Zustand (M 39 auf A 47, 147). Bisweilen wird die Gestalt des Reiters auf einen Totenkopf reduziert, der von einem leierförmigen Motiv umgeben wird (A 52, 73). Einer Variante begegnen wir in der Pupille eines Auges (M 41 auf A 22), einer anderen in Gestalt eines Kopfes (M 42 auf A 21). Die Matrix wird mit dem Ei kombiniert (M 43 auf A 8). M 44 verbindet auf A 142 Pferd (tellurisch) und Adler (solar), um darauf hinzuweisen, daß sie die Erzeuger des mythischen Stieres sind (A 142).

37 38 39 40 41 42 43 44

M 45 bis 48. Oft bilden die Hinterbeine des Pferdes mit Kruppe und Schweif eines der leierförmigen Matrix-Motive (A 4, 10, 11, 15, 17, 34, 54, 59, 60, 61, 73, 84, 85, 112, 113, 114, 116).

M 49, 50. Der Kessel, die Urne und schließlich jedes Gefäß kann die göttliche Matrix (A 18), auch mit Inhalt (M 50 auf Abb. 19) symbolisieren.

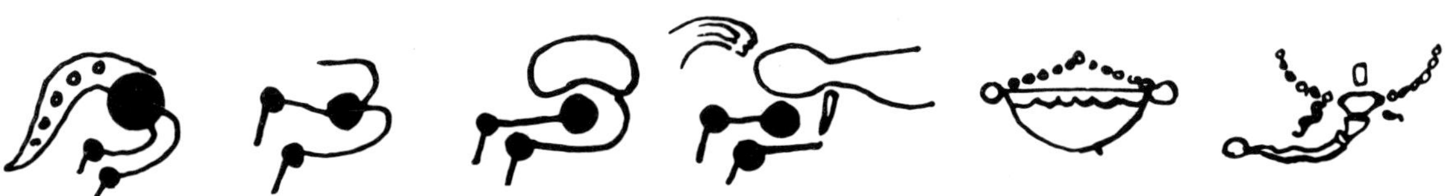

45 46 47 48 49 50

M 51 bis 57. Männliche Motive. In allen Kulturen ist die Kornähre die Metapher für Fruchtbarkeit (A 162). Die überdimensionierte Spelze, die aus der Kornähre ragt, bedeutet Virilität (M 52 und 53 auf A 20, 21). Im gleichen Sinn ist M 54 häufig im Pferdeschwanz anzutreffen (A 10, 11, 15, 31, 34, 52, 60, 61, 73). Der aufgerichtete Daumen des Reiters hat die gleiche Bedeutung (M 55 auf A 2, 4, 10, 34, 48, 67).

Auch der Stab in der Hand des Reiters ist ein männliches Symbol (M 56 auf A 2, 20, 48, 67, 79, 88). Ebenso ist das aus dem Hinterkopf einer Person ragende Horn zu verstehen (A 27, 32, 47, 74).

Sogar die Pupille eines Auges kann zum Fruchtbarzeitszeichen werden (M 57 auf A 22).

51

52

53

54

55

56

57

ZWEIER-MOTIVE DER MONDSYMBOLIK

M 58. Die Zahl zwei wird aus den beiden Spitzen der Mondsichel hergeleitet. Zwei Kugeln sind hinter dem Kopf angebracht (A 57); sie bilden das Auge (A 76, 83) oder den Mund (A 64, 69, 81).

M 59, 60. Halbmond oder Sichel sind als Motiv verarbeitet (A 40, 131); er oder sie kann ein Ohr darstellen (A 5, 32), den Mund (A 6, 79, 97), die Nase (A 100), einen Pferdebauch (A 11, 84, 86), einen Bootsrumpf (A 24), die Hüften einer Figur (A 34) oder die Kruppe eines Pferdes (A 35). Man entdeckt ihn unter einem Kopf (A 25), im Haar (A 25, 45, 109), vor dem Kopf eines Pferdes, er kann den „Lebensodem“ (A 31) oder die Pferdeschnauze (A 127) vorstellen. Unter einem Baum zeigt er sich als Wurzelwerk (A 43).

M 61, 62. Die Sichel mit Kugeln (A 30, 56) kann auch eine Hand bilden (A 15), ein Ohr (A 74), einen Mund (A 138) oder eine Nase (A 16). Sie schwebt neben einem Kopf (A 21) oder ist dem Hals des Hirsches angefügt (A 68).

58

59

60

61

62

M 63 bis 70. Vom Halbmond abgeleitete Formen. Eine solche befindet sich bei einem Bildnis auf der Stirn (M 63 auf A 79), eine andere bildet die Kruppe (A 54), die Pferdebrust (A 10, 15) oder ein Ohr (A 28, 74). M 66 taucht in den fächerförmigen Haaren (A 97) auf; M 68 thront auf der Pferdekruppe (A 72) oder hängt unter den Vorderbeinen des Pferdes (A 88). M 69 ist der Flügel des Pegasus (LL, 302), während M 70 als Wange so mancher Profildarstellung „lunare“ Elemente anzeigt (A 27, 42, 69, 79, 81, 83, 99, 130).

63

64

65

66

67

68

69

70

M 71 bis 78. Mandelformen oder Ovale stellen oft Räder (A 15, 20, 51, 54, 67), Augen (A 16, 22, 33, 46, 64, 70) oder Mund (A 44) dar.

71

72

73

74

75

76

77

78

M 79 bis 89. Die Doppelmotive suggerieren die Zahl 2. Zwei miteinander verbundene Kugeln bilden den Pferdeleib (A 62), den Pferdekopf (A 50), einen Mund (A 16), oder sie stellen die Beine vor (A 62, 86).

Das V-förmige Motiv ist aufgrund seiner Zweischenkligkeit binär, also lunar (M 80 auf A 41, 70); siehe die Augen (A 22, 27, 80, 130) die Nase (A 57), die Beine (A 87, 116), das Löwenmaul (A 66), den Flügel des Pegasus (A 62). Dieses V findet man auch über dem Helm (A 36), im Haar (M 82 auf A 82) in aquatischen Ornamenten (A 53). Auch gebrochene Stäbe können die V-Form bilden (A 54).

M 83 begegnet man in LL 398; M 84 auf A 37; M 85 in LL, 10; M 86 auf A 110; M 87 auf A 114; M 88 auf A 32 und M 89 auf A 10.

79

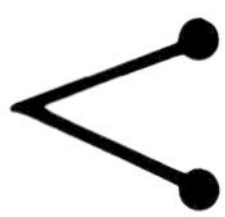
80

81

82

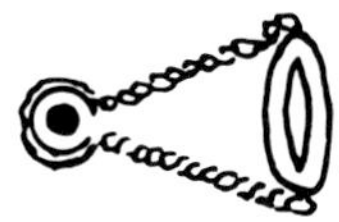
83

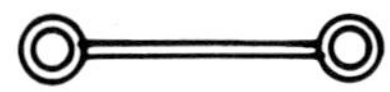
84

85

86

87

88

89

Die Häupter lunarer Gottheiten sind seit der frühesten Antike mit Bovidenhörnern geschmückt. Wiewohl diese Motive offensichtlich binär sind, — in der Natur treten Hörner immer zu zweien auf, — werden sie von den Kelten oft als ternäre verstanden, weil der die Hörner tragende Schädel implizite als drittes Element miteinbezogen wird.

Binär und ternär zugleich, entziehen sich diese Motive anscheinend einer strengen Klassierung, nicht aber der Fassungskraft der Künstler/Graveure, die zur gegenseitigen Durchdringung der beiden Kategorien tendieren, womit diese identisch werden, oder, arithmosophisch ausgedrückt, beweisen, daß 2 = 3 ist.

Da diese Verwicklungen in ihren Zusammenhängen nicht immer transparent werden, gehen wir an dieser Stelle auf die Hörner-Motive und die aus ihnen abgeleiteten Stilisierungen ein, um sichtbar zu machen, daß man den benutzten Zeichen mehrfache Wertigkeiten verleihen wollte, um dadurch die Gegensätzlichkeiten, die sie insichbegreifen, miteinander zu versöhnen.

M 90 wird man auf A 118, 140 und 142 finden, M 91 bei LL 35, M 92 bei LL, 349, M 93 bei LL, 327, M 94 auf A 36 und M 95 auf A 47.

Selbst wenn einige dieser Zeichen so weit von den bovidischen Formen abweichen, daß sie rein ornamental werden, bleibt ihre Herkunft doch unverkennbar. Es sind dies M 96 auf A 2, 64; M 97 auf A 23; M 98 auf A 58; M 99 auf A 29 und M 100 auf A 65.

Wenn auch ihre ternäre Tendenz überwiegen sollte, ordnen wir dennoch die M 101 bei LL, 344, 345 und M 102 in KBN, 7221 in diese Kategorie mit ein.

Die anscheinend rein dekorativen Motive folgen stets einer numerischen Ordnung und reihen sich damit unter die symbolischen Zeichen: M 103 auf A 45; M 104 auf A 37, 124; M 105 läßt deutlich die Absicht erkennen, drei lunare Zeichen zu vereinen: es besteht aus zwei Halbmonden und einem S und erhält dadurch lunar-solaren Charakter (A 99).

Auch das winzigste Detail des Dekors hat bei den Kelten Bedeutung. Ich verweise auf M 106 in KBN, 7858, auf M 107: die Löwenbeine auf A 66, und auf M 110 auf A 14.

Erwähnung verdient auch M 108 in KBN, 7340, das mit seinem durch doppelte Schlangenlinien angedeuteten Schweif ein ophidisches Pferd darstellt (?) und M 109 auf A 161, ein Vogelpaar oder Doppelvogel (?).

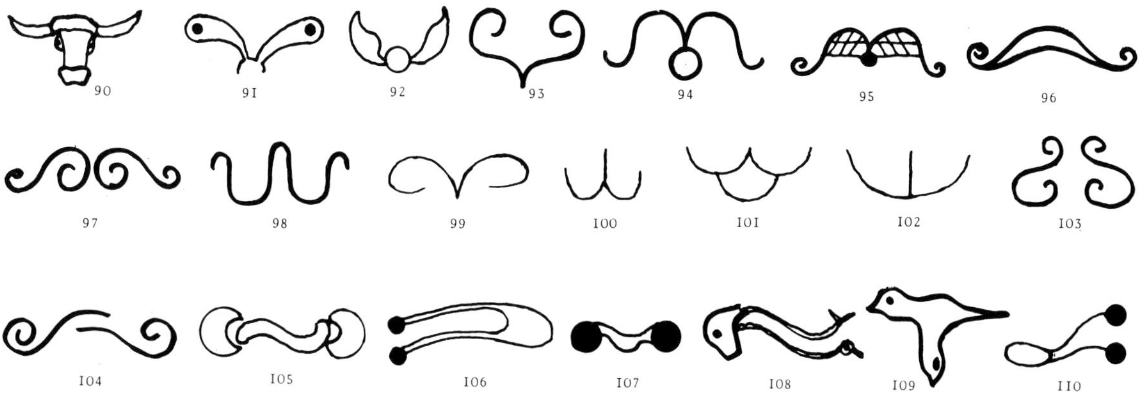

DREIER-MOTIVE
DER SONNENSYMBOLIK

Während die Mondzahl, die 2, logischerweise von den beiden Spitzen des Halbmonds hergeleitet wurde, entspricht die Sonnenzahl, die 3, offensichtlich einer Übereinkunft, die von dem arithmosophischen Bedürfnis nach einer zahlenmäßigen Unterscheidung der beiden Kulte diktiert wurde.

M 111 bis 114. Drei Kugeln bezeichnen die durch ein strahlendes Dreieck dargestellte Sonne (A 49); sie schmücken ein Boot (A 24), oder bilden einen Mund (A 82). Durch einen Strich verbunden findet man sie unter einem Pferd wieder (M 112 auf A 87); in Dreieckform angeordnet, bilden sie Ohrgehänge (A 5), einen Mund (A 47, 91), ein Auge (A 82), sind sie einer Wange eintätowiert (A 25) oder wurden sie in einen freien Raum gesetzt (A 53, 54, 55, 58).

111

112

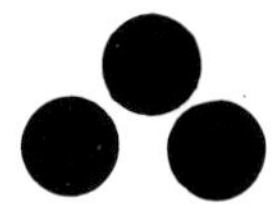

113

114

M 115 bis 120. Die Darstellung auf A 49, wo die Sonne mit einem Dreieck kombiniert ist, beweist den solaren Charakter der Dreieckform. Verschiedentlich wird das Auge durch ein Dreieck wiedergegeben (A 29, 81), auch im Profil gesehen (M 117 in KBN, 8817). Dreieckform kann auch ein Hals haben (A 41, 79), oder er erhält die Form einer „Pyramide“ (A 55). Kürzeln in Dreierform (M 118 in A 131) kennzeichnen „solare“ Personen. Andere bilden einen Pfeil hinter dem Nacken (M 119 auf A 25), hinter dem Rücken (M 120 auf A 23), oder verleihen dem Schwanz eines Adlers eine ternäre Nuance (A 19).

115

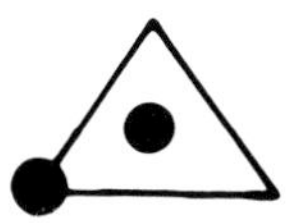

116

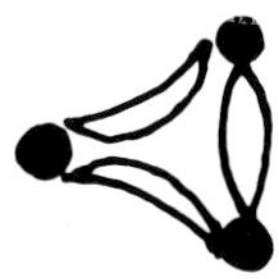

117

118

119

120

M 121 bis 128. Die drei Hörner sind das Emblem des uranischen Gottes (M 121 auf A 44); ihre Form verbirgt sich in stilisierten Varianten (M 122 auf A 45; M 123 auf A 85, M 124 bei LL, 223, M 125 auf A 83, M 126 auf A 65). Ein Baum erhält durch seine drei Äste „solare“ Qualität (M 127 auf A 140), eine Hand dadurch, daß sie nur drei Finger hat (M 128 auf A 60, 76).

121

122

123

124

125

126

127

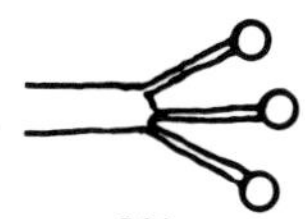

128

M 129 bis 136. Das keltische Sonnenrad wird meist durch den *Triskeles* dargestellt. Zu seinen Varianten gehören M 129 auf A 48, M 130 bei LL 552, M 131 auf A 40, M 132 in KBN, 6026, M 134 auf A 50, M 135 in KBN, 7493 und M 136 bei LL, 21.

129

130

131

132

133

134

135

136

M 137, 138. Auf bestimmten Ideogramm-artigen Darstellungen des Auges im Profil gesehen ist das untere Augenlid durch drei Striche wiedergegeben, die Assoziationen an den Gott mit den drei Hörnern anklingen lassen sollen; der mittlere endet in einer Wellenlinie, die Tränen — entsprechend dem mittleren, männlichen Horn dieses Gottes gleichbedeutend mit Samen — darstellen (M 137 bei LL, 401, 402 und in versteckterer Form auf A 22). Achten wir auch auf das Motiv der drei geknickten Stäbe (M 138 auf A 54).

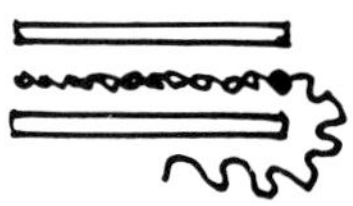
137

138

M 138 bis 146. Wie gemäß anderen Überlieferungen, wird auch nach keltischer die Sonne durch ein Rad versinnbildlicht (A 14, 76), bisweilen durch ein sich drehendes (M 141 auf A 33, 46, und M 144 auf A 138). Eine Rosette bezeichnet ebenfalls das Tagesgestirn (M 142 in LL 359 und M 143 in A 35, 53, 72). Eine Kugel von Perlen umgeben (M 145 auf A 17), oder eine Kugel als Radnabe (A 112) soll das „solarisierte“ Ei bedeuten, das heißt, das Ei-Symbol wird vom Sonnenkult in Anspruch genommen und damit dem Schlangen-Ei-Symbol entgegengesetzt. Die lunar-solare Synthese findet in dem durch vier Strahlen aufgeteilten Kreis seinen Ausdruck (M 146 bei LL, 105).

139

140

141

142

143

144

145

146

M 147 bis 150. Elemente der Haartracht. Flammenförmige Haarbüschel haben solaren Charakter (M 147 auf A 3, 47), zumindest wenn diese Büschel nicht im schlangenförmigen S auslaufen (M 148 auf A 26), wodurch sie tellurisch lunaren Symbolcharakter erhalten.

Man erfindet Frisuren, die die Struktur dreifach gereihter Bändchen (M 149 auf A 26) oder eines Lorbeerkranzes haben (M 150 auf A 5, 109), — Emblem des solaren griechischen Apoll (A 77).

147

148

149

150

M 151 ist ein gallischer Pflug, der hier mit drei Pflugscharen dargestellt ist (A 51). Nach seinen anderen Details zu urteilen, die alle Symbole sind, hat man ihn zweifellos stilisiert wiedergegeben.

M 152 bis 159. Durchweg Waffendarstellungen. Einige haben ternäre Kennzeichen erhalten: ein Pfeil mit drei Federn (M 152 auf A 124), eine Axt mit drei Kugeln (bei LL, 18), ebenso eine Lanze mit drei Kugeln (M 157 bei LL, 114). Die Lanzen der Schwerter sind durch drei Striche wiedergegeben, ihre Griffe oft durch ein Fünfer-Motiv (M 155 auf A 23, M 156 auf A 18). Mit einigen Vorbehalten kann man die Waffen der Sonnensymbolik zuordnen aufgrund der Tatsache, daß ihre Sakralität den Legenden zufolge ausdrücklich den uranischen Göttern zu verdanken ist, vor allem die der Keule des Dagde und des Hammers (M 154 auf A 18, 71, 132, 137), und nicht zuletzt die des legendären Wurfspießes des Lug (M 158 bei LL, 537, 541). Um die Reihe der keltischen Waffensymbole zu vervollständigen, ordnen wir ihr noch diesen Pfeil (M 159 auf A 143) zu, obwohl er kein Sonnenzeichen aufweist.

151

152

153

154

155

156

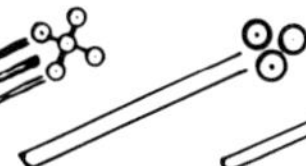

157

158

159

M 160 bis 164. Vögel, Luftsymbole par excellence: (M 160 bei LL, 452, M 161 auf A 19, M 162 auf A 66, 85, 139, M 163 auf A 138, M 164 auf A 51).

M 165, 166. Andere geflügelte Tiere. Der Pegasus (A 54, 62, 67, 75, 89), der geflügelte Hund (A 149), der geflügelte Löwe (A 151). Schließlich hat auch jede geflügelte Person solare Qualität (M 166 auf A 131).

160

161

162

163

164

165

166

VIERER-MOTIVE

Der methodischen Sorgfalt und der numerischen Reihenfolge zuliebe führen wir die Vierer-Motive gesondert im Anschluß an die Dreier-Motive auf, obwohl sie ihrer Bedeutung nach „lunar" sind und daher eigentlich im Anschluß an die binären, die Zweier-Motive erscheinen müßten. Die Zahl 4 evoziert in der Tat die vier Kardinalpunkte, also die Ausdehnung des Raums, und besteht darüber hinaus in der Verdoppelung der 2. Die Art der Verwendung dieses Zeichens läßt darauf schließen, daß ihnen keine andere Funktion zukommt, als die, das sakrale Objekt, dem sie beigefügt sind, als solches zu qualifizieren.

Eine Reihe von vier Kugeln betont die vier Pferdehufe (A 38); auf einem Bildnis entdeckt man vier Kommas (A 79); unter dem Bauch des Pferdes und vor seinem Hals sieht man je eine Gruppe von vier Punkten (A 13); vier Punkte bilden die Köpfe der Pferde (A 40). Reiter (A 39, 116), Augen (A 82) oder ein Mund (LL, 31) sind durch vier Punkte wiedergegeben.

Man greift zu Kreuzen, Diagonalen und nach den Sternen (A 9, 21, 27, 41, 52), gibt der Harfe vier Saiten (A 11, 70, 71), oder schafft ornamentale Ordnungen von vier mal vier Stielen mit Kugeln (A 110), wenn — unbestreitbar — die Absicht besteht, eine Vierer-Darstellung zu schaffen (M 174 in KBN, 8133).

Das Quadrat bildet das Gerüst für zahlreiche Zeichen (A 61); es kann quadriert (M 177 auf A 43) oder in vier Rechtecke aufgeteilt werden, die durch neun Punkte markiert sind (M 176 in KBN, 6985), wodurch das Zeichen lunar-solaren Charakter erhält.

Bei vielen dieser Zeichen sind mehrere Lesarten möglich: M 178 bei LL, 538 bietet zwei Dreiecke, vier Kugeln und einen Stab zur Deutung an. Das Quadrat aus gebogenen Linien kommt mit vier Kugeln (M 179 auf A 2) oder ohne diese Akzente an den Ecken vor (A 102).

Obwohl die klassische Swastika in der keltischen Symbolik nicht vorkommt, erinnern doch gewisse der Quadratform angepaßte Zeichen an sie, zum Beispiel M 180 in KBN, 7973 oder M 184 bei LL, 22. Ganz anders wirkt M 181 auf A 42, wo vier Sichelformen aus einer aus fünf Punkten bestehenden Mitte hervorgehen. Bei einem anderen umschweben vier Halbmonde ein Kreuz (M 182 bei LL, 13) oder bei einem weiteren legen sich zwei S überkreuz (M 183 auf A 25).

Während die eben erwähnten Zeichen von rein geometrischen Vorstellungen ausgehen, liegen anderen allem Anschein nach beispielsweise die vier Beine eines Tieres zugrunde (M 185 bei LL, 348). Die beiden letzten Motive dieser Kategorie (M 186 auf A 75 und M 187 auf A 23, 30) können sowohl als binäre wie als quartäre Zeichen gelesen werden.

167

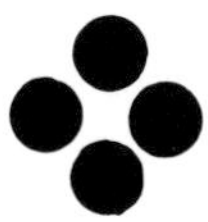
168

169

170

171

172

173

174

175

176

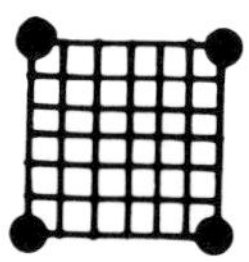
177

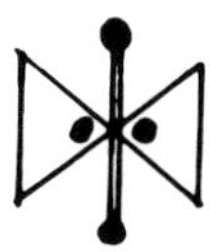
178

179

180

181

182

183

184

185

186

187

FÜNFER-MOTIVE,
AUFERSTEHUNGSSYMBOLE

M 188 bis 191. Die durch die Addition von 2 + 3, das heißt durch die Mond-Sonne-Verbindung gewonnene 5 ist das Symbol für die unbegrenzte Existenz. Die einfachste Form ihrer Darstellung besteht in einer Reihe von fünf Kugeln (A 57) oder in fünf von einem Kreis umgebenen Punkten (A 22). Drei Bogen, verbunden durch einen Zwischenteil (M 190 in KBN, 7820), oder drei Girlanden mit zwei Gehängen (Stäben mit Kugeln) (M 191 bei LL, 221) zeugen von der Intention, die 5 auszudrücken.

188

189

190

191

M 192 bis 201. Einige dieser Motive befinden sich auf den Münzen am Ende einer Wellenlinie, so daß es den Anschein hat, als werfe der Reiter sie dem Roß voran, um ihm den Weg zu weisen: zur Auferstehung nach dem Tod. (M 192 auf A 61; M 193 auf A 2; M 194 auf A 15; M 195 bei LL, 148; M 196 auf A 67 und M 197 in KBN, 6833).

Die quinäre Form kommt mal durch einen in ein Quadrat eingefügten Kugelstiel zustande (M 198 auf A 62), mal durch Einfügung eines Sterns (M 199 auf A 54), oder sie entsteht durch zwei miteinander verbundene Dreiecke (M 200 in KBN, 6722), durch ein fransenartiges Ornament (M 201 bei LL, 191) oder durch fünf verbundene Striche (M 204 bei LL, 190).

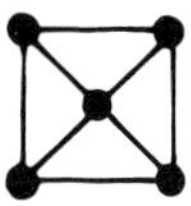
192

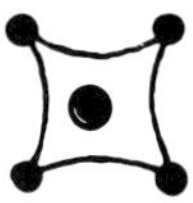
193

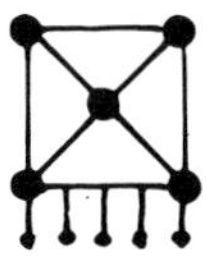
194

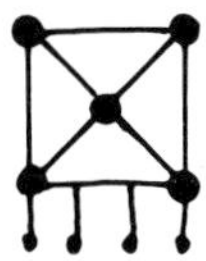
195

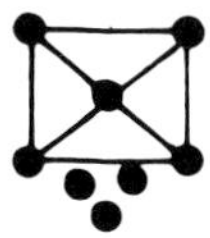
196

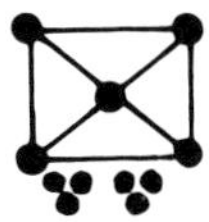
197

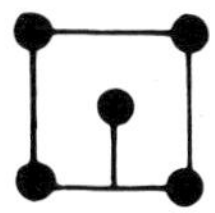
198

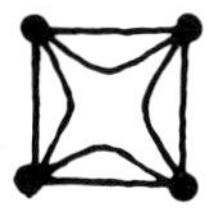
199

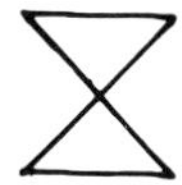
200

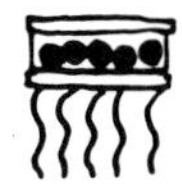
201

M 202 bis 209. Eine Kategorie von Fünfer-Motiven wird nur aufgrund ihrer offensichtlichen Signalfunktion in die bildliche Darstellung aufgenommen (M 202 auf A 64; M 203 bei LL, 533; M 205 auf A 64 und M 206 auf A 114).

Auch begegnet man dem Pentagramm (A 63), oder einem kleinen menschlichen Figürchen, dessen Kopf, Hände und Füße aus fünf Kügelchen bestehen (M 208 bei LL, 537, 543), oder einem liegenden, mit fünf Punkten geschmückten V (M 209 auf A 101).

202

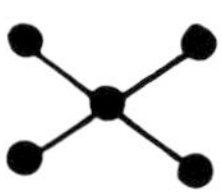
203

204

205

206

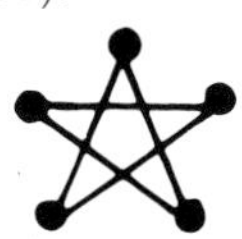
207

208

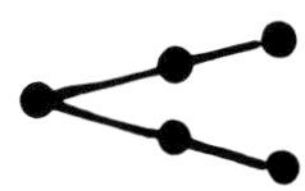
209

M 210 bis 214. Die Hand mit ihren fünf Fingern ergibt ein quinäres Motiv (M 210 auf A 58, 59, und M 211 auf A 131). Beindarstellungen aus fünf Kugeln (M 212 auf A 72) oder aus drei an zwei Mondsicheln hängende Kugeln (M 213 auf A 30) oder das fünfbeinige Pferd gehören auch in diese Kategorie.

210

211

212

213

214

M 215 bis 218. Schließlich lassen noch einige Ornamente die Intention erkennen, mit ihrer Hilfe auf die eine oder andere Art die Fünf auszudrücken (M 215 in KBN, 7689, M 216 in KBN, 3670; M 217 in KBN, 6947 und M 218 in KBN, 8390).

215

216

217

218

SYNTHETISCHE MOTIVE

Wir bezeichnen Motive als synthetisch, wenn sie die Zahlen auf eine Weise in sich vereinen, daß ihre Komponenten erkennbar sind, sofern es sich um Zahlen handelt, die in der keltischen Religion eine Rolle spielen.

Das einfachste synthetische Motiv besteht aus drei durch zwei Bogenlinien verbundene Kugeln, die zusammen 5 ergeben (M 219 in KBN 7221). Vollkommener sind die folgenden Zeichen, bei denen die Plazierung der Kugeln die Unterscheidung der Komponenten 1, 2 und 3 erlaubt (M 220 auf A 48, 66). Zu ihnen gehören M 221 bei LL, 100; M 222 bei LL, 349 und M 223 auf A 65.

Häufig besteht das Ornament aus zwei aneinander gekoppelten S, wobei sich drei Schnörkel ergeben (M 224 auf A 65). Man begegnet diesem Motiv in der Skulptur auf der Brust von im sogenannten „Buddhasitz“ dargestellten Figuren. Das gleiche gilt für M 225 in KBN 7631. Einem Triskeles ähnelt M 226 in KBN 7223, das aus zwei Voluten und aus einer auslaufenden Extremität besteht. Anscheinend hat der Bildhauer/Graveur M 227 in KBN 7221 das bereits synthetische Zeichen durch das zweigeschlechtliche Fruchtbarkeitssymbol, das Ei an einem Stab, anreichern wollen.

Von den folgenden Motiven befinden sich M 228 in KBN, 5987; M 229 bei LL, 359; M 230 in KBN, 3670 und M 231 bei LL, 570.

Ein oft wiederkehrendes Motiv sehen wir in dem aus drei Sicheln bestehenden, einem Pilzkopf ähnelnden Zeichen (M 232 auf A 11, M 233 in KBN, 9582; M 234 bei LL, 300 und M 235 bei LL, 274).

M 236 spielt wie die vier vorhergegangenen Motive auf das Matrix-Motiv an.

Eine weitere Kategorie von zusammengesetzten Zeichen enthält quinäre Anspielungen: (M 237 auf A 140), sowie das Dach des Tempels oder „Heiligtums“ (M 238 auf A 73), die heilige Eiche (M 239 bei LL, 360).

Die Zahl 5 ist auch M 240 bei LL, 211, M 241 bei LL, 521, M 242 in KBN 5987 zu entnehmen, ebenso einem Dreizack (M 243 in KBN, 9474), einer Pflanze (M 244 bei LL, 105) und einem Ornament (M 245 bei LL, 385).

219

220

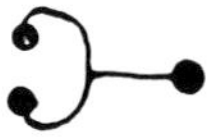
221

222

223

224

225

226

227

228

229

230

231

232

233

234

235

236

237

238

239

240

241

242

243

244

245

VERSCHIEDENE MOTIVE

Die Sonne-Mond-Verbindung findet nicht allein in Zahlen Ausdruck; sie kann abstrakt (M 246 auf A 90) oder durch ein aus einem Frontalgesicht ausgefaltetes Profil dargestellt (M 247 bei LL, 507) oder durch einen Januskopf (M 248 auf A 91) angedeutet werden, oder auch durch ein ideogrammartig abstrahiertes Bildnis (M 249 auf A 95) oder durch eine Mondsichel mit drei Strichen (M 250 in KBN 9885).

Die Harfe oder Leier ist das Symbol der Seele. Sie kann drei Saiten (M 252 bei LL, 197) oder vier Saiten (M 251 auf A 70, 71, 141) haben, während ihr Resonanzkörper eiförmig ist. M 253 bei LL, 355 erinnert an Leier und Matrix zugleich. Am einen Ende sieht man ein Ei, am anderen einen Schlangenkopf mit geöffnetem Maul. Dieses Motiv tritt an die Stelle des Reiters und ist dabei so angeordnet, daß die Schlange das Pferd in den Nacken beißt. Auf anderen Darstellungen wird der Reiter durch ein Netz mit sieben Knoten (Kugeln) ersetzt (M 254 auf A 13).

Das Totenschiff fährt unter dem Zeichen der Ewigkeit: sein Mast ist kreuzförmig. Bug und Heck sind mit Vogelköpfen geschmückt (M 255 auf A 23). Diese Ewigkeit läßt sich in Zahlen ausdrücken (M 256 auf A 24; M 257 in KBN, 9417).

Das Symbol des gestirnten Himmelsgewölbes breitet sich über dem Pferd aus und berührt dessen Mähne (M 258 auf A 72). Ein ähnliches Motiv schwebt über dem Haupt der Nachtgöttin (M 259 bei LL, 221).

Der auf der Erde sitzende Vogel soll den Tod evozieren (M 260 bei LL, 204). Einer der Künstler hat den Huf am Vorderbein des Pferdes in einen umgekehrten Vogelkopf verwandelt (M 261 auf A 53).

246

247

248

249

250

251

252

253

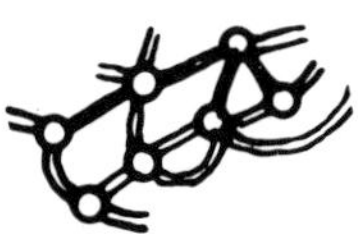
254

255

256

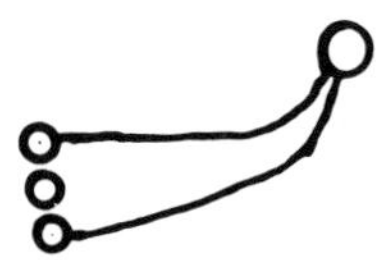
257

258

259

260

261

Die Darstellungen auf den keltischen Münzen sind voll von Anspielungen auf den Tod. Der Führer ins Totenreich ist selbst ein Toter, der „abgeschlagene Kopf" in der Matrix (M 262 auf A 73, 85). Die zu Boden gestürzte Figur unter dem Pferd ist nicht ein gefallener Krieger, vielmehr der solare geflügelte Geist des Todes (M 263, 264, 265 auf A 52, 54, 67).

Die großen gallischen Stämme haben an ihrem originellen Symbolrepertoire festgehalten. Bevorzugtes Thema der Namneten war der HIPPOPHORUS, der Atlas der Kelten, der das Pferd trug. Die Hüften dieses Gottes bestanden aus dem Mond (M 266 auf A 36). Die Treverer kamen immer wieder auf das Thema Auge, auf das *oculus mundi* zurück (M 267 auf A 22). Man beachte auch das Gefäß, das das Elixier der Götter enthält (M 268 bei LL, 84).

Die auf den keltischen Münzen anzutreffenden emblemhaften pflanzlichen Formen beziehen sich durchweg auf die Schöpfung, die sich in den beiden den Gestirnen zugeordneten Symbolzeichen manifestiert: Ein Baum trägt an jedem Zweig drei Beeren, die Mondsichel birgt seine Wurzeln (M 269 auf A 43). Ein Eibenzweig hat auf jeder Seite fünf Blätter, deren Spitzen mit je drei Strichlein markiert sind (M 270 auf A 74). Die Blumenmotive bestehen aus Perlenkreisen auf Stielen, denen zwei Mondsicheln oder zwei Voluten rechts und links beigefügt wurden (M 271 bei LL, 279 und M 272 in KBN, 3755). Auch auf eine Tanne sei hingewiesen (M 273 auf A 21).

262

263

264

265

266

267

268

269

270

271

272

273

Die religiöse Bedeutung der Tiere wird uns später noch deutlich werden, wenn wir auf die keltischen Sagen eingehen. Bescheiden wir uns mit einem summarischen Überblick über die wichtigsten Spezies des Repertoires. Außer der Schlange und den bereits erwähnten Tieren mit Schlangenschwanz, und außer den Raubvögeln und dem aufgerichteten Hahn führen wir hier noch den Fisch (A 28, 119, 145) und das Pferd und seine endlosen Varianten an, deren fantastischste vielleicht der Pegasus mit dem Elefantenkopf ist (M 276 auf A 75).

Darüber hinaus begegnet man Boviden (A 183) und einer Variante, die sie zum Meerestier machen (A 118, 119), der Ziege (A 111), der Maus oder Ratte (A 122), dem Hund (A 140, 146, 147, 148, 149, 150), dem Hirsch (A 68, 125) und dem Eber (A 4, 9, 17, 61, 84, 85, 126, 129).

Der keltische Schalk hat eine Fülle von symbolischen Gattungen erfunden, so die an Stelle der Schlange erscheinende Eidechse (A 139), das zweigeschlechtliche, unbestimmbare Raubtier (A 76), oder die Mischung aus Dickhäuter und Bär (LL, 156), den stilisierten Löwen (A 66, 152) und schließlich den Greifen, der den Menschen anfällt (A 151).

274

275

276

277

278

279

280

281

282

283

284

285

286

287

Die Bilder

DIE FRAGE DER KUNST

Die schöpferische Kraft, die sich in der Kunst offenbart, ist keineswegs ein Privileg der Hochkulturen; sie äußert sich auch bei begabten Völkern nicht kontinuierlich und kann zudem im Rahmen ein und derselben Gesellschaftsform unterschiedlich stark ausgeprägt sein.

Während der dreitausend Jahre des Brahmanismus, die zwischen Mohenjo-daro und dem Beginn des Buddhismus etwa im Jahr 560 vor unserer Ära verstrichen, bestand offenbar kein Bedürfnis nach Heiligenbildern. In China dauerte es nach seiner Erfindung der piktographischen Schrift um das Jahr 2000 v. Chr. noch fünfhundert Jahre, bis sich eine bildende Kunst entwickelte. Und die Verfasser der Bibel, die Juden, empfanden in den Jahrhunderten ihrer Unabhängigkeit keinen Anreiz zu bildlicher Darstellung.

In allen Fällen fehlte es weder an Talent noch an manueller Geschicklichkeit oder an Beobachtungsgabe oder Genie: es mangelte an innerem Drang.

Der Wunsch eines Gemeinschaftswesens, zu bildnerischer Gestaltung transzendenter Vorstellungen Zuflucht zu nehmen, regt sich erst dann, wenn ihr noch undifferenziertes Weltbild sich durch die Auseinandersetzung mit der Polarität zwischen Transzendenz und Materie zu differenzieren beginnt. Der Mensch untersteht dieser Polarität, auch wenn sie ihm nicht als solche bewußt wird; sie ist allgegenwärtig und wirkungsvoll, bleibt indes unsichtbar und namenlos. Die diesbezügliche Intuition der Griechen zeigt sich in den homerischen Gesängen, erreicht aber hier nicht gleichermaßen bewußten Ausdruck, wie in der griechischen Plastik. Denn lassen sich auch die Pole als solche begrifflich erfassen, entzieht sich doch die Wechselwirkung zwischen ihnen zunächst dem Verständnis. Die bildende Kunst aber verleiht ihr greifbare Realität.

Die Erfahrung dieses Gegensatzes zwischen Transzendenz und Materie bewegt sich zwischen zwei Extremen: Das Brahmanentum fühlte sich ganz vom Unstofflichen angezogen und bedurfte daher keiner Bilder; die Griechen dagegen verherrlichten die Vollkommenheit der Materie, wie sie in der Harmonie des Körpers und der Objekte zum Ausdruck gelangt. Zwischen diesen Extremen bleibt ein beträchtlicher Spielraum für eine ganze Skala von Positionen, ohne daß diese sich simpel in Grade aufteilen ließe.

Diese kategorische künstlerische Sprache macht die Reaktion der Kelten begreiflich: mit der griechischen Zivilisation konfrontiert — die sie übrigens bewunderten —, fühlten sie sich zu einer veränderten Einstellung verpflichtet.

Diese Divergenz zeigt sich bei der Münzprägung, einer scheinbar rein zweckgerichteten Tätigkeit. Den Kelten fiel es nicht schwer, sich die griechische Graviertechnik anzueignen; hier verhalfen ihnen ihre metallurgischen Kenntnisse und ihre Erfahrungen in der Gold- und Silberschmiedekunst bald zu einem beträchtlichen Niveau. Ihr Ziel war gewesen, eigene Münzen zu prägen; an Kunst hatten sie dabei nicht im Traum gedacht.

Die bildlichen Darstellungen der Griechen wurden, wie alles übrige auch, in der stillschweigenden Absicht übernommen, ihnen durch Hinzufügung von religiösen Symbolen etwas Keltisches zu geben. Die ersten Emissionen brachten indes eine Enttäuschung: es wurde ihnen nunmehr bewußter, daß sie eine eigene Auffassung hatten, die sich dem Gegenständlichen verweigerte.

Wollten sie indes den gleichen, auf die Verherrlichung gegenständlicher und körperlicher Schönheit ausgerichteten Stil auf die Darstellung des Ungegenständlichen anwenden, mußten sich Hindernisse ergeben. Als sie ihre eigene, abweichende Konzeption mit anderen als symbolischen Mitteln zu verwirklichen suchten, erkannten sie, daß sie auf die klassischen Stilmittel verzichten und sich eigene Ausdrucksmittel schaffen mußten.

Es war ein großes Unternehmen; doch sie versuchten es, und es gelang. Die keltische Kunst war geboren. Was die brahmanischen Inder nicht wollten oder nicht konnten, nämlich den Versuch einer Konkretisierung zu wagen und die transzendentale Realität sichtbar zu machen, darauf zielten die Kelten ab.

Ihre Hingabe war vollkommen. Da sie sich angesichts der erdrückenden Größe der griechischen Tradition als Anfänger fühlten, hatte ihr schöpferischer Ehrgeiz zunächst defensiven Charakter. Als sie indes bemerkten, daß sie Pioniere und nicht Epigonen waren, wurden sie in ihrem Stolz aggressiv.

Die volle Originalität ihrer Kunst entwickelte sich freilich erst viel später. Tastende Versuche von einem Stück zum anderen, kleine Entdeckungen, winzige Fortschritte sind die Marksteine auf diesem Weg. Wollte man die Erfahrung von dreihundert Jahren — über deren chronologischen Verlauf wir übrigens nichts wissen — zeitlich aufteilen, könnte man zweihundert Jahre für die stilistische Entwicklung und einhundert Jahre oder noch weniger für ihre Vollendung rechnen.

Denn so wie sich die Entwicklung der sprachlichen Artikulierung auf die Philosophie auswirkt, indem sie ihr Wortkonstruktionen für neue Vorstellungen, Ideen und Begriffe zuliefert, blieb auch die keltische Religion von der Ikonografie nicht unberührt.

Der Gott der Gallier, der sich anfangs grundlegend vom Menschen unterschied, erhielt in der Kunst deutlichere Züge, die sich dem Bildnishaften näherten. Dann trat aber eine Entwicklung zur zunehmend definierbaren Darstellung eines absoluten Nicht-Seins als solchem ein. Schließlich gingen diese Züge in dem lebendigen kosmischen Rhythmus auf, in dem sich dieser Gott verströmt.

Nur einen Augenblick lang hielt sich die Religion auf dieser für jene Epoche außerordentlichen Höhe; in der gallo-römischen Skulptur sinkt dieser Geist-Gott zu einem bärtigen, mit Attributen versehenen Gott ab, der ein Gefäß mit dem Lebenselexier und einen Hammer hält: Er hat die Bewegtheit der Ewigkeit — das Geheimnis der Kelten — und die Vollkommenheit des göttlichen Leibes eingebüßt, der die griechische Kunst nahegekommen war.

In Irland kannte man keine Münzen und ahnte nichts von der gallischen Ikonografie. Der irischen Mythologie ist dieser Mangel an bildnerischer Inspiration anzumerken, und den Göttern in ihren

Legenden fehlte es an jener abstrakten Wesenhaftigkeit, die sie als Person oder durch Worte und Taten hätten charakterisieren können. Dies muß, — wollen wir herausfinden, was Festlands- und Inselkelten gemeinsam ist, — bei einem Vergleich ihrer Erfahrungsbereiche berücksichtigt werden.

DAS BILDNIS

Bevorzugtes Vorbild der Gallier war der Goldstater Philipps II. von Mazedonien, des Vaters von Alexander dem Grossen. Diese um 350 vor unserer Zeit geprägte Münze zeigt auf der einen Seite das lorbeerbekränzte Haupt des Apollon, auf der Rückseite die Quadriga (Abb. 77, 78). Bezeichnend ist, daß die Gallier diesem auf der Mehrzahl der Münzen erscheinenden Thema dreihundert Jahre lang treu blieben. Die gesamte Entwicklung spielte sich also im plastischen Bereich ab, das heißt im künstlerischen im eigentlichen Sinn.

Hier ist zu bemerken, daß die Wahl von Apollon und Quadriga keine rein zufällige war. In der Gestalt des Apollon akzeptierten die Kelten das Gottesbild, in der Quadriga seine symbolische Funktion. Sache der Künstler war es, das griechische Thema ins Keltische zu übersetzen.

Zu Anfang beschieden sich die Kleinplastiker damit, die überlieferten Symbolzeichen an dieser oder jener Stelle neben dem noch stark griechisch

Abb. 77 und 78: Der Goldstater Philipps II. von Mazedonien, dem Vater Alexanders d. Gr., stammt etwa aus dem Jahr 350 vor unserer Zeit. Auf der Vorderseite zeigt er das Bildnis des lorbeerbekränzten Apollon, auf der Rückseite die Quadriga. Zu ihrer Zeit, als Zahlungsmittel international gültig, diente sie den gallischen Kelten als Vorbild. Dieses Sujet scheint sich in der gallischen Münzprägung am längsten gehalten zu haben.

beeinflußten Bildnis anzubringen (Abb. 3/S. 40, Abb. 5). Es bedurfte immerhin schon einer gewissen Kühnheit, diese Motive wie eine Tätowierung

direkt ins Gesicht zu setzen oder die Haarlocken durch Spiralen, Hörner oder Mondhörner wiederzugeben (Abb. 109).

Abb. 5: Eine der ersten, noch stark griechisch beeinflußten keltischen Münzprägungen. Die zaghaft verwandten Symbole sind die durch drei Kugeln markierte Mondsichel am Ohr, die Halbmond- und S-Formen des Haares. Das fraglos von einem Geldwechsler geschlagene Prüfzeichen auf der Wange enthält das Ei, eine zentrierte Kugel in einem Perlenkranz, die Gott in seiner Totalität bedeutet.

Abb. 109: Bildnis des urzeitlichen ophidischen Kriegsgottes Teutates, der auch auf Abb. 1 dargestellt ist. Oberhalb der Schlange, die seine Wange überquert, befindet sich das Schlangenei als zentrierter Kreis. Im Haar sieht man den Lorbeerkranz und halbmondförmige Locken.

Da man annahm, daß das göttliche Wesen im Kopf seinen Sitz hat, zog zunächst die Gestaltung des Haares die Aufmerksamkeit auf sich (Abb. 8/S. 42); es wird geschmückt, übersteigert und mit

Attributen überladen (Abb. 25/S. 54). Dann wird sein Umfang auf Kosten des Gesichtes langsam

größer (Abb. 45/S. 67), das immer kleiner werdend schließlich im verlorenen Profil zu sehen ist

(Abb. 32) oder sich ganz auflöst und der Haar-

Abb. 32: Kopf mit verlorenem Profil, seitwärts in den Schatten des Daseins blickend. Die keltische Tendenz zur „Entmenschlichung" des Gottes verzichtet hier auf das Gesicht zugunsten des Haares, das durch Symbole dargestellt wird: die Lorbeerkrone, das aus dem Kopf aufragende Horn, vier Halbmonde, auf die Schulter herabhängende Haarsträhnen als Strahlen.

tracht oder der Lorbeerkrone das Feld überläßt, die nur noch kontrastierend die Wirkung der Zeichen unterstützt.

Andere Entwürfe lassen den Knochenbau der Gesichter allmählich zurücktreten und überdecken ihn durch gerundetere Formen (Abb. 79). Oder sie zwingen das Profil zu noch stärkerer Krümmung, damit es dem Nachtgestirn ähnlich wird und verlängern das Kinn, das in einer Kugel endet (Abb. 57/S. 123; Legende S. 61). So tritt von Stufe zu Stufe, sich behutsam einer ganz neuartigen Darstellungsweise nähernd, das lineare Prinzip stärker hervor, bis es dem griechischen Vorbild die Waage hält und Kopf und Gesicht ihr Leben aus dem Rhythmus der Linienführung erhalten.

Doch genügt dies noch nicht. Der Rhythmus soll sich reiner und abstrakter manifestieren als auf dem griechischen Vorbild, was wiederum heißt, daß die Künstler vor allem die Emotion in Rhythmus und Bewegung zum Ausdruck zu bringen suchten, die für die keltische Kunst die gleiche vorrangige Bedeutung hat wie die Darstellung des stofflichen Körpers in der realistischen Kunst der Griechen.

Der Körper wird in Teile und Fragmente zergliedert und in eine dem Gesetz einer anderen Schwerkraft unterstellte Struktur, einer zentrifugalen Bewegung eingefügt oder dem freien Rhythmus folgend auf der Fläche verteilt.

Abb. 79/S. 122: Mondförmiges Profil auf einer Münze der Parisier, das auf einem dreieckigen Hals ruht. Unter dem Kinn entspringt ein Gewässer mit zwei Nebenflüssen (eine Anspielung auf die Seine?). Das Haar wird durch vier Strähnen dargestellt, von denen sich drei in S-Form um die Ohrpartie legen. Mit der vierten, sich teilenden Strähne entstehen somit fünf Einrollungen. An der Schläfe sieht man ein Oval, an der Stirn eine Stirnlocke und ganz oben ein kleines V.

Was wir auf den folgenden Plaketten sehen, ist weder eine Demonstration der Willkür noch eine Verirrung, sondern authentischer, aus der Evidenz der Natur schöpfender künstlerischer Ausdruck aus der Sicht einer verborgenen Dimension. Wenn auch alles wie unter Druck auseinanderzubrechen, sich zu verdrehen und zu verschieben scheint, so hat es sich doch, nach diesem Blick aus kosmischer Perspektive, schließlich wieder zu gewohnter Einheit gefügt.

Bei diesem Wechselspiel zwischen Kosmos und Mensch wurde die uns gewohnte Wirklichkeit allen Fleisches entkleidet; der konkrete, statische und endliche Raum stürzte in sich zusammen, um sich einer räumlichen Bewegung von abstrakter Dimension zu öffnen. Aus dieser dynamisch intuitiven Sicht entdeckten die Kelten schon damals die Relativität des Raums und zweitausend Jahre vor dem Kubismus die Simultandarstellung von Frontalgesicht und Profil. Und aus dem gleichen Geist heraus stellten sie die räumliche Wahrnehmung der klassischen Antike in Frage (Abb. 96; Abb. 97/S. 86; Abb. 98; Abb. 99/S. 125; Abb. 100/S. 125; Legende S. 61; Abb. 101/S. 125; Abb. 102/S. 125; Legende S. 178). Man kann die Kelten als die

Abb. 96: Münze scheinbar barbarischer Herstellung. Folgt man indes der zur Halbmondform vereinfachten Gesichtskontur und führt sie an den Rand der Münze fort, ergibt sich ein Frontalgesicht: Jenseits des Nasenrückens sieht man das zweite Auge.

Abb. 98: Simultanansicht von Gesicht und Profil. Die Strahlenformen am Rand verweisen auf die Sonne, während eine zweite Reihe aus kleinen Sicheln auf die Nacht anspielt.

Abb. 99: Kopf in drei verschiedenen Ansichten. Von den beiden Nasen gehört eine zum Profil, die andere ist im Dreiviertelprofil zu sehen. Das dazugehörige Auge befindet sich in der Verlängerung des Augenbrauenbogens und der kreisförmigen Vertiefung, die durch die Kerbe auf der Backe hervorgerufen wird. Die dritte, frontale Ansicht entdeckt man, wenn man das rechts von der Profilnase eingravierte Auge ansieht.

Abb. 101: Kopf in vier verschiedenen Ansichten. Zuerst das Profil. Um das verborgene Gesicht zu entdecken, gehen wir vom Mund aus, der im Profil wie auch frontal gesehen werden kann, und erkennen in der oberen Einrollung des S ein Auge. Zuerst drehen wir die Scheibe um 90 Grad nach links, so daß der Augenbrauenbogen die Nase eines runden Mondgesichts ergibt. Dann drehen wir sie um 180 Grad zurück, um die vierte Ansicht zu entdecken: einen Kopf mit Bart und riesiger flügelförmiger Nase.

ersten Futuristen bezeichnen: Sie fächerten die Formen der Pferde auf (Abb. 51, 88), beschleunigten

so ihren Galopp ins Übernatürliche und befreiten sie aus den Fesseln ihrer Körperlichkeit. Daß sie zur ungegenständlichen Kunst gelangten, war nur eine logische Folge ihrer Indifferenz gegenüber dem sichtbaren Gegenstand wie auch ihres Interesses am Übernatürlichen.

Aus dieser selben verborgenen Quelle ging der Surrealismus eines ANDRE BRETON hervor, der zu seiner Zeit im Geist seiner Vorväter aus ihr seine Inspiration schöpfen und jenen abenteuerlichen Pfad wandeln wird, der das unzugängliche Mysterium umsäumt.

Nichts ist natürlicher, als daß Menschen, deren Geschmack durch fünfhundert Jahre Akademismus im Geist der Klassik pervertiert wurde, angesichts des Genies ihrer Vorväter, zu denen sie jeden Kontakt verloren, in Verwirrung geraten. Ist das für den Unwissenden Grund genug, um sich über den Mangel an Gegenständlichkeit zu beklagen?

Abb. 51: Diese gallische Darstellung vermittelt den Eindruck einer Himmelfahrt: Die Bewegung von Wagen und Pferd zeigt eine Aufwärtstendenz, der Vogel fliegt abwärts. Unterhalb des Pferdes ist das Irdische durch das Symbol des Pfluges wiedergegeben.

Abb. 88: Dynamischer Gegenvorschlag zur Darstellung auf Abb. 86 (S. 150). Auf die Hinterbeine gestützt schwingen sich die Fragmente des Pferdekörpers empor, während die Vorderbeine wieder abfallen. Der Schweif des Pferdes ist nicht leicht auszumachen, ebenso wenig die Pegasusflügel, die durch die kleinen Kommas auf dem Pferderücken nur angedeutet werden. Noch schwieriger ist es, in den fünf Kugeln über dem Pferd den Reiter zu sehen. Dennoch, alles ist da, nur gehorchen die Teile einem souveränen Rhythmus und nicht mehr der anatomischen Ordnung.

Für den Kelten selbst war die kosmische Schau eine Tour de force, ein Aufschwung zu übermenschlicher Sicht. Es braucht nicht besonders betont zu werden, daß die Kelten Felder, Bäume und Pferde aus der gleichen Optik wahrnahmen, wie andere Bauern auch, gleich welcher Epochen und welcher Ländern. Doch interessierte sie diese entzauberte Realität nicht. Es war die Andere Welt, in die sie vordringen wollten, indem sie sich über die unsere erhoben. Für diese Bemühung gibt es im Altertum keinen Präzedenzfall. Gewiß kennen wir die polynesische, afrikanische und präkolumbianische amerikanische Kunst, in der Ornament und fantasievolle Stilisierung einer transponierten Realität Rechnung tragen. Doch bezieht diese Kunst ihre Nahrung aus *dämonischen,* in einen monströsen Expressionismus übersetzten Schreckensvisionen. Die keltische Kunst hingegen kennt keine grimassierenden Masken. Sie bescheidet sich mit der Entkleidung von fleischlicher Hülle und trachtet nicht, den Göttern Ausdruck im Sinn einer Moral zu verleihen, die nur dem menschlichen Bereich eigen ist.

Auf den folgenden Seiten will ich einen Überblick über die spezielle Verwendung der Symbolmotive als Haar- oder Helmornamente oder an Stelle der Gesichtszüge geben. Bei der Nebeneinanderstellung der Details wird aus der Verschiedenheit der Elemente die erfinderische Intention deutlich werden, die ihrerseits den Beweis für eine fortschreitende Entwicklung erbringt. Sie wird uns gestatten, den Geist der Kelten am Werke zu sehen — uns dem Geheimnis der Kelten zu nähern.

HAARTRACHTEN

Möchte man sich über die Haartracht der Kelten informieren, sind die keltischen Münzen kaum das geeignete Mittel. Denn man wird auf ihnen weder Haar noch Haartracht entdecken, sondern nur aus Symbolen gebildete Ideogramme.

Eine solche Übersicht wird dennoch nicht nutzlos sein; die Fülle der gebotenen Lösungen mit ihrem aufwendigen Arrangement lassen eine künstlerische Tradition der Komposition des Haares erkennen. Es dürfte in der Tat schwierig sein, sich diese endlosen abstrakten Abwandlungen ohne reale Vorbilder auszudenken, und umgekehrt wird eine so reiche Fantasie es sich gewiß zur Aufgabe gemacht haben, das Haar der schönen Gallierinnen auf tausenderlei Weise zu ordnen.

Bei diesen Frisuren, deren Komponenten dem Repertoire der Symbole entnommen sind, teilen sich Locken und Strähnen nach Zahlen, wobei jeweils das lunare oder das solare Element, am häufigsten aber das quinare betont wird. Diese Akzente fallen als solche freilich nicht auf; sie dienen in Wirklichkeit dazu, zwischen lunaren und solaren Elementen einen Ausgleich zu schaffen. Wenn nur drei Locken dargestellt sind, kann man sicher sein, daß alle drei S-Form haben, es sich also um drei binäre (lunare) Elemente handelt. Sieht man nur zwei S-Formen, werden sie sicherlich drei Einrollungen aufweisen.

Die Analyse dieser zahlreichen verborgenen Anspielungen weiterzutreiben, hinter denen man mit Recht mannigfaltige Verbindungen der verschiedensten Motive vermuten kann, hieße sich in unkontrollierbare Spekulationen zu verlieren. Wir würden Gefahr laufen, scheinbar gleiche Ideen der einen oder anderen Geheimlehre des Altertums ins Spiel zu bringen, gegen die sich gerade die keltische Eschatologie mit ihrer Lehre von der Unsterblichkeit der Seele auflehnte.

Bescheiden wir uns also mit der Feststellung, daß diese Haartrachten mit ihren Hörnern, Geweihen oder das Jenseits repräsentierenden Tieren die göttliche Macht symbolisieren. Wir werden sehen, daß sich Kugeln, Haarlocken, die Haartracht ergänzende Kreise, Strahlen oder verwobene Spitzen zu Auferstehungsmotiven und zahlensymbolischen Spielen fügen.

VERSCHIEDENE AUS SYMBOLEN ZUSAMMENGESETZTE HAARTRACHT-TYPEN

5

26

32

25

45

47

LL. 223

27

Die Zahlen entsprechen den Zahlen der in diesem Buch angeführten Abbildungen.

Siehe das Verzeichnis der Abbildungen auf S. 373, das auf die Seitenzahl der Abbildungen verweist.

LL bezieht sich auf bei L. LENGYEL, L'Art Gaulois dans les Médailles, Montrouge 1954, angeführte Reproduktionen.

BN = Collection du Cabinet des Médailles de France dans la Bibliothèque Nationale, gefolgt von der Katalognummer.

79

LL. 155

83

LL. 51

123

74

L. 572

64

65

97

96

LL. 363

164

LL. 250

LL. 81

LL. 147

LL. 128

LL. 129

70

LL. 296

LL. 430

135

57

LL. 297

HELME

Der Helm ist das Emblem des Kriegers, und die Gallier waren Kämpfer par excellence. Dennoch sind auf den Münzen keine wirklichen Kriegshelme zu sehen, ausgenommen vielleicht der eine, den das menschenköpfige Pferd auf Abb. 31 trägt. Sie sind

so wenig ein Helm, daß man sie von einem Diadem, einer Haartracht oder einem Ornament bisweilen nicht unterscheiden kann.

Mag es gewiß sein, daß ein Helmsymbol auf einen Gott anspielt, weiß man doch nicht, auf welchen. CÄSAR spricht zwar von einem gallischen Mars, doch die Experten vermögen sich kaum auf seinen keltischen Namen oder auf sein Abbild zu einigen, und das aus dem einfachen Grund, weil es keinen auf kriegerische Funktionen spezialisierten keltischen Gott gibt.

Ein Hinweis mag nichtsdestoweniger in dem häufig als einziges Tier oberhalb des Helmes abgebildeten Eber gegeben sein. Ermittelt man die symbolische Bedeutung des Ebers in der Mythologie, wird man wissen, um welchen Gott es sich handelt; natürlich um den gleichen, den der Eber auf dem Feldzeichen evoziert, das die gallischen Truppen beim Kampf vor sich hertrugen. Wir neh-

Abb. 31: Das Perlenornament vor der Pferdeschnauze stellt den Mond dar und spielt zugleich auf den Lebensodem an. Der ophidische Reiter krönt das Pferd mit einer Mondsichel aus Perlen. Unterhalb des Pferdes sieht man den Kopf einer Gottheit der Unterwelt.

men hier vorweg, daß dieser Gott der Archetypus des Königs ist.

Die zahlreichen, in die Helmdarstellungen eingewobenen Fruchtbarkeitszeichen weisen darauf hin, daß der König stets seinem Wesen nach vor allem Quelle und Spender der Fruchtbarkeit war. Über ihm existierte ein Gott, dessen Attribut der Eber ist; ihm ordnete man den König zu.

Indes ist diese Frage nicht restlos geklärt. Denn zumindest zu Cäsars Zeiten gab es kein Königreich Gallien mehr, und der gallische Heerführer Vercingetorix zum Beispiel, war nicht mit göttlichem Nimbus ausgestattet, mochte seine Macht auch noch so groß sein. Es ist also möglich, daß das behelmte Abbild sich weniger auf einen irdischen Führer als auf etwas Sakrales bezieht, an dem der Stamm partizipiert und das er für sich in Anspruch nimmt. In diesem Fall wird die Person mit dem Helm die Souveränität des Stammes darstellen. Und daß bei ihr die Waffen ein Wort mitzureden hatten, wird niemand bestreiten wollen.

ABWANDLUNGEN DES HELM-THEMAS

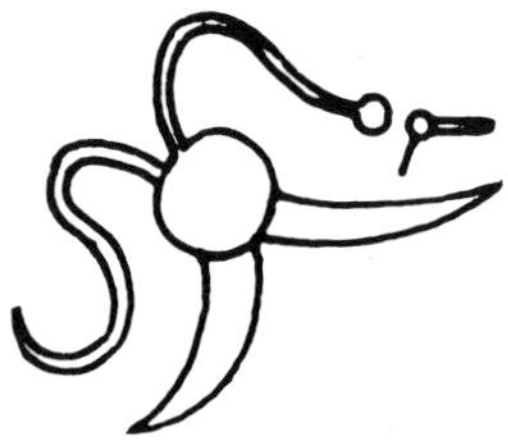

36

LL. 162

LL. 167

99

37

69

80

42

81

LL. 158

LL. 523

LL. 466

LL. 132

BN. 5878

LL. 97

LL. 31

LL. 278

LL. 280

LL. 381

LL. 161

DIE GESICHTSZÜGE

Ein Überblick über die Gesichtszüge läßt erkennen, daß auch das geringste Detail für die künstlerische Intention von Bedeutung war. Daß eine Kugel, eine Mandel oder ein V ins Profil eingebettet ein Auge darstellen sollen, scheint so selbstverständlich, daß man es übertrieben finden wird, etwas anderes als ein vereinfachtes oder vom Künstler bewußt deformiertes Auge darin zu erblicken. Während wir jedoch feststellen, daß die Graveure hartnäckig daran festhielten, das Auge durch ein Symbol wiederzugeben, erhält plötzlich der simpelste Punkt einen Sinn.

Es versteht sich von selbst, daß es sich mit den anderen Gesichtsteilen, mit Nase und Mund und der gesamten bildnerischen Darstellung ebenso verhält: oft verbirgt der Graveur sein Spiel hinter einem anscheinend auf der Hand liegenden Motiv oder aber er provoziert den gesunden Menschenverstand, um auf seinen Einfall aufmerksam zu machen.

Jede Darstellung ist also ein Bilderrätsel und versteht auch, es zu sein. In einer Gesellschaft, in deren Sprache verschlüsselte Anspielungen die Regel sind, muß die bildende Kunst dem gleichen Gesetz folgen. Wäre das Gegenteil der Fall, würde der Betrachter indifferent bleiben. Wichtigste Voraussetzung für die Würdigung der Originalität des Gebotenen ist, daß der Interessierte weiß, worum es sich handelt, und daß er sich auch in den geheimsten Bedeutungen auskennt.

Es erübrigt sich, hier tiefer in die Deutung der Details einzudringen. Sie sind überdies in unseren Aufstellungen angeführt.

Es hat den Anschein, daß die Körper- und Gesichtsteile nicht gleichbleibend lunaren oder solaren Charakters sind; es gibt ebensoviele lunare wie solare Augen. Liegt dem eine Art physiognomischer Wissenschaft zugrunde? Daß diese Menschen aus den Erfahrungen des täglichen Lebens heraus eine Charakterologie entwickelt haben könnten, indem sie die einzelnen Züge und schließlich die Personen durch eine quantitative astrale Symbolik qualifizierten, — wer würde wagen, dies zu behaupten oder zu bestreiten? Bei den Münzen handelt es sich sicherlich ausschließlich um Götter ohne erkennbare menschliche Bezüge. Aber welche Lehre, sei sie auch noch so verschlüsselt, wirkte sich nicht auch in diesen Bereichen aus?

Auf jeden Fall haben die zahlreichen Abhängigkeiten, die die thematische Freiheit der Künstler eingeschränkt zu haben scheinen, die Anwendung ihrer reichen Fantasie nicht verhindern können. Unsere Beispiele bezeugen dies.

STELLVERTRETENDE SYMBOLZEICHEN

AUGENFORMEN

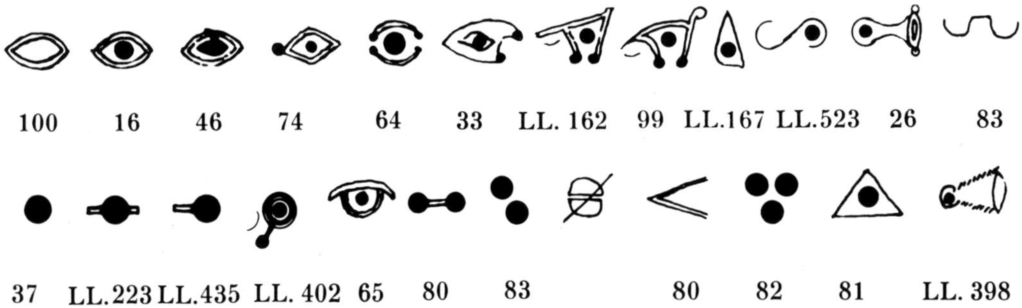

NASENFORMEN

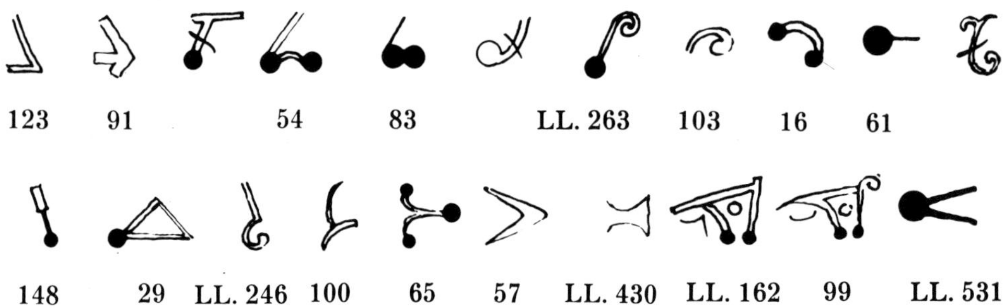

VERSCHIEDENARTIGE MUNDMOTIVE

59 69 16 BN. 6489 97 41 101 57 29 LL. 246 LL. 397

LL. 162 79 6 100 33 46 47 82 LL. 31

DAS PFERDESYMBOL

Auf der Rückseite der Bildnismünzen ist meist ein Pferd dargestellt, das wie die Vorderseite von dem gleichen mazedonischen Stater hergeleitet ist. Von seinem Vorbild entfernt es sich in Etappen: die Quadriga wird zum Zweigespann, der Wagen verschwindet, der Wagenlenker verwandelt sich in ein Reiterphantom, und aus den Requisiten werden Symbole.

Die armorikanischen Geldstücke mit dem Renner sind insofern besonders instruktiv, als das *menschenköpfige* Pferd sein menschliches Element durch seinen beunruhigten Ausdruck dokumentiert, im Gegensatz zu den Bildnissen auf der Vorderseite, die eine unpersönliche Miene aufsetzen und *das Andere* bedeuten.

Das androcephale Pferd war nur eine Formel unter anderen. Das menschliche Gesicht wird dem Kopf eines Fantasietieres übergestülpt und läuft in ein Ornament aus. Welche der Vielzahl der Versionen, die uns die Ikonografie bietet, kommt dem vom Graveur angestrebten Idealtypus am nächsten? Anscheinend ist die religiöse Bedeutung des Pferdes zu komplex, als daß sie durch einen einzigen Aspekt verständlich zu machen wäre. Versuchen wir sie in ihrer Mannigfaltigkeit zu erfassen.

Indem sie die griechische Quadriga in ihren Darstellungen übernahmen, haben die Kelten bewiesen, daß sie von Anfang an den Bildsinn des Wagens und seines Gespannes erahnten und sich hierin der Auffassung PLATOS näherten, für den der Wagen zugleich physisches wie psychisches Vehikel war. (PLATO, Gesetze, 898 Df; PHÄDON 246 E—256 D) In sämtlichen brahmanischen und buddhistischen Schriften repräsentieren das Schlachtroß die Sinne, die Zügel die Kontrollorgane, während der Geist oder das wahre Selbst (*atman*) Herr über das Fleisch (*rathi*) ist, ob es sich um Agni (Rig Veda, X, 56, 6) oder um den Träger der Lebenskraft (*prana*), oder um das geistige Selbst (Katha Upanishad, II, 3) handelt, das allein das Ziel des Wagens kennt. (A. K. KOOMARASWAMY, Hindouisme et Bouddhisme, 1949, S. 148)

In den Veden kann das Pferd als Lebenskraft (*prana*) erscheinen, die auf unser materielles Sein wirkt und deren vielfältige Energien die Götterwagen lenken. An dieses Bild in den Veden erinnert die Wortwahl der Upanishaden: *yukta* (Gespann), *praiti* (vorwärts gehen wie das vom Kutscher gelenkte Pferd auf der Straße). Die vedischen *rishi* (Weisen) gebrauchen das Wort *ashva* = Pferd zur Bezeichnung des *prana*. Die verschiedenen Verbindungen des Wortstammes sind nicht minder aufschlußreich: *asha* = Hoffnung, *ash* = sich bewegen, durchdringen, erreichen, essen, *ashana* = Hunger und *ashu* = schnell. (Koomaraswamy, loc. cit.)

Nach den ersten Münzreihen wird der Wagen im Sinn einer vom Pferd bewegten Last fortgelassen, und selbst als Reittier erscheint das Pferd nur noch in abgeschwächter Form, denn der Künstler/Graveur läßt den Reiter nicht mehr aufsitzen, sondern über dem Pferd in der Luft schweben. Stattdessen geht eine Emanation aus dem Maul des Pferdes hervor, was auf eine wesensmäßige Verwandtschaft mit den hinduistischen Schriften verweist.

Tatsächlich wird diese in den Upanishaden als *prana* bezeichnete Lebenskraft durch das Pferd „mit dem Mundhauch" (*mukhya asanya*) repräsentiert: es trägt das Wort, das als schöpferischer Ausdruck und Lebenskraft „voranführt" auf dem Weg zum Tod hin. Und „dieser Tod, genannt Leben", schreibt Sri Aurobindo, „ist nicht nur die dunkle Seite des Lichtes, sondern ein Durchgang, eine Umwandlung unseres Seins, die uns vom ewigen Gipfel der Materie zur unsterblichen Unendlichkeit des Geistes führt." (Sri Aurobindo, Trois Upanishads, trad. J. Herbert 1949, S. 139)

Die Ähnlichkeit des auf verschiedenen keltischen Münzen erscheinenden, diesen Hauch ausstoßenden Pferdes (Abb. 72/S. 57) mit dem Pferd der

hinduistischen Texte ist evident; sollte es nicht mit ihm identisch sein, so drängt sich zumindest auf, daß hier eine Verwandtschaft besteht, ohne daß es sich deshalb notwendigerweise um eine Entlehnung handeln muß. Es sprechen sogar verschiedene Beweise zugunsten der Annahme, daß es sich hier um eine original pankeltische Erfindung dieses Themas handelt.

Wenn wir die morphologischen Abenteuer des Pferdes auf den Münzen weiter verfolgen, werden wir feststellen, daß es im Lauf seiner Transmutationen seinen Tiercharakter einbüßt. Es verwandelt sich sogar in ein zweigeschlechtliches Wesen. Das ist umso erstaunlicher, als den erogenen Zonen der Stute nach zu urteilen, alle Anstrengungen sich auf eine Betonung der Trächtigkeit, der Mutterschaft und schließlich sogar auf die Darstellung der Stutengöttin selbst zu konzentrieren scheinen.

In der Ikonografie begegnen wir natürlich nicht nur Stuten, sondern auch Hengsten. Seltsamerweise nimmt die Kruppe des Hengstes bisweilen weibliche Formen an (Abb. 11/S. 43). Das Vorhanden-

sein der männlichen Komponente in dieser Gleichung legt die Vermutung nahe, daß der Hengst, wenn Epona die Pferdegöttin und Muttergöttin ist, logischerweise der Gott Teutates sein muß, dessen Name tatsächlich Stammvater (*teut* = Stamm, *tat* = Vater) bedeutet.

Nun, Teutates ist noch nie dem Pferd und auch nicht der Epona zugeordnet worden, und man kann nicht beweisen, daß die beiden ein Paar im üblichen Sinn sind. Von einer Münze der Karnuten, auf der das eine Pferd über einem anderen schwebt (BN 5987), und einer der Redonen abgesehen, auf der das eine der zwei Pferde ein Seepferdchen, ein Hippokamp ist (Abb. 16), wurden

sie nur doppeldeutig als Reitpferd und Reiter dargestellt.

Es gibt da noch eine Nuance, die eine Transferierung der Zeugung in den spirituellen Bereich in materieller und erogener Hinsicht unmöglich erscheinen läßt.

Teutates und Epona befinden sich anscheinend nicht auf der gleichen Ebene. Wiewohl Epona tatsächlich eine Stute ist, ist Teutates mehr als ein Hengst. Er ist auch vor allem der bein- und fußlose Reiter, der an der Natur der Huftiere teilhat, zum Beispiel wenn er sich auf dem Schweif des Rosses zu halten vermag. Und auf bildlichen Darstellungen, auf denen der Hengst vom Reiter gelenkt wird, ersetzt Teutates die Epona,

Später wird von der Frage der aquatischen Qualität des Teutates die Rede sein. Bemerken wir vorerst in diesem Zusammenhang, daß sein aquatischer Aspekt sich mit einem ophidischen, in der schlangenförmigen Volute seines Leibes, der durchweg ohne Unterleib dargestellt wird, angedeuteten Aspekt verbindet. Es ist die Schlange, die das

Abb. 116: Das Seepferd mit dem Schlangenschwanz schwimmt unter dem androcephalen Pferd. Zwei der vier Nägel, die den Reiter andeuten, halten die Zügel.

Pferd lenkt (Abb. 113, 114), der Gott, den CÄSAR

den Dispater der unterweltlichen Regionen nannte. Als Gott der Toten erscheint TEUTATES auch in Gestalt eines Zerberus, des Höllenhundes, mit einem Schlangenschwanz auf dem Rücken der Stute (Abb. 162).

Abb. 113: Der Leib des ophidischen Reiters erinnert an den „Schweif" des Pferdes, eine bewußte, signifikante Anspielung. Die untere Perlenkontur, ein S, endet in der Hand, die obere, die Mähne, mündet in den Kopf des Pferdes. Unten ein Eber.

Abb. 114: Der Reiter ohne Unterleib. Teutates gibt sich endlich als Ur-Schlange zu erkennen. Man beachte die beiden identischen Köpfe (ein V mit Kugeln) sowie das Motiv auf dem Rücken des Rosses, eine 8-Form — Symbol der Bewegung, das zwei Brennpunkte, Leben und Tod, umschließt. Sie bedeutet Unsterblichkeit, die außerdem rechts in dem aus zwei je aus fünf Kugeln bestehenden Achsen gebildeten Kreuz Ausdruck findet.

Daß an bestimmten Pferden zugleich männliche wie weibliche Charakteristika auftreten, ist der gleichen Tendenz zuzuschreiben, die sich in der Verknüpfung von Sonne- und Mondmotiven in den Bildnissen äußert: Die Gegensätze sollen zu einer unteilbaren Einheit zusammengeführt werden. Der sich von diesem Gott herleitende TEUTATES ist Ursprung und Führer der Muttergöttin.

Die Mutter von CU CHULAINN indes war ein Vogel, und die von OSSIAN eine Hirschkuh. Ebenso verdrängen andere Attribute den Reiter und machen die Exklusivität dieser beiden Personifizierungen zunichte.

In der Erwartung, daß sich durch die Deutung der Sagen all diese in der gallo-römischen Plastik wie auch in den Heldengedichten in buntem Durcheinander figurierenden Gottheiten zu einer theogonischen Rangordnung fügen werden, betrachten wir TEUTATES und EPONA weiterhin als Symbole unter Symbolen.

Kehren wir also zu einer provisorischen Personifizierung zurück und verfahren wir mit Pferd und Reiter, wie wir es mit den Gesichtszügen der Bildnisse getan haben: Stellen wir die Figurationen der Details zusammen und lassen wir uns zunächst von den Künstlern und ihren Vorstellungen führen.

Abb. 162: In der gallischen Version der Sage von Pwyll, besteigt der tausendfüßige Zerberus (Pwyll) die Stute (Rhyannon), die ihr Fohlen (Pryderi) säugt. Rechts die Kornähre, deren Halm sich um eine Kugel rollt.

ANATOMIE DES SYMBOLISCHEN KÖRPERS

Die unendliche Vielfalt der Pferdedarstellungen lassen zunächst nicht ohne weiteres die Intention ihrer Schöpfer erkennen, auch noch den kleinsten Details symbolische Bedeutung zu verleihen. Die Aufmerksamkeit des Betrachters wird vor allem von der Kühnheit der figuralen Konzeption angezogen, und zudem reagiert man auf die kleinen Deformierungen der Tiergestalten weniger empfindlich, wie das bei Gesichtszügen der Fall ist. Wenn wir aber die grafischen Notationen ein und desselben Details, zum Beispiel der Beine, nebeneinander betrachten, wird diese Bemühung der Künstler erkennbar, und die mannigfaltigen Gestaltungen erweisen sich als Spekulationen über das gleiche Thema des Heiligen.

Zuerst zaghaft, später vollkommen gelockert dargestellt, geben diese Details von einem zweifachen Anliegen Kunde: trotz dieser Beschränkung, der durchgehenden Transponierung im Symbole, dafür zu sorgen, daß der darstellerische Schwung nicht beeinträchtigt wird. Der Rhythmus soll vorherrschen, Spannung erzielen, die physische Bewegung in die Idee umsetzen.

Isoliert aneinander gereiht gewähren die Motive Einblick in den Mechanismus der keltischen Figuration. Wird der Körper durch zwei verbundene Kugeln wiedergegeben (Abb. 62), ist der Bezug

Abb. 62: Pegasus, dessen Körper aus zwei durch einen Stab verbundenen Kugeln besteht. Der Flügel ist ein V, das in drei Hörner ausläuft. Unter dem Pferd ein mit vier Kugeln markiertes Viereck; eine fünfte Kugel ist am Ende eines Stabes in seiner Mitte angebracht.

auf die lunare Zahl 2 evident. Stellen Kugel und Halbmond Kruppe und Bauch dar (Abb. 11/S. 43; Abb. 113/S. 143), erfordert das bereits die ge-

neigte Mitarbeit des Betrachters. Hunderte von Malen wiederholt, wird jedoch die Verbindung Bauch-Mond-Trächtigkeit die Tatsache verständlich machen, daß der Bauch des desintegrierten Leibes seine lunare Qualität, die Bedeutung von Fruchtbarkeit, bewahren soll.

Darüber hinaus wird man bemerken, daß der Körper die Tendenz zeigt, sich zur Schlangenform zu krümmen (Abb. 72/S. 57), wobei man bisweilen aquatische Anklänge, Symbole des Ursprungs,

erkennt. In einem der Entwürfe werden alle anderen überboten: die Kruppe wird durch einen Halbmond dargestellt, aus dem Leib und Vorderbeine in Gestalt des Hörnermotivs hervorgehen, während der Kopf verschwunden ist (Abb. 35/S. 146).

Bei der Nebeneinanderstellung der Pferdekopfvarianten fällt das — die Annäherung zwischen Mensch und Tier betonende — menschliche Gesicht auf. Durch ihn wird das bereits mit der Schlange verbundene Pferd zum Bindeglied zwischen dem Menschen und den Ophidia. Durch die Herstellung dieser vollkommen abstrakten Beziehung wollte der Kelte einen allzu menschlichen Ausdruck des Tieres vermeiden; daher die zahlreichen stilisierten Köpfe. Diese wurden in einer langen Reihe von Fantasieköpfen abgewandelt, die von rein ornamentalen über halb mensch- halb tierhafte Formen bis zu imaginären Vögelköpfen führt.

Einige Künstler gefallen sich darin, den Kopf durch ein V zu ersetzen und machen sich die Mühe, es mit drei Kugeln zu schmücken (Abb. 89; Abb. 114/S. 143). Ein andermal tritt die Mondsichel an

Abb. 89: Der Pferdekörper: ein Halbmond, der Kopf: ein mit Kugeln markiertes V. Die Pegasus-Flügel: zwei Perlenkurven, zwischen ihnen eine magere Mondsichel. Das eine Bein ist wie ein Stumpf, an Stelle der anderen sehen wir drei Äxte. Dies ist das einbeinige Pferd, das in der Sage den Wagen der Dämonin Bodb zieht, der Cu Chulainn begegnet, als er, durch ein fürchterliches Geschrei geweckt, nachts ins Freie stürzt. Es ist das Pferd mit dem Schlangenschwanz, das ophidische Pferd.

Abb. 35/S. 146: Pferd ohne Kopf. Die Kruppe besteht aus einem Halbmond, der auf einem Rumpf aus Bovidenhörnern sitzt. Rechts von der Kruppe die Mandelform, daneben ein männliches Symbol. Der Pferdeschweif wird durch ein Dreieck angedeutet. Über dem Pferd verstreute Korpuskeln; sie stellen den Reiter dar.

die Stelle des Kopfes; aus Stirn und Maul gehen Emanationen hervor (Abb. 13/S. 46). Schließlich

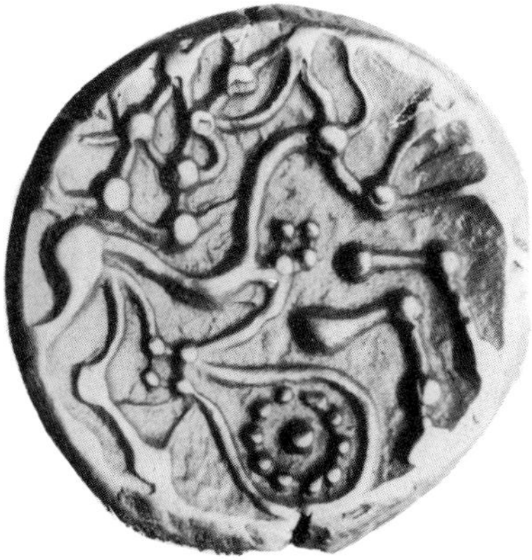

wird das Pferd ohne Kopf dargestellt, den eine Kugel ersetzt (Abb. 39). Jede dieser Kombinatio-

Abb. 39: Auf Abb. 38 (S. 165) stellt der Reiter die Zahl 1 dar. Hier tut das der Kopf des Pferdes. Die Zahl 4, die dort durch die Hufe bezeichnet wird, zeigt sich hier in der zu vier Kugeln reduzierten Gestalt des Reiters, während das Pferd seine natürlichen Beine hat. Der beste Beweis für die vom Künstler beabsichtigte Abstrahierung ist, daß er — nicht ohne sich über jeden allzugeraden realistischen Geist zu moquieren — den Pferdeschweif hinten mit einem Nagel anbringt.

nen hat ihren Sinn, selbst die beiden Voluten auf Abb. 124; sie weisen darauf hin, daß im Pferd

verschiedene Prinzipien vertreten sind, die im Hirsch-Symbol Ausdruck finden.

Wenn der Kopf sack- oder pilzförmigen Charakter hat, ist die göttliche Matrix gemeint; in diesem Fall stellt das Auge den Keim dar. Unter den rein arithmosophischen Lösungen begegnet man einer, die Rätsel aufgibt: der Kopf wird ringsum durch Zahlen ersetzt, wahrscheinlich weil keine allein die Bedeutung erschöpfend wiedergibt.

Bei der Zeichnung der Beine sind es die auf die Gelenke gesetzten Kügelchen, die eine den Sinngehalt von Körper und Kopf ergänzende Zahlensprache sprechen. Bei diesem Spiel — der durch Kugeln akzuentierten Gelenke — erhalten die Hufe oft Dreiecksform und werden von den Beinen getrennt, fraglos um die Bedeutung der Kugeln verständlicher oder überhaupt verständlich zu machen.

Abb. 124: Der Kopf des Pferdes sowie der des Vogels unter ihm sind mit Voluten geschmückt: eine Anspielung auf ihre Teilhabe an qualitativen Aspekten des Hirsches. Der Pfeil, der aus der Pferdebrust herausragt (der Tod), erinnert an das, was Cu Chulainn in der Sage von dem *Tain bô Regamna* sah, als er der Unterweltgöttin Bodb begegnete: ihr Wagen wurde von einem einbeinigen Pferd gezogen, dem die Deichsel durch den Leib ging und vorn die Brust durchbohrte.

Eine besonders kühne Formel entsteht durch Verbindung der Vorderbeine zu einem einzigen quinaren Motiv, mag es aus fünf Kugeln (Abb. 72/S. 57; Abb. 114/S. 143; Abb. 116/S. 142) oder aus drei mit zwei Mondsicheln kombinierten Kugeln

(Abb. 30) bestehen. Und enden die Vorderbeine in

einem umgekehrten Vogelkopf (Abb. 53), so übersteigt das selbst die kühnste Fantasie.

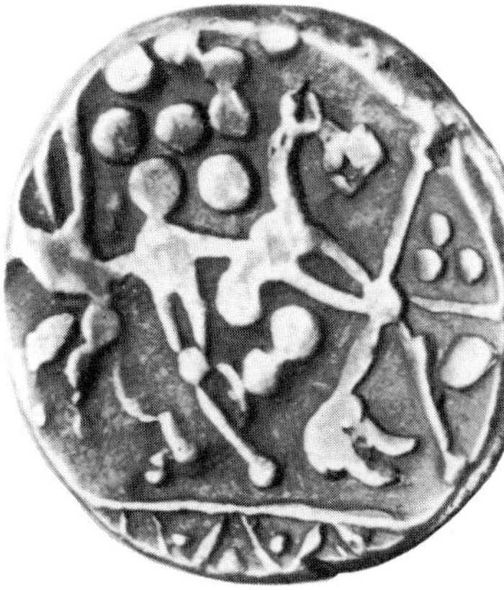

Abb. 30: Der Pferdekörper biegt sich zu schlangenförmiger Volute. Über ihm sieht man die mit Kugeln bestückte Mondsichel mit dem Ei, daneben die dreiflügelige Sonne und noch einmal ein Ei-Symbol. Unten zwischen den Vorderbeinen wieder ein Ei. Damit wird das Ei zum gemeinsamen Nenner sämtlicher Bildelemente.

Abb. 53: Die Vorderbeine des Rosses enden in dem herabgefallenen Kopf eines toten Vogels; Kruppe und Schweif sind nach oben gerichtet. Der Reiter geht quer durch das Pferd. Sein Kopf bildet einen Teil des aus einem Perlenkreis bestehenden Ei-Motivs oberhalb des Pferdes. An Stelle der Inschrift ein Meeresschlangenornament.

An der Grenze des Vorstellbaren bewegt sich die Darstellung der Hinterbeine, die sich mit Schweif und Kruppe zum leierförmigen Matrix-Motiv verbinden (Abb. 11/S. 43). Eine andere

Variante des gleichen Themas ist die an einem Hinterbein zur Kugel gewordene Kruppe; die Kugel schmiegt sich in die vom anderen Bein gebildete Höhlung (Abb. 17/S. 48; Abb. 61/S. 79).

Das der Figuration der weiblichen Leierform eingefügte männliche Symbol (Abb. 34) verleiht dem Pferd einen androgynen Charakter.

Hier noch ein Wort zum Thema des pankeltischen Pegasus: Fraglos ist er griechischer Herkunft, doch wurde er von den Kelten so weitgehend akklimatisiert, daß die Bezeichnung Pegasus ihm nicht mehr gerecht wird. Der keltischen Mythologie zufolge gibt es ein uranisches Reich: ein Reich der Luft und des Feuers. Der Flügel ist sein Symbol. Der Flügel fügt den tellurischen und selbst den aquatischen Komponenten verschiedener stark ophidisch geprägter Pferde, zum Beispiel dem Hippokamp mit dem Schlangenschwanz (Abb. 116/S. 148) ein luftiges Element hinzu. Der keltische Pegasus ist kein Fabeltier mit einer bestimmten Funktion, vielmehr verkörpert er Symbole der beiden sukzessiven Lehren. Für den Künstler waren

Abb. 34: Androgynes Pferd mit Menschenkopf. Über ihm schwebt eine Figur, deren Hüften aus einem Halbmond bestehen. Der freischwebende Schweif ruft den angestrebten Eindruck hervor, als gehöre er zu dem Reiter mit dem erhobenen Daumen (männl.) und den (weibl.) sichelförmigen Hüften. Die Zügel vor dem Maul des Pferdes suggerieren den göttlichen Hauch. Obwohl maskuline Bildungen das Übergewicht haben, ergibt die aus den Hinterbeinen entstehende Form das Matrix-Motiv.

die doktrinären Auseinandersetzungen eine Sache der Vergangenheit. Er suchte die verschiedenen Ideen miteinander zu versöhnen und zum Ausgleich zu bringen, was in den Kompositionen sichtbar wird. Sie entsprechen der letzten, der gallischen Version der keltischen Religion.

Die verschiedenen Flügelmotive haben eines gemein: daß sie wirklichen Flügeln nicht ähneln. Sie präsentieren sich mit männlichem Aspekt (Abb. 89/S. 145), verwandeln sich in eine 8 (Abb. 114/S. 148), betonen die Zahl 3 (Abb. 54) oder vermäh-

len sich mit dem Himmelsgewölbe (Abb. 72/S. 148). Bei den Tectosagen erinnert ein mit dem Pferderücken verbundenes Sonnenkreuz an den Flügel (LL 23). Oft besteht er nur aus zwei kaum sichtbaren Kommas (Abb. 88/S. 126) oder einfach

aus einem andeutenden Strich (Abb. 86). Und

Abb. 54: Der ophidische Reiter schleudert dem menschenköpfigen geflügelten Pferd ein Fünfer-Motiv voraus. Unten klammert sich eine Gestalt mit einem von Strahlen umgebenen Kopf an den einen der drei gebrochenen Stäbe, man könnte sagen, an den letzten Sonnenstrahl. Feminine Elemente des Hengstes wohnen der Figuration der Hinterbeine inne, von denen das eine ein Konkav bildet, in welches das andere eindringt.

Abb. 86: Pferd und Reiter sind in zeichenhaft reduzierte Elemente zerlegt und zu einer neuen, allein vom Rhythmus diktierten Ordnung gefügt. Dennoch bleibt das Bild lesbar: die vier Beine rahmen das Ei ein, die drei Sicheln den Bauch; die eiförmige Kruppe enthält den Keim. Pferdehals und -kopf, so könnte man meinen, sind durch eine Gerte und einen aufgehängten Eimer wiedergegeben. Nicht minder seltsam ist der Reiter: neun Kugeln, von einer zehnten gelenkt.

schließlich erinnern wir uns noch des zu Boden gestürzten solaren Geistes unter dem Pferd: der Künstler versah ihn mit drei überlangen flügelförmig angewinkelten Fingern (Abb. 52/S. 69).

Die große Sorgfalt, die man selbst auf die kleinsten Details verwandte, indem man sie mit verschiedensten Bedeutungen belegte, erweckt in bezug auf die komplexe Natur des Pferdesymbols einiges Mißtrauen. Diese Komplexität hängt mit dem Reiter, dem Lenker des Pferdes, zusammen.

SILHOUETTEN DES PFERDELEIBES

62 BN. 8876 BN. 4196 148 11 112 38 89 87

13 10 84 114 40 BN. 9578 109 LL. 231 71 17

116 117 88 BN. 9013 39 30 35 72 LL. 358 53

PFERDEKÖPFE UND IHRE STELLVERTRETUNGEN

2 12 60 17 10 LL. 6667 LL. 241 4 61 84 LL. 272 BN. 9600

124 44 30 62 BN. 8750 LL. 358 75 5 BN. 8997 LL. 354 13

112 89 88 127 72 86 87 39 40 50 LL. 274 BN. 9926 18

BEINDARSTELLUNGEN UND DIE ZAHLENSYMBOLISCHE SPRACHE DER GELENKE

20 51 48 51 BN. 9925 71 LL. 231 35 89 BN. 5389 60

116 114 72 30 35 11 61 15 17 61 85

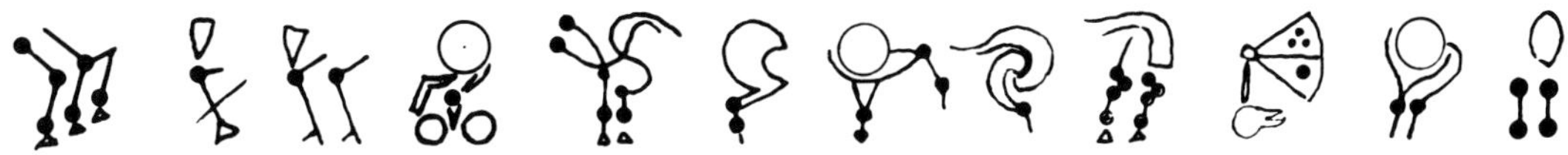

40 87 38 88 23 50 30 72 53 113 86

SYMBOLISCHE DARSTELLUNGEN DES PEGASUS-FLÜGELS

89 114 LL.302 LL.301 72 LL. 23 75 62 59 88 67 54 BN. 8825

DER PHANTOMREITER

Eine menschliche Gestalt schwebt über dem Schlachtroß; die Zügel, die sie hält, sind nicht angespannt, sie lenkt das Tier durch leichte Berührung der Mähne, die wie das eigene Haar aus Flammen besteht (Abb. 10/S. 45). Während die

menschlichen Gesichter, die das Pferd so oft aufweist, deutlich erkennbar sind und deren Ausdruck bis zur Todesangst übersteigert sein kann, weichen die Gesichter des Reiters vom Menschlichen ab (Abb. 15/S. 47). Die Auflösung des Reiters wird

durch die Komposition der Reliefdarstellungen selbst noch betont; er scheint aus ihnen zu verschwinden.

Wieder einmal hat man geglaubt, daß dies am Ungeschick des Münzers gelegen habe; es sei ihm nicht gelungen, den Entwurf ganz auf der Fläche unterzubringen und den „Tropfen“ beim Guß der Metallmenge richtig zu bemessen. Doch nein. Unzählige Beispiele beweisen, daß sich die Münzen ein und derselben Emission im Gewicht nur um Zehntelgramme unterschieden. Die Auflösung zum Bildrand hin ist also beabsichtigt.

Dieser Reiter, der auf den Darstellungen zunehmend zur Defiguration tendiert, bis er schließlich überhaupt keinen menschlichen Aspekt mehr zeigt, ist nicht von dieser Welt. Sein Leib zerfällt nach und nach in Stücke, Beine und Füße verschmelzen im Schweif des Tieres und zu guter Letzt büßt er seine Körpersubstanz ganz ein, um nur noch aus einem Kopf auf dem aufgerichteten Daumen einer Hand zu bestehen, die aus einer Adlerklaue hervorgegangen zu sein scheint (Abb. 84).

Abb. 84: Der Reiter, nur noch aus einem Kopf bestehend, ruht auf dem aufgerichteten Daumen der Hand, die die Mähne berührt. Der Arm geht aus der umgekehrten Klaue eines Raubvogels hervor. Der losgelöste Körper des Reiters, der nur noch aus einer schlangenfömigen Volute besteht, liegt genau auf dem Pferdeschweif oder ist mit ihm identisch. Das Hinterteil des Pferdes mit Schenkeln und Schweif bilden die Leierform. Unten sieht man den Eber.

Selbst wenn man mit ADRIEN BLANCHET, dem seit fünfzig Jahren führenden Wissenschaftler auf dem Gebiet der keltischen Numismatik, einer Meinung wäre, daß dieser Pilzkopf oberhalb des Streitrosses lediglich eine barbarische Deformierung des griechischen Wagenlenkers ist (Abb. 72/

S. 57), bleibt andererseits unverständlich, weshalb der reitende Adler auf Abb. 19/S. 157, Legende S. 49) gegenständlich vollkommen präzise durchgebildet wurde, — nicht anders als das in Frage stehende Ornament. Es handelt sich eben nicht um Deformierungen, vielmehr um die Vermittlung bestimmter Bedeutungen.

Die Betrachtung der siebzig oberhalb des Pferdes erscheinenden Motive, die durch Hunderte von weiteren ergänzt werden könnten, wird uns davon überzeugen, daß alle die gleiche Idee in bezug auf den Lenker des Pferdes implizieren: Er ist das höchste Wesen, das in Symbolen dargestellt wird.

Nun — unter diesen mannigfaltigen Motiven begegnet man dem Menschen, der Schlange, dem Hund, dem Eber, dem Adler und einer Unzahl von Ideogrammen. Sind sie die Attribute ein und derselben Persönlichkeit, oder hat sich dieses Wesen im Lauf der theogonischen Evolution verwandelt?

Die Münzen allein können auf diese Frage keine Antwort liefern. Hier wird uns die Mythologie Aufklärung geben. Ihr werden wir entnehmen, daß sich das Wesen des höchsten Gottes sowie dessen Attribute mit dem Wechsel der Religionen tatsächlich gewandelt haben.

Wenn auf den Münzen nebeneinander Symbole erscheinen, die verschiedenen Kulturepochen angehören, so ist das darauf zurückzuführen, daß einige der Eigenprägungen fertigenden Stämme noch an dem älteren Kult festhielten, während andere einem neueren zuneigten.

Und wenn dem so ist, wird sich an Hand der bildlichen Darstellungen auf den Geldstücken je nach den Regionen und Stämmen, aus denen sie herrühren, eine Landkarte der geografischen Verteilung der im prä-römischen Gallien herrschenden Kulte erstellen lassen.

Mögen die religiösen Auseinandersetzungen auch noch so leidenschaftlich gewesen sein und die Zeichen, unter denen sich die Gegner bekämpften, noch so verschieden, das Pferdesymbol ist ihnen gemeinsam geblieben. Auf den folgenden Seiten wird offenbar werden, daß das Pferd das Symbol der Existenz im weitesten Sinn des Wortes ist.

UNTERSCHIEDLICHE TYPEN DES REITERS

UND DER STELLVERTRETENDEN ZEICHEN

67

20

18

15

17

34

23

10

120

124

131

44

61

LL. 201

31

54

141

71

LL. 72

LL. 70

84

52

LL. 116

60

4 114 112 113 BN. 6791 11

BN. 6667 147 19 50 LL. 237 162

127 30 LL. 359 72 LL. 302 LL. 301 75

BN. 9498 13 59 35 BN. 6922 LL. 274 12

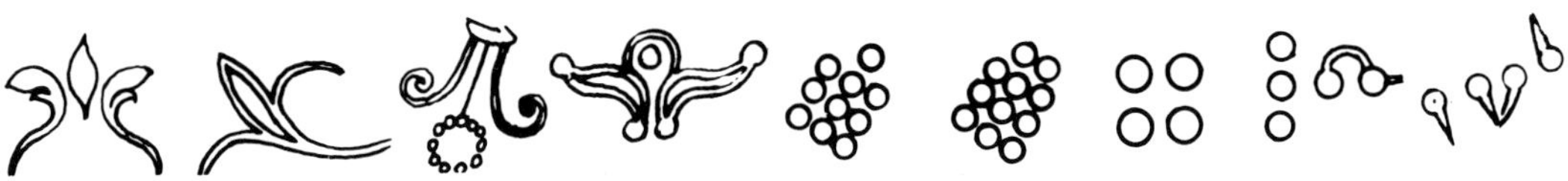

85 73 BN. 3755 BN. 5987 109 LL. 378 39 88 116

BN.7400 BN.8825 114 LL.65 BN.3779 BN.4112 63 LL. 353 14 38 LL. 355

Die runde Bildfläche der Münze, deren Mitte und Hauptteil das Pferd als Symbol des sich bewegenden Lebens einnimmt, wird ringsum in vier Felder — oben, unten, vorne, hinten — aufgeteilt, wobei das obere Feld stets dem vorbehalten ist, *„der die Richtung kennt"*.

Auf den Münzen der Armorikaner schleudert er oft eine Linie vor sich her, die vor dem Pferd in einem Viereck endet, das einem Briefumschlag mit vier Siegeln gleicht (Abb. 61/S. 79). Die Numis-

matiker sahen darin ein *vexillum,* — wie die Standarte der römischen Legionen hieß. In Wirklichkeit handelt es sich um ein Symbol, dessen quinare Bildung die Auferstehung anzeigt. Auf sie lenkt der Reiter das Pferd zu.

Ob sich in dem Feld vor dem Pferd ein Stern befindet (Abb. 52/S. 69), oder der Mond (Abb. 31/

S. 132) oder ein mit einer Quadrierung bespannter Rahmen, der den Nachthimmel darstellte (Abb. 43/S. 305), oder ein S oder zwei S (Abb. 10/S. 45)

oder gar ein abgeschnittener Kopf (Abb. 85), stets

Abb. 85: Ein menschenköpfiges Pferd unter einer dreiblättrigen Palmette (Motiv des dreigehörnten Gottes). Die beiden seitlichen Pflanzenmotive biegen sich zur Leierform (Matrix-Motiv), und laufen ebenfalls in dreiblättrige Palmetten aus; sie umschlingen jeweils einen Totenkopf. Wenn sich das Menschenhaupt des Pferdes auf die Existenz bezieht, wenn das hintere Feld dem Ursprung, das vordere dem Ziel eingeräumt wird, dann bezeichnet die Identität aller drei Köpfe sowie der Palmetten die Identität von Geburt, Leben und Tod, der wiederum die Vorbedingung der Auferstehung ist. Das Bild ist also ein Ideogramm des totalen Seins innerhalb einer Einheit, in der Leben und Tod nichts anderes als zwei Seinsweisen der gleichen Wesenhaftigkeit sind.

Der Eber, unter ihm das Ei, bekräftigen die tellurische Komponente (den Leib), der Adler mit seinen 2- und 3-fedrigen Flügeln fügt die luftige Komponente (die Seele) hinzu: eine meisterhafte Demonstration des A und O der keltischen Doktrin von der Unsterblichkeit der Seele.

soll auf die eine oder andere Weise zu verstehen gegeben werden, daß man, um zur Wiedergeburt zu gelangen, erst durch den Tod hindurch muß.

Das ganze vordere Feld ist den Schicksalsmotiven vorbehalten. Selbst alle vorderen Teile des Pferdes, Kopf und Mähne, die mondförmige Brustpartie und die Beine werden zu Motiven des Todes, der die Auferstehung ist. Die quinäre Gestalt der Vorderbeine (Abb. 30/S. 148; Abb. 72/S. 57;

Abb. 116/S. 142) sowie das *vexillum* bringen denselben Wunsch nach Unsterblichkeit figürlich zum Ausdruck.

Das hintere Feld dagegen evoziert stets den Ursprung, die Geburt. Symmetrisch zum vorderen Feld weist das hintere, inbegriffen die hinteren Teile des Pferdes, — Kruppe, Schweif und Hinterbeine, — immer wieder auf den nächtlichen Ursprung des Lebens hin (Abb. 11/S. 43)

Unter den hinter dem Pferd angebrachten Zeichen findet man häufig die Mandelform, das Überbleibsel des Wagenrades (Abb. 15/S. 47). Der Graveur hat sie in seinem Entwurf beibehalten, weil

sie aufgrund allgemeiner Übereinkunft formal an die Geburt erinnert. Mandel und Oval bezeichnen gleicherweise und in doppeltem Sinn den Mond, was der keltischen Glaubensanschauung entspricht, nach der die Nacht dem Tag vorangeht und demzufolge das Leben dem Tod entspringt.

Aufgrund des Überwiegens der nächtlichen Motive von Ursprung und Ziel läßt sich die Seinsvorstellung der Kelten, wie sie sich in den Darstellungen der Pferde enthüllt, in folgenden Worten zusammenfassen: Aus dem Tod hervorgegangen, bewegt sich das Dasein vom höchsten Wesen geleitet jener anderen Nacht entgegen, die ewigen Neubeginn verheißt.

Die Inschrift. Findet diese Doktrin auf den drei Feldern, — oben, vorn und hinten, — erschöpfende Darstellung, kann das vergrößerte untere Feld, der „Abschnitt", der sonst die Inschrift der Münze trug, nur der Signalisierung dessen dienen, was diese Reliefs evozieren sollen: des *memento mori,* eines Panoramas des Todes, der das Leben, und der Sonne, die der Mond ist, — antagonistische Phänomene freilich, doch ein und desselben göttlichen und unteilbaren Ursprungs.

Erscheint die Sonne auf dem unteren Feld, bedeutet das ihr Sterben im Untergehen, der Mond hingegen stellt die Nacht dar. Der solare Adler, der Eber, der aus dem Dämmer des Waldes auftaucht, der Hund, der das Pferd ins Bein beißt (Abb. 148/S. 165), die Schlange, die den Kopf des

Pferdes attackiert (Abb. 38), die umgekehrte Leier,

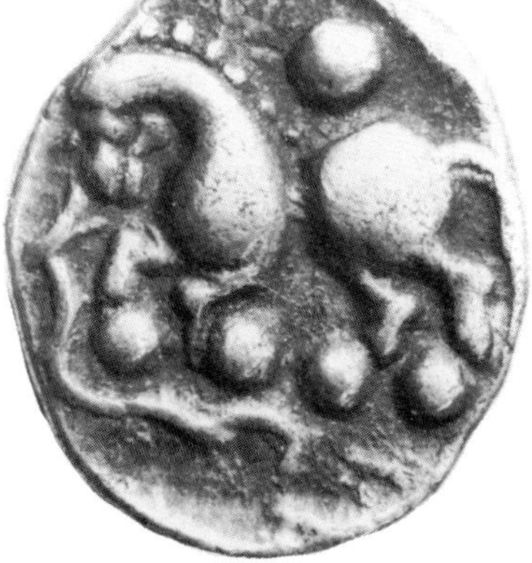

das hingelegte Schwert, die aus der Hand des Todes hervorwachsende Kornähre, der Kessel der Auferstehung, sie ziehen in nicht enden wollender Folge an unseren Augen vorüber.

In diesem Rahmen, unter all diesen düsteren Elementen, erweckt der unter dem Pferd am Boden liegende Mensch die meisten Assoziationen. Er ist nicht irgendein im Kampf gefallener Krieger; sein Tod ist exemplarisch, und es fehlt dabei nicht an göttlichen Attributen: der Strahlenkranz des Haares, die Fackel, aus der eine Kornähre wächst (Abb. 10/S. 45). Er klammert sich an einen der drei letzten, gebrochenen Sonnenstrahlen (Abb. 54/S. 150), oder er bricht mit zerstörten Flügeln zusammen

(Abb. 67). Es ist der Sonnengott selbst, dem der

Künstler an Stelle des Flügels drei überlange Finger verlieh: Symbol des indoeuropäischen Gottes „mit den langen Händen", die er rückwärts zu

Abb. 148/S. 164: Die Personifizierung mit „langer Hand" schwebt über dem Pferd, das von einem monströsen Hund, dem Zerberus, ins Bein gebissen wird, eine Verbildlichung des Todes als der unumgänglichen Voraussetzung der Auferstehung, die zudem auch das vor dem Pferd schwebende Ei symbolisiert.

Abb. 38: Das Pferd wird von der Schlange angegriffen. Die kugelförmigen Hufe akzentuieren die Zahl 4, während der Reiter zur Zahl 1 reduziert ist (Ei); der Pferdeleib zerfällt in zwei Teile; die Kruppe hat Kugelgestalt angenommen, Brust und Kopf krümmen sich zu einer Halbmondform.

Abb. 67: Die Muttergöttin schwebt über dem Schweif des geflügelten menschenköpfigen Pferdes. Sie hält das eschatologische Zeichen, den Mispelzweig mit den drei Beeren, in ihrer Hand mit dem erhobenen Daumen. Ein anderes, quinares Zeichen schleudert sie an einer langen Wellenlinie nach vorn, wo sie vor dem Menschenhaupt des Tieres endet. Unten liegt der geflügelte Lebensgeist auf dem Boden, der mit dem Samenerguß des Hengstes mit der strahlenförmigen Mähne besprengt wird.

knicken und so geschickt zu tarnen versteht, daß noch niemand sie als solche erkannt hat (Abb. 52/ S. 162).

Zu den auf der „Inschrift" angebrachten Motiven gehört das „verzauberte Schloß" (Abb. 73/ S. 82); es gibt über das Ziel des Weges Aufschluß: das „Land der ewigen Jugend", zu dem man nur über den Tod gelangt. Der Hund mit dem Schlangenschwanz ist der Zerberus dieses Jenseits (Abb. 145). Hier sieht man ein Pferd, das den Schwanz eines Seepferdchens hat; es ist die Stute der NIV, einer Göttin der Anderen Welt, die OSSIAN unter den Wogen des Ozeans in das Land der Seligen führt.

Abb. 145: Ein Phantomreiter sitzt auf dem Pferd ohne Kopf. Den aquatischen Charakter der beiden bezeugt unten der Fisch, — eine Darstellung der ursprünglichen Teutates-Sage, die in der Sage von Finn weiterlebt, der durch den Lachs der Weisheit Erleuchtung erfuhr. Die solare Qualität der Fiana (die Rolle, die Diarmaid spielt) wird durch die fünfmal im Bild wiederkehrende Zahl 3 ausgedrückt.

ZEICHEN, DIE DAS PFERD UMGEBEN

AUF DEM VORDEREN FELD DER MÜNZE:
DAS ZIEL DES WEGES, AUFERSTEHUNGSMOTIVE

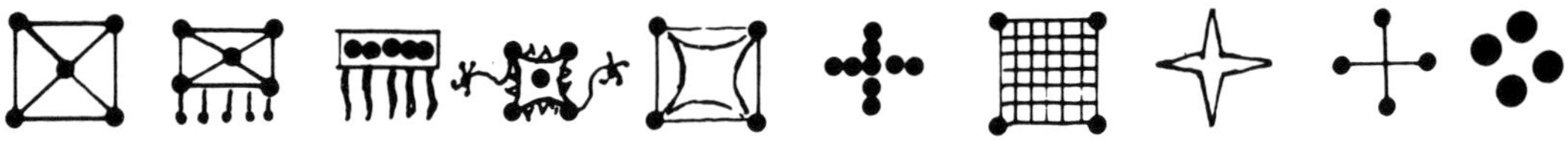

61 15 BN. 6827 2 54 114 43 73 142 13

127 38 34 30 23 162 85 10 71 BN. 8390

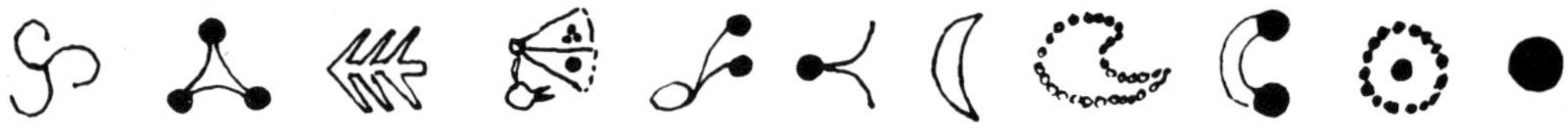

BN. 6531 116 124 53 14 11 131 31 48 17 147

AUF DEM HINTEREN FELD DER MÜNZE:
DIE ZEUGUNG, MOTIVE DES NÄCHTLICHEN URSPRUNGS

20 35 124 86 145 15 LL.184 LL.586 11 114 61 75 85

BN.8911 BN.7032 A 48 116 LL. 302 53 131 LL. 446 71 75

11 72 BN.4556A BN.6819 A 12 30 BN.9578 59 23 44 117 144

REPERTOIRE DER AUF DEM ABSCHNITT
AN STELLE DER INSCHRIFT ANGEBRACHTEN PERSONEN UND OBJEKTE

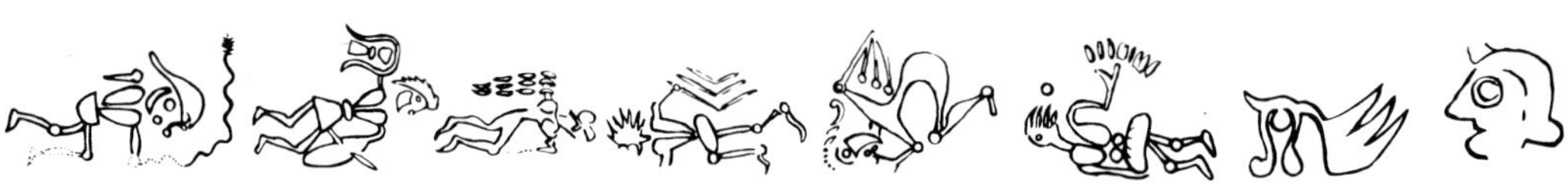

10 15 67 54 52 LL. 255 LL. 204 31

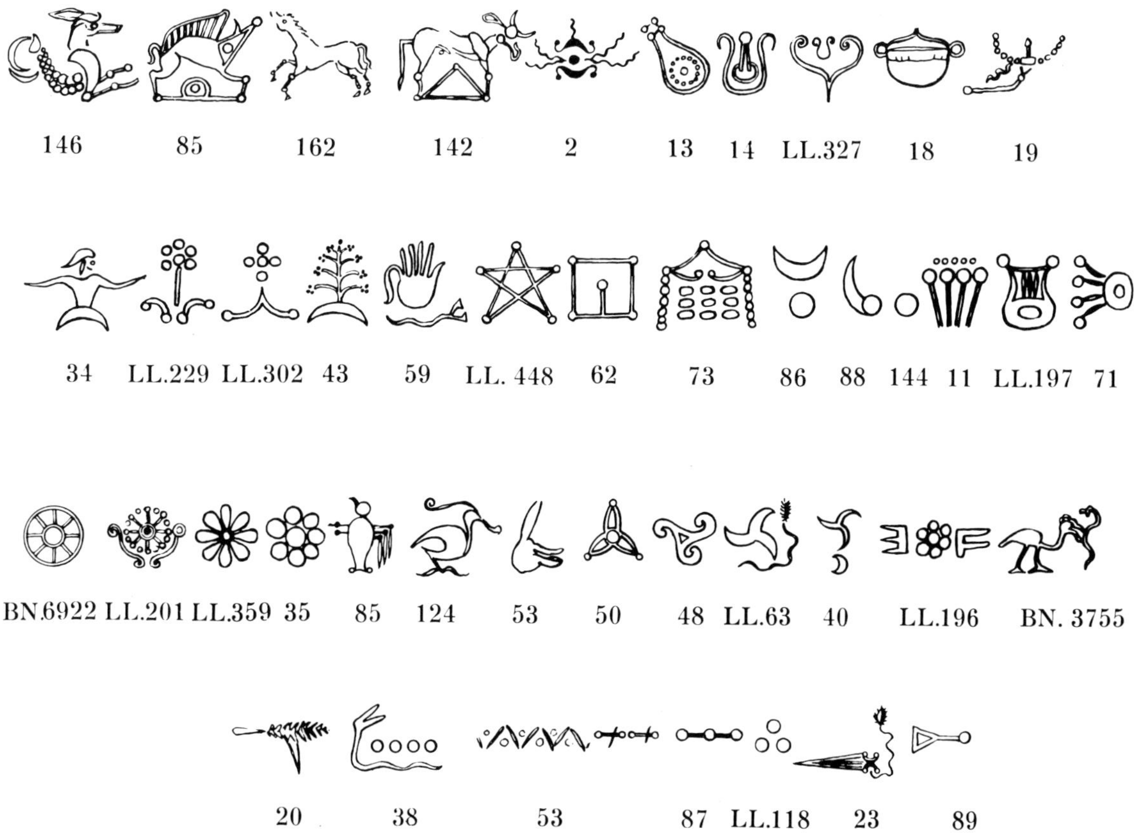
146 85 162 142 2 13 14 LL.327 18 19
34 LL.229 LL.302 43 59 LL. 448 62 73 86 88 144 11 LL.197 71
BN.6922 LL.201 LL.359 35 85 124 53 50 48 LL.63 40 LL.196 BN. 3755
20 38 53 87 LL.118 23 89

DIE BOTSCHAFT

Aus dieser Überfülle von Beispielen wird ersichtlich, daß wir es nicht mit einem erstarrten System zu tun haben, vielmehr das Glück erfahren, dem schöpferischen Urknall beizuwohnen, aus dem ein einzigartiges Universum hervorgeht. Mögen auch die Schwierigkeiten für den Forscher, weil sich dieses Schauspiel unter unseren Augen vollzieht, nur noch größer werden, so bringt es ihm doch Gewinn, es mitanzusehen. Die Kontinuität dieses Ablaufs dokumentiert sich bruchlos und garantiert die Authentizität der religiösen Erfahrung der Kelten.

Man könnte noch Hunderte von Seiten mit Analysen solcher Lösungen füllen, ohne den Einfallsreichtum der Künstler erschöpfend dargelegt zu haben. Immer wieder nehmen sie die organische Materie auseinander und fügen sie wieder zusammen, um sie in Abstraktionen von einer Kühnheit umzuwandeln, wie sie sich allein künstlerisch rechtfertigen läßt, und bei der keltischen Kunst ist dies in vollem Maße der Fall. Und je länger man sich mit dieser Kunst beschäftigt, desto frappanter wird der heilige Eifer ihrer Urheber. Sie setzen alles daran, die Realität auf den Kopf zu stellen, um zu entdecken, was sich hinter dem Sichtbaren verbirgt.

Indes, diesen leidenschaftlichen Bemühungen liegt eine tiefe Weisheit zugrunde. Sie ist es, die sich hier Ausdruck schafft.

Man wird bemerkt haben, daß die Motive nicht nur der vorderen und hinteren Felder zum Teil austauschbar sind, sondern daß einige von ihnen ebenso im oberen und unteren Feld angebracht wurden. Die Erklärung für diese scheinbar unentwirrbaren Vieldeutigkeiten liefern eine Reihe von Münzen der Osismii: Eine davon, deren Bild besonders prägnant ist (Abb. 85/S. 163), wird uns

den Inhalt der Symbole verdeutlichen. Von drei identischen Köpfen hebt der eine das Streitroß hervor, die anderen bezeichnen Ursprung und Ziel; der Lenker hat sich hinter eine Palmette zurückgezogen. Dies bedeutet:

GEBURT, LEBEN UND TOD
SIND IDENTISCH.

Es ist die Triade der unreduzierbaren Einheit der Seinstotalität, und was man als Ursache-Wirkung bezeichnet, ist nur eines der zwei Gesichter des Mysteriums der uranfänglichen Vollkommenheit.

Es scheint, daß die Rätsel des zahlensymbolischen Spiels zu der gleichen Schlußfolgerung führen: In diese grundsätzliche Identität ist die numerische Ordnung miteinbegriffen: 1, 2, 3, 4, 5 sind dem sakralen Konsensus entsprechend austauschbar. Das Göttliche ist jeder Zahl immanent: jede reflektiert einen Teil seines Schattens, keine sein ganzes Gesicht.

Für die Lektüre der Sagen folgt daraus, daß es sich bei den Zahlen der Formeln, — die 3 jungen Krieger, die 7 Kessel, die 7 Gasthöfe, 3 Finger, 7 Zehen, die 9. Welle nicht um numerische Präzisionen handelt, vielmehr um Eigenschaften des Heiligen. Die 7 Kessel bedeuten den himmlischen Kessel, die 3 Krieger, die 3 Söhne des TIRENN, sind die Triade einer einzigen göttlichen Personalität; die 9. Welle ist die Welle der Genesis, die auf die Erde aufbrandete.

Ziel all dieser Bemühungen war, die göttlichen Individualitäten zu begreifen. Hierzu mußte die Vielzahl der Phänomene zahlenmäßig erfaßt und auf ein einziges Prinzip, den auslösenden Rhythmus, zurückgeführt werden. Dies wird auf allen Münzen demonstriert; jeder Künstler hatte den Ehrgeiz, sein Teil dazu beizutragen.

Führen wir die Analyse der zu grafischen Zeichen reduzierten Symbole zum Schluß: Die Gesamtheit der mannigfaltigen Zeichen der keltischen Symbolik läßt sich ohne weiteres auf folgende ebenso elementare wie universelle Destillate zurückführen.

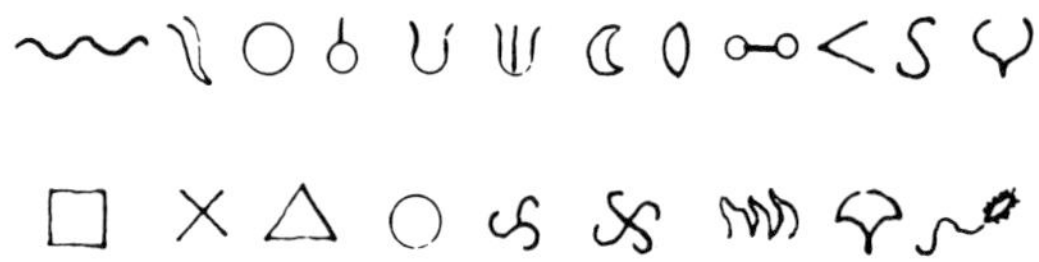

In ihnen schlägt sich die Weisheit der Vorväter in dem einfachen Gedanken nieder: Alles in dieser Welt wird geboren, altert und stirbt — und kehrt wieder. Das ist die einzige Gewißheit für die Existenz der Anderen Welt, und ihr einziger erkennbarer Aspekt.

Ist es nicht zu bewundern, wie sich hier Pessimismus und Hoffnung die Waage halten?

DER KELTISCHE RELATIVITÄTSBEGRIFF

Protagoras, der bedeutendste der Sophisten, lehrte die Relativität aller Erscheinungen. Mit Hilfe ihrer berühmten Redekunst vermochten die Sophisten später ein und dieselbe Behauptung ebenso gut zu beweisen wie zu entkräften, was sie schließlich dazu veranlaßte, den Menschen für das Maß aller Dinge zu halten. Indes, diese pessimistische Geisteshaltung öffnete einem Zynismus Tür und Tor, demzufolge alles erlaubt war. Denn in Abwesenheit aller überweltlichen, moralisch verpflichtenden Werte erhielt das Eigeninteresse Vorrang vor allen anderen Interessen.

Die Übertreibungen dieser von Sokrates und Plato übrigens bekämpften Philosophie beweisen, wohin die Idee der Relativität in einer Welt führen kann, wo es für weise gilt, sich an die hierarchischen Größen einer Ordnung zu halten, die auf einer sich allein auf die Sinneserfahrungen der konkreten Welt berufenden Übereinkunft beruht.

Die intuitive Auffassung der Kelten von Relativität gelangte zu einem anderen Resultat. Im Gegensatz zu den anerkannten moralischen, weltlichen Werten der Griechen, ließ ihre Relativität individuelle Willkür nicht zu. Denn die keltische Relativität betraf nicht das menschliche Handeln, vielmehr die Unbestimmtheit der Beziehung zwischen Ursache und Seinserscheinungen. Denken wir in diesem Zusammenhang an den Stammesgeist der Kelten, dessen Optik der Individualität keinen Raum ließ: Statt einer uneingeschränkten egoistischen Liberalität die Schleusen zu öffnen, setzte die keltische Relativität ihr Grenzen, da sie das Feld sehr viel enger absteckte, innerhalb dessen der Mensch in Kenntnis der Ursachen klar zu erkennen und entsprechend zu handeln vermag.

Wie ihre anderen Aspekte, wird diese Hauptthese der keltischen Theorien weder begrifflich erfaßt noch verbal argumentierend dargelegt. Sie wird allein mit künstlerischen Mitteln, in Bildern und Symbolen vertreten, die sich auf den Erfahrens- und Erkenntnisweg der Kunst stützen. Es heißt nun, diese Art der Erkenntnisvermittlung aufs genaueste zu prüfen, will man daraus gültige Schlüsse ziehen.

Daß sich zum Beispiel zwei Köpfe auf einer Bildfläche zu einem einzigen verschmelzen, wird den Griechen seltsam vorgekommen sein; für sie wäre so etwas widersinnig gewesen. In der keltischen Kunst taucht dieses rätselhafte Motiv öfter auf und wird durch die Art seiner figürlichen Darstellung verständlich, ja einleuchtend gemacht. Der Kunstgriff der doppeldeutigen Gesichter, von denen das eine im anderen verborgen ist, wurde später bei gewissen Künstlern zur reinen Routine. Doch zur Zeit der Kelten war er keineswegs selbstverständlich. Er war ein Versuch zur Entdeckung der Relativität des Raums und der Gegenstände und dazu geeignet, sogar die sinnlich-gegenständliche Existenz für null und nichtig zu erklären. Folgen wir diesen Spekulationen des Künstlers noch weiter und sehen wir, wohin sie ihn führten.

Ausgangspunkt dieser Erfahrung war die Hoffnung auf Unsterblichkeit der Seele. Um zu zeigen, daß sie begründet war, bemühte man sich, die Grenzen zwischen Leben und Tod zu verwischen, indem man diese miteinander identifizierte. Demonstriert wurde dies durch Parallelsetzung ihrer Symbole, von Lichtern und Mensch.

Sehen wir uns eine dieser die Sonne-Mond-Verbindung suggerierenden Figurationen an (Abb. 90). Die Gestirne sind hier in Form von zwei von Strahlen umgebenen Eiern dargestellt; da das eine Signifikator des Kosmos, das andere Signifikator des Lebensprinzips ist, ergibt sich eine Verschränkung der Symbole im Sinn ihrer Austauschbarkeit, das heißt, daß sich Leben und Tod buchstäblich wie ein Ei dem anderen gleichen.

Bei dem Januskopf (Abb. 91/S. 174, Legende S. 70) ähneln sich Leben und Tod wie die beiden identischen Profile, die man voneinander nicht unterscheiden soll. Kaum hat der Künstler die Lippen des linken Profils durch drei Kugeln — die 3 ist die Sonnenzahl — und die des rechten Profils durch zwei Kugeln — die Mondzahl 2 — kenntlich gemacht.

Bei einer Variation des Januskopfes wird das eine Profil auf den Kopf gestellt, während beide, mit einer Achse verbunden, eine Drehbewegung zu

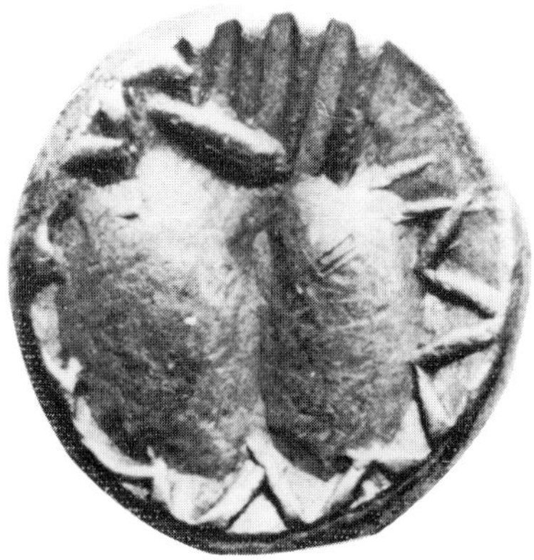

Abb. 90: Die Unsterblichkeit der Seele wird durch den sichtbaren Beweis der Identität von Tag und Nacht demonstriert: sie ähneln sich wie die zwei strahlenden, Sonne und Mond evozierenden Eier. Drei Striche kennzeichnen das linke als Sonne und damit das rechte als Mond. Ein vierter Strich durchkreuzt jedoch diese astrale Einheitlichkeit, so daß dem Bild nur noch seine existentielle Bedeutung verbleibt.

vollführen scheinen (Abb. 92). Man braucht die

Münze nur um diese Achse zu drehen und man wird sehen, daß das liegende Profil aufrecht steht, das heißt, das was tot war, wird lebendig.

Die Vereinigung von Licht und Finsternis wird außerdem durch zwei kontrastierende, unten untrennbar verbundene Profile dargestellt (Abb. 93).

Oft versinnbildlicht der Künstler, mit eingeweihten Betrachtern rechnend, den gleichen Gedanken durch Darstellung eines Kopfes, der durch eine Lorbeerkrone oder ein Diadem in zwei Hälften geteilt ist, oder er deutet den Hinterkopf durch *drei* Haarsträhnen an und stilisiert die Gesichtszüge zur Schlange (Abb. 94, 95).

Diese Beispiele für die Vereinigung antagonistischer Prinzipien bereiten uns auf das komplexere Thema der Relativität des Raumes vor.

Abb. 92: Zwei identische Profile, von denen das eine auf dem Kopf steht. Wenn sie sich um ihre Achse drehen, symbolisieren sie die Identität von Tag und Nacht.

Abb. 93: Die Vereinigung antagonistischer Prinzipien wird durch zwei Profile dargestellt, die so verschieden „wie Tag und Nacht" und unten untrennbar miteinander verwachsen sind. Diese andere Version folgt der gleichen Intention wie die Januskopfdarstellung mit den beiden identischen Profilen.

Abb. 94: Der Gegensatz von Tag und Nacht wird in ein und demselben Kopf durch in Gesicht und Hinterkopf eingeritzte menschliche Züge zum Ausdruck gebracht. Man wird bemerken, daß der Künstler die Züge des rückwärts gewandten Gesichts undeutlicher dargestellt hat.

Abb. 95: Identität und Gleichzeitigkeit von Leben und Tod werden an ein und demselben Kopf illustriert: drei Strähnen evozieren das Haar der Sonne, während sich das schlangenförmige S im stilisierten Gesicht des Nachtgestirns um ein Ei rollt.

Auf Abb. 96/S. 124 sehen Sie ein Profil, das

deutlich in eine Sichelform eingebettet ist. Dahinter, jenseits des Nasenrückens, zeichnet sich wie ein begleitender Schatten ein zweites Gesicht ab. Sorgfältig brachte der Künstler zwei Münder an; der eine ist im Profil dargestellt, der andere, ihn ergänzend, in Frontalansicht.

Auf Abb. 97/S. 86 sehen Sie ein weiteres, sich einer Mondsichel anschmiegendes Gesicht, und

wieder werden Sie jenseits der Nase ein zweites Auge entdecken, das ein bärtiges Gesicht hervortreten läßt. Ist man mit diesen vexierbildartigen Darstellungsweisen erst einmal vertraut, wird man sie noch auf anderen, aus der gleichen Zeit und Problemphase stammenden Stücken entdecken (Abb. 98/S. 124). Man wird begreifen, daß die

Strahlenformen rings um den Kopf auf die Sonne hinweisen sollen, während ein zweiter Kreis aus Sichelformen den Mond evoziert.

Gewiß fällt Ihnen dabei der Maler Picasso ein. Indes besteht ein Unterschied in den Intentionen: Für Picasso handelte es sich mehr um ein optisches Problem, für die Kelten war es ein metaphysisches.

Auf verschiedenen Münzen der Badiokassen erscheinen Profile mit doppelter Nase (Abb. 99/S. 125). Hier wurde in Verlängerung des Augen-

brauenbogens ein zweites Auge in Gestalt einer in die Wange eingegrabenen Vertiefung angebracht. Diesen beiden im Profil und im Dreiviertelprofil abgebildeten Gesichtern ist noch ein drittes, an einem weiteren Auge rechts von der Nase auszumachendes Frontalgesicht angefügt.

Je weiter diese Darstellung von der anatomisch-gegenständlichen abweicht, desto stärker wird sie Ausdruck eines kosmischen Rhythmus', der in den verwickelten, sich auflösenden oder aussetzenden Kräften/Linien Gestalt annimmt. Das eine Auge, das aus der Achse des Frontalgesichts hervorblickt (Abb. 100/S. 61), ist das eine göttliche Auge, — nicht das physiologische Instrument der menschlichen Sicht. Es symbolisiert hier die absolute Sicht, die Schöpferin des Lichtes. In diesem Zusammenhang erinnern wir uns, daß der Buddhismus die gleiche Idee unter Zuhilfenahme eines dritten Auges wiedergab, — eine weit weniger kühne Lösung.

An dieser Frontaldarstellung kann man rechts ein Profil entdecken: das Kinn wird durch drei Kugeln betont, und die Nase besteht aus zwei Mondsicheln, von denen eine senkrecht auf der anderen, waagerecht liegenden steht. Doch ist dies noch nicht alles: wenn man die obere Einrollung dieses S als Auge und die untere als Mundhauch sieht, entsteht aus dem Profil ein Dreiviertelprofil.

Zu einer bestimmten Zeit tauchten ähnliche Vexierbilder auf Münzen in der Bretagne, auf Armorikaner-Münzen und Helvetier-Münzen auf. Die nächste Münze (Abb. 101/S. 125) stammt aus dem unteren Donaugebiet und hat uns vier zu einer einzigen verschmolzene Ansichten zu bieten.

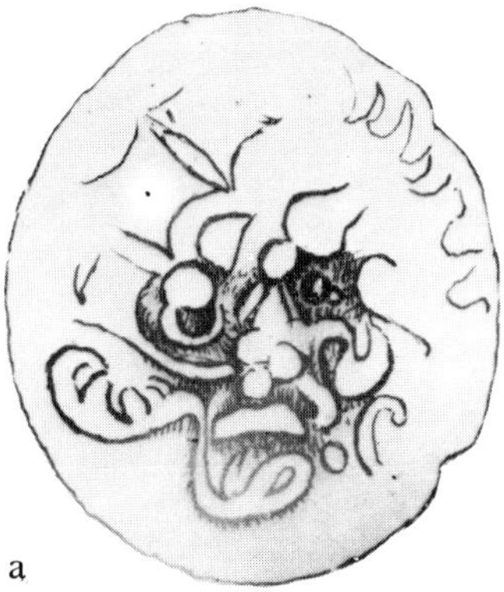

a

b

c

Abb. 102: Vier Gesichter in einem versteckt. Die Grundansicht zeigt rechts ein Profil mit Adlernase, das eine Kugel (das Wort) im Mund hält. Sehen wir uns die Skizze *a* an, ergibt sich senkrecht verlaufend das Frontalgesicht eines bärtigen Mannes. Die Skizze *b* läßt in umgekehrter Darstellung links ein Profil erkennen, das von einem seltsamen Diadem gekrönt ist, über dem ein Ei schwebt. Die Skizze *c* zeigt schließlich in Seitenansicht ein Pferd, auf dem ein Phantomreiter sitzt, der das Auferstehungssymbol vor sich her wirft. So kann man aus dieser Darstellung herauslesen, daß die verschiedenen Daseinsetappen: Geburt, Reife, Alter, Tod/Auferstehung eins sind.

Da ist erst einmal das Profil rechts. Der Mund, so gestaltet, daß er sowohl im Profil als auch von vorn gesehen werden kann, leitet unseren Blick zu einem Gesicht, auf dem wir dem gleichen S an der gleichen Stelle begegnen, wie auf dem vorangegangenen Stück; auch hier verbirgt es das zweite Auge. Drehen wir die Abbildung der Münze um 90 Grad nach links, so daß der Augenbrauenbogen zum übermäßig vergrößerten Nasenflügel wird, ergibt sich ein Vollmondgesicht. Dreht man sie aber von hier aus um 180 Grad, zeigt sich ein bärtiger Mann in Frontalansicht.

Will man entziffern, was der Künstler in folgendem Beispiel versteckt hat, muß man die drei Skizzen zu Hilfe nehmen (Abb. 102): Das griechische Vorbild dafür war eine Profildarstellung des Zeus; der keltische Künstler hat sie übersetzt mit einer Art Adlernase wiedergegeben, — eine Anspielung auf die ornithomorphe Gestalt, die hier eine Kugel (das Ei, das Wort) zwischen den Lippen hält. Betrachtet man die Skizze *a*, entsteht in der Senkrechten ein bärtiger alter Mann von vorn gesehen. Die Skizze *b*, umgekehrt, ergibt links das Profil eines bedrohlichen Wesens, daß ein Diadem auf dem Kopf trägt. Und Skizze *c* schließlich läßt seitlich gesehen die bekannte Darstellung aus der keltischen Ikonografie erkennen: ein (nach links) galoppierendes Pferd, das von einem Phantom geritten wird: es wirft das *vexillum*, das Auferstehungssymbol, über den Kopf des Pferdes hinweg. Man wird den Sinn dieses Ideogrammes verstehen: die Verschränkung von Geburt, Reife, Alter, Tod, der in seinem Diadem das Ei trägt, und Auferstehung. Das Roß trabt ihr, das Daseinsthema wiederaufnehmend, entgegen.

Wie alle bildlichen Darstellungen der Kelten sind auch diese nicht explizit und wollen es auch nicht sein. Der keltische Relativitätsbegriff legt es gerade darauf an, die Nicht-Objektivität der sinnlichen Wahrnehmung zu beweisen. Diese erstaunliche Erfahrung bedeutet indes kein Eingeständnis der Wahrnehmungsunfähigkeit. Vielmehr gewinnt man den Eindruck, daß die Kelten in einer gewissen Hellsichtigkeit durchaus zu unterscheiden wußten zwischen dem, was der Mensch erkennen kann, und dem, was er nicht zu erfassen vermag.

Die keltische These hat mit der platonischen Philosophie eines gemein: die Unterscheidung zwischen zwei Ebenen, der irdischen und der transzendenten, — nur mit dem Unterschied, daß sich für Plato der himmlische Plan vom irdischen lediglich durch seine transzendentale Vollkommenheit unterschied. Für die Kelten hingegen war der Unterschied ein essentieller: der himmlische Plan ist die Umkehrung des irdischen Plans. In der Darstellung dieses Widerspruchs und seiner Natur sahen die Kelten ihre vornehmste Aufgabe.

Ihr Problem bestand nicht darin, einfach die Gegenposition zu beziehen und schwarz zu malen, was der Mensch weiß sieht. Ihren Künstlern und Denkern ging es vielmehr darum, eine höhere Struktur des Organischen aufzudecken, die sich dem menschlichen Denken in Gegensätzen entzieht. Diese Struktur definiert sich im Rhythmus. Dieser Rhythmus des Absoluten ist für die Kelten das A und O der Kunst wie auch des Universums. Für Plato bestand der göttliche Plan in der Fortsetzung der menschlichen Ideen.

DIE GEBURT DER ABSTRAKTION

In dem Augenblick, als die keltische Kunst ihren Höhepunkt erreichte, indem sie dem religiösen Denken metaphysische Vollendung verlieh, tat der geniale keltische Geist, ehe er unter römischem Joch verblaßte, noch ein Letztes: er überschritt die Grenzen des Sichtbaren.

Hinter der Fülle der erfundenen Zeichen wurden die allzu menschlichen Grenzen eines Symbolismus sichtbar, den der Künstler in einer äußersten Anstrengung schließlich zu überwinden verstand: Er schickte sich an, die kosmische Struktur als solche darzustellen.

An einer Reihe von Emissionen läßt sich erkennen, daß man sich demnach von der figurativen Konzeption zugunsten einer rein rhythmischen Anordnung löste (Abb. 103 bis 108). Es scheint, daß sich nach Abklingen der Begeisterung für die Erfindung immer neuer Symbole nunmehr eine neue intuitive Schau des Universums vorbereitete.

Abb. 103 bis 108: Die abstrakten Darstellungen sind aus dem herkömmlichen Bildnis entwickelt, das auf den ersten Exemplaren noch Spuren seiner charakteristischen Züge bewahrt hat. Das Dickicht von Ästen und Blattwerk anstelle des Haares weist Anklänge an das Geweih des Hirschgottes Cernunnos auf. Die Linie am Scheitel, das bereits bekannte Dreieck im Haar, der Strich, der das Gesicht durchquert, um es weniger realistisch erscheinen zu lassen, sind hier beibehalten. Der Nacken wird durch ein kleines Dreieck oder durch einen Halbkreis wiedergegeben; die sich überschneidenden Linien deuten Auge, Nase, Mund und Kinn an. Leichte Modellierungen (bei Abb. 103) erinnern noch an das fast völlig verschwundene Gesicht. Die hier zum Ausdruck gebrachte Dynamik der imaginierten Struktur der Naturkräfte soll daran gemahnen, daß sie von einer himmlischen Intelligenz gelenkt werden, vom Schöpfungswort, das im Hirschgott Cernunnos Personifizierung findet.

Die ineinander verwobenen Linien, Strahlen und geometrisch abstrahierten Figuren scheinen ein neues Bewußtsein für jenseits des begrenzten menschlichen Gesichtsfeldes wirkende Kräfte anzukünden. Es sieht sogar so aus, als würde die Gottheit, die sich bereits frei von Menschengestalt präsentierte, noch die letzten bestehenden Bindungen an eine bestimmte Wesenheit lösen, um fortan als rein kosmische Kraft zu existieren.

Diese Art der Formulierung, mochte sie sich auch noch so erschöpfend dokumentieren, diese neue Interpretation, sie sollte in unserer Zeit angesichts der eingewurzelten Vorurteile in bezug auf die vermeintlich nur rudimentären geistigen Fähig-

keiten der Kelten einige Skepsis hervorrufen. Tatsächlich war man kaum bereit, die bildende Kunst als Ausdrucksträger einer geistig-religiösen Erfahrung zu sehen, die sich sonst allenfalls mit einem poetischen Vokabular umschreiben ließe. Auch werden viele noch heute nur zögernd zugeben, daß das Vorhandensein winzigster Teilchen — ein in der Chemie anerkannter Tatbestand —, den Charakter eines ganzen Körpers, das heißt auch einer Zivilisation bestimmen kann. Das gilt auch in stilistischer Hinsicht. Nun, wenn Hunderte von trotz vorgeschriebener Größe unterschiedlichen Exemplaren ein und dieselbe Intention erkennen lassen, ist damit Gewißheit für das Vorhandensein einer den rein stilistischen Rahmen überschreitenden Konzeption gegeben.

Dieser sublime Stil ist nicht auf einen Zufall oder irgendeine Künstlerlaune zurückzuführen, und auch nicht auf irgenwelche Vorbilder aus anderen Kulturen. Er ist das Resultat eines um ein Jahrtausend vorauseilenden, zu definitiver Formulierung entwickelten Empfindens. Keine andere Zeit als unsere heutige war besser darauf vorbereitet, sie zu verstehen, ist fähiger, die abstrakte Kunst der Kelten zu wägen und die Gedankengänge zu erfassen, die ihr zugrunde liegen.

Diese ersten Versuche, die alles andere als planlose Kritzeleien sind, gingen unmittelbar aus der Abwandlung eines Abbildes des — die übermenschliche Intelligenz repräsentierenden — Hirschgottes hervor (s. Abb. 123/S. 223 und Abb. 74/S. 339) Die an den Beispielen zu verfolgende gradweise Metamorphose läßt das Bestreben erkennen, mit dem Liniengeflecht eine von einer überwirklichen, mit den Zügen dieses Gottes koinzidierenden Weisheit geschaffene Ordnung wiederzugeben. Als man sich schließlich auch von diesem letzten Anhalt noch löst, gelangt man zur totalen Abstraktion.

Zwischen der ersten Offenbarung der Kelten und der letzten besteht weder Lücke noch Sprung. Schon allein der Begriff der Fruchtbarkeit wird

ins Unendliche projiziert und führt in die Andere Welt. Dank dergestalt vermehrter schöpferischer Kraft verlagert sich die mentale Anstrengung nach und nach auf das Gebiet der Kunst, die in einer Phase der Bewußtseinserweiterung zum Hauptquell spiritueller Erkenntnis wird und sich sogar auf die Religion und das übrige Wissen beherrschend auswirkt.

Sicherlich ist es verfrüht, aus diesen wenigen Stücken auf die Langlebigkeit des keltischen Geistes schließen zu wollen. Auch sind die Verteidiger der Überlegenheit der griechisch-lateinischen Kultur über die westliche Zivilisation noch in der Überzahl. Indes hat man die Kulturen und die Werte, die sie repräsentieren, noch nicht im Blick auf ihre Auswirkung auf unsere gegenwärtige Zeit überprüft. Wenn es Tatsache ist, daß die Hochkulturen der Antike der unseren chronologisch vorausgingen, ist es nicht weniger Tatsache, daß die grundlegende Einstellung unserer derzeitigen Epoche,

und kaum weniger ihre natürlichen Folgen, zu jenen in Widerspruch stehen. Die Ursprünge des westlichen Geistes und seine auf die Überwindung der irdischen Grenzen abzielenden Tendenzen sind aller Wahrscheinlichkeit nach im Abendland und in seiner noch wenig erforschten prä-römischen Vergangenheit zu suchen.

Auf diese Frage vermögen diese Exemplare keine ausreichende Antwort zu geben. Allein eine vollkommene Revidierung unserer Auffassung von der keltischen Dialektik und ihren Auswirkungen, auf die wir allenthalben in der Geschichte des Abendlands stoßen, kann zur Lösung der Frage beitragen.

Betrachten wir also diese abstrakten Darstellungen als frühe Offenbarungen: Man könnte in ihnen mikroskopische Abbildungen des von mir als solches bezeichneten Zellgewebes des Okzidents sehen. Bescheiden wir uns damit, die erstaunliche Ähnlichkeit dieser Bildwerke mit Darstellungen der informellen Kunst unseres Jahrhunderts festzustellen, und lassen wir es dabei bewenden, — wenigstens für den Augenblick.

DAS NICHT-RATIONALE

Für die griechische Antike lag die Wahrheit in der Schönheit: Die Schönheit war gleich Vollkommenheit, die Vollkommenheit gleich Harmonie, die sich in der Materie manifestiert, sei diese körperlich-organischer Natur oder aus Stein. Sie ist das sichtbar und greifbar Göttliche. Die Weisheit der Griechen bezog ihr Wesen aus diesem Hang zur Ästhetik, die ihr präzise definierte Werte, verführerisch und durchsichtig wie Kristallkugeln, lieferte. Die griechische Zivilisation beruhte auf der Sicherheit, die ihr diese transparente Dialektik verlieh.

Als die Kelten auftauchten, wurden diese Werte entthront. In der keltischen Wahrheitskonzeption spielt die Schönheit nicht die gleiche Rolle. Selbst die Realität hat ihren Sitz jenseits der sinnlichen Wahrnehmung, jenseits des Menschlichen also, und ist daher dem Menschen unzugänglich. Da die leibliche Schönheit nicht von Dauer ist, kann in ihr nicht die letzte Wahrheit liegen. Ohne hier die Frage nach der keltischen Ewigkeit stellen zu wollen, mag doch ein westliches Beispiel aus unserer Zeit erhellen, inwiefern die Auffassungen von Griechen und Kelten radikal divergierten: Man denke an das berühmte, vieldiskutierte Werk von Rodin, mit dem er das Altern der schönen Heaulmiere darstellt, und nicht die Schönheit, sondern die Wahrheit verherrlicht, ja beide zueinander in Widerspruch setzt.

Für die Kelten war die Wahrheit in der Kunst von dieser Auffassung nicht weit entfernt. Nur war ihr Problem genereller, da sie dem Einzelschicksal gegenüber noch indifferent waren. Es ging ihnen nicht um die Vollkommenheit der Harmonie, sondern um die innere Bewegung angesichts der Unendlichkeit außerhalb aller Zeit.

Die intuitive Erkenntnis von der Flüchtigkeit aller Realität veranlaßte die Kelten, diese im scheinbar Irrealen zu suchen, indem sie die möglichen Irrealitäten nach Zahlen ordneten, ein Vorgehen, das aus griechischer Sicht betrachtet sinnlos beziehungsweise irrational erschien. Doch obwohl die Kelten Realitäten durch Irrealitäten ersetzten, waren sie sich doch vollkommen klar darüber, was in ihrem täglichen Leben Wirklichkeit war und was nicht. Mit Hilfe dieses gefahrvollen geistigen Trainings und anderer Wahrnehmungsmittel als den allein sinnlichen, bereiteten sie sich auf das tiefere Eindringen in die Wirklichkeit des Universums vor.

Wir haben uns mit der Zusammenstellung der Bilder aufgehalten, um den Übergang von konkreten Bildelementen zu abstrakten zu demonstrieren, und um aufzuzeigen, wie die griechische Konzeption der keltischen Zielsetzung entsprechend transponiert wurde. Wir mußten diese Erfahrung in ihrer Entwicklung verfolgen, um Einblick in die Gründe für deren Plan und in die Etappen seiner Durchführung zu erhalten.

Die mit symbolischen Zeichen operierende Figuration der Kelten bedient sich ebenso wie die ägyptischen Hieroglyphen oder die chinesischen Piktogramme der Abstraktion. Neu an ihr ist, daß diese Ideogramme das transzendentale Ungegenständliche beschreiben wollen, während die Ägypter und die Chinesen ihre Zeichen zu einer konkretisierenden Schrift entwickelten.

Die Unsterblichkeit der Seele ist bei den Ägyptern konkret; sie wird durch die Mumifizierung der Toten sorgfältig vorbereitet. Nach keltischer Doktrin ist Unsterblichkeit etwas Ungegenständliches und versteht es auch, sich als solche zu demonstrieren. War der Mensch auch geneigt, sie sich als Realität vorzustellen — die Volksreligion hat dem sicherlich Rechnung getragen —, ließ jener Geist, der das System ausarbeitete, das wir vor Augen haben, sich hierin nicht irremachen. Seine Gedankengänge mögen etwa folgendermaßen wiedergegeben werden: Damit die Idee der Unsterblichkeit oder der Auferstehung objektive Tatsache wird, muß eine andere, realere, unvergängliche Welt jenseits der sichtbaren, nur zeitlichen die Realität ersetzen. Nur in dieser Anderen Welt ist Unsterblichkeit Realität. Spielt dieses Wunder der gallischen Kelten, demzufolge der Mensch auferweckt wird, ohne „beim Namen gerufen“ zu werden, nicht auf die Tatsache hin, daß sich das spätere Leben von dem vorangegangenen wesentlich unterscheidet?

Als Glaubensform ist diese Konzeption der Kelten nicht ganz eigenständig; einmalig ist lediglich die Art ihrer Darstellung. Die Methodik der keltischen Bemühungen um eine parallele Entwicklung von Form und Symbolgehalt verdient es, als rational bezeichnet zu werden, wiewohl sie einer andersartigen logischen Struktur folgt. Wir sind uns durchaus bewußt, daß die Anwendung des Wortes *rational* — es erhält hier einen etwas anderen Akzent —, folgenreich ist und dieser Begriff daher im Blick auf seine ursprüngliche Bedeutung einer Präzisierung bedarf:

Der Begriff *rational* wurde bezeichnenderweise in der westlichen Welt des 18. Jahrhunderts geprägt und zusammen mit dem Begriff *Logik* verwandt, und zwar weniger als Gegensatz zu einer zu verurteilenden Irrationalität, vielmehr als Gegensatz zu einem Nicht-Rationalen, jenem speziell „abendländischen“ Beitrag zum Denken der Welt, den es zu rechtfertigen galt.

Das gesamte philosophische Arsenal unserer Zeit (Logizismus, Idealismus, Apriorismus, Panentheismus, Ontologismus) soll allein dazu dienen, das Nicht-Rationale auf der höchsten Erkenntnisebene anzusiedeln. Die Flucht in diese begriffliche Rechtfertigung verrät das Verlangen nach Transzendenz, das Bedürfnis, sich von der materiellen Vereinnahmung durch unsere Welt zu befreien und den nicht-materiellen Werten einen vorrangigen Platz in der Philosophie einzuräumen. Man darf also sagen, daß es die berechtigte Nicht-Rationalität war, die ursprünglich als rational verstanden wurde, und im Sinn dieser ursprünglichen Übereinkunft geschieht es, daß wir das Vorgehen der Kelten für rational halten.

Die klassische Antike zielte in der Kunst ausschließlich auf Vergegenständlichung ab, das heißt auf die Realisierung der Ideen in materieller und weitgehend verschönter Form. Von diesem Ziel will die keltische Kunst nichts wissen; vielmehr setzt sie ihren Gegenstand, nachdem sie ihn des Konkreten entleerte, in kognitive, von aller Materie befreite „Emotion“ und Bewegung um. Dies widerspricht der von manchen Wissenschaftlern vertretenen absurden These, es handele sich hier um „barbarische“ Ausdrucksweisen. Vielmehr drängt es sich auf, hierin die vorzeitige Geburt des Nicht-Rationalen zu sehen, dessen Argumentation um so methodischer gehandhabt wird, je anfechtbarer sie ist.

Diese keltische Denkweise, derzufolge Existenz etwas dynamisches ist, und die zur griechischen Auffassung, die sie statisch sieht, im Gegensatz steht, brachte die Dialektik der Antike ins Wanken. Sie hinterließ in der geistigen Entwicklung der Welt tiefe Spuren und offenbart sich als Stammutter aller abendländischen Weltdeutungen, die mit ihren verschiedenen Spekulationen, zumal seit dem 18. Jahrhundert, über den Bereich von Logik und Unlogik hinauszielen.

DER BEITRAG DER DRUIDEN

Über die Frage nach ihrer künstlerischen und religiösen Bedeutung hinaus, gibt die Gravur auf den Münzen zu einer weiteren Frage Anlaß: Wer waren die Schöpfer dieser Symbolsprache? Wie ist es zur Entwicklung dieser esoterischen, bewußt künstlerischen Stiltradition gekommen, die sich auf den Gebieten von Schmuck und Keramik nur spärlich ankündigte? Und schließlich, lassen sich irgendwelche Schlüsse in bezug auf eine administrative Lenkung des Münzwesens ziehen?

Die Analyse der Zeichen und ihrer Sprache läßt vermuten, daß sie das Ergebnis religiöser Spekulationen der höchsten priesterlichen Instanz waren. Darauf läßt auch die weite Verbreitung dieser esoterischen Sprache schließen; von der Bretagne bis zur unteren Donau war sie für alle keltischen Stämme verbindlich, was eine mächtige, mit übergeordneter Autorität ausgestattete Organisation voraussetzte. Zu den jeweiligen regionalen Organismen mußte Verbindung gehalten, gewissen lokalen Eigenheiten Rechnung getragen, darüber hinaus für eine, die Stammesorganisation übergreifende nationale Einheit gesorgt werden, — das alles erforderte eine geistig überlegene Autorität.

Ohne ständige Verbindung zwischen Klan und Künstlern wäre es nie zur Entwicklung eines so ausgeprägten künstlerischen Stiles und auch nicht zu einer kollektiven Schule gekommen. Die keltischen und gallisch-römischen Statuen, Arbeiten freier Künstler, lassen nicht die gleiche Einstellung zum rhythmischen Moment erkennen, mögen sie auch durch ihren ungegenständlichen Akzent indirekt an sie anknüpfen.

Nun, diese pankeltische Elite, sie ist uns bereits bekannt: Sie besteht in der Kaste der Druiden. Die Ausbildung der Druiden dauerte bisweilen zwanzig Jahre, berichtet CÄSAR (De Bello Gallico, VI, XIV,), und gipfelte, abgesehen von der Aneignung allgemeiner wie auch hochgradig spezialisierter Kenntnisse, in Inititationen der verschiedensten Grade. Wir wissen, daß sie je nach Zuordnung Priester oder Richter, Staatsmänner, Diplomaten, Ärzte, Magier, Sternkundige, Erzieher, Seher, Musiker waren, — kurz, daß sie sowohl das spirituelle, wie das wissenschaftliche und politische Leben lenkten. In Irland hätte, wie uns die Sage lehrt, der König eine Todsünde begangen, wenn er vor dem Druiden das Wort ergriffen hätte.

Es versteht sich, daß die druidische Schule eine besondere Ausbildung für Münzgraveure kannte und Werkstätten dafür einrichtete. Vermutlich stammen die oft mittelmäßigen Prägungen nicht von Bronzegießern, sondern von Druidenlehrlingen. Ebenso wie die Barden eine lange Lehrzeit in Mythologie, Prosodie, Metrik, Gesang und Musik durchmachten, mußten auch die Münzer die Geheimnisse des Handwerks, der Techniken, der Kunst und der Esoterik erlernen, von Geldpolitik oder der Kunst der Verwaltung ganz zu schweigen.

Mit Sicherheit hätten selbständige Graveure nicht in allen Münzstätten, von Großbritannien bis zum Schwarzen Meer, zur gleichen Zeit zu denselben sukzessiven Entwicklungen gelangen können. Daß sich die zahlreichen, weit verstreuten Gruppen über Qualität der Legierung und Gewicht hätten absprechen können, die trotz gewisser Abweichungen doch eine Parallelität der Entwicklung erkennen lassen, ist ausgeschlossen. Schließlich, da man weiß, daß Solidarität nicht gerade die Stärke der Stämme und Stammesführer war, muß man annehmen, daß die Übereinstimmung in den verschiedenen Emissionen nur durch eine zentrale Autorität erreicht werden konnte: die der Druiden.

Nach der Unterwerfung sank das Niveau der bildlichen Darstellungen wie das der Münztechnik sofort ab, um vierzig Jahre darauf, als die Münzprägung aufhörte, endgültig zu degenerieren. Die Druiden, von den Siegern verfolgt, verschwanden aus dem öffentlichen Leben, und mit ihnen die Münzen. Mit ihrer Macht und ihrem Einfluß war es, zumindest in Gallien, endgültig vorbei. Indes, konnte das Wissen der Druiden überhaupt verloren gehen?

Die heiligen Schriften

DIE TEXTE

Die sogenannte „keltische Literatur“ wurde erst im Mittelalter aufgezeichnet. Sie ist eine Rekonstruktion verstreuter, mündlich überlieferter Bruchstücke, deren Wurzeln weit in das Dunkel der Vorgeschichte zurückreichen. In der Mehrzahl handelt es sich um Helden- und Königssagen, die im Repertoire professioneller Geschichtenerzähler, den Nachkommen der Barden, überlebt hatten und bei Festen oder an den Abenden an den Königshöfen im abgelegenen schottischen und irischen Hochland und auf den Bauernhöfen von Wales und Cornwall von ihnen rezitiert wurden.

Diese *„matière de Bretagne“* war es, die MARIE DE FRANCE, die im 12. Jahrhundert in England lebende älteste französische Dichterin, Verfasserin der *Lais* (Verserzählungen) und der *Fabeln*, inspirierte, ebenso wie ihre Enkelin MARIE DE CHAMPAGNE, an deren Hof CHRETIEN DE TROYES, der erste und berühmteste Dichter der französischen Artusromane lebte.

Von der gallischen Literatur, die auch erst später aufgezeichnet wurde, existieren — der Ähnlichkeit verschiedener Namen und Charaktere mit den Gestalten der Erzählungen von den britischen Inseln nach zu urteilen — noch Überreste in den alten Volksmärchen fort. Man wird in der Annahme kaum fehlgehen, daß sie der großartigen Kunst auf den gallischen Münzen nicht nachtstand, deren Zeitgenossin sie zweifellos war.

Die Aufzeichnung des Sagenguts der Inselkelten erfolgte durch Mönche, die auch die vielen unterschiedlichen, in Irland von Mund zu Mund umgehenden Fassungen zusammentrugen. Obwohl sie diese Erzählungen als „heidnische“ ansahen, sammelten sie sie doch aus Liebe zu einer großen Vergangenheit, von der im 6. Jahrhundert besonders SANKT PATRICK noch erfüllt war. Wenn sie auch manches auf heidnische Götter Bezugnehmende abschwächten, fällt dies doch angesichts der Bedeutung des Materials, das sie vor dem Untergang bewahrten, nicht ins Gewicht.

Das Ganze ist in etwa tausend Handschriften festgehalten, die man in „Bücher“ zusammenfaßte, von denen das *Buch von Leinster*, das *Buch von*

Ulster, das *Buch der dunkelfarbigen Kuh*, das *Buch von Ballymote* und das *Gelbe Buch von Lecan* die wichtigsten der irländischen Überlieferung sind; zu den wichtigsten der walisischen Tradition gehören das *Schwarze Buch von Camarthen*, das *Buch des Aneurin*, das *Buch des Taliésin* und das *Rote Buch von Hergest*.

Die meisten Texte wurden auf Gälisch oder mittelkymrisch niedergeschrieben. Viele blieben noch unveröffentlicht. Die ältesten, deren Originale verschollen sind, stammen aus dem 6. Jahrhundert. Was die mündliche Überlieferung betrifft, verliert sich ihre Datierung im Nebel der autochtonen indo-europäischen Vorgeschichte.

Die Autoren dieser Stücke waren Barden, die eine lange dichterische, musikalische und, versteht sich, auch theologische Schulung durchmachen mußten. Die meisten von ihnen beherrschten ein Repertoire von bis zu 360 langen Geschichten. Neben den Druiden und den aus dem Stand der Barden hervorgegangenen *fili* („Sehern" und Dichtern) bildeten die Barden die Elite der Meister der Götter- und Heldenlehre. (Hierzu bemerkt STRABO (L. IV. 4) folgendes : „Bei allen (Kelten) gab es im allgemeinen drei Stände, die besonders geehrt wurden: die Barden, die Fili und die Druiden. Die Barden waren Sänger und Dichter: die Fili, Seher und Dichter, betätigten sich als Opferpriester und Deuter der Natur. Die Druiden waren außer für Naturwissenschaft auch für die Moralphilosophie zuständig.")

Die Tatsache, daß die Heldengedichte von bestimmten Personen erdacht wurden, bedeutet noch nicht, daß sie auf individuelle Imagination im heutigen Verständnis der „künstlerischen Freiheit" beruhten. Vielmehr mußte dabei nach streng religiösen Gesichtspunkten und konform der Struktur des bereits bestehenden Sagenguts wie auch nach entsprechend starren Regeln vorgegangen werden. Wie hätten sonst diese Texte durch die Jahrhunderte, — was sage ich —, ein Jahrtausend in geradezu religiöser Worttreue überdauern können?

Die Fülle der von einer Generation zur anderen überlieferten Themen unterlag seit altersher einer natürlichen Auslese: Die einen führten sich für immer ein, andere kamen aus der Mode oder wurden in einer neuen Fassung wieder zum Leben erweckt. Deshalb taucht eine Anzahl von Sagen zu Beginn der christlichen Ära in anderer Version auf und wird in dieser neuen Gestalt aufgezeichnet, während andere in der Folklore weiterleben.

Trotz der solchermaßen beschränkten Autorenfreiheit bewahrten die Umdichtungen und sogar die Modernisierungen ein hohes Maß an religiöser Authentizität. Sie spiegelt sich in den Abstraktionen unvermeidlich anders denkender Redakteure des christlichen Mittelalters wie auch in Erzählungen wider, die aus Zwiegesprächen zwischen einem Druiden und einem Heiligen bestehen, aus denen der Druide notwendigerweise zum Christentum bekehrt und getauft hervorgeht.

Mit der kritischen Erforschung der Handschriften begann 1880 E. WINDISCH in seinem Werk „Irische Texte", dem dann die Untersuchungen von R. ATKINSON, EOIN MAC NEIL, KUNO MEYER, H. ARBOIS DE JUBAINVILLE und anderen folgten. Doch wie unlängst Professor GERARD MURPHY schrieb, leiden alle diese Übersetzungen am mangelnden Vokabular. Das alte Keltisch und das Mittelkymrische sind alles andere als mit den damals tatsächlich gesprochenen keltischen Sprachen identisch. Die Mehrdeutigkeit der Worte und Bilder, auf denen der Sinn der Legenden im wesentlichen beruht, ging natürlich im Lauf der Jahrhunderte verloren. Ebenso bleibt so manche Passage unübersetzbar, da sie scheinbar überhaupt keinen Sinn ergibt.

Zudem ergab sich bei der mündlichen Wiedergabe verschlüsselter Texte die Bedeutung oft aus einem phonetischen Gleichklang oder aus symbolischen Anspielungen, die bei der späteren schriftlichen Niederlegung abgeschwächt wurden oder verloren gingen. Und die Linguisten gelangen dann, da sie allein vom Wort ausgehen, zu um so fragwürdigeren Deutungen, als man ohne Kenntnis der okkulten Zusammenhänge unter den Synonymen die falsche Wortwahl treffen kann.

Dafür ein Beispiel: Der Titel der walisischen Sagensammlung *Mabinogion* wurde in der (deutschen) Übersetzung mit „Erzählungen des Dichterlehrlings“ oder „Bardenlehrlings“ (Bardenlehrling=*mabinog)* wiedergegeben. Nun bestehen aber diese Texte, die übrigens gar keine literarischen Unterweisungen enthalten, aus mythologischen Bruchstücken, und die „vier Zweige des Mabinogi“ sind in Wirklichkeit eine vierteilige, in Erzählungen eingekleidete Darstellung einer Einführung in die Geheimnisse der gallo-keltischen Götterlehre. Obwohl es in der Übersetzung aufgrund der Synonimität der Worte sowohl „Lehrling“ wie „Initiant“ heißen und ebenso „Dichtung“ mit „Sage“ wiedergegeben werden könnte, beinhaltet doch die Wiedergabe mit „Dichterlehrling“ etwas ganz anderes als „Initiant der Götterlehre“.

In Indien werden die alten Geheimtexte heute noch im gleichen Geist interpretiert, wie zur Zeit ihrer Entstehung. Will man hingegen zum Sinn der keltischen Texte vordringen, muß man sich erst durch ein Niemandsland kämpfen.

ERZÄHLUNG, GESCHICHTE ODER MYTHOS

In bezug auf ihren spirituellen Gehalt geben die keltischen Sagen der heutigen Forschung anscheinend unlösbare Rätsel auf. Hierin liegt zu großem Teil der Grund für die Skepsis, die man den geistigen Zeugnissen des prähistorischen Abendlandes entgegenbringt.

J. Vendryes ist der Meinung, daß den keltischen Sagen „keine andere Absicht zugrunde liegt, als die, den Leser zu unterhalten". . . . Und er fährt fort: „Vergebens wird man nach Charakterschilderungen oder Empfindungen oder Milieubeschreibungen suchen. Vergebens wird man sich bemühen, reflektive oder meditative Momente herauszuschälen und den Leser zu informieren. Diese Erzählungen enthalten keine Spur von Psychologie, noch weniger von Moral." (Les religions des Celtes, Paris 1948)

Dieses Urteil des angesehenen Keltologen spiegelte die herrschende Meinung wider und änderte nichts an der traditionellen Klassifizierung dieser Erzählungen, die man allein nach ihrer gegenständlichen Thematik, nach Suche, Verbannung, Seefahrt, gewaltsamem Tod der Helden, Racheakten, Zerstörung von Festungen und Königssitzen, Davontreiben von Herden etc. gruppiert.

Wir wollen uns hier auf die verständnisvollere Beurteilung von Roger Chauvire berufen: „Welch originelles Gemisch von Elementen aus allen Ecken der Welt und allen Zeiten: uraltes keltisches Sagengut, Spuren irländischer Evangelisation, gewaltsame Liebes- Jagd- und Kriegsbräuche aus barbarischer Zeit, Druidentum und Magie, überlieferte Weisheit und klassischer Geist, Rittertum von bretonisch-römischer Art, Kommunion und Wechselwirkung zwischen Tier und Mensch wie in den ältesten gälischen Erzählungen oder im walisischen Mabinogion, — ein Realismus, der in seiner Aufrichtigkeit in einen nahezu unverhüllten Zynismus ausartet, und all das unter ständigen Eingriffen aus dem übersinnlichen Bereich. Hier herrscht der Geist der Märchen, unverkennnbar mit volkstümlichen Elementen aus jüngster Zeit gemischt, — mit Einschlägen eines sehr simplen naiven Humors, der nicht nur volkstümlicher, sondern mit Sicherheit speziell bäurischer Herkunft ist!" (R. CHAUVIRE, Contes ossianiques, Paris 1949, S. 5)

Das alles trifft tatsächlich zu, allerdings... Doch wollen wir hier nicht vorgreifen, sondern in der Reihenfolge der wichtigsten Entwicklungsphasen vorgehen.

Die Erforschung dieser Literatur stützt sich zum Teil auf die Historizität der kriegerischen Auseinandersetzungen. Die ersten irländischen Gelehrten — im Mittelalter wurden sie „Annalisten" genannt — führten die Abstammungsreihe der Adelsfamilien auf die Zeiten der Heldensagen zurück; sie konnten sie an Hand der Daten von Schlachten und von Regierungszeiten von Königen rekonstruieren. Selbst der im 17. Jahrhundert lebende GEOFFREY KEATING war dieser Überzeugung.

Erst vor rund siebzig Jahren konnte EOIN MAC NEIL unter Beibringung einer reichen Dokumentation nachweisen, daß die Sagen historische Schlachten autochtoner Stämme gegen neu angekommene gälische beschreiben und auch die Gründe für Feindseligkeiten oder Bündnisse der Sippen erkennen lassen, zugegebenermaßen mit mythischen Einsprengseln. (E. MAC NEIL, Duanaire Finn, Part I, London 1908 und ders., Phases of Irish history, Dublin 1919)

KUNO MEYER ging, was den mythologischen Charakter dieser Literatur betrifft, noch weiter, doch war er von der hundertprozentigen Originalität der Heldensagen nicht überzeugt. Vielmehr vermutete er thematische Einflüsse allseitig internationaler Herkunft, ohne sie aber als solche fixieren zu können, und das aus gutem Grund. Jedoch schließt er zu recht bei vielen Stellen auf ein sehr hohes Alter. (K. MEYER, Fiannnagecht, Dublin 1910.)

Die neuesten Forschungen auf diesem Gebiet verdanken wir den irischen Professoren THOMAS O'RAHILLY, (TH. O'RAHILLY, Early Irish history and mythology, Dublin 1946) und GERARD MURPHY. (G. MURPHY, Duanaire Finn, II u. III, London 1933 u. 1955)

Ihre Ergebnisse lassen in bezug auf den mythischen Ursprung der Heldensagen keinen Zweifel mehr zu. Und auch GERARD MURPHY, der seine Untersuchungen auf die Volkserzählungen ausdehnte, gab der Keltologie neue wichtige Impulse.

So bleibt es uns überlassen, diese Mythologie zu rekonstruieren. Wir müssen die Bruchstücke zu einem zusammenhängenden Ganzen fügen und versuchen, die ursprüngliche Konstruktion wiederaufzudecken, die vermittelte Initiation und damit den tiefen Sinn der keltischen Religion aufzuspüren.

Wie HENRY HUBERT vermuten auch wir, daß den Sagen, trotz wahrscheinlicher Unterschiede in ihren jeweiligen insularen und kontinentalen Versionen, gemeinsame, pankeltische Auffassungen zugrunde liegen. Hierfür liefern die Münzen den Beweis. Dies hat im vergangenen Jahrhundert Dr. FAUX schon vorausgesehen, während nach ihm M.-L. SJOESTEDT der gegenteiligen Ansicht war, daß nämlich umgekehrt die seltsamen Figurationen auf den armorikanischen Münzen, denen sie im übrigen keine bestimmte Bedeutung beimaß, es gewesen seien, die die Fantasie der irländischen Dichter zur Erfindung der Erzählungen inspiriert habe, ebenso wie die lokalen Mythenbildungen auf gewisse seltsame topographische Bezeichnungen zurückzuführen seien. (M.-L. SJOESTEDT-JONVAL, Légendes épiques irlandaises et monnaies gauloises. In: Etudes Celtiques, Paris 1936, S. 1—17) Ebenso behauptete sie, das flammenförmige Haar auf bestimmten Bildnismünzen (Abb. 3/S. 40; Abb. 47/S. 70) habe das Vorbild für die in der

Sage geschilderten Konvulsionen des Helden CU CHULAINN (s. S. 261) geliefert, womit ihr entging, was sie in Wirklichkeit bedeuteten. Diese recht willkürlichen Annahmen werden mit einem Schlag widerlegt, sobald man sich um den Sinn der keltischen Sagen bemüht.

In Gallien verschwand das prä-römische Zahlungssystem schon zur Regierungszeit von AUGUSTUS um das Jahr 8. Wenn also Übereinstimmungen zwischen Münzen und Sagen zu entdecken sind, resultieren sie aus einem gemeinsamen mythologischen Fundus.

Wenn man, wie es oft geschieht, den Einwand erhebt, es fehle den Gesängen der Barden an innerem Zusammenhang, so tut man den Barden unrecht. Dieser scheinbare Mangel ist auf eine bewußte Verschleierungstaktik zurückzuführen. In Wirklichkeit verstanden sie mit Rationalem und Irrationalem auf so kunstvolle Weise umzugehen, daß der Zugang zu dem parabolischen Inhalt ihrer Fabeln erschwert wurde. Das Feld, das es bloßzulegen galt, wurde mit scheinbar „rationalen“ Brocken versperrt, die dazu dienten, den Profanen zu täuschen.

So wird in der Sage, um die göttliche Qualität des schrecklichen Riesen BALOR zu verschleiern, erzählt, er habe sich das Auge verbrannt, als er in den Rauch blickte, und halte es seitdem geschlossen, — ein typischer Kunstgriff: Die Einäugigkeit BALORS soll anzeigen, daß es sich um einen Gott handelt, der freilich durch diese Rationalisierung seines sakralen Wesens beraubt wird. Hinter dieser Fassade verbirgt sich, was gemeint ist: der physiologische Verlust des Auges (menschlich) wird durch die Tatsache wettgemacht und zum Gewinn, daß seine Einäugigkeit eine Entsprechung der absoluten (göttlichen) Sicht (Abb. 100/S. 61) ist.

Der Forscher MAC NEIL hat in vielen dieser Geschichten lediglich Schilderungen von Blutrache gesehen und ihren Inhalt, wie den der Odyssee, des Rolands- und des Nibelungenliedes, auf ins Endlose fortgesetzte Vergeltungsakte reduziert. Indes, sieht man in der Ermordung des ägyptischen Gottes SETH durch seinen Neffen HORUS nichts anderes als eine Rache des Sohnes von OSIRIS, wird man nichts von der ägyptischen Mythologie begreifen, vor allem nicht, daß der Mondkult vom Sonnenkult verdrängt wurde, was hier symbolisiert und gerechtfertigt wird.

Was die Kämpfe selbst betrifft, wird ihr Sinn durch das unmittelbare Verständnis noch nicht erschöpft; denn sie gehören, wie Blutrache und Blutzoll, zur Sprache des einfachen Mannes; solche Geschichten sind dem Volk ein Bedürfnis wie das tägliche Brot. Doch können sie sehr wohl dazu dienen, ihm den Zugang zu den größeren Dingen zu eröffnen, um deretwillen, wie geschildert, diese enormen Kräfte entfesselt wurden.

Die mangelnde Übereinstimmung der Meinungen läßt erkennen, daß wir es hier mit einer Literatur zu tun haben, die sich weder den Schriften der Antike noch den Erzählungen primitiver Völkerschaften zuordnen läßt. Man begegnet in ihr nicht den üblichen Themen, die uns eine Orientierung in der einen oder anderen Richtung erlauben würden.

Die heiligen Texte der Antike haben folgendes gemeinsam: die Hymnen oder den Verkehr mit den Göttern und die praktischen Vorschriften. In den keltischen Sagen ist davon keine Spur. Es gibt hier weder Riten noch Kulte, weder Opfer noch Heiligtümer und keine Priester. Keinerlei Feiern, nicht einmal Zeremonien lassen Schlüsse auf die Existenz einer keltischen Religion zu. Obwohl der „König“ in ihnen eine vorherrschende Rolle spielt, ist nirgends von einer politischen oder legislativen Regierungshandlung die Rede oder läßt sich den Erzählungen etwas über das Verhältnis des Königs zu seinen Untertanen entnehmen. Und was das Volk betrifft, wird nie von den Sorgen des Tages, von Bodenbestellung oder Viehzucht berichtet. Die Tagesangelegenheiten werden ebenso indirekt mitgeteilt, wie die religiösen oder moralischen Auffassungen.

Der offen zutage liegende Inhalt der zahllosen keltischen Erzählungen, von welcher Seite man ihn rational auch angehen mag, scheint den Skeptikern recht zu geben. Versuchen wir uns ihm daher von der entgegengesetzten Seite zu nähern und lassen wir uns dabei in dem Geist führen, den uns die Ikonografie zugänglich machte.

TALIESIN, DER BARDE

DIODORUS SICULUS hat über die Gallier vermerkt, daß ihre Rede kurz sei und sie sich gern in Rätseln und Andeutungen und oft in Hyperbeln ausdrückten. Dies muß der Bemühung um poetischen Ausdruck zugeschrieben werden, der absichtlich unklar gehalten wird, wie in den Sagen (des Roten Zweiges, s. auch S. 252), deren initiierender Inhalt, von einer Wolke von Rationalisierungen umgeben, sich hinter der Fassade eines Abenteuerromans verbirgt. Hierfür die Bestätigung:

„Der Mensch der Menge", ruft TALIESIN aus, „wird nie Erkenntnis erlangen" ... „Ich bin ein Barde, ich werde Geheimnisse nicht vor Sklaven ausbreiten." (TALIESIN, Les mystères du Monde. In: J. MARKALE, Les grandes bardes gallois, Paris 1956)

Es erübrigt sich, darauf hinzuweisen, daß diese stolzen Worte weder aus dem Munde eines Primitiven noch dem eines Ignoranten stammen. Weit davon entfernt, gilt das, was sie besagen, für den größten Teil des Heldenliedes.

Seine Texte wurden also durch die verschiedenen Facetten, in denen sie sich dem Leser darbieten, absichtlich kompliziert. Damit man sie zu lesen vermag, müssen ein paar Verse vorangestellt werden, die Licht in die tiefere Schicht werfen, in der sich der wahre Sinn verbirgt. Das solchermaßen geschulte Auge wird ihnen, wenn nicht die präzise Bedeutung, so doch zumindest die Intention entnehmen.

Zwei Gründe sind es, die uns veranlassen, der Untersuchung der allgemeinen Entwicklung der keltischen Mythologie einige Zeilen des dem Waliser Taliesin zugeschriebenen Gedichtes *Le Kat Godeu* voranzuschicken, obwohl es bereits zur Zeit der Evangelisation des Landes und nachdem der Dichter getauft war, entstand. Der eine Grund ist, daß er sich in seiner hohen visionären Kraft in die Bezirke der Seelenwanderung aufschwingt, zum anderen, weil die Klarheit seiner Intuition sie auch für den modernen Geist vollkommen verständlich macht. Darüber hinaus wird dieser Vorgriff zur Wertschätzung gewisser älterer Passagen beitragen, in denen der gleiche Gedanke nur noch implizite und diffus zum Ausdruck gelangt, die jedoch allmählich an Form und Gliederung gewinnen. Die Fortentwicklung zu einer ähnlichen Klarheit wird nur noch sichtbarer werden.

LE KAT GODEU

Bum yn lliaws rith
Kyn bum disgyfrith
Bum cledyf culurith
Credaf pan wrlth
Bum deigyr yn awyr
Bum serwaw syr
Bum geir yn llythyr
Bum llyfyr ym prifder
Bum llugyrn lleufer
Blwydy a hanher
Bum pont ar triger
Ar trugein aber
Bum hynt bum eryr
Bum coruc ymyr
Bum darwed yn llat
Bum das ygkawat
Bum cledyf yn aghat
Bum yscwyt ygkat
Bum tant yn telyn
Lletrithawc naw blwydyn
Yn dwfyr yn ewyn
Bum yspwg yn tan
Bum gwyd yngwarthan

MIGRATIONS

J'ai revêtu une multitude d'aspects
avant d'acquérir ma forme définitive.
J'ai été une lance étroite et dorée;
Il m'en souvient très clairement.
J'ai été goutte de pluie dans les airs,
J'ai été la plus profonde des étoiles,
J'ai été mot parmi les lettres,
J'ai été livre dans l'origine,
J'ai été lumière de la lampe.
Pendant une année et demie
J'ai été un immense pont
Jeté sur trois vingtaines (d'estuaires?)
J'ai été courant marin, j'ai été aigle,
J'ai été bateau de pêcheur sur la mer,
J'ai été victuaille du festin,
J'ai été goutte de l'averse,
J'ai été une épée dans l'étreinte des mains,
J'ai été bouclier dans la bataille,
J'ai été corde d'une harpe,
ainsi pendant neuf années.
J'ai été eau, j'ai été écume,
J'ai été éponge dans le feu,
J'ai été arbre au bois mystérieux.

WANDERUNGEN

Bin schon in vielen Aspekten erschienen,
Ehe ich gültge Gestalt mir errang.
Bin eine vergoldete Lanze gewesen,
Dessen erinnere ich mich noch heut.
Bin ein Regentropfen im Winde gewesen,
Bin der fernste der Sterne,
Bin ein Wort unter Lettern gewesen,
War im Anfang sogar ein Buch.
Bin das Licht einer Lampe gewesen,
Bin für ein Jahr und ein halb
Eine gewaltige Brücke gewesen,
Geschlagen über dreimal zwanzig (Flüsse?).
Bin eine Meresströmung, ein Adler gewesen,
Und des Fischers Schiff auf dem Meere,
Bin der Schmaus eines Festes gewesen,
Bin gewesen der Tropfen im Guß.
Bin ein Schwert in der Hand des Kämpfers,
Bin ein Schild in der Schlacht gewesen,
Bin die Saite der Harfe gewesen,
Und das neun Jahre lang.
Bin das Wasser, der Schaum,
Ein Schwamm im Feuer gewesen.
Bin in der Tat ein geheimnisvoll Holz.

LE COMBAT DES ARBRISSEAUX

. . . .

Une résurrection des Bretons
fut faite par Gwyddyon.
Il en appela au Créateur
et vers le Christ pour qu'il juge le procès
jusqu'à ce que l'Eternel
voulût bien aider ses créatures.
Le Seigneur leur répondit
par la voix et les éléments:
« Prenez les formes des arbres
et rangez-vous en ligne de bataille
pour ainsi frustrer vos ennemis
de l'ignoble corps à corps. »

Alors ils furent enchantés en arbres
et dans l'attente de redevenir eux-mêmes,
ils élevèrent leur voix
en des flots d'harmonie
au milieu des combats.

. . . .

Les aunes, en tête de la troupe
formèrent l'avant-garde,
les saules et les sorbières
se mirent en rang à leur suite.
Les pruniers qui sont rares
étonnèrent les hommes.

DER KAMPF DER BÄUME

. . . .

Der Bretonen Wiedererweckung
wurde durch Gwyddon bewirkt,
der den Schöpfer anrief
und Christus, der richte
bis daß der Ewige
Seinen Geschöpfen wohl beisteht.
Der Herr sagte zu ihm
mit seiner Stimme, den Elementen:
„Nehmt Baumgestalt an,
reiht euch zur Schlacht,
um eurem niederen Feind
Seite an Seite zu wehren."

Alsbald sind sie in Bäume verwandelt.
Voll Sehnsucht wieder zu Menschen zu werden,
erheben sie ihre Stimme
in schwebender Harmonie
inmitten der Kämpfe.

. . . .

Die Erlen an der Spitze der Truppe
bilden die Vorhut,
Weiden und Ebereschen
mischen sich im Gefolge.
Die Pflaumenbäume, die raren,
erstaunen die feindlichen Mannen.

. . . .

L'aubépine armée de ses piquants
blessait les mains,
le tremble coupait les têtes
et fut lui-même élagué dans la mêlée.
La fougère fut saccagée,
le genêt, à l'avant
fut blessé dans un fossé.
L'ajonc ne fut pas indemne,
bien qu'il se répandît partout,
mais la bruyère fut victorieuse
en se gardant de tous côtés.

Le peuple fut charmé
pendant le défilé des combattants:
Le chêne rapide, dans sa marche,
faisait trembler ciel et terre.
Ce fut un vaillant défenseur,
son nom est fort considéré.

Les clochettes bleues
subirent de grandes douleurs,
les unes écrasées,
les autres perforées.

Les poiriers furent les grands pourfendeurs
du combat de la plaine,
ils on un caractère violent.
La coulée de la foule
des marronniers timides
fort défaillante

. . . .

Der Weißdorn, mit Stacheln bewehrt,
sticht in die Hände,
die zitternde Espe schneidet die Köpfe ab
und wird selbst im Getümmel gelichtet.
Das Farnkraut sieht sich zertreten,
der Ginster allen voran
wurde im Graben verwundet,
der Stechginster nicht verletzt,
wiewohl man ihn überall antrifft.
Das Heidekraut ist indes siegreich
da es sich allseits zu hüten versteht.

Der Aufmarsch der Kämpfenden
schlägt auch das Volk in Bann.
Unter der Eiche Tritt
erzittern Erde und Himmel.
Sie wehrte sich tapfer,
ihr Name lebt lange noch fort.

Die Glockenblumen, die blauen,
müssen das Schlimmste erleiden.
Zertreten werden die einen,
die anderen völlig geknickt.

Der Birnbäume heftiges Wesen
bewährt sich
im Kampf auf der Ebene,
sie schwingen die Säbel.
Die Schar der zaghaften Kastanien
wird wankend

devint noire comme du jais.
La montagne se courba,
les bois devinrent une fournaise
telle qu'il y en eut autrefois dans les grandes mers,
au moment où le cri de guerre fut poussé.

Alors le faîte du bouleau nous couvrit
de ses feuilles
et métamorphosa notre aspect flétri.
Nous fûmes rassemblés sous le chêne
qui chanta les incantations de Mael-Derw,
souriant vers le rocher
où le Seigneur apparut calme
surhumain.

und schwarz wie Pech.
Die Berge kreisen,
die Wälder beginnen zu glühn
wie einst die Weite der Meere
im Augenblick, als der Kriegsschrei ertönte.

Nun bedeckt uns von Birken ein Meer,
mit seinem Laub,
verwandelt die flüchtge Erscheinung.
Wir sammeln uns unter der Eiche,
die Mael-Derw's Beschwörung anstimmt,
blicken lächelnd zum Fels.
Überirdisch und sanft
erscheint uns der Herr.

DAS WESEN KELTISCHER DICHTUNG

Hervorgegangen aus einer in Gärung befindlichen Welt, ruft diese Dichtung die Vision der *Genese der Bewegung* im Schmelztiegel der „Menschwerdung“ vor Augen. Mensch, Bäume, mit Bewußtsein ausgestattete Objekte nehmen mit gleichen Chancen an einem Ringen um Freiheit teil, das zugleich, und mit größerem Recht, ein seit Urzeiten geführter, nicht endender Kampf innerhalb eines sich in Bewegung befindenden Universums ist.

Doch schon ehe man sich dem Inhalt des übersetzten Textes zuwendet, wird man von der sprachlichen Dichte und kunstreichen Konstruktion des Originals gepackt sein. Sein beschwörender Rhythmus wird selbst auf jenen Leser ergreifend wirken, der nicht mit dem Walisischen und seiner sehr eigenartigen Klangsprache vertraut ist. Auch werden wir als Bewunderer der keltischen Münzen das Bedürfnis empfinden, der poetischen Botschaft in der keltischen Kunst ihren Platz einzuräumen.

Der dynamische Versrhythmus des Originals (S. 200) gemahnt an das Rollen der Wellen, deren weiße, stets wechselnde, doch immer gleiche Schaumkronen ebenso über die Bewegung des Raumes hinausgreifen, wie die in unerschöpflicher Erfindung einander vorantreibenden Alliterationen. Man nimmt Versmaß und Zahl und Verknüpfung förmlich optisch wahr und durchschaut ihre geometrische Konstruktion. Ihre hohe Musikalität, einst durch Harfe und Gesang noch gesteigert, folgt der Gesetzmäßigkeit der durch die mehrfache Wiederholung an den Zeilenenden entstehenden Reime, die bisweilen am Anfang der nächsten Zeile phonetisch aufgegriffen werden.

Mit diesem kunstvollen poetischen System wollte man die *Verbundenheit*, die Interdependenz aller Dinge im weitesten Sinn des Wortes ins Bewußtsein rufen. Die vollendete Metrik sollte dem Inhalt der Dichtung entsprechen und etwas von der unausweichlichen Schicksalsgemeinschaft aller Erscheinungen übermitteln.

Die Eigenart der keltischen Verse ist aus dem inneren Drang geboren, schon allein in der Form *den allem Bestehenden innewohnenden Impetus* zum Ausdruck zu bringen.

Diese Tatsache muß besonders betont werden: Unabhängig davon, ob man den Text versteht, vermitteln schon allein Klang und Rhythmus den sakralen Inhalt der keltischen Dichtung, der lautet: Rhythmus ist zeugende schöpferische Kraft. Soll diese Übereinstimmung von Inhalt und Form erreicht werden, müssen die Worte die *unaufhörliche Genese* schildern, während dem Rhythmus deren Mechanik innewohnt, die das Geheimnis des Weltalls ist.

Damit haben wir den Schlüssel zum Gewölbe des keltischen Geistes, der schon damals die *organische Einheit aller Erscheinungen* erkannt hatte.

Fehlerlos und in der Bildwahl absolut sicher entsteht ein Gewebe, das die mannigfaltigen Geschöpfe durch die Mannigfaltigkeit ihrer Wechselbeziehungen miteinander verbindet: ein und dieselbe Substanz zeigt sich in einer endlosen Zahl von Facetten. Materie und Geist sind nicht exakt gegeneinander abgegrenzt. Die Bilder „eine vergoldete Lanze" oder „die Saiten einer Harfe" sind Metaphern und bedeuten Kraft beziehungsweise Gesang, desgleichen ist „Licht einer Lampe" eine Metapher für den Geist. Komplexer wird der mentale Vorgang indes, wenn von der „gewaltigen", die „zwanzig Arme des Ästuars" überspannenden „Brücke" die Rede ist und die heilige Zahl herangezogen wird: Die Brücke ist Verbundenheit, Verbundenheit ist Brücke.

Weder Metaphern noch poetische Technik sind Leistungen des fahrenden Sängers; Taliesin war an diesem Prozeß nicht beteiligt. Sie sind Leistungen einer Religion voller subtiler Symbole, bei der jede Aussage ein Argument zugunsten der Seelenwanderung ist, — der Wanderung einer Seele, die auf allen ihr zugänglichen Wegen dem endgültigen Tod zu entgehen trachtet. Sie ist eine Folge von Zuständen, jenseits der sich, ewig unvollendet, Dauer ohne Anfang und Ende erstreckt.

Die Entwicklung der keltischen Mythologie

DIE SCHLÜSSEL

Je mehr wir uns mit der Thematik der Münzen befaßten, um so eher werden wir auf den Gedanken gekommen sein, daß die Texte Produkte des gleichen Geistes sind. Die Ikonografie könnte nicht eine deartige metaphysische Spannweite entfalten, hätte die Literatur, obwohl sie ebenfalls für den Allgemeingebrauch gedacht war, lediglich der Unterhaltung einer relativ primitiven Zuhörerschaft dienen sollen. Je mehr uns bewußt wird, daß das Thema des Transzendentalen das alleinige Thema der bildlichen Darstellungen ist, um so eher wird es uns selbstverständlich erscheinen, daß die Literatur die gleiche Absicht verfolgt, ja, daß Ikonografie und Literatur mit Hilfe der gleichen Chiffrensprache die gleichen Inhalte vermitteln. Sie sind zwei Gesichter ein und derselben Sache und erklären sich gegenseitig.

Der Widerstand, den die Texte jedem tieferen Eindringen entgegensetzen, zwingt uns dazu, den unmittelbar zutage liegenden Sinn der Schriften beiseite zu lassen und uns über den Bildsinn Zugang zu ihren tieferen Schichten zu verschaffen. Wenn, wie wir annehmen, sich hinter diesen Sagen ein Wissen verbirgt, dessen Aussagen von dem expliziten Erzählungsinhalt nur maskiert werden, muß bei den Münzbildern nach gleicher Übereinkunft vorgegangen worden sein. So liegt die Vermutung nahe, daß es Schlüsselworte, Schlüsselobjekte, Schlüsselsituationen, Schlüsselzahlen und -farben und sogar Schlüssellösungen geben muß, die oft genug von einer Erzählung zur anderen wiederkehren, und die sich in ihrer Summe notwendigerweise zu einem logischen System ordnen, so daß sie verstanden werden können.

Zwischen Galliern und Iren gab es mit Sicherheit Unterschiede des intellektuellen Niveaus. Doch soweit man den Ausschmückungen der Iren aus mittelalterlicher Zeit in ihren unentwirrbaren Verwicklungen überhaupt zu folgen vermag, wird man zugeben, daß sie selbst noch in dieser späten Epoche eine Unzahl von Fäden zu einem komplizierten Gewebe zu verflechten verstanden, — eine Kunst, die sie virtuos beherrschten.

Plutarch berichtet, in ihrer gleichnishaften Rede habe jeder Satz neben seinem unmittelbaren

Sinn noch eine andere Bedeutung gehabt, die den eigentlichen Sinn der Rede enthielt. War zum Beispiel auf der Wange einer dargestellten Person das Schlangenzeichen zu sehen (Abb. 109/S. 120), be-

deutete dies für den Kelten, daß er ein ophidisches Wesen der ersten rudimentären Gattung vor sich hatte, was in ihm einen ganzen Vorstellungskomplex von der Genese vor Erscheinen des Menschen wachrief. Hat TALIESIN nicht schon damals die Langzeitlichkeit der Evolution erahnt, als er sagte, er sei schon in vielen Aspekten erschienen“, ehe er seine endgültige Gestalt erhalten hätte? Da die Schlange am Anfang dises Prozesses der „Menschwerdung“ steht, sagt ihr Bild aus, daß das Göttliche vor dem Menschen da war und läßt die durch das Schlangenzeichen gekennzeichnete Person als den Gott der Anfänge erkennen. Ihm werden wir in den Mythen wiederbegegnen.

Im Lauf der stückweisen Entstehung des Heldengedichtes kam es zur Entfaltung eines ganzen Komplexes von esoterischen Bedeutungen sowohl volkstümlichen wie auch gelehrten Charakters. Dem gleichen Weg folgend, werden wir es uns vor allem anderen angelegen sein lassen, die Spuren dieser wenig bekannten, wenn nicht verkannten Mythologie noch einmal zu prüfen. Zu diesem Zweck werden wir noch unbetretenen oder aber verlassenen Pfaden folgen, um den Zugang zu einer Reihe von seltsamen Passagen zu entdecken, die deshalb so überraschend erscheinen, weil sie dem gesunden Menschenverstand Hohn sprechen. Dies geschieht jedoch vorsätzlich und in der Absicht, auf etwas Bestimmtes hinzuweisen. *Hier liegen die Schlüssel.* Wir werden feststellen, daß diese Inhalte mit den Bildern auf den Münzen übereinstimmen, was unsere Deutung auf eine solide Basis stellen wird.

Unser Vorgehen wird darin bestehen, die Grundprinzipien des religiösen Denkens aufzuspüren und daraufhin die Pfeiler wiederzuentdecken, die das Gebälk stützten, um dann diese Bauelemente wieder an ihren Platz zu tun. Hält dieses Gebäude, kann man in Ruhe über die Details diskutieren.

DER ZEUGENDE TOD

In der Erinnerung an mythische Zeiten zeichnen sich einige schwache Umrisse ab, Bruchstücke, dem Dunkel entrissen, die sich um den Namen LADHRA, *der Erste Tod* (Sir JOHN RHYS, Lectures on the origin and growth of religion as illustrated by Celtic heathendom, London 1888), zu konkretisieren beginnen. Am „Übermaß an Frauen" zugrunde gegangen — er hatte deren sechzehn —, steckt dieser zur Fruchtbarkeit (die Frauen) in Verbindung gesetzte Tod des frühen Mythos die Züge des Göttlichen ab: Fruchtbarkeit—Tod, Schöpfung—Zerstörung.

Ist LADHRA der Gott der Toten? Vermutlich, doch nicht im archaischen oder klassischen „funktionellen" Sinn. Er stellt vielmehr den urzeitlichen Tod dar und ist insofern exemplarisch, als er nicht eine Kriegsfolge und auch nicht die unausweichliche Folge des Alterns war. Er ist der Tod an sich, die Erkenntnis eines Phänomens, das zum Mysterium des Lebens gehört. Dieses uralte Fragment bezeugt, daß die Aufgabe der keltischen Mythologie in erster Linie darin bestand, den Menschen die Sakralität des Todes als eine Kondition des Lebens vor Augen rufen.

Der Geschichte von LADHRA liegt die Vorstellung vom zeugenden Tod, das Hauptthema der keltischen Ikonografie, zugrunde. Von den zwei Münzen, die beide mit bildlichen Darstellungen zu diesem Gedanken geschmückt sind (Abb. 110, 111),

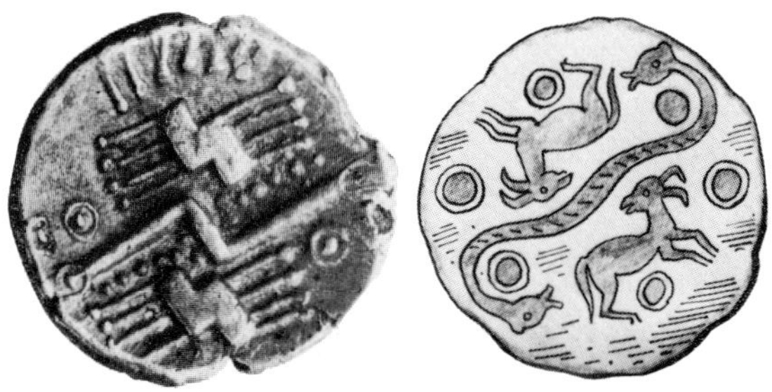

greift die eine das Thema durch ein Zahlenspiel auf: sechzehn Stengel mit Kugeln (die sechzehn Frauen), die aus zwei geknickten Stäben hervorgehen. Jeder dieser Stengel ist ein Fruchtbarkeitszeichen (Motiv 35/S. 50), das, unter dem Bauch eines Tieres angebracht, auch Zitzen darstellen kann (Abb. 12/S. 46). Auf der anderen Münze

wird es durch zwei Ziegen zum Ausdruck gebracht, die von einer zweiköpfigen Schlange bedroht werden, wobei der eine Schlangenkopf das Leben, der andere den Tod bedeutet. Nach keltischer Vorstellung sind beide identisch.

So greifen also die literarischen und bildnerischen Vorstellungen vom Gott des Lebens und des Todes bei den Insel- und Festlandskelten ineinander.

Abb. 110: Ideogramm aus sechzehn Stengeln mit Kugeln an geknickten Stäben. Zwischen diesen Gebilden ein dritter geknickter Stab, der in zwei zentrierten Kugeln endet. Zwei weitere zentrierte Punkte sind in den beiden sich gegenüberliegenden Feldern angebracht.

Abb. 111: Realistische Version des gleichen symbolischen Themas. Hier treten die zweiköpfige Schlange (Leben—Tod) an die Stelle des geknickten Stabes in der Mitte der anderen Münze, und die beiden Ziegen, ebenfalls Fruchtbarkeitssymbole, ersetzen die sechzehn Stengel mit Kugeln .(auf Abb. 12 stellen sie Zitzen vor), die die gleiche Bedeutung haben. Den beiden zentrierten Kreisen unter dem Bauch der Ziegen entsprechen zwei ähnliche Formen auf der anderen Münze.

DER ERDE-WASSER-FUNDUS

SCHLANGE, PFERD, STIER

In dem im 11. Jahrhundert aufgezeichneten *Buch von Leinster* ist ein mythischer Bericht über „Invasionen" enthalten, deren Schauplatz Irland einmal war (Lebhar na Gabhala); er weist in fernste Vergangenheit zurück. Götter waren es, die hier landeten, ein jeder zu seiner Zeit, und ein jeder brachte seine Lehre mit.

Führer des „Stoßtrupps", des ersten Stammes, ist PARTHOLON oder auch BARTHOLAN (*bar* = Meer, *thola* = Wellen) genannt. Sein Name verrät seine maritime Natur und deutet an, daß er kaum ein Kriegsherr oder sonst ein Sterblicher war, vielmehr die erste Welle der von STOKES identifizierten urzeitlichen Völkerbewegungen. Damit begann ein Abenteuer, das am Anfang der Zeiten die schlummernde Insel umwandeln sollte.

Aus einem sagenhaften Spanien kommend — einem der zahlreichen Lokalisierungen des Totenreiches, der Wiege des Lebens —, traf PARTHOLON am 1. Mai, dem Fest der BELTENE, das zugleich Frühlings- und Totenfest war, in Irland ein. (H. ARBOIS DE JUBAINVILLE, Cours de la littérature celtique, Bd. 12, Paris 1883—1902, II, S. 24) Er fand ein aus einer einzigen *Großen Ebene* mit *drei* Seen und *neun* Flüssen bestehendes Brachland ohne Bäume und Wurzeln vor. Im Lauf seiner Regentschaft tauchten noch *sieben* weitere Seen und *drei* weitere Ebenen auf. Die heiligen Zahlen heben wir hervor, denn hier dienen sie nicht der numerischen Bezeichnung, sondern bekunden die Sakralität der jeweiligen Objekte. Was wirklich geschah, muß man folgendermaßen deuten: Die am Anfang brachliegende Erde wurde von den Leuten des PARTHOLON urbar gemacht, die auch Ebenen, Seen und Flüsse anlegten, so daß die Wüste fruchtbar wurde. Auf jeden Fall zeigt dieser lakonische Satz ihn als den Schöpfer, wobei der Schöpfungsakt nur durch die Formulierung „unter seiner Regentschaft" angedeutet wird, fraglos um die Summe dieser Leistungen *kollektiv* seinen Scharen zuzusprechen. Dies wirft ein Licht auf die nicht personale Natur der keltischen Götter: sie sind wie Bergesgipfel, deren Mächtigkeit in ihrer Masse, dem Stamm, beruht.

Der Verteidiger der Insel hatte den seltsamen Namen CICHOL GRI CEN-CHOS (*cen chos* = ohne Fuß), was einen Schlüssel für die Deutung liefert. Denn ein fußloses Wesen erweckt Assoziationen an die Schlange. Es dürfte also die Ur-Schlange sein, die den jungfräulichen Boden gegen PARTHOLON, den Schöpfer des Landes aus dem Meer, zu schützen suchte. Die Mutter der Schlange, ein Ungeheuer, hatte ihre Lippen auf dem Bauch und auf dem Rücken vier Augen. Damit sind wir mitten in der schöpfungsgeschichtlichen Symbolik und erinnern uns wieder an die Figur, aus deren Matrix (Lippe, Geschlecht) die Schlange hervorgeht (Abb. 1/S. 39; Abb. 2/S. 40). Das Thema kehrt in der im

Museum von Vichy gezeigten Skulptur des Reiter-Gottes mit dem schlangenfüßigen Riesen, der den Kopf auf dem Bauch trägt, wieder. Der Rücken der Schlangenmutter könnte das Antlitz der Nacht mit seinen vier Augen, den Sternen oder den vier Kardinalpunkten sein, die die Ausdehnung der Finsternis anzeigen.

Kehren wir zum Krieger „Ohne-Fuß“, dem Protagonisten der keltischen Religion, zurück, werden wir bemerken, daß die Reiter auf den armorikanischen Münzen in der Mehrzahl keine Füße haben, ebenso daß einige von ihnen (Abb. 112; Abb. 114/S. 143), obwohl sie fantastischen Schlan-

genwesen gleichen, mit einem realen Tier nichts zu tun haben. Wenn die Kelten es in prä-römischer Zeit auch ablehnten, Gott in Menschengestalt darzustellen, gaben sie ihm doch ebensowenig realistische Tiergestalt.

Gri Cen-Chos gehörte dem Geschlecht der Fomori (*fo*=unter, *mor*=groß und Meer) an, einer tellurisch-aquatischen (Erd-Wasser) Macht. Dem Mythos zufolge haben diese „Krieger“ nur *ein* Bein, *einen* Arm und *ein* Auge, haben einen Ziegen-, Pferde- oder Stierkopf und sind ophidische Wesen, die bereits vor den ersten Landungen „ansässig“ waren. Mit ihnen muß jede neu aus dem Meer oder den Lüften eintreffende Welle erst kämpfen, was erkennen läßt, daß diese durchaus nicht die Macht hatte, sie auszurotten.

Als die Schar des Partholon auf tausend Männer und viertausend Frauen angewachsen war, kamen alle durch ein „großes Sterben“ um, bezeichnenderweise am 1. Mai. Im Kommentar wird

Abb. 112: Schlangenfüßiger Reiter, der Gott Teutates mit erhobenem Daumen. Er schwebt über dem menschenköpfigen Pferd und scheint es mit einer aus seinem Kopf hervorgehenden Wellenlinie (das Denken) zu lenken, die ihn mit dem Pferd verbindet.

die Vermutung geäußert, daß die Seuche die Strafe für den Vatermord sei, den Partholon vor seiner Landung begangen hatte.

Könnte hier eine Verwandtschaft mit dem Drachentöter der Hindu-Mythologie am anderen äußersten Ende des indo-europäischen Raumes bestehen? Es gibt eine Vielzahl von Schöpfungsmythen, die von einem Stammvater erzählen, der stirbt, als er sich in Himmel und Erde spaltet, aus denen der Mond entsteht: Die Vielfalt geht aus dem ursprünglich Ungeteilten hervor. Die Vernichtung des Ahnen könnte durch Mord herbeigeführt sein, und der Mörder wäre mit dem Opfer identisch; der iranische Gott Mithra, der Töter des Stieres, wäre, mythisch ausgedrückt der Avatar (herabgestiegene Verkörperung, Inkarnation) des Stieres, wäre, mythisch ausgedrückt, der Avades Meeres hervorgegangen sein? Der Name seines Vaters lautet tatsächlich Baath (Ozean).

Bei den Kelten beginnt der Schöpfungsmythos mit dem Schlangenei, dem jene Ur-Generation entstammt, die der schlangenfüßige Krieger evoziert und der dem jungfräulichen Boden verhaftet ist. Entsprechend dürfte der aus dem Meer gekommene Partholon zugleich Nereus und pferdegestaltiger Poseidon sein. Er tötete den Ahnen, um daraus seinen Stamm entsprießen zu lassen, und besiegte die Schlange, damit er dem amorphen Land Gestalt geben konnte. Er ist zwar der Schöpfer, doch indem er durch Vatermord die Seuche verschuldet hat, die sein Volk auslöschte, ist er zugleich auch Zerstörer.

So formuliert ist die keltische Schöpfungsgeschichte von einem kreativen Dualismus zwischen passiver Kraft (Boden, Materie) und aktiver Kraft (Schöpfer-Zerstörer) gekennzeichnet.

Dieser Dualismus kommt in der Verbindung wie im Antagonismus von Land und Wasser, von terrestrischen und aquatischen Mächten besonders zum Ausdruck.

Die gallische wie die walisisch-römische Ikonografie hält figurative Darstellungen dieses Dualismus für uns bereit. Manche haben maritimen Charakter, wie die Schlange mit dem Delphinkopf im

Museum von Sens (Abb. 115) oder das geflügelte Seepferd (Abb. 116/S. 142), andere haben einen terrestrischen Aspekt, wie die Schlange der Stele von Toulouse (Abb. 1/S. 213) oder die gehörnte Schlange der Bojer (Abb. 7/S. 41).

Die noch immer nicht abgeschlossene Diskussion darüber, ob es solche Tiergottheiten bei den Kelten gegeben habe oder nicht, wird von der Mythologie dann mit „nein" beantwortet werden, wenn man darunter rationale Wesen vom Typ des Zentauren und so weiter versteht. Die Antwort wird „ja" lauten, wenn man sie symbolisch als Repräsentanten bestimmter Prinzipien auffaßt. Es liegt auf der Hand, daß Vogel und Schlange das luftige und das irdische Prinzip sinnfälliger verkörpern als zwei noch so verschiedene Menschen es je könnten.

Abb. 115: Meeresungeheuer, Kombination aus Fisch und Schlange, der Archetypus des Meeresgottes.

Schließlich, was hat es schon zu bedeuten, ob PARTHOLON ein Pferd besteigt oder selbst das See-Pferd-Symbol ist! Entscheidend ist, daß das Pferd der aktiven, schöpferischen Energie des PARTHOLON zugeordnet und nicht als Fortbewegungsmittel gesehen wird. Ebenso würde dann die Meeresschlange mit dem Delphinkopf auf der Skulptur im Museum von Sens der Archetypus des BAATH, des Ozeans sein, aus dem PARTHOLON hervorging.

An der Schwelle der geschichtlichen Zeit werden die Götter zu Halbgöttern und dann zu Helden, und schließlich verwandeln sie sich in Menschen. Dank ihrer Abstammung haben sie jedoch ein Kennzeichen gemein: Alle vollbringen sie zivilisatorische Aufgaben, während die ihnen zugeordneten Tiere über das Prinzip ihres Handelns Aufschluß geben. Diese Prinzipien differenzieren und modernisieren sich im Lauf der Zeit, ohne dabei ihre Herkunft zu verleugnen. Daher sollte das Studium der keltischen Mythologie damit beginnen, sich mit diesen von den Tieren repräsentierten Prinzipien vertraut zu machen. In bezug auf sie stimmen die Konzeptionen von Insel- und Festlandkelten vollkommen überein.

Aus diesem Blickwinkel gesehen, wird die über das Meer dahinreitende, von fantastischen Fischen umgebene EPONA des gallisch-römischen Flachreliefs eine gallische Version des auf das Land übergesiedelten PATRHOLON sein (Abb. 119). Wenn in Irland die kultische Betonung auf dem Stammesführer, im römischen Gallien auf der Muttergöttin liegt, so haben mit Sicherheit in beiden Fällen Frauen wie auch Stämme mit der Landung zu tun. In Gallien kam mit EPONA auch der Stammesvater TEUTATES (*teut* = Stamm, Volk) an, dessen aquatische Bedeutung ein Ritual bezeugt, bei dem man zu seiner Verherrlichung die Köpfe zweier Opfer in ein mit Wasser gefülltes Becken tauchte (der erstickte Schöpferodem).

Auf dem gleichen Relief sieht man unterhalb des Pferdes den Vorderleib eines Rindes im Wasser schwimmen. Daß er hier unter dem Pferd angebracht wurde, weist auf seine symbolische Abstammung hin, die Gegenstand der Sage von NERAS *Abenteuer* (Vgl. S. 268) ist.

Im Lauf der Erzählung enthüllt sich NERA als das Ur-Pferd, als den Avatar des PARTHOLON, der

Abb. 119: Epona, über stilisierten Fischen reitend, zwischen denen der Meeresstier mit Fischschwanz schwimmt. Die vierblätterigen Rosetten symbolisieren das nächtliche Gewölbe.

aufgrund eines rätselhaften Vorgangs zum Vater des heiligen Stiers wird. Diese ungewöhnliche Kreuzung läßt erkennen, daß in der keltischen Genesis Pferd und Stier zwei miteinander verbundene Aspekte der Schöpfung darstellen, was wir noch zu erläutern suchen werden.

Eine der Rollen des Stiers wird in der Legende von BALOR, dem einäugigen Riesen deutlich, dessen Vater BUAR AINECH = Stierkopf hieß, was seine Stier-Herkunft bezeugt. Im Augenblick seines Todes wird die dem Riesen innewohnende Kraft manifest. Sein Auge hat *sieben* Augenlider, und wenn er es öffnet und auch das siebente Lid aufgemacht hat, entsteht eine solche Glut, daß alles vernichtet wird. In dem Augenblick als BALOR das letzte Lid hebt, schlägt ihm der Gott LUG mit einem Schleuderstein das Auge aus. Sterbend bittet BALOR den LUG, er möge ihm den Kopf abschneiden und ihn auf den seinen legen, damit seine Allwissenheit auf ihn übertragen werde. LUG, der ihm mißtraut, legt den Kopf des Riesen auf die Astgabel eines Haselnußstrauches. Da wird durch einen Tropfen, der vom Kopf fällt, der Baum gespalten. Einer ergänzenden Fassung zufolge, legt LUG ihn auf einen Felsen, und das Blut, das aus dem Kopf austritt, zerspaltet den Fels und höhlt ihn aus, wodurch der See von Gweedore entsteht. (G. MURPHY, Duanaire Finn, Dublin 1953, zit. bei W. J. GRUFFORD, Math wab Mathonwy, S. 64.) Wenn hier von Seen und Flüssen die Rede ist, die unter der Herrschaft des PARTHOLON entstehen, soll damit nicht gesagt werden, daß das Stier-Prinzip ihr Urheber ist?

Wenn man den Graben von Rudraige, nach einem der toten Söhne des PARTHOLON benannt, überquert, gelangt man an eine Quelle, die sich zu einem See, den *Loch Rudraige* (Buch von Leinster, S. 5) erweitert. Wer war dieser RUDRAIGE?

Ruad bedeutet rot und stark, aber auch die Idee des Feuers, das bei dem stierhaften BALOR in Erscheinung tritt, und läßt vermuten, daß der unterhalb der EPONA auf dem erwähnten Relief abgebildete Stier nichts anderes als ein gallisches Äquivalent des RUDRAIGE ist. ARBOIS DE JUBAINVILLE meint, daß RUDRAIGE mit RUDRA (sanskrit rot), einem vedischen Gott, verwandt sein könnte. Tatsächlich erhielt RUDRA den Beinamen SHIVA, den er auch noch später als Gott SHIVA mit dem Stieraspekt beibehielt.

Bei den gallischen Kelten gab es, wie wir wissen, das göttliche Pferd RUDIOBOS, in dessen Namen ebenfalls das Wort rot anklingt, so daß es sich verbietet, die Farbe rot als Attribut allein dem Stier zuzuschreiben. Man wird jedoch sehen, daß sich aus der Zuteilung der Attribute eine bestimmte Tendenz ablesen läßt, die unverständlich bleibt, wenn man sich nicht das göttliche Urprinzip, zumal die Beziehung Wasser-Feuer, Pferd-Stier und alles mit ihnen Verwandte wenn nicht gar Identische vor Augen hält. Denn wenn, von bestimmten Einschränkungen abgesehen, das Pferd dem Wasser und der Stier dem Feuer zugeordnet ist, hat jedes auch noch an der entgegengesetzten Wesenhaftigkeit teil, was sich in Symbolen wie der „Stier mit den drei Kranichen" oder der „Stier mit dem Fischschwanz" (Abb. 118) ausdrückt: Wasser und Feuer scheinen in der Auffassung des Göttlichen untrennbar verbunden. STRABO (L. IV, 4) bemerkte hierzu: „Die Drui-

Abb. 118: Stier mit Fischschwanz, im Wasser schwimmend. Vor dem Kopf eine Mondsichel, vor der Brust eine Kugel im Perlenkreis.

den und andere ihrer Art verkünden, daß die Seelen unsterblich sind und ebenso die Welt, daß aber dennoch eines Tages allein Feuer und Wasser als vereinte antagonistische Prinzipien herrschen werden“.

Kehren wir zum ersten Akt der keltischen Mythologie zurück. Durch die Einwanderung des PARTHOLON entstand das Binom (zweiteilige Größe) Pferd-Stier, bei dem das Pferd den Ur-Impuls und der Stier die Wucht des Anstoßes und darüber hinaus die Ideen Feuer und Wasser, Schöpfung und Zerstörung repräsentieren. Das Pferd wäre demnach die erste Ursache der Genese, während der aus ihr hervorgehende Stier ihr Instrument wird. Über beide herrscht der Gott der Toten mit seinem Doppelgesicht Wasser-Erde; jenseits löst sich aller Dualismus in der Einheit des Ungeteilten, des Schlangeneies auf.

Die erste Götterschicht, — und ihre Götter sind es, die die Sagen bevölkern, — besteht aus zwei gegnerischen Parteien. Die Scharen des PARTHOLON und die der Fomori haben indes gemein, daß sie beide der ophidischen, dem Meer entstiegenen Rasse angehören. Beide treffen im Hafen ein, um ihn zu besetzen. Der eine will das brachliegende Land verteidigen, der andere es ihm zum Zweck der Entwicklung entreißen: die beiden Aspekte Passiv-Aktiv ein und derselben Gattung. Exemplare dieser gleichen Gattungen von männlichen-weiblichen Pferde-Boviden finden sich in beiden Lagern, und das vermehrt beträchtlich die Möglichkeiten der esoterischen Bezüge, von denen die Heldensage in so reichem Maße Gebrauch macht.

Nachdem die Evolution einmal im Gange war, begannen sich die Primärkräfte dem zivilisatorischen Fortschritt gemäß zu artikulieren. Man erkennt sie in den Helden und Akteuren der Heldensagen wieder. Wir werden versuchen, die Metamorphose dieser Urkräfte, die sich in andere Gottheiten höherer Entwicklungsstufen verwandeln, in ihren einzelnen Schritten zu verfolgen. Sie diversifizieren die erste Offenbarung, negieren sie aber nicht.

DIE ZEITALTER DER MENSCHWERDUNG („HOMINISATION“)

Von der untergegangenen Rasse des PARTHOLON hat nur einer überlebt: TUAN MAC CAIRIL, Angelpunkt, Maßstab und Schlüssel der keltischen Mythologie. An Hand der Metamorphosen (R. S. ST. MACALISTER und J. MAC NEIL, Leabhar na Gabhala — The Book of Invasion, Dublin 1934), denen er im Lauf eines Jahrtausends unterliegt, wobei er eine Reihe von in der sakralen Ikonografie erscheinenden Tiergestalten annimmt, läßt sich eine Verbindung zwischen bildlichen Darstellungen und Sagen und Mythen herstellen. TUAN MAC CAIRIL hatte die Eigenschaft, sich den Neuankömmlingen der verschiedenen Einwanderungen anzupassen, indem er sich nacheinander in einen Hirsch, einen Eber, einen Adler und schließlich einen Lachs verwandelte, die ihrerseits jeweils eine neue Einwanderung markieren. Umgekehrt lassen die von den Eroberern vollbrachten zivilisatorischen Leistungen die Tierzeichen erkennen, unter denen sie standen. Diese Wechselbeziehung wird für die Interpretation der keltischen Mythologie die gleiche Bedeutung haben, wie die zweisprachigen Inschriften, die man bei der Dechiffrierung vergessener Schriften entdeckte.

Das Ende der Metamorphosen des TUAN MAC CAIRIL ist nicht weniger interessant. Als er zuletzt Lachsgestalt angenommen hat, wird er gefangen und von einer „Königin“ verzehrt, die ihn dann als menschliches Wesen zur Welt bringt, damit er der Nachwelt einen Augenzeugenbericht der gesamten Geschichte überliefern kann. Diese letzte Transformation ist von größter Wichtigkeit und zugleich Vorraussetzung für das Verständnis der keltischen Mythologie: Der Mensch war geboren. Wie das? Waren die Invasoren denn keine Menschen? Sicher waren sie es. Aber in der keltischen Mythologie vollzieht sich die Weihe zum Menschen allmählich, und erst durch seine Einbeziehung in die Evolution des Heiligen, die vor dem Menschen begann, wird er „menschlich“ im religiösen, das heißt im spirituellen Sinn. Im Ganzen gesehen stehen bei diesem Vorgang die wirklichen und übersinnlichen Fakten der Welten von Tier, Gott und Mensch bis zuletzt in beständigem Austausch und symbolisieren die Etappen einer *„Hominisation“*, und nur zu geringem Maß die einer *Humanisierung*.

Dem hier Dargelegten zufolge, können die keltischen „Zeitalter“ nicht, wie ARBOIS DE JUBAINVILLE vermutet, mit den Zeitaltern griechischer Vorstellung, wie sie HESIOD beschreibt, mit dem goldenen, silbernen, bronzenen und eisernen menschlichen Zeitalter korrespondieren, doch lassen sie sich sehr wohl als Etappen einer Entwicklung erkennen, die durch die symbolische Natur gewisser für sie repräsentativer Tiere charakterisiert werden. Die für die gesamte keltische Welt und für ihre Göttergeschichte gültigen Werte finden in den personalen Erlebnissen des TUAN MAC CAIRIL ihren Niederschlag.

Der Leser wird sehen, wie diese Zeitalter in den einander folgenden Entwicklungsschritten einen Kreis beschreiben, wobei, von der tellurisch-aquatischen Offenbarung ausgehend, zuerst der Hirsch, Symbol des befruchtenden Königs, auftritt, dem der Adler, Symbol des Luftgeistes (der Magie, der Seele) folgt. Mit dem Lachs oder Salm schließt sich der Kreis wieder an seinem aquatischen Ausgangspunkt, wo nun, seiner selbst sicher, der Mensch erscheint, und zwar fällt dies mit dem ungefähren Zeitpunkt der Christianisierung, dem Ende der religiösen Erfahrung der Kelten, zusammen, — zumindest mit dem Ende ihrer bewußten vorchristlichen Etappe.

Die Dialektik der Heldensage stützt sich auf die Identifizierung. Einerseits stellen die Tiere Elementarprinzipien des Universums dar, zum andren repräsentieren sie die Scharen der Götter, die durch ihre Invasion die verschiedenen Zeitalter einleiten. Tiere, Prinzipien, Götterscharen und Zeitalter stehen in so engem Zusammenhang, daß man die ganze Kette zu rekonstruieren vermag, wenn man in einer der Sagen eines ihrer Glieder wiedererkennt.

In den Mythen, wie umfassend das Gewebe der Handlung auch sein mag, geht es im verborgenen Zusammenhang hauptsächlich um den Stamm, während das Prinzip, die Basis der implizierten religiösen Doktrin, das Thema der Handlung abgibt. Wir werden also sehen, daß der zutage liegende Sinn des Handlungsgewebes nur die Oberfläche bildet, unter die man hinabtauchen muß, will man die tieferen Zusammenhänge metaphysischer Ordnung erfassen.

DER HIRSCH-GOTT

Die zweite, von der Anderen Welt über das Meer vor sich gehende Invasion wurde von NEMED angeführt. Nachdem PARTHOLON die Oberflächengestalt des Landes erschaffen hatte, fügte nun NEMED die Bauten hinzu. Auf seine Initiative war die Entstehung der ersten Festungen mit runden Türmen zurückzuführen. Die Gräben der einen wurden von *vier* fomorischen Brüdern an einem Tag ausgehoben. NEMED ließ sie am Tage darauf töten aus Furcht, daß der Plan der Anlage verraten werden könnte. (H. ARBOIS DE JUBAINVILLE, Cours . . . II, S. 85)

Wie vor ihm PARTHOLON wurde auch NEMED in Feindseligkeiten mit den Fomori verwickelt. Obwohl seine Mannen in vier Schlachten siegreich waren, wurden sie schließlich am Turm von Connan fast alle erschlagen; die Überlebenden mußten einen jährlichen Tribut in Form von zwei Dritteln der im Lauf eines Jahres geborenen Kinder sowie zwei Drittel des geernteten Getreides und der gewonnenen Milch leisten. Diese Auflage wurde ihnen von *zwei* fomorischen Königen aus ihren *zwei gläsernen* (überwirklichen) *Türmen* diktiert. Die Erhebung wurde in der Nacht des 1. November (bei uns Allerheiligen) am Fest des *samuin*, des schöpferischen Todes durchgeführt, mit dem das keltische Jahr begann. (C. SQUIRE, The Mythology of the British Islands, Dublin 1905) Hier werden zum ersten Mal keltische Menschenopfer erwähnt, — eine grausame Forderung an die menschliche Fortpflanzungskraft, den die Sonnengeister den Leuten des NEMED auferlegten. Wer waren diese schließlich unterworfenen Eroberer? Und was brachten sie mit?

Den Transmutationen des TUAN MAC CAIRIL zufolge, die der Anpassung an die Neuankömmlinge dienten, kam NEMED unter dem Zeichen des Hirsches. Er ist die Entsprechung des gallischen CERNUNNOS, wie er auf dem gallisch-römischen Altar in Reims mit einem Hirschgeweih, von APOLLO und MERKUR begleitet, abgebildet ist (Abb. 122/S. 222). Auf dem Giebel sieht man eine Ratte, ein im Erdreich lebendes Tier, das ebenso wie der Beutel des Gottes, aus dem er Hirsch und Stier zu seinen Füßen Eicheln als Futter hinschüttet, den um der Fruchtbarkeit willen angenommenen tellurischen Charakter des CERNUNNOS bekundet.

Die Hirschdarstellung, die vielleicht durch das zu jener Zeit bereits bekannte Rentier angeregt worden sein mag, weist die Kennzeichen des „Zauberers“ auf, der — halb Mensch, halb Tier — mit einer Maske und einem Geweih ausgestattet ist. Die Skulptur stammt aus der Grotte der Trois-Frères (Ariège) und aus der Zeit vor Ankunft der Kelten. Das älteste Monument dieser Art, ein Hirsch-Mensch aus Holz neben einer gehörnten Schlange aus dem Val Camonica (Oberitalien) wird auf das vierte Jahrhundert v. Chr. datiert. (P. JACOBSTHAL, Early Celtic Art, Oxford 1945, II pl. 217a; P. PRAY BOBER, CERNUNNOS, Origin and Transformation of Celtic divinity. In: Amer. J. of Archeol., 1951, S. 48)

Abb. 122: Der sitzende Cernunnos füttert Hirsch und Stier. Rechts und links von ihm die gallisch-römischen Götter Apollo und Merkur. Die Harfe ist das keltische Symbol der Seele, der geflügelte Schlangenstab soll die ununterbrochene Bewegung der ewigen Wiederkehr ausdrücken. Die Ratte im Giebelfeld bezeugt den tellurischen Charakter des Cernunnos.

Wir halten es für wahrscheinlich, daß ähnlich wie das Zeichen des Gedankens (auf den keltischen Münzen), das monumental aus der Stirn hervortretende weit ausladende, dem Geäst der Bäume ähnelnde Hirschgeweih für die Kelten eine erste Offenbarung des göttlichen, im Tier manifest werdenden Geistes gewesen sein mag. Sein majestätischer Gang hat vielleicht im Gegensatz zu dem des anderen Waldbewohners, des wilden Ebers, den Eindruck erweckt, daß er eine erhabene, den verborgenen Tiefen des Dickichts entnommene Botschaft aus dem Jenseits zu vermitteln habe.

In der Hubertussage, die fraglos keltischen Ursprungs ist, erscheint der Hirsch dem Jäger mit einem leuchtenden Kreuz im Geweih; der Jäger erkennt ihn als Botschafter Christi. Ähnlich begegnet PWYLL FÜRST VON DYVED in der wallisischen Sage gleichen Namens im Wald einem Hirsch, der hier der Vorbote des Gottes der Anderen Welt ist. Diese Ähnlichkeiten lassen den Schluß zu, daß der Hirsch nicht nur Herold eines Gottes ist, sondern darüber hinaus einen immateriellen, dem Göttlichen zuerkannten Wert repräsentiert. Was hier nur Andeutung ist, wird zur Gewißheit, wenn sich der Zauberer MERLIN als Avatara des CERNUNNOS zu erkennen gibt, als er auf das Tor zum Schloß des „römischen Kaisers“ schreibt: „Alle, die diese Buchstaben lesen, wissen, der große Hirsch mit dem vielästigen Geweih, der zu Rom gejagt wurde ... war MERLIN, der erste Ratgeber des ARTHUR VON BRITANNIEN.“ (J. BOULENGER, Les Romans de la Table ronde, I, Paris, 1922, S. 48) Nun, es war MERLIN, der die Geburt ARTHURS und seine Weihe bewirkte, er war der Organisator der Tafelrunde und der Gralssuche, kurz, er war Seele und Geist der keltischen Mythologie im 12. Jahrhundert, wie CERNUNNOS zu seiner Zeit.

Der Name NEMED bedeutet Geheiligter, aber in diesem Kontext mehr als im allgemeinen ein Gott, und beinhaltet vermutlich die Idee des Wortes und seine Projizierung, das heißt den aktiven, wirkenden göttlichen Gedanken. In der Darstellung des Festungsbaues durch NEMED sind die

Festungen nicht als Bauten im materiellen Sinn aufzufassen, sondern als Symbole der göttlichen, auf Fortschritt bedachten Intelligenz. Desgleichen hat die Ermordung der vier brüderlichen Erbauer symbolische Bedeutung und soll zeigen, daß die fruchtbaren Naturkräfte vor dem Neuerergeist des NEMED zunächst verblichen, um ihn später zu bekämpfen. NEMED in Irland und CERNUNNOS in Gallien sind ein und derselbe keltische Gott des „Ur-Gedankens", der bei den Geistern des Bodens einfiel.

Gott des Wortes und sorgender Gott, — die Kombination dieser Qualitäten rührt aus der Besonderheit der keltischen Theogonie her, die in allen ihren Entwicklungsphasen den Begriff der Fruchtbarkeit als Grundlage beibehielt, diese jedoch dem jeweils neuen Gesichtspunkt entsprechend im Laufe der Zeitalter änderte, — eine Doktrin, die sich dem Fortschritt anpaßte. Diese göttliche Polarität ist für jede der „Invasionen" charakteristisch. Der Hirschgott NEMED bringt die Fruchtbarkeit mit, soweit sie das Werk „göttlicher Logik" ist, und vermehrt sie durch den Geist der *organisierten* Arbeit (den Festungsbau). Diese revolutionäre Neuerung wird von den Fomori bekämpft, die stets die der Natur innewohnende indifferente Fruchtbarkeit repräsentieren.

Auf seinem prä-römischen Abbild gibt sich der gallische CERNUNNOS unter dem Hirschgeweih in stark stilisierter Form zu erkennen; daß er es wirklich ist, beweist die figürliche Darstellung auf der Rückseite (Abb. 68, 123). In bestimmten Haardarstellungen mischen sich die Motive; Lorbeerkranz, Bovidenhörner und Geweih fügen sich zu einem synthetischen Ausdruck des Göttlichen.

Einen Höhepunkt der keltischen Kunst bilden die Funde aus dem belgischen Küstengebiet. Die radikale Abstraktion von Haartracht und Geweih verrät eine über jeden Anthropomorphismus erhabene Höhe der Intuition, die Einblick in eine *organisierte kosmische Macht* zu besitzen scheint. Diese „Ornamente", die aus der Vorstellung vom Hirschgott, von den Naturkräften und einer „göttlichen Intelligenz" entwickelt wurden, ergeben eine Konzeption von höchster Religiosität.

Aufgrund dieser beherrschenden Rolle des logischen Geistes beim Schöpfungsakt räumte man dem Hirschgott eine bevorzugte Stellung ein: es galt die „kosmische Intelligenz" als Absicht des göttlichen Plans zu begreifen. Der schließliche Sieg der Fomori über NEMED war eine krude Zurückweisung dieses Anspruchs des Geistes, — solange bis die „uranischen" Götter mit ihrer Streitmacht eintrafen und mit ihnen die gleiche Konzeption, wiewohl in einer entwickelteren, persönlicheren aber auch weit eigenwilligeren Form.

Abb. 68: Hirsch mit Geweih und üppigem Bart, Rückseite der Münze auf Abb. 97. Das Hinterbein erscheint als synthetisches Motiv: eine gerade Linie, zwei Kurven und drei Kugeln an Stelle der Gelenke symbolisieren die Zahlen 1, 2, 3. Die schlangenförmige Stilisierung des Geweihs kehrt in anderen auf den Hirschgott Cernunnos anspielenden Haartrachten wieder.

Abb. 123: Eine Reihe von Münzen der Ambianen zeigen Darstellungen des Cernunnos (s. Abb. 74/S. 338/9), kenntlich gemacht durch den starken, behaarten Nacken, die eine Identifizierung mit der prä-römischen Version des Gottes erlauben. Die „Mähne" beziehungsweise das Geweih sind in dieser Hinsicht besonders charakteristisch.

DER EBER-GOTT

Im Lauf der dritten Landung kamen drei verwandte Völker über das Meer, die *Fir-Bolg*, die *Fir-Domnan* und die *Galioin* (*Fer* = Mensch, Plur. = *Fir; Bolg* = Belgen, *Domnan* = fomorische Göttin, *Galioin* = Gallier. Nach H. Arbois de Jubainville, Cours... II, S. 123), und mit ihnen fünf Könige, die in Irland fünf Königreiche gründen werden. Der eine von ihnen wird aufgrund seiner übersinnlichen Fähigkeiten der Oberkönig sein. Dieses „königliche" Zeitalter ist also der demografischen und politischen Ordnung gewidmet. Dies ist nicht Geschichte, sondern eine Stufe der Initiation.

Der Eber, unter dessen Zeichen diese Etappe der „Hominisierung" — im Sinne der spirituellen Evolution — zurückgelegt wurde, verdankte wie der Hirsch sein Ansehen dem dichten und geheimnisvollen, endlos tiefen Wald, dem Geheimnis seiner üppigen Vegetation, seiner Manifestation des Göttlichen.

Der gallisch-römische Esus, Gott des Waldes und sein Befruchter, späterer Schutzpatron der Holzhauer, ist allgemein bekannt; ebenso weiß man, daß die Gallier den Eber auf ihren Feldzeichen abgebildet hatten, die sie im Kampf mit sich führten. Doch daß der Eber diesem Gott Esus zugeordnet wurde, ist nicht so bekannt. Auf einer Reihe von Petrokker-Münzen hat man ihn anscheinend in seiner prä-römischen Gestalt festgehalten: Auf Abb. 21/S. 47 sieht man ihn, halb

Mensch, halb Tier, sich über ein Bäumchen neigen, daß er mit Regen bewässert, der aus seinem Bauch niederfällt. Sein Kopf besteht aus einem Schweinerüssel und einem Ei an Stelle des Auges, sein Arm ist abwärts gerichtet, ein männliches Fruchtbarkeitszeichen. Die gallischen und gallisch-römischen Darstellungen erlauben es, ihn als Personalität zu rekonstruieren, deren Name „Herr" bedeutet, und in der sich die Tugenden des Waldes, der Vegetation, der tierischen (und menschlichen) Fruchtbarkeit verbinden.

Die Neuheit, die Esus-Eber mitbringt, besteht in einer entwickelteren Form der Fruchtbarkeit, die sich, im Vergleich zu Schlange, Pferd und Stier der ersten ophidischen Rasse und zu dem Hirsch der göttlichen Vorsehung, — durch größeren Mut (Krieger) und die Nutzung des Waldes (Ackerbau, Feldwirtschaft) auszeichnet. Diese ausgefallene Kombination scheint auf die Analogie zurückzuführen zu sein, die man zwischen dem Schlag des Holzfällers und dem des Kriegers herstellte: wie an Stelle eines gefällten Baumes ein neuer wächst, so wird der gefallene Krieger mit Sicherheit wieder geboren. Diese Verheißung des Esus hat ihn für Cäsar zum keltischen Mars gemacht, doch ergibt sie in der Projektion auf das politisch-soziale Feld in Wirklichkeit das Modell der königlichen Funktionen: die Garantie der Fruchtbarkeit (Prosperität) und die Belohnung der Tapferen (Auferstehung). Diese ungewöhnliche Verbindung läßt erkennen, daß die keltischen Gottheiten keine exklusive und begrenzte Rolle im antiken Sinn einer „Aufteilung der Phänomene" spielten, sondern Produkte der zivilisatorischen Aufgaben sind (Abb. 128, 129).

Die zivilisatorische Aufgabe verkörperte in diesem Fall die Gestalt des Oberkönigs, dem die politische Wirklichkeit religiöse Rechtfertigungen und Definitionen abverlangte. Indem man ihn aber dem Eber zuordnete, der exemplarischen Mut versinnbildlichte und ihm die größere Verpflichtung auferlegte, den Ackerbau durch Abholzen der Wälder zu erweitern, und ihm die Verantwortung für den allgemeinen Wohlstand übertrug, ging dieser Oberkönig über den Gott Esus, seiner Entsprechung auf der kosmischen Stufenleiter, in den Bereich des Heiligen ein. Obwohl er durch die Ankunft anderer Götter und anderer Lehren bald in den Schatten gestellt wurde, lebte sein Ansehen in den Kennzeichen königlicher Personifizierungen weiter, ebenso der Eber, der von ihm losgelöst weiterhin Schöpfung und Fruchtbarkeit und den Geist der bewaffneten Kraft evozierte.

Von den Dokumenten, die uns die Ikonografie zu diesem Thema liefert, wurde ein großer Teil dem Eber vorbehalten. Er erscheint von den glei-

Abb. 128: Eber mit borstiger Rückenmähne. Sein Auge besteht aus einem zentrierten Ei, seine Hauer sind durch zwei Kommas angedeutet. Darüber vier Kugeln zwischen zwei in Kugeln endenden Stengeln, beiderseits flankiert von zwei Perlenkreisen, daneben ein Ring mit einem Punkt.

Abb. 129: Heraldische Gestaltung eines Ebers mit Rückenborsten. Der Kopf öffnet sich nach links zu einer Matrix-Form, unter seinem Bauch ein Beil.

chen Fruchtbarkeitsmotiven umgeben oder mit ihnen kombiniert, wie wir sie von den Schlangen-, Pferde-, Stier- und Hirschdarstellungen kennen. Das beweist, daß die Fruchtbarkeit, die weiterhin das religiöse Grundthema bleibt, während dieser Epoche in der vergöttlichten Macht des Oberkönigs verkörpert wird.

So lassen denn auch einige Medaillen diese Absicht erkennen, indem sie den Eber im Kampf mit zwei Schlangen darstellen, die er mit den Füßen niedertrampelt. Das Bild soll vermutlich die im verheerenden Streit der Kulte dominierende Macht des Königs illustrieren (Abb. 126). Auf einer anderen Münze bringt der das Streitroß besteigende Eber die gleiche Überlegenheit über die früheren religiösen Doktrinen zum Ausdruck (Abb. 127).

Abb. 126: Der Eber trampelt zwei ihn angreifende Schlangen nieder. Der Dualismus, auf Abb. 111 (S. 211) in Gestalt einer doppelköpfigen Schlange wiedergegeben, wird hier durch den Eber, dem Symbol des Oberkönigs, überwunden.

Doch ist die Macht des Königs in dieser Hinsicht nicht absolut. Der unter dem Pferd laufende Eber folgt diesem zu seinem Ziel, lenkt es jedoch nicht (Abb. 114/S. 143). Auf jeden Fall ist der

Abb. 127: Der Eber, der auf dem Renner aufsitzt, stützt sich auf ein aus Perlen gebildetes V. Seine langen Rückenborsten bestehen aus Stengeln mit Kugeln. Der „Odem" des Pferdes, eine Wellenlinie, tritt aus der mondsichelförmigen Schnauze aus. Vor dem Pferd, am Rand, sieht man die Schlange mit dem Ei.

Eber, wenn er über dem Helm oder dem Haar erscheint, das Kennzeichen des Oberhaupts (Abb. 130/S. 228). Ebenso waren alle anderen Varianten von Künstlerhand zum Thema Eber für die Ermittlung der Stellung und die religiöse Struktur des Oberkönigs sehr nützlich, da sie seine verschiedenen Aspekte beleuchteten.

Da der Eber, wie diese Beispiele zeigen, das Feldzeichen des Königs war, wurde nach der Auflösung der Königreiche in Gallien die Sakralität des Königs auf den Herrn überhaupt übertragen, was schon der Name ESUS (Herr) bestätigt.

Auf mythologischer Ebene sind also die Abenteuer der „Eber-Jäger" begreiflich, denn der verborgene Sinn ihrer Jagd ist ganz einfach das Streben nach königlicher Macht, wenn nicht gar ein rechtmäßiges, und der Erfolg kam einer bestandenen religiösen Feuerprobe gleich, die den Prätendenten als Besitzer königlichen Blutes auswies und seinen Anspruch legitimierte.

Wenn, wie in der *„Geschichte vom Schwein des* MAC DATHO" (S. 225), der Eber im Mittelpunkt des Kampfgeschehens zwischen zwei Königen steht, soll die um das „Riesenschwein" entbrannte Schlacht darüber entscheiden, welchem der beiden königlichen Konkurrenten die alleinige Sakralität zusteht. Und ebenso hat in der walisischen Sage der Raub der legendären Schweine des PRYDERI, des Königs der südlichen Teile von Wales, durch GWYDYON im Auftrag von MATH, dem König von Nordwales, zur Folge, daß PRYDERI und sein tellurisches System untergehen und MATH, der Magier-Gott, die Hegemonie erlangt (S. 330).

Weniger deutlich wird im *Mabinogion* die Weihe des ARTHUR durch den Fang des unvergleichlichen Ebers geschildert, denn dieser Vorgang geht fast unbemerkt am Rand einer Liebesgeschichte zwischen *Kulhwch* und *Olwen* vor sich. Die letzte und entscheidende der vierzig dem Bewerber um die Krone durch den Vater von Olwen auferlegten Prüfungen besteht darin, den unbesiegbaren Eber, der eine „schneidende Klinge" (das königliche Schwert) zwischen den Ohren trägt, zu fangen. Da er dazu nicht stark genug ist, bittet KULHWCH den ARTHUR, seinen Onkel, um Hilfe. Dessen Reiter schaffen nach vielen Heldentaten den Eber herbei, woraus ARTHUR im implizierten religiösen Sinn den Gewinn zieht.

Verschlüsselter noch ist der Ausgang der Sage von DIARMAIT und GRAINE. (R. CHAUVIRE, Contes ossianiques, Paris, 1949, S. 170 ff.) DIARMAIT, der FINNS Frau verführt hat, wird von FINN, dem Mann, nicht besiegt, wohl aber vom König FINN, denn DIARMAIT sühnt unter den Hauern des Ebers, — des Königssymbols. Die Moral der Fabel bleibt undurchsichtig, denn der „verzauberte" Eber ist in Wirklichkeit DIARMAITS Ziehbruder, den DIARMAITS Vater getötet hat. Der Vater des getöteten Kindes ruft den Leichnam, um FINN zu rächen, in Gestalt eines Ebers ins Leben zurück und befiehlt ihm, DIARMAIT zu töten, aber auch, daß er ihn nicht um einen Tag überleben dürfe. Wenn also der Eber gegen DIARMAIT eingesetzt wird, läßt die Erzählung nichtsdestoweniger durchblicken, daß der Eber dem FINN sogar in dem Augenblick dient, als dieser sein Ansehen verliert, weil er unfähig ist, sich an dem Entführer zu rächen. Doch der Eber, dessen Rolle durch den Tod DIARMAITS beendet ist, wird den alternden FINN künftig nicht mehr vor dem Verfall bewahren.

In dieser verwickelten Handlung ist ein Kunstgriff der Barden zu sehen, der dazu dienen sollte, die Dinge so zuzuspitzen, daß der mit unwiderstehlicher Kraft ausgestattete Eber durch die sträf-

Abb. 130/S. 228: Der Kopf ist von zwei schlangenförmigen, durch einen Halbmond verbundenen Einrollungen umrahmt. Der Künstler hat einen Strich über die ganze Breite der Münze gezogen; vielleicht wollte er das Emblem der Königswürde, den Eber über dem Kopf hervorheben.

liche Tat seines Vaters den unausweichlichen Tod des Helden herbeiführt. Der unrühmliche Sieg des Finn und die Niederlage des Diarmait verleihen der Heldensage ein irreversibles Moment, das sich menschlichem Zugriff entzieht. Denn in allen Sagen handelt es sich um religiöse Vorgänge, um den Aufstieg und Untergang von religiösen Systemen, und nicht um menschliches Geschick. Hinter der Gestalt des Diarmait verbirgt sich der untergegangene Sonnenkult, hinter der des Finn der noch dominierende, aber seinem Ende entgegengehende Mondkult.

DER URANISCHE STAMM

Mit den einander folgenden Weltanschauungen, die in Irland durch PARTHOLON, NEMED und den Oberkönig, in Gallien durch TEUTATES, CERNUNNOS und ESUS vertreten wurden, war ein stabiles Gleichgewicht zwischen der Fruchtbarkeit der Natur und dem schöpferischen Geist gegeben, das durch den vergöttlichten Oberkönig garantiert wurde. Die tellurisch-aquatische Basis mit ihrem „lunaren" Symbolismus bildete die Grundlage für ein zusammenhängendes Denksystem.

Mit der hereinbrechenden Welle des sogenannten „solaren" (uranischen) Kults geriet diese Synthese ins Wanken: der Geist erhob Anspruch auf den ersten Platz in der Schöpfung. Schon NEMED wollte diese Aspiration verwirklichen, doch stieß er dabei auf den Widerstand der Sonnengeister, die ihn zurückschlugen, ohne ihn indes ganz zu vernichten. Der grausame, seinem Volk auferlegte Tribut kam in Wirklichkeit einem Bündnis gleich. Nun ging der „solare" Stamm erneut mit massiven Argumenten zum Angriff vor, wie die der Entdeckung der Heilkunst und verschiedener handwerklicher Techniken, die alle auf Geistige Initiativen zurückzuführen waren.

Der Fortschritt, den diese kultische Neuorientierung darstellte, brachte natürlich das Bedürfnis nach Gottheiten einer Größenordnung mit sich, die der erweiterten sozialen Basis entsprach. Als erste sollten sich die Magier präsentieren, was unvermeidlich die Gefahr mitsichbrachte, daß die überpersönlichen Gesetze der Natur gering geachtet und von einem Geist beherrscht wurden, der der menschlichen Ebene des Verstandes entsprach. Seine Initiativen liefen Gefahr, deshalb als Willkür empfunden zu werden, — kurz, es wurde einer Ungerechtigkeit die Tür geöffnet, die dazu angetan war, die erworbene Ordnung der Dinge durcheinander zu bringen.

Die Kelten vermochten sich der Entwicklung der Welt nicht zu entziehen. Anzeichen für eine Korrektur ihrer archaischen Perspektive sind schon der Sage zu entnehmen, die das Ende der Herrschaft des Eber-Königs und seiner Doktrin ankünden, nachdem diese Herrschaft sieben Generationen gedauert hatte. Die heilige Zahl sieben gibt zu erkennen, daß sich der Zyklus vollendet hatte.

Was die Helden- und Königssagen berichten, lag für jene, die sie niederschrieben, zeitlich bereits weit zurück: Der westliche Sonnenkult hatte sich schon in der Bronzezeit angekündigt. Die Autoren dieser Mythen gestalteten lediglich nach, was in mythischer Erinnerung geblieben war und machten es zur Basis der Unterweisung. So kürzten sie einen langen Prozeß der geistigen Durchdringung ab, den sie dann in dem Geschehnis einer „Invasion“ zusammenfaßten.

DANA, DIE ADLERGÖTTIN

„Also ließ sich, von einer großen Wolke getragen, der Stamm der Göttin Dana (*Tuatha de Dannann*), das Elfenvolk, auf die Erde herab," heißt es in der Sage. (H. Arbois de Jubainville, Cours... II, S. 140) Die Reihenfolge der Verwandlungen des Tuan mac Cairil fortsetzend, trifft Dana unter dem luftigen Zeichen des Adlers ein, der bisweilen durch andere Raubvögel wie Geier, Falke oder Sperber, aber auch durch Rabe und Kranich ersetzt wird. Wie die früheren religiösen Lehren wird auch diese in das Gewand einer „Invasion" eingekleidet, und die gewonnenen Schlachten sind nichts anderes als kultische Erfolge

Wir werden hier die vielfachen Kämpfe übergehen, die diese Götter in Gallien unter sich austrugen. Den Bildwerken nach zu urteilen sind es die gleichen Götter, nur treten sie unter anderem Namen auf. So ist fraglos die Göttin Nantosuelta die gallische Entsprechung der Dana, auf dem gallisch-römischen Altar aus Saarbourg im Museum von Metz ist sie in Gestalt eines Raubvogels zu sehen (Abb. 132). Sie ist auch der große

Abb. 132: Der keltische Gott Sucellos mit dem Hammer, neben ihm die Göttin Nantosuelta, die das Emblem des Handwerks, ein Häuschen auf einer Stange, hält. Ihre Rechte stützt sie auf einen Amboß. Der große Adler im unteren Feld ist beider Attribut.

Vogel, der im unteren Feld des Portikus des Lebens und des Todes sitzt, das heute im Borély Museum in Marseille steht (Abb. 133). In Gestalt

der luftigen Muttergöttin hat sie die Pferdegöttin Epona des früheren Kultes verdrängt.

Sollten noch Zweifel an der Existenz solcher keltischen Adlergottheiten bestehen, das heißt an ihrer ornithologischen Symbolik, wird der Vogel mit dem Menschenkopf (Abb. 134) die letzte Zu-

rückhaltung in dieser Hinsicht ausräumen. Er stellt Nantosuelta in ihrer prä-römischen Figuration dar, — genauer gesagt, Dana vertritt nicht eine ornithomorphe zoologische Gattung, vielmehr das luftig-feurige Prinzip, dessen Symbol der Adler ist. Weder der Anthropomorphismus noch der Zoomorphismus sind in der keltischen Mythologie rational faßbar, denn diese bewegt sich auf einer abstrakteren Ebene. Mag sie auch noch so viele Formeln mit anderen Mythologien gemeinsam haben, in ihrer Dialektik unterscheidet sie sich von denen der anderen uns bekannten Mythologien beträchtlich.

Adler und Hahn waren „solare“ (der Sonne zugeordnete) Tiere par excellence, und so müssen die

Abb. 133: Auf dem Portikus von Roquepertuse befand sich früher ein großer, später stark beschädigter Vogel, dessen solare Heiligkeit die drei auf seiner Brust gemalten Kreuze bekunden. Sturz und Pfeiler sind mit kopfgroßen Höhlungen versehen, die dazu dienten, abgeschlagene Köpfe aufzunehmen.

Abb. 134: Vogel mit behelmtem Menschenkopf, die sinnfälligste Darstellung der uranischen Göttinnen Dana und Nantosuelta. Die Münze stammt aus Pannonien, der Region der ungarischen Kelten, was den Schluß zuläßt, daß es sich im Fall der Adlergöttin um einen pankeltischen Mythos handelt.

sich unter ihrem Zeichen präsentierenden Götter nach klassischer Übereinkunft Sonnengötter sein. Um das tellurische Kultsystem zu überwinden, brachten sie die „Wissenschaft der Druiden" mit, die Naturbeherrschung mit Hilfe des Geistes, die nach keltischem Verständnis in der Zauberkunst (G. DOTTIN, L'épopée irlandaise, 1926. DOTTIN bemerkt, daß *tuatha* zwar Stamm bedeutet, *tuath* aber auch „links" heißt. Hiervon leitet sich *tuathach*, Zauberer, her.), in List und Poesie wie auch in der Magie der Beschwörung bestand. Darüber hinaus brachten sie auch die Sakralität der rohen Gewalt und deren Symbole, die Keule und die „unfehlbare" Lanze mit, und ebenso die Heilkunst und das Handwerk und dessen Götter, die Götter der Schmiede, Kesselschmiede und Zimmerleute. NANTOSUELTA hält tatsächlich ihr Emblem in der Hand: Ein Häuschen auf einer Stange, wie auf dem Altar von Saarbourg zu sehen. Die Tatsache, daß DANA, auch BRIGANTIA genannt, als Heilige BRIGITTE, Patronin der Schriftsteller, Mediziner und Schmiede — eine ungewöhnliche Kombination — (M. L. SJOESTEDT, Dieux et héros des Celtes, Paris 1940, S. 30.) überlebte, ist auf eine gemeinsame kultische Herkunft zurückzuführen.

Der höchste uranische Gott ist DAGDA, der Vater der DANA, der bauchige Riese, gewaltiger Esser, ein Prototyp des GARGANTUA, der, als er die Fomori ausspioniert, bei ihnen eine Grube voll Brei leeressen muß und dann lächelnd davon geht. Er ist auch der magische Harfner mit dem Instrument der „drei Schicksalsweisen": der Weise des Lachens (der Jugend), des Seufzens (des Alters) und des Schlafs (des Todes), allesamt Manifestationen der Seele.

Dem Bildsinn der Harfe können wir entnehmen, daß die Sakralität der Seele neben der des Geistes der bedeutendste Beitrag der uranischen Götter war, die die grundlegenden Elemente des Heiligen um drei weitere vermehrten: das Wissen um die Fruchtbarkeit der Natur, um den Geist und die Seele. Und in diesem Sinn wird DAGDA in der Heldensage auch als „Kenner" der Triaden und diese Kenntnis als „erhabene Wissenschaft" bezeichnet, denn er scheint hier Initiator gewesen zu sein und auch die Zahl 3 zur heiligen Sonnenzahl gemacht zu haben. Diese Gottheiten werden nun durch Triaden (Abb. 159/S. 235, Legende S. 68), durch dreiköpfige Figuren (Abb. 158/S. 68) oder

durch drei Hörner (Abb. 44/S. 66) kenntlich

gemacht. J. Vendryes hat aus diesen Bildern geschlossen, daß es sich um drei Personen mit ein und derselben Funktion, oder aber um drei Funktionen handelt, die von einer Person ausgeübt wurden.

Doch die triadische Darstellung, der Hinweis auf die Zahl 3, bedeutet an erster Stelle eine Entindividualisierung: die *tri dei* sollen den Stamm insgesamt evozieren, der sich der dualistischen Konzeption der früheren Kulte widersetzt.

Dagda ist vor allem der „starke Mann" mit der furchterregenden Keule, deren eines Ende den Tod bringt und deren anderes Leben spendet. Die gleiche Idee wird auf den Münzen durch die aus dem Degen hervorgehende Getreideähre symbolisiert (Abb. 120). Diese Keule mit den sich ergänzenden Kräften wird in Gallien zur Gerte des Wagenlenkers (Abb. 2/S. 40), und zum Hammer

Abb. 120: Dem Reiter ohne Gesicht wachsen Bovidenhörner aus dem Kopf. Er stützt sich mit dem Rumpf auf den einen der zwei Pferdeschweife. Er scheint sich das Schwert in die Seite zu stoßen. Diese Bewegung findet ihre Erklärung in dem Schwert unterhalb des Pferdes, aus dem eine Wellenlinie hervorgeht, die vor dem Kopf des Pferdes in einer Getreideähre endet: der Tod erzeugt das Leben.

in der Hand zahlreicher anderer Personendarstellungen, die deshalb „Hammergott“ genannt werden. Einer seiner gallischen Namen steht auf dem

Altar von Saarbourg eingemeißelt, wo er als Sucellos an der Seite von Nantosuelta abgebildet ist. Der älteste dieser solaren Götter ist Taranis (*taran* = Donner). Und auf einem einzigartigen Stück im Archäologischen Museum von Auxerre ist es ein anderer, der die Keule hält, ein Ephebe, die gallische Entsprechung von Aengus dem Jüngeren, dem Sohn des Dagda (Abb. 136/links, Legende S. 71), während der Gott auf einem Relief im Museum von Sens mit beidem, Keule und Hammer, ausgestattet ist (Abb. 137/S. 71).

Der Raubvogel bezieht sich symbolisch auf alle Mitglieder des uranischen Stammes. Auf mehreren Münzserien wird dies durch das strahlenförmige, aus fünf Vögeln bestehende Haar angezeigt. Die fünf Vögel gehen alle auf einen sechsten (das Oberhaupt) zu, der ihnen gegenüber steht (Abb. 135). Interessant ist, wie hier das griechische Vor-

Abb. 135/S. 238: Der Kopf des Herakles mit dem Löwenfell, ins Keltische transponiert, ist von fünf Vögeln umgeben, die alle nach rechts auf einen sechsten Vogel zu marschieren, die sich ihnen entgegenwendet. Vor dem Kinn des Herakles sieht man das Ei.

bild des HERAKLES mit dem Löwenfell durch den Schwellenkranz die entgegengesetzte Konzeption erhält.

Die Münzen bieten uns die verschiedensten Vogeldarstellungen an: da gibt es, auf den Emissionen der Carnuten, den Adler (Abb. 139), auf den

Münzen der Viromanduer den Hahn (Abb. 138/

S. 73) den Adler, der das Pferd reitet (Abb. 19/S. 49, Abb. 50) wie überhaupt eine Reihe von ge-

flügelten Personifizierungen (Abb. 67/S. 165).

Abb. 139: Der Adler attackiert eine Eideches, tellurisches Tiersymbol par excellence. Links oben hinter ihm ein kleines, aus drei lunaren Vs mit Kugeln gebildetes Motiv: die sechs Kugeln ergeben die verdoppelte Sonnenzahl.

Wenn wir von nun an diese Götter, klassischer Vereinfachung folgend, als solare oder uranische bezeichnen, so ist das im Hinblick auf die tellurischen Götter der früheren Kulte, die wir lunare nannten, nichts anderes als logisch. Genauer gesagt, die Neuankömmlinge sind Feuer- und Luftgottheiten (nicht himmlische), die immaterielle Werte zum Ausdruck bringen.

Diese keltischen Doktrinen scheinen auf die Definition der vier Elemente Feuer, Wasser, Luft und Erde abzuzielen, die paarweise verbunden das ihnen zugrundeliegende dualistische Weltbild widerspiegeln. Solche Paarungen ergaben sich zunächst aus den Verbindungen irdisch-wässriger und wässrig-feuriger Essenz. Der Sonnenkult brachte die Verbindungen Erde-Luft und Luft-Feuer hinzu und verlieh darüber hinaus den Verbindungen Wasser-Feuer und Erde-Feuer der früheren Kulte einen neuen Aspekt.

Die Einführung der Sakralität der Luft-Feuer-Verbindung durch den Sonnenkult wirft ein Schlaglicht auf den fundamentalen Gegensatz der religiösen Strömungen.

Der Antagonismus der beiden nach den Lichtern benannten Doktrinen war in den unterschiedlichen Vorstellungen vom Schöpfungsvorgang begründet. Der Doktrin des Mondkults zufolge unterlagen die Naturkräfte einem indifferenten Fruchtbarkeitsgesetz, der Doktrin des Sonnenkults zufolge unterstanden sie dem Gesetz eines personalen, mit magischen Kräften ausgestatteten Demiurgen, der die „Fruchtbarkeit“ durch seine „Wissenschaft“ zu beherrschen wußte.

ARBOIS DE JUBAINVILLE übersetzte den Namen DAGDA mit „der gute Gott“ (*dago* = gut und *devos* = Gott). Doch bedeutet *dago* auch „der Höchste“; demnach wäre DAGDA der oberste Gott, freilich mit der wichtigen Einschränkung, daß er nur der höchste der solaren Götter ist und es auch nur bis zur Ankunft des LUG bleibt, der noch über ihm stehen sollte. Das Attribut „gut“ widerspricht der ihrem Wesen nach amoralischen (nicht unmoralischen) keltischen Mythologie, die sich jenseits von Gut und Böse bewegt. Nicht, daß der Kelte die moralischen Tugenden ignoriert hätte, aber die Schöpfung ist für ihn im ethischen Sinne neutral. Was der Vierzeiler über die Frau des TETHRA, Königs der Fomori, berichtet, wird uns hierin nicht irre machen:

„Wonach verlangt es dem Weibe des TETHRA?
Nach dem Feuer des Kampfes,
Nach Reihen von Kriegern, vom Schwerte zerrissen,
Nach Blut, und nach Leichnamen unter Leichen,
Nach Augen in Todesstarre, nach Köpfen, vom Rumpf abgetrennt.
Solcherlei Worte vernimmt sie mit Freude.“
H. ARBOIS DE JUBAINVILLE, Cours. . ., II, S. 196.
(Nach d. Französischen. A. d. Ü.)

Der Vierzeiler soll die Frau nicht der Schlechtigkeit zeihen, sie ist der Geist des Todes, wie die Göttin MORRIGAN auf einem anderen Feld; es ist ihres Amtes, grausam zu sein, ist ihre funktionelle, Menschlichem gegenüber indifferente, naturgegebene und unerläßliche Aufgabe: ein Aspekt des als solchen akzeptierten Krieges.

Wiewohl es in dieser verschlüsselten Literatur nicht an zutiefst menschlichen Bezügen fehlt, sollten wir doch nicht vergessen, daß es sich bei den dargestellten Personen um Symbole handelt, die je nach dem diese oder jene Rolle spielen. Anstatt das Göttliche auf Begriffe zu reduzieren, erschaut es der Kelte in seinen Manifestationen. Er kleidet das Göttliche in symbolische Erzählungen und sucht das unaussprechliche Unzugängliche durch wechselndes Geschick in rätselhaften Verwicklungen auszudrücken.

TELLURISCH-URANISCHE HIEROGAMIEN

So groß die Kraft des Geistes auch war, der Sieg der solaren Götter über die Fomori vermochte diese nicht zu vernichten; sie waren noch immer die bewegende Kraft der Fruchtbarkeit in Ackerbau und Viehzucht. Keines der beiden Lager war vollkommen. Bei der ersten bewaffneten Auseinandersetzung, der sogenannten „ersten Schlacht von Mag Tured“ wird (H. ARBOIS DE JUBAINVLLE, Cours... II, S. 196), TETHRA, König der Fomori, getötet und sein Schwert (männliches Fruchtbarkeitszeichen) nimmt OGMA an sich. Doch auch dem uranischen König NUADA wird die rechte Hand abgeschnitten (ein anderes männliches Symbol), so daß er nicht mehr zum König geeignet ist. Im wechselnden Hin und Her von Sieg und Niederlage war von nun an keine Hegemonie mehr möglich.

Zunächst schlossen die Gegner Frieden und bemühten sich um Verständigung: DANA heiratete den fomorischen Gott BRESS. Auf diese Weise wäre ihr Sohn als Frucht der „vereinten Kulte“ der qualifizierte Anwärter der Macht gewesen. Umgekehrt verliebte sich der uranische Gott CIAN in EITHNIU, Tochter des schrecklichen Fomoren BALOR, der sie auf eine ferne Insel brachte, damit kein Mann sich ihr nähern konnte. Denn es war ihm geweissagt worden, daß er von der Hand seines Enkels umkommen werde. CIAN naht sich ihr dennoch mit Hilfe seiner magischen Kräfte und heiratet sie. Aus dieser Verbindung (Geist und Materie) geht der Gott LUG hervor, Geist zahlreicher Künste und Handwerke und Führer der uranischen Heerscharen. Da er seinen Großvater BALOR nicht kannte, tötete er ihn in der Schlacht, womit sich die Weissagung erfüllte.

Hierin ist der Versuch einer Synthese zwischen tellurischen und uranischen Kräften auf höchster Götterebene zu sehen. Aber weit davon entfernt eine Befriedung herbeizuführen, wurde sie zur Quelle ununterbrochener Konflikte. Die Feindschaft der beiden gegnerischen Kräfte komplizierte sich ins Endlose durch die Tatsache, daß diese Kräfte so geschickt in die feindlichen Lager einzudringen wußten, daß es ohne genealogische Kenntnisse schwierig war festzustellen, ob man es mit einem uranischen oder einem tellurischen Gott zu tun hat. Diese Unklarheit ist gewollt und verbirgt den Schlüssel zu dem Dualismus, und in erweitertem Sinn zu dem Relativismus, der das Verhalten der Personen in diesen Initiationsmythen bestimmt. Darüber hinaus enthalten sie den Schlüssel zu den Verwicklungen, in denen sich diese Kräfte während der ganzen Dauer des uranischen Abenteuers bis zur Erschöpfung bekämpften.

DIE ANKUNFT DES LUG

In der Einigkeit der uranischen Stämme kam es zu einer ersten Spaltung, als der fomorische König Bress, nachdem er sich auf seine Verbindung mit Dana berufen hatte, an Stelle des unglücklichen Nuada zum uranischen König gewählt wurde. Dieser Schritt mußte teuer bezahlt werden. Anstatt ihm das Geheimnis der Fruchtbarkeit zu verraten, tyranisierte Bress das uranische Volk in den *sieben* Jahren seiner Herrschaft. Unter seinem „Geiz" (Hungersnot), hatte das Volk grausam zu leiden, bis er, nachdem seine Absicht offenbar geworden war, vom Fluch verfolgt wurde. Der Verrat des Bress entwürdigte auch seine Gemahlin, die uranische Muttergöttin, und damit auch ihren Vater Dagda.

Der Sonnenkult mußte einen anderen Kurs einschlagen, da die „druidische Wissenschaft" unter Dagda in eine Sackgasse geraten war. Promotor der Veränderung war Dagdas Bruder Dian-Cecht, der Großvater väterlicherseits des Lug. Mit Hilfe des Schmiedes Goibniu fertigte er für Nuada eine Hand aus Silber an, so daß dieser seine befruchtende Kraft und seine verlorene Herrscherwürde wiedererlangte. Hinfort stützt sich die Wissenschaft, die bis dahin mit Zauberei und List verbunden gewesen war, mehr auf Heilkunst und Handwerk. Das heißt: Religion und Mythos passen sich der fortschreitenden Entwicklung an.

Diese Bravourleistung (die Erschaffung einer künstlichen Hand ist von symbolischer Bedeutung) hatte die Kontinuität des Sonnenkults für den Augenblick gerettet. Nun mußte noch Dagda, aus der neuen Mannschaft ersetzt werden: durch Cian, den Sohn des Dian-Cecht. Nachdem dieser geschlagen wird, ist es Lug, Sohn des Cian, dem der erste Platz nach vielen Kämpfen und Intrigen verloren gehen wird.

In der Sage von den *Söhnen des* Tuirill wird von der Ermordung des Cian und der Rache des Lug berichtet. So verfremdet dieser in Magie eingekleidete Teil einer Initiation sein mag, erfaßt man doch sogleich, in welcher mißlichen Lage sich der uranische Stamm befindet, da Lug, als er den Leichnam seines Vaters entdeckt, folgende Klage anstimmt: „Traurig ist mir zumute nach diesem Mord, denn meine Ohren hören nicht mehr, meine Augen sehen nicht mehr, der Puls des Lebens pocht in meinem Herzen nicht mehr, so sehr bekümmert mich der Tod meines Vaters. Ihr Götter, die ich verehre, welch ein Jammer, daß ich nicht hinzu gekommen bin, als der Frevel begangen wurde. Welch schlimmes Geschehen, zu wissen, daß die Söhne des Elfenvolkes aneinander Verrat übten. Es wird eine lange Zeit des Verlustes und der Erniedrigung sein. Und niemals mehr wird Irland, weder in West noch in Ost, von seinen Leiden befreit werden."

Vor der Versammlung zu Tara erhält LUG Genugtuung. Er verlangt, daß die Mörder, die Söhne des TUIRILL, ihm als Blutzoll die *sieben* Weltwunder (der Anderen Welt) bringen. Den drei Brüdern gelingt es durch Mut und mit Hilfe der Magie, sie zu erlangen, jedoch überleben sie dies nicht. Sie bringen ihm die „drei Äpfel aus dem Garten des Morgenlands": wer von ihnen ißt, wird von Schmerz befreit und ist gegen Verwundungen gefeit, und man kann von ihnen essen, ohne daß sie alle werden. Sie überreichen ihm die „Schweinehaut, die TIS, den König der Griechen" geschützt hat: sie heilt alle Wunden und alle Mattigkeit. Sie entwenden die „unfehlbare" Lanze, die den Namen LUIN trägt und dem König von Persien gehörte: Deren Eisen muß man in einen Kessel mit Wasser tauchen, damit sie nicht den Schaft und den Mann und den Saal verbrennt. Sie bringen den Wagen und das Gespann, das DOBOR, dem König der Siobar, gehörte; Land und Meer sind für sie ganz und gar eins. Und sie schaffen die Schweine, die sie IASAL, dem König der goldenen Säulen, entrissen, an Land: Man kann sie allabendlich schlachten und findet sie am Morgen lebendig wieder, und wer von ihrem Fleisch ißt, bleibt von allen Krankheiten verschont. Zur Beute gehört noch die Hündin FAIL-INIS des Königs von Norwegen, „schöner als die Sonne und deren Flammenrad", und der „Bratspieß" aus dem Schatz der Insel von CAER der Blonden". (Dichtung des FLANN MANISTRECH im *Buch von Leinster*, ausgeführt in der Sage von TUIRILL BICRO; übers. v. R. CHAUVIRE, Contes Ossianiques, Paris 1949, S. 43 ff.)

Durch die Anhäufung dieser „Weltwunder" stieg das Ansehen des LUG, der bereits „Meister zahlreicher Künste" (*Yoldanach)* war, noch beträchtlich. Aufgrund seiner Geburt (uranischer Vater und tellurische Mutter) war er hevorragend qualifiziert, die beiden kultischen Strömungen zu vereinen.

Indes, all diese geraubten Wunder, die natürlich symbolische Bedeutung haben, dienten lediglich der Heilung von Wunden und dem Wohlergehen: Die Macht des LUG erschöpfte sich in Wissenschaft und Handwerk. Das dringlichste Problem, die Fruchtbarkeit von Mensch, Tier und Feldern, vermochte er nicht zu lösen. Die beiden antagonistischen Mächte, Geist und Natur, gelangten nicht zur Versöhnung: Der Krieg der Tuatha de Danann gegen die Fomori ging weiter.

DIE SCHLACHT DES LUG

Von den Tuatha de Danann gejagt, geht BRESS mit den Seinen zum Gegenangriff gegen die FOMORI vor, deren Heer in geschlossener Reihe antritt. Bei der Waffenwache, die auf die als *Zweite Schlacht von Mag Tured* bezeichnete Operation folgte, hielt LUG eine Beratung ab, bei der er zum ersten Mal als Oberherr auftritt, — vor DAGDA, der seinen Rang eingebüßt hat.

Die Personen, an die LUG das Wort richtet, sind durchweg Edle des Stammes: sie verkörpern sein Programm und seine Macht. Einen nach dem anderen befragt er sie, welche Taten sie zu vollbringen gedächten. Bezeichnenderweise melden sich zuerst die Götter des Handwerks: der Schmied GOIBNIU, der Bronzearbeiter CRDENE, der Zimmermann LUCHDONN, der es übernimmt, für die magische Wirkung der Waffen zu sorgen, während der Arzt DIAN-CECHT Heilung selbst der schlimmsten Wunden verspricht. Es folgen OGMA, der keltische HERKULES, die Göttin MORRIGAN, die Schlachtenkrähe, und die Mundschenke versprechen, den Feind mit unwiderstehlichem Durst zu versehen. Auch die Druiden treten an und wollen Feuerregen auf den Gegner niedergehen lassen, der Dichter COIRPRE wird Verwünschungen rezitieren und die Zauberinnen BECHULLE und DIANANN, die Macht über Bäume, Felsen und Erdhügel besitzen, wollen ihnen das Aussehen eines unübersehbaren großen Heeres geben. Als Letzter wird DAGDA gefragt. Er will die Fomori mit seiner furchtbaren Keule zu Staub zermahlen.

Zuversichtlich beginnt man mit der Ausführung des Plans. Doch aus dem Handgemenge der beiden Heere wird bald ein beispielloses Gemetzel. Inmitten der Schlächterei taucht BALOR, der Einäugige, das schreckenerregende Oberhaupt der Fomori mit seinem „verderbenbringenden" Auge auf, das er so fest geschlossen hält, daß vier Männer nötig waren, um die Pupille zu öffnen. Doch wenn es dann offen stand, setzte das Auge die ganze Umgebung in Brand.

LUG forderte ihn heraus. BALOR ließ sich das Auge aufs Neue aufreißen, um sich diesen „Schwätzer" anzusehen. Aber in dem Augenblick, in dem es sich öffnet, schlägt LUG ihm mit einem Schleuderstein das Auge aus.

BALOR war tot. Das flüchtende Heer der Fomori wurde vernichtet. Einer der Heerführer überlebte, — der, um den der Kampf entbrannt war und der das Geheimnis der Fruchtbarkeit besaß: BRESS. Er wird gefangen genommen. Man bedrängt und bedroht ihn, um ihm das Geheimnis seiner segensreichen Macht, der Fruchtbarkeit der Felder und Tiere, zu entreißen. Um sein Leben zu retten, sagt er: „Verschont ihr mich, werden die Kühe Irlands stets Milch haben; die Menschen werden alle drei Monate ernten." Sein Angebot wird angenommen: die tellurischen Kräfte unterwerfen sich der uranischen Herrschaft. Und die Göttin MORRIGAN feiert den Sieg mit folgenden Worten:

Friede im Himmel
Himmel auf Erden
Erde unter dem Himmel
Kraft einem jeden.

Sie sieht keine glückliche Zukunft voraus und fügt eine Weissagung hinzu:

Ich sehe eine Welt
die mir nicht gefällt:
Sommer ohne Blumen
Kühe ohne Milch
Frauen ohne Scham
Männer ohne Mut
. . . .

Der uranische Triumph war in Wirklichkeit ein Pyrrhussieg. Die „Götter des Lichts" hatten ungeheure Verluste in der Schlacht erlitten; ihre Führer waren gefallen, ihre zivilisatorische Aufgabe war erfüllt, die Evolution hatte sie überholt.

All das Blutvergießen in diesen ausführlich wiedergegebenen Episoden kulminiert um vier Hauptpunkte, — vier Symbole, die das Gerüst dieses Mythos bilden. Die Ergreifung des Schwertes des TETHRA hat die Fomori ihrer befruchtenden Kraft beraubt. Sie wird neutralisiert, als NUADA die Hand verliert. Umgekehrt rauben die Fomori bei einem ihrer Streifzüge die Harfe des DAGDA, das heißt die Macht über die Seele. DAGDA geht sie zu suchen, und als er sie wiederfindet, springt sie ihm von selbst in die Hand. Durch die Tötung des Stier-Gottes BALOR hat sich LUG in Besitz der tellurischen Luft-Feuer-Erde-Kräfte gebracht. BRESS hat die Macht über die Fruchtbarkeit an die uranischen Stämme abgetreten, — nur einen Augenblick lang. Bis zur Erschöpfung geschwächt, werden sie durch eine neue Invasion außer Kraft gesetzt.

EINE PREKÄRE SYNTHESE

AMAIRGIN, BESIEGER DER SOLAREN GÖTTER

Mit den Söhnen des MILE fällt die Andere Welt ein letztes Mal gewaltsam im Keltenland ein. Wie die drei vorhergegangenen Invasionen beginnt auch diese am 1. Mai. MILE, Sohn des BILE (des Königs der Toten), ist ein pankeltischer Gott, — nach einer in Ungarn gefundenen Inschrift mit dem Namen MILETOMARUS (Groß wie MILE) zu urteilen. Der Anführer der Eroberer setzt seinen rechten Fuß auf den Boden (ein Zeichen der Ehrerbietung) und enthüllt mit folgenden Worten seine göttliche Natur:

Bin der Wind, der übers Meer bläst,
Bin die Woge des Ozeans,
Bin das Murmeln der Flut,
Bin der Ochse der sieben Kämpfe,
Bin der Geier, der auf dem Fels sitzt,
Bin die Waffe der Sonne
Bin die schönste der Pflanzen,
Bin der Eber der Tapferkeit,
Bin der Lachs im Wasser,
Bin der See auf der Ebene.
. . . .
Bin das Wort der Wissenschaft,
Bin die Spitze der Lanze im Schlachtgetümmel.
Bin der Gott, der das Feuer des Gedankens entzündet.

J. ARBOIS DE JUBAINVILLE, Cours ... II
(Nach dem Franz. A. d. Ü.)

Jede dieser Zeilen enthält ein Symbol der früheren Kulte: das Meer, seine Wellen, der Stier, der Geier, die Sonne, der Pflanzenwuchs, der Eber und als letztes die Wissenschaft, die Kraft des Denkens. Sie geben eine Überschau über irdisch-wässrige und luftig-feurige Prinzipien; mehr noch, das Ganze ist eine Synthese einer Vielzahl von Phänomenen, die auf göttlichen Ursprung zurückgeführt werden.

Dennoch läßt das Übergewicht der aquatischen Anspielungen in dieser Beschwörung erkennen, daß das religiöse Denken unter mythologischer Formulierung verborgen zur Inspiration seines Ursprungs zurückgefunden hat. Durch die Folge der

Offenbarungen angereichert, wird es zur Basis des Gleichgewichts, — eines prekären Gleichgewichts freilich, denn so wie LUG die Sonnengeister der Herrschaft des schöpferischen Geistes unterworfen hatte, so verkörperte AMAIRGIN, tellurischer Gott auf höherer Ebene, die Macht des Denkens über das Gesetz der fruchtbaren und allmächtigen Natur.

DIE GÖTTER DES FEUERS UND DER FINSTERNIS

Schon allein die Ankündigung einer einzigen göttlichen Kraft brachte das Ansehen der Lichtgötter zum Schwinden, und ihre Kämpfe gegen die Fomori ließen nach. In die Sprache der Sage übersetzt: Die Stämme der Göttin DANA wurden geschlagen und flüchteten in die unterirdischen „Schlösser", in das unter den Dolmen sich breitende Elfenreich „Sid". Besiegt, aber keineswegs vernichtet, waren diese Stämme weiterhin Gegenstand eines ganzen Gewebes von Legenden um die Wiedereroberung ihrer verlorenen Macht.

Nachdem sie sich nun in Geister einer feurigen Unterwelt verwandelt hatten, wurde das in ihrem Besitz befindliche Licht zu einer furchtbaren Waffe: es wurde das Feuer. In der Nacht des Erneuerungsfestes setzte AILLEN, Sohn des MIODNA, die „königliche" Burg Tara in Brand (worauf er von FINN niedergeschlagen wurde).

Es ist bemerkenswert, wenn nicht gar verblüffend, daß sich die Natur dieser Lichtgötter veränderte, daß sie sich aus uranischen Göttern in chtonische verwandelten. Dies widerspricht der von der klassischen Religionswissenschaft vertretenen Auffassung, daß Religion etwas Definitives, Unveränderliches sei. Diese Umkehrung der essentiellen Werte ist indes nicht ohne Logik.

In der griechischen Sage wird der fruchtbare Boden der PERSEPHONE, das Reich der DEMETER, durch den Anblick der Gräber verdüstert. Bei den Kelten dagegen war der Tod die Verheißung des Lebens. Zwei unterschiedliche Sehweisen — zwei verschiedene Ideen.

Vor Ankunft der solaren Götter im Keltenland existierten die beiden Prinzipien Feuer und Wasser, Zerstörung und Schöpfung, nach Vorstellung der Fomori nebeneinander. Die solaren Götter belasteten nun das Gleichgewicht zugunsten des Feuers, das heißt des Todes. Der schöpferische solare Geist erlangte indes nicht das Übergewicht; seine makabre Vorherrschaft wurde zurückgewiesen und seine Geister verjagt. Ihre Verwandlung in Geister der Hölle kehrte die weiße Magie in schwarze um.

WIEDERAUFERSTEHUNG DER TELLURISCHEN GÖTTER

Wie die Proklamation bei seiner Landung bezeugt, übernahm AMAIRGIN die positiven Werte des uranischen Kultes, — die Sakralität des Denkens. Lediglich der Herrschaft seiner Götter machte er ein Ende. Was wurde bei diesem allgemeinen Debakel aus den Fomori? Sie ergaben sich den Neuankömmlingen, den Söhnen des MILE, indem sie das zerstörerische Feuer in ein segensreiches verwandelten und der Fruchtbarkeit den höchsten Heiligkeitsgrad beilegten und damit dem alten Glauben an die Allmacht der indifferenten Natur neues Leben verliehen. Dies verkündet AMAIRGINS Gesang:

Alin iath n-h Erend
Hermach hermach muir
Mothach mothach sliab
Srathach srathach caill
Cithach cithach aub

Essach essach loch

Ich rufe euch an, Erde von Irland,
Schimmerndes, schimmerndes Meer,
Fruchtbare, fruchtbare Berge.
Wellige Hügel,
Überschäumende Flüsse,
Fischreicher, fischreicher See!

Oder diese Zeilen, denen er explosivere Kürze, rhythmisch noch größere Eindringlichkeit verleiht:

Iascach muir
Mothach tîr
Tomaidm n-eisc
Iasca and
Fo thuind ên
Letchach mîl
Partach lâg
Tomaidm n-eisc
Iascach muir

Fischreiche Flut,
Fruchtbare Erde,
Fülle von Fisch,
Fische dort!
Vogel unter der Welle,
Gewaltiger Fisch,
Schlupfwinkel der Krabbe,
Fülle von Fisch,
Fischreiche Flut!

J. ARBOIS DE JUBAINVILLE, Cours ... II
(Nach d. Franz. A. d. Ü.)

Will man die ganze beschwörende Macht dieser Dichtungen erfassen, die nicht nur im Wort, sondern in dessen magischer Wirkung steckt, sieht man sich am besten die Originaltexte an. Auch die beste Übersetzung kann ihren besonderen Klang und den Flug der metrischen Betonungen, die Massen in Bewegung zu versetzen vermag, nicht vermitteln. Solche Anrufungen dienten als furchtbare Waffe im Kampf der feindlichen Götter, die beide die Natur durch den Geist zu beherrschen strebten. Die Kelten, das weiß man, mißtrauten der Schrift. Wie gewaltig müssen dann ihre deklamatorischen Fähigkeiten gewesen sein!

DIE GEWALT DES SOLAREN KULTS

DIE SAGEN DES „ROTEN ZWEIGES“

Die Offenbarung des AMAIRGIN hatte die Vorherrschaft der tellurischen Kulte in der Religion wieder hergestellt, indem sie die herrschenden uranischen schwächte. Wir müssen uns also auf eine lebhafte Reaktion der Besiegten gefaßt machen. Religiöse Umwälzungen dieser Art setzen erbitterte theologische Diskussionen im Kreis der hohen priesterlichen Instanzen voraus. Diese geheimen Kontroversen sind gewiß mit den Druiden untergegangen, geblieben ist uns jedoch ihre mythische Darstellung durch die Barden.

Ein Ende der Diskussionen ließ sich durch Argumente und Gegenargumente nicht herbeiführen, so daß die religiöse Überzeugungskunst — hatte sich die Kraft ihrer Beweise erschöpft — oft die Waffen zu Hilfe nahm. Die Kelten kürzten das Verfahren ab, indem sie den Disput von den bewaffneten Göttern selbst austragen ließen.

Unmittelbares Ziel dieser Kämpfe war der Besitz der religiösen Symbole des Gegners, die man durch Gewalt oder durch List ansichzubringen trachtete. Insofern zogen sich lange Intrigen und Ränke durch das verwickelte Geschehen dahin. Da weniger die Logik als vielmehr Emotionen im Spiel waren, konnten diese Verwicklungen nur durch die Anwendung kultischer Mittel gelöst werden. Es genügte bereits, daß der Gegner das Gesicht verlor und seine Schwächen offenbar wurden und damit seine mangelnde Qualifikation, ein rechtmäßiger Repräsentant des Göttlichen zu sein.

Demzufolge tendierte das Kriegsglück meistens zu einem Unentschieden; endlos schwankte es zwischen Pro und Contra. Die Krieger hielten nicht ein, Kriegsbeute und Waffentaten verloren an Bedeutung, die Konflikte zogen sich bis zur Erschöpfung dahin. War diese Grenze erreicht, galt der Tod des Helden nur noch als eine Episode sekundärer Natur, die das Ende einer Doktrin anzeigte.

Der brutale Schlag, den AMAIRGIN den uranischen Göttern zufügte, hatte sie disqualifiziert. Ihre Parteigänger, zunächst in voller Verwirrung, gingen zum Gegenangriff über. Doch da es nicht möglich war, die Feindseligkeiten zu einer späteren Epoche mit den gleichen, inzwischen gealterten

Persönlichkeiten wieder aufzunehmen, mußten Szene, Dekor, Probleme und Akteure verändert werden. Damit begann ein neues Kapitel der keltischen Mythologie. Zu diesem Zweck schuf die Sage neue Gestalten, deren Sakralität durch ihre Überlegenheit kenntlich wurde, fand für sie neue qualifizierte Gegner und erfand neuen Streit.

Was die so beliebten Symbole betrifft, kann man auf den Münzen beobachten, daß das urzeitliche Pferd mit dem Schlangenschwanz auf einem anderen Stück geflügelt erscheint; durch diese Umdeutung ist das tellurische Tier zu einem uranischen geworden; es wurde „solarisiert". Auf diese Weise konnten die Graveure die Entwicklung der gleichen Initiationsthemen beschreiben, denen die Barden mit den Beutegegenständen versteckt Ausdruck verliehen (Abb. 87/S. 254).

Dem Sagenkreis des *Roten Zweiges* wird man entnehmen, daß die solaren Götter vertrieben wurden, ihre Mutation zu chtonischen indes nicht das Ende des Kultes bedeutete. „Zweig" steht einfach nur für „Verzweigung", und „Rot" ist (wie Gelb) das Farbsymbol des solaren Kultes (im Gegensatz zu Weiß = Farbsymbol des Mondes, und Grün = Farbsymbol des Waldes, während Purpurrot die Andere Welt evoziert).

Die Personen des *Roten Zweiges* sind allesamt Avatars, das heißt Inkarnationen der uranischen Götter, und geschildert werden ihre anhaltenden Bemühungen, Hand an die lunaren Werte zu legen und sie zu solarisieren, sei es mit Gewalt oder durch signifikante Handlungen. Dem widersetzt sich der Gegner. Die Fomori tauchen hier als Connaughter (*Conn* = Haupt, Oberhaupt), als Bewohner eines mythischen Connaught unter ihrem König Ailill und der Königin Medb (sprich Mew) wieder auf, während die Stämme der Göttin Dana als Ulter, als Bewohner von Ulster unter dem König Conchobar und seinem Kämpen oder Verteidiger CuChulainn wiederkehren.

Zwischen diesen kleinen historischen Königreichen, neben denen noch Munster und Leinster, in Nord- und Süd-Leinster aufgeteilt, erwähnt werden müssen, herrschte ein unaufhörlicher Streit, der mit den Waffen ausgetragen wurde, — was schon rein historisch ein reiches Material abgeben würde. Doch erhält in diesen Sagen der Initiationsgehalt Vorrang vor der Historizität, so zum Beispiel in der folgenden Erzählung von einer Schlacht, bei der das Blut in Strömen fließt —, und das alles um einen „Hund" und ein „Schwein".

Abb. 87/S. 254: Die keltische Eschatologie gibt dem Pferd Schlangengestalt und läßt einen ophidischen Reiter aufsitzen. Die Bewegung ist durch die formale Spannung nur angedeutet, die Vorderbeine des Reittiers verschwinden hinter fünf Strichen. Das Pferd ist fast kreisförmig, was zu verstehen gibt, daß das Leben nur fortschreitet, um zu seinem Ausgangspunkt zurückzukehren.

SCHEITERN DER „SOLARISATION“

DIE GESCHICHTE VOM SCHWEIN DES MAC DATHO

(*Scel mucci Mac Datho,* enthalten in dem im 12. Jahrhundert aufgezeichneten *Buch von Leinster.* Das Fragment ist der Übers. von A. EVEN in der Zeitschr. *Ogam,* Nr. 27/28, 1953, entnommen. Die Legende wurde außerdem von G. DOTTIN ins Französische, ins Deutsche von R. THURNEYSEN übersetzt.

Nach R. THURNEYSEN *Sagen aus dem alten Irland,* Berlin 1901, S. 1—10:)

Einst herrschte ein berühmter König über die Lagner (über Leinster); der hieß *Mac Datho,* Sohn der zwei Stummen. Er hatte einen Hund, der ganz Leinster behütete. Der Hund hieß AILBE, und Irland war voll von seinem Ruhm.

Da kamen Leute von AILILL und MEDB, um den Hund zu bitten. Zur gleichen Stunde wie sie kamen auch Boten von CONCHOBAR ... der denselben Hund begehrte. Man begrüßte sie alle und führte sie zum Sohn der Stummen in den Palast.

Dieser Palast hatte sieben Türen, und sieben Wege führten hindurch; drinnen standen sieben Herde und sieben Kessel; in jedem Kessel war Ochsenfleisch und gesalzenes Schweinefleisch. Jeder Mann, der des Weges kam, durfte die Gabel in den Kessel stoßen, und was er mit dem ersten Stoß fing, das mochte er essen. Erhielt er mit dem ersten Stoß nichts, war ihm kein zweiter gestattet.

So führte man denn die Boten zu MAC DATHO ... daß er ihr Begehr vernehme ... „Um den Hund zu bitten“, sagten die Connachter Boten, „sind wir von AILILL und MEDB gekommen. Du sollst sofort sechzig mal hundert Milchkühe dafür erhalten und den besten Wagen mit zwei Pferden, den es in Connaught gibt; ferner nach Verlauf eines Jahres noch einmal so viel.“

„Auch wir sind gekommen, um ihn zu bitten“, sagten die Ulter Boten, „von CONCHOBAR gesandt. Und CONCHOBAR ist als Freund nicht weniger wert. Auch er wird dir Schätze und Vieh geben und denselben Betrag noch einmal nach Verlauf eines Jahres, und er wird gute Freundschaft mit dir halten.“

Da versank MAC DATHO in tiefes Schweigen; zwei volle Tage trank er nicht, aß er nicht, schlief er nicht, sondern wälzte sich von einer Seite auf die andere ... Da sprach seine Frau zu ihm: „Einen Rat hab ich für dich, der die schlimmen Folgen hebt; gib den Hund doch allen beiden; mögen sie sich drum erschlagen!“ ... Darauf stand er auf und schüttelte sich ... „Ja, der Rat, den du mir gibst, der befreit mich von der Sorge“ ...

Er hatte aber beide, die von Osten aus Ulster und die von Westen aus Connaught auf denselben Tag bestellt. Die versäumten es nicht; an einem Tag kamen zwei Fünftel Irlands vor den Palast ... Da zogen sie alle in den Palast ein; die eine Hälfte des Hauses erhielten die Connachter, die andere die Ulter. Denn das Haus war nicht klein; es hatte sieben Türen und zwischen je zwei Türen fünfzig Pritschen.

Schon dem Titel der Erzählung ist zu entnehmen, daß man sich in der Anderen Welt befindet, denn der Name MAC DATHO bedeutet Sohn der zwei Stummen, das heißt der zwei Tode. In dieser Welt regiert er mit Hilfe des Hundes, dem Hüter des Totenreiches, des von den Königen begehrten Zerberus. Die 7 mal 50 Lagerstätten sind die 350

Nächte des Mondkalenders, — der kosmogonische Boden, von dem sich die beiden, auf der Suche nach der Macht über das Geheimnis von Leben und Tod befindlichen Heere lösen. Die an der Halle vorbeikamen (die Toten), durften ein einziges Mal aus dem Kessel (der Auferstehung) schöpfen, womit sich ihr Schicksal entschied.

Zur Bewirtung dieser Scharen läßt MAC DATHO das Riesenschwein schlachten, zu dessen Nahrung *sieben* Jahre lang die Milch von sechzig Kühen gedient hatte. Da nun der Eber das Symbol des Oberkönigs ist, wird dieses gewaltige Tier im Verlauf des Kampfes, der um die Zerlegung des Schweines, den ersten Bissen, der dem Helden zusteht, entbrennt, sein Abzeichen sein. Die Auseinandersetzung entscheidet sich zugunsten der Ulter. Deren bester Kämpfer CONAL KERNACH, gegen Speerwürfe aus dem Hinterhalt durch eine Mauer aus aufgerichteten Buckelschilden geschützt, saugt beim Zerlegen des Schweines dessen Schwanz ganz ein. Bei der Verteilung gab er den Connachtern nichts als die beiden Vorderfüße des Schweines, — eine unverzeihliche Herausforderung. Bei dem nun folgenden Gemetzel vernichten sich die beiden Heere gegenseitig. FERGUS (der starke Mann), der Schiedsrichter, reißt mit eignen Händen eine große Eiche (den Baum des Lebens) aus, der mitten im Gehöft stand.

Im Kampfgetümmel läßt MAC DATHO den Zerberus los um zu sehen, für welche Partei sich der Spürsinn des Hundes entscheidet. Er wählt die Ulter und stürzt sich auf die überlebenden Connachter, die er davonjagt. Der Sieg der Ulter scheint gesichert, doch eben nur scheinbar. AILILL und MEDB ergreifen im Wagen die Flucht. Daß der Zerberus sich bei ihrer Verfolgung in der Wagenstange festbeißt und umkommt, bleibt fast unbemerkt. Dennoch, seine „Solarisierung“ ist voll und ganz mißlungen.

Das ist die Erzähltechnik der Barden: Der überreich ausgeschmückte Handlungsverlauf erfährt durch einen möglichst unauffälligen Vorgang, der aber von entscheidender Bedeutung ist, eine überraschende Wendung.

Nach errungenem Sieg nimmt CONCHOBAR mit seinem Wagen quer durch das weite Irland die Verfolgung von AILILL und MEDB auf. Als sie westwärts durch die Heide von Mide kamen, ließ sich FER-LOGA, AILILLS Wagenlenker, ins Heidekraut fallen und sprang auf den Wagen des Verfolgers CONCHOBAR und packte seinen Kopf von hinten.

„Danke mirs, wenn ich dir das Leben lasse, CONCHOBAR!“ sagte er. „Wähle frei“, erwiderte CONCHOBAR. „Es soll nichts Großes sein“, sagte FER-LOGA. „Nimm mich mit nach Emain Macha; und um jede neunte Stunde sollen die mannlosen Frauen von Ulster und die erwachsenen Mädchen ein Lied um mich singen: ‚FER-LOGA ist mein Schatz‘.“

Nun, diese „nicht große“ Sache ist nichts Geringeres als der Sieg des Mondkultes, den FER-LOGA dem CONCHOBAR durch eine List abringt. Tatsächlich gilt der Mond in der Folklore der verschiedensten Völker als der „Gebieter der Frauen“. Das Vorrecht der Mondanbetung wird also noch länger gewährt, — mindestens noch ein weiteres Jahr, denn der Sage zufolge darf FER-LOGA nach Verlauf eines weiteren Jahres über die Luan-Furt wieder zu den Seinen gehen und nimmt als Geschenk von CONCHOBAR zwei Pferde mit goldenen Zügeln mit.

Der Zerberus des MAC DATHO, der sich aus Sympathie auf die Seite der Ulter schlug, mußte seine Wahl mit dem Leben bezahlen. Der Versuch, ihn zu „solarisieren“, war gescheitert. Doch die Sage erfand einen anderen Zerberus, den am meisten gefürchteten, — den Hund CULAN, genannt CUCHULAINN.

In jener Welt, in der sich die Helden- und Königssagen abspielen, reicht die Realität der Personen über ihre unmittelbare Rolle nicht hinaus. MAC DATHO ist nur für die Dauer seiner Figuration in der Legende der König der Anderen Welt; der Hund AILBE ist nur für die Dauer der Unterweisung der Initianten der Zerberus. Das Gleiche gilt im letzten Teil des Sagenkreises vom *Roten Zweig* für CUCHULAINN.

DER HELD CUCHULAINN

In der Gestalt des CuChulainn hat man einen „solaren“ Helden gesehen, nun gut. Doch ohne zusätzliche Besonderheiten kann das Attribut der Solarität für uns heute nichts anderes bedeuten als zu seiner Zeit: eine etwas verschwommene Bezeichnung für die Ausstrahlung und Unerschrockenheit, die ähnliche, aus der gleichen archaischen Vorstellung hervorgegangene Gestalten wie die des Agni der Hindus, des iranischen Ahura Mazdah, der beiden ägyptischen Könige Horus und Ammonn Ra sowie der griechischen Gestalten des Zeus, Herakles und Apollo charakterisierten. Doch welcher Unterschied zwischen diesen solaren Göttern!

Zu Beginn der geschichtlichen Zeit verloren die Beiworte „solar“ und „lunar“ ihre ursprüngliche Bedeutung. Wenn wir uns hier weiterhin dieser Termini bedienen, so geschieht es in Anpassung an eine urtümliche Strömung, die sich bis in unsere Tage in zwei so deutlich erkennbaren Tendenzen erhalten hat, daß man sie als „lunaren“ Romantizismus und „solaren“ Klassizismus bezeichnen kann, und die mit den polaren Schlüsselpositionen unserer Vorväter korrespondieren.

Es geht um die Frage: Wer beherrscht das Seiende, der Geist oder die Natur? Das geniale Individuum (im klassischen Sinn) oder ein nicht personales Mysterium (die romantizistische Auffassung)? Nun, CuChulainn symbolisiert den Einzelmenschen: Allein und von seinem Stamm getrennt, bekämpft er ein ganzes Heer. Nach seinen glanzvollen Siegen erleidet er, den Menschen ähnlich, eine Niederlage. Doch achtgegeben: Sie ist zugleich und vor allem eine Niederlage der von ihm vertretenen Doktrin. Er stellt also kein „menschliches“ Individuum dar, sondern ein inkarniertes Prinzip, das als solches nicht personal ist.

Dieser Begriff einer *nicht personalen Individualität* enthielt für die Griechen einen inneren Widerspruch. In der Tat entspringt diese Vorstellung dem Wesen der keltischen Stammesmentalität, für die der Einzelmensch alles andere als das offensichtliche Schöpfungsziel war.

Hierauf beruht die tragische Rolle des CuChulainn.

GEBURT UND KENNZEICHEN DES CUCHULAINN

DECHTIRE, die Schwester des Königs CONCHOBAR, entwich eines Tages mit fünfzig Mädchen vom Hof von Ulster. Man fand keine Spur von ihnen und suchte sie drei Jahre vergebens. Doch kehrten sie in Gestalt eines Vogelschwarms zurück und richteten auf den Feldern des CONCHOBAR einen solchen Schaden an, daß er neun Wagen anspannen ließ, um sie zu jagen, bis die Nacht hereinbrach.

FERGUS wurde vom König beauftragt, für die Nacht eine Unterkunft zu suchen. In der Dämmerung bemerkte er ein einzeln gelegenes armseliges Haus. In ihm traf er nur einen Mann und eine Frau an. Sie hießen ihn willkommen und luden ihn ein, seine Genossen mit hereinzubringen. FERGUS ging fort, um es zu melden.

Mittlerweile trifft BRICRIU, der andere Bote des Königs ein und sieht statt des armseligen Hauses ein großes schloßartiges Gebäude vor sich. „Vermißt ihr etwas in Emain?“ fragte ihn der Mann. „Allerdings, wir vermissen fünfzig Mädchen seit mehr als drei Jahren“, sagte BRICRIU. „Würdest du sie erkennen, wenn du sie sähest? Sie sind alle fünfzig in meinem Haus, und die hier, die an meiner Seite sitzt, ist ihre Führerin und heißt DECHTIRE. Sie sind’s, die in Vogelgestalt nach Emain Macha geflogen sind, um die Ulter zu veranlassen, hier herzukommen.“ (E. WINDISCH, Irische Texte, Leipzig 1880, Bd. I, S. 140)

BRICRIU (in der Sage der Ränkeschmied) kehrt zu CONCHOBAR zurück, berichtet ihm von seinem Abenteuer und einer „strahlenden und fürstlichen Königin“, die er gesehen habe, verschweigt aber, daß es DECHTIRE, die Schwester des CONCHOBAR ist. Dieser beruft sich auf seinen Königsrang — er ist ja der Gott der Fruchtbarkeit — und verlangt die Frau für die Nacht. Dies wird gut aufgenommen, jedoch ist die Frau schwanger und klagt über Geburtswehen und bittet um eine Frist. Nichtsdestoweniger legt sie sich doch an die Seite des Königs. Als sie am nächsten Morgen erwachen, sehen sie ein neugeborenes Knäblein zwischen sich liegen. Nun gesteht BRICRIU dem CONCHOBAR, daß es das Kind DECHTIRES ist.

Nach diesem rätselhaften Vorgang heiratet DECHTIRE, wieder Jungfrau, ihren irdischen Mann SUALDAIM, dem sie alsbald einen Knaben gebiert. Im Traum indes verschluckt sie eine Wespe, die sich als Gott LUG zu erkennen gibt. Er sei der wirkliche Vater des Kindes. Die Sage bewirkt so eine vierfache Vaterschaft, in die sich der Gott der Anderen Welt (der Bewohner des „Schlosses"), der Gott der Fruchtbarkeit (CONCHOBAR), der solare Ahne (LUG) und der zeitliche Vater (SUALDAIM) teilen.

Das Kind, dem man den Namen SETANTA gegeben hat, sieht ungewöhnlich aus: Sein Haar — an der Haut braun, in der Mitte blutrot, oben Goldgelb — ist in drei Kreisen um seine Nackengrube geschlungen. Ein feiner, mit rotem Gold durchwirkter Purpurfaden windet sich hundertmal um seinen Hals. Auf seinen Wangen sieht man gelbe, grüne, blaue und purpurne Flecken von Flaumhaaren (die Farben der Sonne, des Waldes, des Himmels und der übersinnlichen Welt). Seine Augen haben den Glanz von *sieben* Edelsteinen. An Hand und Fuß hat er *sieben* Finger oder Zehen. (G. MURPHY, Saga and Myth in Ancient Ireland, London 1955, S. 205)

Eines Tages, als der Knabe *sieben* Jahre alt ist, will er sich in die Schmiede (die Andere Welt) des CULANN begeben. Doch ein Ungetüm von einem Hund verstellt ihm den Weg. Da zerreißt der Knabe das Fabeltier in Stücke. Angesichts der Klagen des „Schmiedes" CULANN über den Verlust des Hundes, den er für unersetzlich hält, erklärt sich SETANTA bereit, fortan an Stelle des Hundes (Zerberus) das „Land" zu bewachen. Dieser Legende zufolge, — die eine Rationalisierung der esoterischen Tatsache ist, daß die Wesenhaftigkeit des SETANTA dem Hund entspricht, — heißt dieser von nun an CUCHULAINN, der Hund des CHULAINN (CU CULANN = CULANNS Hund).

Einer der Aspekte des LUG, des Vaters von SETANTA/CUCHULAINN, bestätigt die Kontinuität dieser kanidischen Abstammung. In der Heldensage kommt ein LUGAID oder LUG MAC ETHNENN (oder ETHLENN) vor, der identisch ist mit LUG, dessen Mutter ETHNE war. Dieser LUG hat noch den Beinamen MAC CUINN (Sohn des Hundes), so daß er auch LUG MAC CUINN MAC ETHNENN heißt. (G. MURPHY, Saga and Myth in Ancient Ireland, 1955. S. 205) Auf einer Münze der Petrocori sieht man einen Hund, der seine Pfote auf einen Stierkopf (*buar ainech*) legt, — eine Darstellung, die an den Sieg des LUG über den Stier BALOR erinnern soll (Abb. 140).

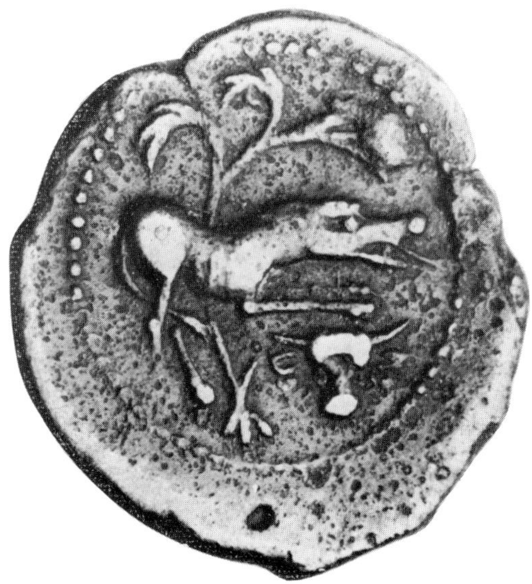

Diese kaniden Formen hält SALOMON REINACH für totemistischen Ursprungs. (S. REINACH, Contes, Mythes et Religions, Paris 1912/13, S. 295.) Doch da man nur mit einiger Zurückhaltung von

Abb. 140: Das Bild des Hundes, der seine Pfote auf das Bukranion legt, soll den Sieg des (kaniden) Lug über Balor (Stier) veranschaulichen. Der Hund hat nur ein Bein (ophidisches Zeichen); die drei anderen sind gebrochen bzw. unklar belassen, eine Anspielung auf den schlangenfüßigen Hund.

einem „indo-europäischen“ Totemismus sprechen dürfte, halten wir uns lieber an den Symbolgehalt, an den Hüter der Anderen Welt. CuChulainn wird seinem wahren Namen zufolge der Avatar des Wolf-Gottes der Toten sein, der mit jener Wölfin, deren Söhne die Römer sind, entfernt verwandt ist.

DIE KONVULSIONEN DES CUCHULAINN

„. . . Da kam die erste Wutverzerrung über CUCHULAINN und er machte etwas Entsetzliches, Vielgestaltiges,, Wunderbares, Unkenntliches aus sich:

Seine Beine zitterten unter ihm, gleich einem Balken oder einer zarten Binse gegen die Strömung, wie auch jedes Glied und jedes Gelenk und jede Spitze und jede Körperfuge von ihm und alle seine Teile vom Scheitel bis zur Erde. Vor Wut drehte sich sein Körper in seiner Haut, so daß seine Füße und Knie nach hinten, seine Waden und Fersen nach vorne schauen und die riesigen Muskeln wie Kriegerfäuste auf seinen Schienbeinen liegen. Die Adern seines Scheitels sammeln sich in der Größe von Kinderköpfen in seiner Nackengrube.

Das eine Auge schluckt er ein, daß es kaum ein Kranich in seiner Wange erreichen könnte, das andere springt außen auf die Wange vor. Bei der Verzerrung seines Mundes löst sich die Wange von der Kinnbacke, so daß sein Schlund sichtbar wird. Seine Lunge und seine Leber flattern in seinem Mund und Schlund. Schlägt er die Kinnbacken zusammen, so fährt ihm Feuer aus dem Hals in den Mund. Das Pochen seines Herzens ist wie das Gebell eines Schlachthundes oder das Brüllen des Löwen . . .

Sein Haar sträubt sich so, daß Äpfel darin stekken bleiben würden. Aus seiner Stirn steigt der „Krieger-Mond" auf, so dick wie ein Schleifstein und so lang wie seine Nase. Hoch wie ein Mastbaum schießt ein Strahl braunen Blutes aus seinem Scheitel und bildet einen dunklen Zaubernebel."

(R. THURNEYSEN, Die irische Helden- und Königssage bis zum 17. Jh., Halle 1921, S. 180—181)

Mit sieben Jahren entwickelt CUCHULAINN bereits eine Glut wie ein lebendes Kohlenbecken; er strahlt eine solche Hitze aus, daß sein Blutdurst, als er sich nach seinem ersten Sieg an der Grenze von Ulster der Stadt nähert, die Einwohner zu verbrennen droht, die ihn vor den Toren erwarten. Um seine verheerende Kampfeslust zu besänftigen, schickt man ihm hundertfünfzig nackte Jungfrauen aus der Stadt entgegen. Vor ihnen senkt er den Blick.

Um seine Hitze abzukühlen, taucht man ihn nacheinander in drei Fässer voll kalten Wassers. Im ersten verdampft das Wasser sofort, als hätte man einen weißglühenden Ofen hineingeworfen; im zweiten wirft es noch faustgroße Blasen, im dritten erst wird es nur mäßig warm.

So war es um den übermenschlichen CuChulainn bestellt, von dem das Schicksal des Sonnenkults abhing, und ebenso um den Sonnenkult selbst, der durch die Wahl dieses seines Verfechters restlos in diese Kraftprobe verstrickt war.

DER PAROXISMUS DES SONNENKULTES

Mit dieser apokalyptischen Vision der Verzerrungen des CuChulainn erreicht die keltische Mythologie einen Höhepunkt. Man beginnt die emotive Natur der Götter wahrzunehmen: übernatürliche Gefühlsbewegungen, aus denen die Schöpfung hervorging. Diese Mythologie zwingt uns auch, uns von der klassischen Gottesvorstellung zu lösen, deren Kriterium zu allen Zeiten auf der personalen Unsterblichkeit beruhte. Die Götter der Kelten sind nicht unsterblich; nur die Prinzipien, die sie vertreten, sind ewig. Gott und Held werden eins, und damit verlieren alle Diskussionen darüber, ob CuChulainn ein Gott oder nur ein Held war, ihren Sinn. Noch nie war eine mythische Person in solchem Ausmaß Naturkraft und damit menschlichen Bitten und Wünschen weniger zugänglich. Das solare Prinzip enthüllt schließlich seine negative Seite, bringt nicht nur belebende, milde Wärme, sondern zeigt auch seinen erschreckenden Aspekt, ist kochender Vulkan, der alle Verbindungen zum Menschen abbricht.

In anderen Szenen ist CuChulainn Kämpfer, Dichter oder Liebender und erweist sich als mutig, geistig, liebenswert und galant. Aber in dem soeben gezeigten Bild ist davon nichts zu spüren. Die Gefühlsbewegung dauert endlos an, was nur ein Symbol verdeutlichen kann, und sei es nur ein einfaches Rad, jenes Attribut des „Gottes mit dem Rad".

Seine Zuckungen evozieren nicht den heiteren Himmel oder das weite Meer, vielmehr Orkane und Sturmflut. Die Wut dieses jugendlichen Naturgottes übersteigt alle menschlichen Maßstäbe; sie ist eine vorzeitliche Emotion, ist von einer ins Überwirkliche gesteigerten Dynamik.

Da hier die Grenze des Vorstellbaren erreicht ist, wird das Entsetzen vor dem Bild der zerstörerischen „solaren" Macht unerträglich, obwohl die Kelten es selbst geschaffen haben. Das ersehnte Gleichgewicht beginnt sich gefährlich nach einer Seite hin zu verlagern. Der Tod erhält das Übergewicht über das Leben, — eine unhaltbare Vorstellung. Sie beginnt den Glauben an die ewige Wiederkehr, dem die Kelten (im glückhaften Verständnis) anhängen, zu kompromittieren.

EINER MACHTPROBE ENTGEGEN

Während sich das Interesse aller auf die mit solarem Ruhm besetzte Gestalt CUCHULAINN richtet und sie zum Muster kriegerischer Tugenden und zum „Volkshelden“ macht, erwartet der passive Boden, der sich unter dem gestirnten Himmelsgewölbe ausbreitet, die Stunde seiner Rehabilitierung. Nur der langsame Verfall der solaren Götter und ihrer Stämme, das heißt eine Anhäufung von schweren Verfehlungen kann sie herbeiführen. Von einem derartigen unverzeihlichen Unrecht wird in der Geschichte *Warum Usnechs Söhne außer Landes zogen* berichtet: CONCHOBAR sichert den drei jungen Männern, die das Land verlassen hatten, um seiner Rache zu entgehen, zu, daß ihnen nichts geschehen werde, wenn sie zurückkämen. Sie kehren heim und gehen ihm damit in die Falle. CONCHOBAR verstößt nun gegen das heilige Gesetz des gegebenen Wortes und läßt alle drei umbringen, — ein Beispiel für die Dialektik der Barden: Sie entehrten CONCHOBAR, disqualifizieren ihn als Gott und mit ihm den solaren Kult.

Da die Kelten in Ehrensachen keine Nachsicht kannten, konnte diese Schurkerei des CONCHOBAR nur zu dem Netz noch beitragen, das sich um den Sonnenkult und schließlich auch um CUCHULAINN zusammenzog. Auch er sollte in dem allgemeinen Umsturz untergehen. Um die Ausmaße dieses Untergangs zu erhöhen, werden seine hervorragenden Eigenschaften von Episode zu Episode verherrlicht.

Hinter den Scharmützeln der Vorposten streben zwei ineinander verschränkte Handlungsabläufe der Lösung entgegen: der eine spielt sich auf sichtbarem menschlichen Plan in Gestalt zweier sich bekämpfender Heere ab, der andere auf übermenschlicher, übergeordneter Ebene. Hier sind es zwei Stiere, die miteinander kämpfen, ein solarer und ein lunarer.

Daß man zwei Stiere wählte, hat einen tieferen Sinn: Die Ulter stammten von RUDRAIGE, dem Sohn des PARTHOLON ab, in dem wir eine Stiergottheit erkannten; die Connachter lassen als Angreifer eine andere Abstammung vermuten. Zu Anfang gab es nur einen Stier, RUDRAIGE, dessen Avatar (Inkarnation) BALOR — Sohn von „Stierhaupt“ und Anführer der Fomori — geworden war. Als LUG ihn in der zweiten Schlacht bei Mag Tured niederschlug, ging seine taurische Sakralität auf diesen, seinen Besieger über, und von ihm auf die Ulter, vor allem auf CUCHULAINN. Die Connachter, Erben der Fomori, versuchten sie zurückzugewinnen. Der erste, in der Geschichte vom *Schwein des Mac Datho* geschilderte Versuch schlug fehl. Weder der Zerberus noch der Eber vermochten eine Entscheidung herbeizuführen. Indem man den Stier zum Schiedsrichter des entscheidenden Kampfes machte, mußte man ihn seiner Sakralität entkleiden und ihn sich vor allem in zwei spalten lassen, um diesen Zweikampf — eine Art Gottesurteil — zu rechtfertigen und ihn gegen menschliche Einmischung zu schützen.

Eine spätere Erzählung, die Geschichte von den *Abenteuern der zwei Schweinehirten,* kann dazu dienen, die religiöse Bedeutung der zwei Stiere verständlich zu machen:

BODB, König der Elfen von Munster, und OCHALL, König der Elfen von Connaught, zwei gute Freunde, besaßen jeder eine Schweineherde, die sie gemeinsam weideten. Und auch die zwei Schweinehirten FRIUCH und RUCHT waren Freunde. Böswillige stifteten Unfrieden zwischen ihnen, und unter den Freunden kam es zu Feindseligkeiten. Als ihre Kräfte erschöpft waren, verwandelten sie sich in Raubvögel und bekämpten sich weiter, indem sie unbarmherzig aufeinander einhackten. Dann werden sie zu Wassertieren und zerfleischen sich gegenseitig. Nach verschiedenen anderen Verwandlungen, während derer sie fortgesetzt miteinander kämpfen, werden sie zu zwei Drachen, so daß das Volk bei ihrem Anblick vor Schrecken das Zeitliche segnet. Schließlich verwandeln sie sich in Würmer und ziehen sich in zwei Quellen zurück, der eine in eine Quelle in Connaught, der andere in eine von Ulster. Eines Tages werden die beiden Würmer, der eine in Connaught, der andere in Ulster, jeder von einer Kuh getrunken, die dadurch trächtig wird; die beiden Kühe bringen jede einen Stier zur Welt, — der eine im Westen ist ein weißhorniger, der andere im Osten ein Brauner. Zwischen ihnen wird in Irland ein großer Kampf entbrennen.

Diese Sage hat einen vierfachen Sinn: 1. Die sakrale Geburt der von Würmern abstammenden Stiere verweist auf den Schlangengott (Abb. 126/S. 226). 2. Der Bruch in der „Freundschaft“ der

beiden Schweinehirten, der sich zwischen ihnen und den „zusammen“ weidenden Herden manifestiert, bedeutet die Zweiheit, die aus dem Einen hervorgeht. 3. Der künftige vernichtende Kampf zwischen den beiden Stieren geht aus dem auf allen Stufen der Metamorphose bestehenden Antagonismus hervor. 4. Es verwandeln sich lediglich die Schweinehirten; die Schweine bleiben stets präsent und erbringen im Rahmen des Mythos den Beweis für die Legitimierung der Stiere: der Eber (hier die Schweineherden) ist das Symbol des Königs.

In der Ikonografie wird dieser Dualismus häufig dargestellt, sei es durch zwei Tiere gleicher oder unterschiedlicher Gattung, sei es durch Fantasietiere bis hin zur Abstraktion (Abb. 155 bis 157).

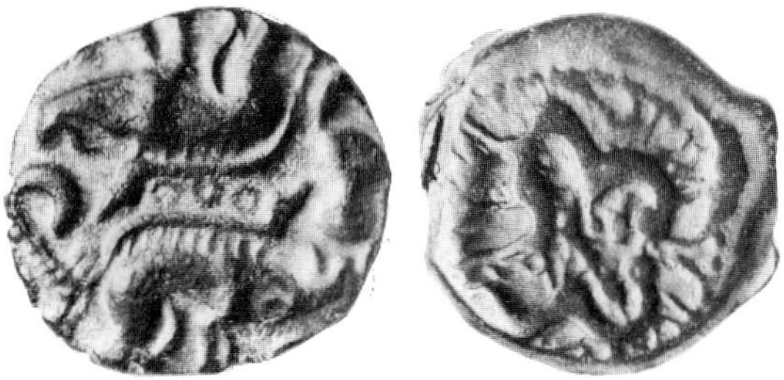

Eine frühere, abweichende Version der hier angeführten Geschichte mit den Schweinehirten und der Abstammung der Stiere finden wir in der folgenden Sage von NERA.

Hier sehen wir drei Versionen des keltischen Dualismus. Was die Polarität betrifft, ist jede Erscheinung implizite dualistisch. Außer dem natürlichen Antagonismus der Geschlechter, wohnt den gleichen Gattungen noch dieser übliche Dualismus inne. Die divergierenden Varianten werden dies bezeugen:

Abb. 155: Auf gegenüberliegenden Feldern wenden sich zwei Eber den Rücken zu. Auf den Rückenborsten eines jeden kriecht eine Schlange. Dazwischen, in der Mitte, drei Kreise.

Abb. 157: Zwei stilisierte Schlangen in wütendem Kampf, von Strahlen umgeben, die zum Teil aus Fruchtbarkeitsmotiven, Stengeln mit Kugeln, bestehen.

Abb. 156/S. 267: Zwei schlangenfüßige Stiere, die einander bekämpfen. Im Zentrum das Ei.

DIE ABENTEUER DES NERA

Echtre Nerai nach Mss. EGERTON 1782, fo. 71 b; nach R. THURNEYSEN, Die irische Helden- und Königssage bis zum 17. Jh., Halle 1921, S. 311—317:

AILILL und MEDB mit ihren Leuten sind in der Nacht vor *samuin* in ihrer Festung Cruachain, und man kocht ihnen das Essen. Am vergangenen Tag hatte man zwei Gefangene gemacht. AILILL verspricht dem ein Geschenk nach seiner Wahl, der dem einen der Gefangenen im Richthaus ein Weidenband ums Bein schlinge.

In dieser Nacht ist es dunkel und grausig, so kehren alle binnen kurzem unverrichteter Dinge ins Haus zurück. NERA aber sagt: „Ich werde gehen, ich will den Lohn." Er bewaffnet sich und geht zu den Gefangenen. Dreimal fällt ihm der Panzer ab. Da sagt der eine Gefangene zu ihm, er werde nur halten, wenn er den richtigen Nagel durchstecke. Daraufhin steckt NERA einen Nagel in den Panzer. Der Gefangene bittet ihn, da er durstig gehenkt worden sei, ihn auf dem Rücken zum nächsten Haus zu tragen, damit sie zusammen trinken könnten.

Aber dieses Haus sehen sie von einem Feuersee umgeben. Der Gefangene erklärt, dort nicht trinken zu können, denn es würde nicht brennen, wenn es nicht an Wasser mangelte. Um das nächste Haus sehen sie einen Wassersee. „Gehen wir nicht in dieses Haus", sagt der Gefangene, „dort läßt man nie den Rest des Wasch- und Badewassers oder den vollen Spüleimer über Nacht stehen. Gehen wir zu einem anderen Haus." Erst beim dritten Haus sagt der Gefangene: „Hier möchte ich trinken", denn hier stehen die Zuber und Kübel noch voll Waschwasser. Er trinkt daraus, spritzt aber den letzten Schluck den Hausbewohnern ins Gesicht, so daß sie alle sterben.

Daraufhin führt NERA ihn wieder ins Richthaus zurück und begibt sich zurück nach Cruachain. Da sieht er, daß der Hügel vor ihm verbrannt ist und bemerkt einen Haufen von abgeschlagenen Köpfen. Es sind die Köpfe der Seinen. Auf der Anhöhe waren noch Krieger. Er folgt diesem Heer in die Höhle von Cruachain. Der letzte Mann sagt zu NERA: „Es ist ein Mann auf unserer Spur."

„Um so schwerer ist die Spur", erwidert der nächste, und einer gibt dem anderen den Spruch weiter.

Als NERA mit den anderen in das *sid* von Cruachain eingetreten ist, zeigt er dem König des *sid* (BRION) die Köpfe. „Was habt ihr dem Mann getan, der mit euch gekommen ist?" fragte jener. „Er möge zu mir kommen, daß ich mit ihm sprechen kann", sagte der König. NERA nähert sich ihm und der König fragt: „Wer hat dich mit den Kriegern ins *sid* geführt?" Ich bin in Begleitung des Heeres gekommen", sagt NERA. „Gehe in jenes Haus", sagt der König, „dort wohnt ein Weib ohne Mann, die dich gut aufnehmen wird. Sage ihr, daß ich dich geschickt habe, und bringe mir täglich eine Last Brennholz."

Das geschieht. Täglich trägt NERA eine Last Brennholz zum Haus des Königs. Und täglich sieht er einen Blinden mit einem Lahmen auf dem Rükken aus dem Haus, dem *sid* des Königs kommen. Sie gehen bis zur Mauer, die vor dem Haus steht. „Ist es noch da?" fragt der Blinde. „Gewiß ist es da", antwortet der Lahme, „gehen wir hinein."

NERA fragt die Frau: „Warum gehen der Blinde und der Lahme immer zu dieser Mauer?" „Sie sehen nach dem goldenen Diadem, das in der Mauer ist", sagt die Frau, „nach der Krone des Königs BRION, die hier verborgen ist." „Weshalb gehen sie zu zweien?" fragte NERA. „Ganz einfach", sagte die Frau, „der König hat sie zu diesem Amt bestellt und sie zu diesem Zweck geblendet und gelähmt."

„Komm also her", sagte NERA zu der Frau, „sage mir, was du von meinen Erlebnissen hältst." „Was willst du wissen?" entgegnete die Frau. „Ganz einfach, als ich in das *sid* ging, glaubte ich, die Festung Cruachain sei zerstört und AILILL und MEDB wären mit all ihren Leuten getötet worden." „Das trifft nicht zu", sagte die Frau. „Das Erschlagen der Insassen von Cruachain war nur Blendwerk. Aber es wird wahr werden, wenn du die Deinen nicht warnst. Begib dich zu ihnen; sie sitzen noch um denselben Kessel beisammen, und das Essen ist noch nicht einmal vom Feuer genommen." Er jedoch glaubte, daß er drei Tage und Nächte im *sid* zugebracht habe. „Sag ihnen", fügte die Frau hinzu, „sie sollten vor dem nächsten *samuin* (dem Totenfest) auf der Hut sein und das *sid* vorher vernichten. Es ist AILILL und MEDB verheißen, das *sid* zu zerstören und BRIONS Diadem zu erbeuten. Ich bin schwanger von dir und werde dir einen Sohn gebären. Ehe deine Leute heranziehen, das *sid* zu zerstören, lasse mich's wissen, damit ich deine Leute und dein Vieh hinausbringe."

Der heimgekehrte NERA findet in der Tat seine Genossen um denselben Kessel; er erstattet Bericht, erhält das Schwert und bleibt ein Jahr bei ihnen. Dann heißt ihn AILILL ins *sid* zurückkehren, um sein Vieh und seine Leute herauszuholen.

Dort begrüßt ihn das Weib und zeigt ihm seinen inzwischen geborenen Sohn und läßt ihn wieder Brennholz tragen; ein Jahr lang habe sie das selber besorgt und vorgegeben, er sei krank. Der König zeigt sich erfreut über NERAS Genesung, sagt aber, er sei böse, daß die Frau bei ihm geschlafen habe, ohne ihn zu fragen. „Wie du es willst, soll es geschehen", antwortete NERA. „Ich werde Nachsicht üben", sagt der König. Die Frau bittet NERA, an diesem Tag seine Kühe selber zu hüten. „Eine von ihnen habe ich deinem Sohn gleich nach seiner Geburt geschenkt", sagte die Frau. Und an diesem Tag geht NERA mit seinen Kühen.

NERA schläft aber beim Hüten ein, und die MORRIGAN treibt die Kuh seines Sohnes weg und läßt sie durch den Braunen Stier CUALNGE im Osten bespringen.

Als NERA abends mit seiner Herde zurückkehrt, sagt er ihr, daß die Kuh seines Sohnes fort sei. „Ich habe nicht daran gezweifelt, daß du diesen Weg entlang kommen würdest", sagte die Frau, „denn die Kuh ist auf ihm zurückgekehrt." „O Wunder, wo kommt diese Kuh her?" „Sie kommt von CUALNGE, dem Braunen Stier, der sie besprungen hat", antwortete die Frau. „Doch gehen wir jetzt und lassen wir deine Krieger kommen."

Denn der Heereszug ist das Jahr über unmöglich, nur am *samuin*, dem Totentag, sind stets alle *sid* geöffnet. Er kommt zu AILILL und MEDB zurück und berichtet, er sei in schönen Ländern gewesen mit herrlichen Schätzen, Kleidung und Nahrung, doch in der nächsten *samuin*-Nacht drohe ihnen allen von dort der Untergang, wenn sie sich nicht vorbereiteten. AILILL erwidert, sie würden bestimmt gegen sie kämpfen.

Und nach einem Jahr, drei Tage vor *samuin*, schickt er NERA ins *sid*, er solle sein Vieh vorher herausholen. Als der junge Stier, das Kalb von AINGENS Kuh (AINGEN war der Name seines Sohnes, und AINGENI der Name der Frau), aus dem *sid* kommt, brüllt er dreimal. „Ich liebe das Kalb nicht, das auf der Ebene von Cruachain brüllt ..." sagt FERGUS.

Also treffen der junge Stier und der Weißhornige auf der Ebene von Cruachain zusammen und kämpfen einen Tag und eine Nacht miteinander, bis jener unterliegt. „Was hat der junge Stier gebrüllt?" fragt MEDB ihren Hirten BUAIGLIU. „Dies hat er gesagt", antwortet BUAIGLIU. „Der Weißhornige sei gekommen, gegen ihn zu kämpfen. Er habe ihn auf der Ebene gesehen."

Nun schwört MEDB bei den Göttern ihres Stammes: „Ich werde mich nicht auf Flaum oder Polster legen, ich werde nicht schlafen, ich werde weder Milch trinken noch essen, ich werde weder rotes noch weißes Bier trinken und mich nicht pflegen, bis nicht jene beiden Stiere vor meinen Augen miteinander kämpfen."

Daraufhin ziehen die Connachter mit dem schwarzen Heer der Verbannten (FERGUS) in das *sid* ein, zerstören und plündern es und nehmen alles an sich, was sie dort finden. So erbeuteten sie BRIONS Krone. NERA mit seinen Angehörigen blieb aber im *sid* und wird bis zum jüngsten Tag nicht herauskommen.

DER „BETRUG“ DER MORRIGAN. DIE DEUTUNG DER SAGE VON NERAS ABENTEUERN

Wir verfügen nun über eine ganze Anzahl von Elementen und können den Versuch wagen, die dunklen Vorgänge um die Hauptpersonen der Handlung zu enträtseln. Sie haben übrigens selbst eine Signalwirkung. Ihr paradoxes Verhalten fordert den Leser des 20. Jahrhunderts ebenso heraus, nach dem verborgenen Sinn zu suchen, wie einst die keltischen Zuhörer.

Das „Kochen der Nahrung“, eine königliche Funktion, ist ein Bild, das uns nicht weiterhelfen würde, lieferte nicht der heilige Kessel den Schlüssel; er macht AILILL und MEDB zu Fruchtbarkeit spendenden Gottheiten, deren lunare Natur schon in der Geschichte vom Schwein des MAC DATHO zu erkennen war. In diesem Licht aber wird aus dem am Vortag ergriffenen „Gefangenen“ ein feindlicher, fraglos solarer Gott, dessen Ergreifung die Übertragung seiner Sakralität auf den Eroberer garantiert.

Dieser Sieg ist indes ohne die Hinrichtung des Gefangenen nicht vollständig. Es ist das um seinen Fuß zu schlingende „Weidenband“, mit der sie vollzogen wird, dem fürstlichen Lohn nach zu urteilen, den der erhalten soll, der es zustande bringt. Das goldene Schwert, das sich NERA verdienen will, ist das königliche Fruchtbarkeitssymbol. Es hat die gleiche Bedeutung wie das Schwert des TETHRA, des Königs der Fomori, Beute der heliakischen Götter, und ebenso das zerbrochene Schwert des Königs in der Gralslegende. Schon allein durch das Versprechen des Schwertes ist NERA zum Träger der Fruchtbarkeit auserkoren.

Das alles für ein „Weidenband“! Hier figuriert der Teil für das Ganze: das Band bezeichnet nicht nur das Gestell aus Weiden, in dem die Menschenopfer verbrannt wurden, sondern den Tötungsakt selbst, zumal die Gefangenen nicht lediglich einen Teil, sondern die Gesamtheit der Sakralität der gegnerischen Götter repräsentieren.

Indem NERA den Gefangenen auf den Rücken nimmt — ein weiteres Paradoxon — enthüllt er sich als „Pferd“, und sein „Panzer“ ist der Harnisch. Daß der Panzer dreimal abfällt, und der

Gefangene selbst mit dem Rat hilft, ihn gut zu befestigen, beweist, daß der Gefangene auf einem anderen Kampfplatz zum Angriff vorgehen wird, nicht auf dem der kriegerischen Gewalt.

Nera trägt ihn zu einem von Feuer umgebenen Haus, dann zu einem von Wasser umgebenen, und schließlich zu einem dritten, in dem die beiden vorigen zu einem zugleich belebenden und vernichtenden Zaubertrank, ähnlich dem Elixier der Keridwen, verbunden sind. Dieses „flüssige Feuer" ist auch das übliche Thema jener Sagen, in denen der Bewohner eines brennenden Hauses in einem Gefäß mit „Wasser" untertaucht; er ist auch der „zündende Hauch" des Aillen, der den Königssitz Tara in Schutt und Asche legt (S. 292).

Diese Voraussetzungen der Erzählung liefern uns eine Aufstellung der Symbole und führen in eine Phase des Kampfes um die Vorherrschaft zwischen Sonne- und Mondkräften ein. Ailills günstige Position, dann sein Rückschlag, da er nicht imstande ist, den Feind zu „fesseln", und schließlich seine Schlappe, der tödliche Hauch, läßt Nera glauben, daß all die Seinigen umgekommen seien.

Nera bekommt ihn selbst zu spüren: die Landschaft hat sich verändert, der Hügel ist verbrannt. Ein Haufen abgeschnittener Köpfe verkündet, daß er sich, von den Schatten gedrängt, dem *sid* der solaren, nunmehr chtonisch gewordenen Götter nähert. Da er aufgrund seiner „pferdhaften" Natur der Fährmann der Seelen, Geleiter der Toten ist, wird er vom König aufgenommen und muß ihm, ein Gefangener, jeden Tag ein Bündel Brennholz (tote Zweige), das heißt Tote bringen.

Die beiden Personen, die besondere Aufmerksamkeit erregen, der *Blinde* und der *Lahme,* wachen über die Königskrone. Der Blinde, der wie Nera einen Mann auf dem Rücken trägt, ist ebenfalls ein Pferd. Seine Blindheit macht ihn zum „Pferd der Nacht" (kelt. = *marc,* Engl. = *nightmare,* deutsch = *Nachtmahr,* franz. = *cauchemar*). Der Lahme (der Mann ohne Fuß) ist eine Anspielung auf die Schlange (Abb. 141). Diese

beiden Figuren werden zu Nera in Parallele gesetzt, der mit einer dem gegnerischen Kult entsprechenden Funktion ausgestattet wird. Die „Krone" erhält also ein Gegengewicht.

Auf diese Weise vorbereitet, gehen wir zum Initiationsthema über, dessen Träger Aingen, der Sohn Neras ist. Zunächst muß man festhalten, daß den mythischen Regeln gemäß die Zuordnung der Kuh zum Neugeborenen, der sie „gleich nach seiner Geburt" geschenkt bekommt, die typische Formel für eine Identifikation von Mutter — Kuh und Sohn — Jungstier ist. Die Sage bedient sich der List der Göttin Morrigan (die stellvertretend für die Mutter steht und den Braunen, den Stier-Vater aus Ulster, an die Stelle des Nera, des lunaren Pferd-Vaters treten läßt), um die hiero-

Abb. 141: Der ophidische Reiter schwebt über dem Reittier. Seine zu kurze Hand berührt in S-Form die Mähne, sein Bein ist ein Stumpf. Aus dem Mund des Pferdes tritt der „Odem", unter dem Pferd liegt eine Harfe: eine Illustration der Episode vom „Blinden" (das Pferd der Nacht), der den „Lahmen" (die Schlange) auf dem Rücken trägt, denen Nera in der Sage begegnet.

phanische Geburt des Jungstiers zu korrigieren, indem sie die lunare Konzeption NERA-Pferd durch die solare Konzeption Brauner-Stier zu ersetzen (beziehungsweise zu verdoppeln) sucht (Abb. 142).

Der verborgene Sinn dieser Verflechtung ist folgender: durch seinen Vorangang hatte der Mondkult die Sakralität der durch NERA vertretenen befruchtenden Macht. Der Braune Stier ist im Gegensatz zu den *Zwei Schweineherden* profaner Natur — ein Parvenü. Damit er heilig wird, muß er an der Empfängnis des Jungstieres teilhaben; dies geschieht, indem er sich mit NERA in die Vaterschaft teilt, der, um das zu ermöglichen, ins *sid* gelockt wird. Der Mythos wiederholt hier die Initiation in die Verwandtschaft Pferd-Stier, der wir bereits anläßlich der Invasion des PARTHOLON begegnet sind, als RUDRAIGE-Stier als Sohn des PARTHOLON-Pferd auftrat.

Allein die exemplarische Geburt des Jungstiers im *sid* kann dem Vater, dem Braunen Stier, durch den Effekt der Rückwirkung die notwendige sakrale Qualifikation geben. So wird er rechtskräftig gegen das Weißhorn, den Connachter Stier, in der folgenden Geschichte von der „Razzia" in Cualnge kämpfen können, wo diese beiden als Gegner auftreten werden. Damit haben wir der „Solarisation" des lunaren Stiergottes oder genauer gesagt der Weihung des solaren Stiers (Abb. 143/ S. 274) beigewohnt.

Der Kampf ist damit nicht beendet. Im Gegenteil, alles steht wieder auf dem Nullpunkt. Die Erzählung schließt mit dem gleichen Unentschieden, mit dem sie begann: AILILL bemächtigt sich des *sid*, NERA läßt sich darin nieder, doch der solare Stier stellt (durch seine in der Sage mit dem „Gefangenen" identisch gewordene Funktion) das Gleichgewicht zwischen Sonne- und Mondkult wieder her. Aber nur scheinbar. Wir haben bereits auf die beabsichtigte Diffamierung des Gegners durch Verwicklungen hingewiesen, die ihn emotional gesehen disqualifizieren sollen. Nun, Betrug ist in den Augen der Kelten etwas Ungerechtes und Unzulässiges: ein weiterer Schatten ist auf die Reinheit des Sonnenkultes gefallen.

Nicht nur über die richtige Lesart der Sagen, auch über gewisse Wendungen im Text müssen wir uns klar werden. Auffallend ist das Fehlen jeder „menschlichen" Reaktion. Sie wird durch externe Entscheidungen ersetzt, denen zufolge die Akteure spontan handeln. „Ich werde gehen", sagt NERA, weil er den Lohn will. Doch ist hier weniger sein materielles Interesse bestimmend; denn er fühlt

Abb. 142: Der androcephale Hengst (Nera), über ihm die Adler-Mutter, darunter ihr „Sohn", das Stierlein. Aus dem durch das Kreuz mit den vier Kugeln gekennzeichneten lunaren Vater geht ein aus Perlen gebildetes sackförmiges Motiv, die Matrix hervor, das sich zur heliakischen Mutter in Adlergestalt hinauf erstreckt. Der solare Charakter des Jungstiers wird durch das Dreieck, auf dem er steht, gekennzeichnet.

Abb. 143/S. 274: Pferd und Hirsch kämpfen miteinander um die Macht über das Geheimnis des Ursprungs, das durch das Ei in der Matrix zwischen ihnen versinnbildlicht wird. Darunter: bovidenartige, quasi heraldisch dargestellte Beine scheinen sich auf den Kampf der Stiere zu beziehen. Die beiden in umgekehrter Richtung fliegenden Pfeile sprechen zugunsten dieser Annahme. Das Vorgeschichtliche der Szene bringen ringsum die ophidischen Einrollungen und Spiralen zum Ausdruck.

sich zum Handeln gedrängt, ohne zu wissen, worin der Lohn besteht. Die Sache selbst ist es, die ihn reizt.

Sein Eindringen ins *sid,* die Frau, die sich seine Sache zu eigen macht, der Angriff AILILLS, der Kampf der Stiere, der Schwur der MEDB werden ebenfalls von einem verborgenen Willen gesteuert, der allein den Sinn der Verflechtungen kennt. Dieser Regisseur ist es, der die Parallelität der Handelnden bestimmt: zwei Väter, zwei Mütter, zwei aufeinander bezogene Söhne.

NERA ist lunaren Ursprungs, die Frau dagegen solaren; nichtsdestoweniger verbindet sie sich mit ihm, und wie es scheint, nicht aus Liebe, sondern aufgrund einer Prophezeiung. Sie identifiziert sich mit ihm, indem sie während seiner Abwesenheit „auf ihrem Rücken" dem König die Holzlast bringt. Obwohl sie es ihm zur Aufgabe macht, das *sid* zu zerstören, vermag sie an ihrer eigenen Rolle nichts zu ändern, die darin besteht, Gebärerin des solaren Jungstiers zu werden.

Die Personen scheinen vom Geschehen um sie her zu wissen, wie auch nicht zu wissen. Der König tadelt seine Frau (die er dennoch an NERA abgetreten hat), daß sie mit ihm geschlafen habe, ohne ihn um Erlaubnis zu bitten. Er sagt NERA Nachsicht zu (weil er seine Vaterschaft zur Verfügung gestellt hat?) und NERA versichert ihm: „Wie du es willst, soll es geschehen" (die Solarisierung des Kalbes). Das alles sind Hinweise für Initianten.

Raum ist auch für die Mahner: CUCHULAINN erscheint, um nach vollendeter Tatsache die Empfängnis der Kuh zu verteidigen; FERGUS verläßt das solare Lager der Seinen und geht ins gegnerische über, ohne deshalb zum Verräter zu werden.

Das Irrationale wird an seine äußersten Grenzen getrieben; Entfernungen und zeitliche Dauer lösen sich auf. Zwischen der Festung und ihrem Richthaus erstreckt sich die Andere Welt. NERA findet bei seiner Rückkehr die Seinen noch um den gleichen Kessel versammelt „und sein Inhalt (die Fruchtbarkeit) war noch nicht einmal vom Feuer genommen."

Durch Entpersonifizierung und Entmaterialisierung verliert die Realität die vertraute Substanz. Das Mysterium besteht nicht mehr in einem geheimnisvollen Umstand in einer objektiven Welt, vielmehr wird diese Welt Fiktion und das Mysterium erweist sich als die einzige Realität. Und das *sid* zeigt sich als nichts anderes als das Vorzimmer eines rätselhaften, unzugänglichen Bereichs.

In der Ikonografie werden diese Personen durch das Pferd (NERA), auf dem der Geier (AINGENI) sitzt, dargestellt; unter ihnen AINGEN, das Stierlein (Abb. 142/S. 276, Legende S. 273). Das Bild ist eine Illustration, wenn nicht der Sage, so doch des gleichen esoterischen Themas, das die Elemente Wasser-Feuer-Luft miteinander verknüpft, die in Pferd, Stier und Vogel impliziert sind.

DAS WEGTREIBEN DER RINDER VON COOLEY

TAIN BO CUALNGE

Nach E. Windisch, H. Arbois de Jubainville und R. Thurneysen:

Der entscheidende Krieg brach schließlich zwischen den Königen von Connaught und Ulster aus. An die spezielle Erzähltechnik der Barden, an ihre Manier, die großen religiösen Umschwünge, die sich hinter den Intrigen verbergen, zu minimalisieren und die Aufmerksamkeit von ihnen abzulenken, nunmehr gewöhnt, wird es uns nicht überraschen, daß diesem 2000 Zeilen langen Meisterwerk des *Roten Zweiges* eine dürftige Version dieses Kampfes zugrunde liegt, der bestenfalls als Raubzug bezeichnet werden könnte.

In einem „Kopfkissengespräch" machen Ailill und Medb, das Königspaar von Connaught, eine Art Inventur: Jeder rühmt sich der fabelhaften Reichtümer, die er in die Ehe eingebracht hat. Die Gleichheit der Beiträge wäre vollkommen, gäbe es nicht den Weißhornigen, den berühmten Stier, der dem König gehört. Ihm kann die Königin kein Äquivalent entgegensetzen.

Um dieses Manko auszugleichen, schickt die Königin Kundschafter aus, die nach einem ähnlichen Tier suchen sollen. Sie entdecken schließlich den Braunen, den „Wunder"-Stier, der einem Bewohner von Ulster gehört. Da er sich weigert, ihn zu verkaufen, beschließt Medb, ihn ihm mit Gewalt zu entreißen. Daraufhin rüstet sich das Heer von Ulster sofort zur Verteidigung.

Das Ganze ist eine Verkleidung. Die wahre religiöse Bedeutung des Konflikts bleibt weitgehend verborgen, damit auf niederem Plan die ruhmreichen Waffentaten allein CuChulainn zufallen.

Ist es nicht auffällig, daß die Feindseligkeiten im Herbst eröffnet werden und bis zum Frühjahr andauern? Für eine symbolische Expedition dagegen sieht das einfacher aus: Der Angriff auf die solaren Kräfte wird zur Zeit ihrer winterlichen Schwäche unternommen.

Auf der Gegenseite der Connaughter befindet sich CuChulainn, dessen „Wutverzerrungen" seine übermenschliche Macht verraten haben. Die Heldensage berichtet von seinen nicht abzuwehrenden

Angriffen, zeigt seine zerstörerische Kraft, zumal bei seinen Streifzügen, wenn er in der Nacht allein das gegnerische Lager umrundet und ein solches „Getöse“ (Gewittersturm) macht, daß jedesmal hundert Soldaten vor Schreck tot umfallen. Sind sie nicht entwurzelte Bäume? In den alten Texten heißt es, die Fomori hätten nur ein Bein, ein Auge und einen Arm. Und sind sie als Sonnengeister in diesem Fall nicht mit dem schlangenfüßigen Krieger identisch, den schon PARTHOLON bei seiner Landung bekämpfte?

Der Gegensatz zwischen den wilden Zweikämpfen des CUCHULAINN und der Passivität der restlichen, von einer kollektiven Lähmung befallenen Ulter läßt trotz der großartigen Einzelkämpfe des Helden ein ruhmloses Ende erwarten. CUCHULAINN, der alleinige Verteidiger von Ulster, ist frei von Übel, was ihn aus der Masse der Ulter hervorhebt; er tritt daher allein, von den Seinen getrennt, den Angreifern entgegen und bekämpft sie in endlosen Gefechten.

Auf den Ulterern lastet ein Fluch, den sie durch ihre Fehlhaltung anläßlich eines rätselhaften, anscheinend höchst interessanten religiösen Vorgangs aufsichgezogen haben. Die Gotteslästerung, die ihnen teuer zu stehen kommen sollte, wird in der Sage folgendermaßen dargestellt: Bei einem Wettrennen tragen König CONCHOBARS Pferde den Sieg davon. Als alle sie loben, behauptet ein Ulter, seine Frau MACHA sei noch schneller. Um dies zu erproben, zwingt CONCHOBAR diese MACHA — fraglos eine Pferdegottheit — zu einem Wettlauf mit seinen besten Rennpferden. Sie ist aber schwanger und bittet um Aufschub; der König schlägt ihre Bitte ab: sie muß mit, wenn ihr Mann nicht sterben soll. Im Wettlauf ist sie vor den Pferden am Ende der Bahn. Dort gebiert sie unter großen Schmerzen einen Knaben und ein Mädchen. Sie stirbt, nicht ohne die Ulter verflucht zu haben, die „freudig“ ihren Schmerzen beigewohnt hätten: regelmäßig sollen sie ebensolchen Kindbettschmerzen verfallen, so lange wie eine Wöchnerin, neun Tage und neun Nächte. Seitdem erlagen die Ulter regelmäßig einer mysteriösen Krankheit, der sogenannten *noinden,* der neuntägigen Kindbettschwäche. An dieser Krankheit litten sie gerade, als es dringend nötig war, Ulster, das heißt den durch den Raub seines Stiers gefährdeten Sonnenkult, zu verteidigen.

Vermutlich war MACHA eine irländische Stuten-Mutter, ein Avatar dieser anderen MACHA, der zweiten Ehefrau des Hirschgottes NEMED. Was bedeutet nun diese Verwünschung? Die Übertragung der Wehen auf Männer könnte man für eine rituelle Formel zur Erhaltung der schöpferischen Fruchtbarkeit von einer Generation zur anderen halten. Doch die Tatsache, daß männlichen Personen diese Leiden auferlegt werden, macht eine andere Deutung möglich. Wir neigen zu der Annahme, daß die Ereignisse, die zur Verwünschung durch die Muttergöttin führten, die unwiderrufliche Verdammung der uranischen Götter aufgrund ihrer Unkenntnis des heiligen Zustands der Schwangerschaft beinhalten. Die Mißachtung der Ulter disqualifizierte zugleich die solare Doktrin. Die Krankheit wird sich daher nicht in realen Wehen äußern, vielmehr in der Unfähigkeit, „Ulster“ zu verteidigen.

Ein Vorzeichen der Katastrophe ist der seltsame Tod des SUALDAIM, CUCHULAINNS irdischem Vater: zu den gelähmten Ultern zurückkehrend, um Verstärkung zu holen, schneidet er sich unbeabsichtigt im Fallen am scharfen Rand seines eigenen Schildes den Kopf ab. Selbst das nochmalige Erscheinen des LUG, der die Wunden CUCHULAINNS, seines Sohnes heilen will und ihn unterdes im Kampf vertritt, vermag das Unglück der Ulter nicht mehr abzuwenden.

CUCHULAINN sind glänzende Siege vorausgesagt worden. Der Prophezeiung zufolge wird der junge Mann eines Tages die Waffen ergreifen und der unüberwindliche Held Irlands sein, doch schon in jungem Alter sterben. Und das Kind CUCHULAINN, als es davon erfährt, greift an diesem Tag ohne Zaudern zu den Waffen. So besteht die Heldensage in einem einzigen langen Bericht von seinen großartigen Kampfestaten bis hin zu seinem frühen Ende.

Nach langen Kämpfen, die dieses Meisterwerk der keltischen Literatur ausfüllen, wird schließlich der Stier von Ulster entführt. Doch nach wieviel unnötigen heroischen Anstrengungen und Opfern an Menschen! Auf das menschliche Massaker folgt der unheilvolle Zweikampf der Stiere, dessen apokalyptische Heftigkeit ganz Irland erschüttern und die Götterdämmerung heraufbeschwören wird.

DER KAMPF DER BEIDEN STIERE

Nach E. Windisch, Die altirische Heldensage, I — IV, (Extraband), Leipzig 1905, S. 890—910: Medb, einmal in Connaught, wollte nicht leiden, daß sich das Heer auflöste; sie führte es nach Cruachain, um die beiden Stiere zu sehen und zu entscheiden, welchem der Vorrang gebührte, dem Ailills oder dem ihren.

Als der Braune von Cualnge das schöne unbekannte Land sah, stieß er ein lautes Gebrüll aus. Und Findbennach, der Weißhornige Ailills, hörte ihn. Kein Tier des Landes wagte ein lauteres Gebrüll als einen unterdrückten Ton von sich zu geben. Deshalb erhob er entrüstet den Kopf und kam vorwärts nach Chruachain, um den Braunen aufzusuchen.

Da beredeten sich die Männer von Irland, wer geeignet sei, Zeuge des Kampfes der Stiere zu sein. Und sie wählten Bricriu, die Giftzunge, einen der Verbannten, weil er nicht in höherem Grade Partei nahm für seinen Freund oder Feind. Und sie führten ihn an die Kluft in die Gegenwart der Stiere.

Von den Stieren sah einer den anderen an, und es wurde da ein Wüten mit den Hufen gescharrt, und sie warfen die Erde über sich. Sie warfen den Boden auf über ihre Schultern, und ihre Augen glühten in ihren Köpfen wie feurige Kugeln. Ihre Backen und ihre Nüstern blähten sich wie Blasebälge von Schmieden in einer Werkstatt. Und jeder von ihnen führte einen krachenden Stoß gegen den anderen. Und jeder legte es darauf an, den anderen zu durchlöchern und zu durchbohren und niederzustoßen. Da führte der Weißhornige den Braunen in die Irre und stieß ihm sein Horn in die Flanke und besiegte ihn im Wüten. Doch ihr blindwütender Lauf führte sie dorthin, wo Bricriu war, so daß die Hufe der Stiere ihn eine Manneselle tief in die Erde brachten: So geschah der gewaltsame Tod des Bricriu.

Cormac, der Weise, Sohn des Conchobar, sah den Braunen schwach werden, und es regte sich Freundschaft in ihm; er nahm eine Speerstange, die seine Hand füllte, und gab dem Braunen von Cualnge drei Hiebe vom Ohr bis zum Schwanz und sagte: „Ein schöner Schatz, und wunderbar ohne Zweifel, denn er ist nicht im Stande, ein Kalb seines eignen Alters zur Vernunft zu bringen." Der Braune hörte diese Verhöhnung, denn er hatte menschlichen Verstand; außer sich vor Scham, wandte er sich noch einmal gegen den Weißhornigen. Sie setzten ihren Kampf fort und stießen sich gegenseitig für lange Zeit und für geraume Weile, bis die Nacht sich auf die Männer von Irland senkte. Und in der Nacht hörten die Männer nur noch auf das Getöse und auf den Lärm. Und die Stiere durchjagten ganz Irland.

Früh am anderen Morgen sahen sie den Braunen von Cualgne aus Cruachain vom Westen her kommen, und auf den Spitzen seiner Hörner trug er, was vom Weißhornigen noch übrig war. Die Männer von Irland erhoben sich und wußten nicht, welchen der Stiere sie vor sich hatten. „Wohlan, ihr Männer", sagte FERGUS, „wenn es der Weißhornige ist, lasset ihn allein, und wenn es der Braune ist, so lasset ihm seine Trophäe."

In diesem Augenblick war es, daß sich die sieben Mane erhoben, um an dem Braunen Rache zu nehmen und ihn für die Gewalttat zu strafen, die er an dem Weißhornigen von Connaught geübt hatte. „Wo gehen die Männer dort hin?" sagte FERGUS. „Ich sage euch, gering ist, was um des Stieres willen getan wurde neben dem, was jetzt geschehen wird, wenn ihr den Braunen nicht mit den Früchten seines Sieges gehen laßt." Die Furcht des FERGUS hielt die Männer von Irland davon ab, den Stier anzugreifen, und der Braune stieß, um sich seines Triumphes zu rühmen, seine drei Hauptgebrülle aus.

Der Braune entfernte sich und wendete dabei — ein Zeichen der Höflichkeit — seine rechte Seite Cruachain zu. Und er ließ einen Haufen (*cruach*) von des Weißhornigen Leber (*ae*) zurück, so daß davon der Name des Ortes Cruachain Ae kommt. Er ging weiter zum Rande des Shannons und trank einen langen Zug, und während er trank, ließ er keinen Tropfen des Flusses vorbei. Dann erhob er den Kopf und warf an der „großen Furt" die Lende (*luan*) des Weißhornigen fort; daher ihr Name „Athlone", Ath Luain (Furt Luain). (Nach R. THURNEYSEN, op. cit., S. 218) Und als er nach Mide kam, warf er hochmütig den Kopf zurück, schüttelte die Reste des Weißhornigen von sich und verstreute sie über ganz Irland.

Er richtete sein Gesicht nach Norden und erklomm den Gipfel des Berges Breg, und als er das Land Cualgne erkannte, ergriff ihn ein tiefes Gefühl, und er ging zu ihm hin. Daselbst waren Weiber und Knaben und Kinder beim Beweinen des verschwundenen Braunen Stieres, und sie riefen: „Die Stirn des Stieres kommt auf uns zu." Doch er, erschöpft vom Kampf und von seinen Wunden, närrisch vor Kriegslust und Siegesfreude, wandte sich gegen die Weiber und Kinder und richtete im Lande ein großes Blutbad an. Daraufhin kehrte er seinen Rücken gegen den Hügel, und es brach sein Herz in seiner Brust gleich einem Nußknacken, und er warf sein Herz als schwarze Berge von schwarzem Blut aus seinem Munde aus und starb.

So war seine Geschichte und sein Schicksal und das Ende des Gedichts bis hierher.

Am Schluß dieser Heldensage *Tain bo Cualnge* findet sich folgendes Postskriptum:

Segen über jeden, der das Gedicht treu so im Gedächtnis bewahren und ihm keine andere Gestalt darüber hinaus geben wird.

Aber ich, AED MAC CRIMTHAINN, Abt von *Tir Da Glas*, der ich diese Geschichte oder vielmehr Fabel aufgeschrieben habe, schenke gewissen Dingen in dieser Geschichte oder Fabel keinen Glauben. Denn Etliches darin sind Gaukeleien von Dämonen, Etliches aber dichterische Erfindungen, Etliches ist wahrscheinlich, Etliches nicht, Etliches ist zur Ergötzung von Toren!

DER VERFALL EINER DOKTRIN

Sein dramatisches Ende findet der Sagenkreis des *Roten Zweiges* mit dem Tod seiner Hauptheldern CuChulainn und Conchobar. Gewiß, sie fallen im Kampf, und dennoch hat man mit diesem Ausgang gerechnet; nach allen Verwicklungen wirkt er wie vorherbestimmt.

Auf diesen Punkt steuert der Sagenkreis hin; schwere Fehler, die begangen werden, häufen sich und jeder bildet den Gegenstand der verworrenen Handlung eines speziellen Berichts, — eine Fülle von Material für den Erzähler, der der steigenden oder fallenden Tendenz des Sagenkreises entsprechende signifikante Episoden ersinnt. Die widerstreitenden religiösen Themen werden nicht abgehandelt, er wendet sich an das Gefühl: der Sonnenkult ist im Verfall begriffen. Zwischen den Zeilen indes errät man den Grund: ein Gott des Geistes — eine geniale Individualität — erweist sich als schwächer als die Ordnung der Natur. Ihr muß selbst das außergewöhnliche Individuum CuChulainn unterliegen.

Bisweilen ist das Dilemma ausweglos, das der Barde ersinnt, um aufzuzeigen, daß dem Geschehen ein kompliziertes System von verborgenen Zusammenhängen zugrunde liegt, die sich dem Verständnis des Menschen entziehen. So war für CuChulainn der Genuß von Hundefleisch bei Todesstrafe tabu. Eine Zauberin wird ihm welches anbieten, und er wird durch ein anderes, ebenso verhängnisvolles Tabu genötigt sein, ihrer Aufforderung Folge zu leisten. Im Räderwerk des Geschickes wird er aufgerieben.

CuChulainn wurde ein früher Tod in noch jugendlichem Alter geweissagt, und ihm bewegt er sich unwiderruflich entgegen. Durch wen wird er fallen? Wer wird stark genug sein, um ihn in die Knie zu zwingen? Die Sage geht sehr überlegt in der Wahl eines Gegners und vor allem des unmittelbaren Anlasses vor, damit das Volk den Tod seines Lieblingshelden auch akzeptieren kann.

Diesen letzten Akt leitet die eingeschobene Sage vom gewaltsamen Tod von Celtchar mac Uthechair (Buch von Leinster, Folio 118 b. Franz. Übers. v. Guyonwarch'h. In: *Ogam* X, 1958,

S. 371 ff.) ein. Dieses Gedicht erfüllt nur zögernd die mythologische Intention; um so deutlicher läßt sie das komplizierte Netz erkennen, in dem sich CuChulainn verstrickt.

Der zutage liegende Inhalt besteht sozusagen aus Klatsch: er handelt von einer Ehebrecherin, deren eifersüchtiger Gatte Celtchar den Liebespartner (Blai Briugad) seiner Frau umbringt. Um diesen Mord zu sühnen, muß er drei Heldentaten vollbringen, und bei der letzten unterliegt er. Hinter der Handlung zeichnet sich eine tiefere Bedeutung ab, die zu einer anderen Lesart herausfordert: Zunächst einmal sind Ehemann wie Ehebrecher enge Freunde des CuChulainn. Der erstere, Celtchar, besitzt die „unfehlbare“ Lanze, der außer Lug nur CuChulainn zu widerstehen vermag. Zudem verrät der Name seiner Tochter Niab (Idee des Himmels) seinen hohen uranischen Rang. Der zweite Freund, Blai Briugad (Besitzer der Erde) ist einer der Ziehväter des CuChulainn, hat also tellurische Valenz.

Der Konflikt geht also weit über den Ehebruch hinaus, für den, um es genau zu erzählen, Blai Briugad kaum verantwortlich gemacht werden kann insofern, als er dem Drängen der Frau des Celtchar, die in seinem Gästehaus weilte, nolens volens nachgeben mußte. Diese Zwietracht verrät, daß sich der unmittelbare Kreis um CuChulainn in Auflösung befindet und sein Universum zusammenbricht. Er hat dies übrigens selber heraufbeschworen, indem er seinen einzigen Sohn im Zweikampf tötete und damit dem Fortbestand seiner genealogischen Linie ein Ende machte.

Die erste Prüfung des Celtchar besteht darin, daß er den großen Feind der Ulter Conganchnes (Hornhaut) besiegen muß, der dank dieser Haut gegen jede Verwundung gefeit ist. Celtchar gibt Conganchnes seine Tochter Niab zur Frau, die ihm das Geheimnis seiner einzigen verwundbaren Stelle — seine Fußsohle — entlockt und ihn ihrem Vater ausliefert. Der treibt ihm glühende Spieße in seine Sohlen bis ins Knochenmark hinauf.

Niab hat aber nicht mit dem Bruder ihres ermordeten Mannes, CuRoi (*cu* = Zerberus) gerechnet, der im Skythenland (eine der keltischen Bezeichnungen für die Andere Welt) wohnt. Dieser wendet sich nun gegen CuChulainn, seinen alten Freund und aktivsten Teilnehmer an Celtchars Mission. Seine Intervention bringt Unglück über die Ulter.

Eines Tages entdeckt Niab in einer hohlen Eiche einen jungen Hund, den sie luch donn (der Mausbraune) nennt und den sie aufzieht. Doch als er groß geworden ist, tötet er ihre Schafe und ihre Rinder, dann ihren Sohn und sie selbst und wird für die Ulter zur Landplage, da er allnächtlich deren Land verwüstet. Die zweite Prüfung des Celtchar besteht darin, dieser Kalamität ein Ende zu machen. Mit einer List gelingt es ihm, das Untier in eine Falle zu locken und es zu töten.

Im Jahr darauf hören Hirten ein unterirdisches Winseln. Unter dem Steinhaufen, der auf Conganchnes Grab errichtet worden war, graben sie schließlich drei junge Hunde aus. Den einen schenken sie Mac Datho, den anderen dem Schmied Caulunn und den dritten behält Celtchar. Dieser entwickelt sich wiederum zu einem Untier, so daß Celtchar ihn töten muß: seine dritte Prüfung. Celtchar durchbohrt mit seiner Lanze Luin das Herz des Hundes. Als er jedoch die Lanze in die Höhe hebt, rinnt ein Blutstropfen auf ihn herab und durch ihn hindurch, so daß er stirbt.

Diese lange, mit einer Fülle von Einzelheiten ausgeschmückte Geschichte dient dazu, CuRoi, der zum Mörder CuChulainns ausersehen ist, zu seinem Opfer in Beziehung zu setzen; nun stehen sich die beiden Zerberusse der feindlichen Kulte gegenüber. In der Tat erhält CuRoi, von seinem Bruder Hornhaut/Conganchnes als „gehörnt“ charakterisiert, durch sein Tier, den „mausbraunen“ Hund, tellurische Natur. An sich würden diese Attribute für einen Gegensatz nicht ausreichen. Aber da ja Blai Briugad über tellurische Qualität verfügt, erhält CuRoi zusätzlich heliakische: er besitzt in der Sage eine Festung in Ulster, in der er gelegentlich „zu bestimmten Beschäftigungen“ wohnt.

Wenn auch die Sage bereits beschlossen hat, CuChulainn nicht durch die Connachter umkommen zu lassen, die er so viele Male besiegt, zögert sie doch, die Umstände seines Todes festzulegen und gewährt dem Verurteilten Frist um Frist. Im letzten Augenblick fügt sie die Episode seiner Demütigung durch CuRoi ein, so daß er noch einmal eine Chance erhält, den ihm bestimmten Vollstrekker zu besiegen. Es ist daher nicht CuRoi, sondern dessen Sohn Lugaid, der ihn mit seinem eigenen Wurfspieß durchbohrt, dessen magische Kraft ihn endgültig verlassen hat.

Nachdem CuChulainn beseitigt ist, bedarf der Tod des Königs Conchobar keiner besonderen Verflechtungen mehr. Seiner Todesart fehlt es nicht an schwarzem Humor: Es wird ihm mit einer Schleuder eine Kugel so groß wie ein Kindskopf (der Mond?) ins Gesicht geschossen, die zu zwei Dritteln in seinen Kopf eindringt. (Diese Kugel war das mit Kalk zu einem Ball geformte Gehirn eines erschlagenen Feindes.)

Conchobar vegetierte noch sieben Jahre — ein heiliger Zyklus — mit der Kugel im Gesicht zum Gespött der Leute dahin. So endet seine Herrschaft und damit die Sage des Roten Zweiges, ein ironischer Schluß.

DER SIEG DER TELLURISCHEN DOKTRIN

DER FINN-ZYKLUS

Der Geist der Finn-Sage schöpft aus einem bereits durch die Offenbarung des AMAIRGIN vorbereiteten Boden. Sie entsteht erst nach Ablauf einer längeren Zeit, die vergehen muß, ehe diese Revolutionierung im religiösen Bereich sich konsolidiert hat und ausgereift ist. Auch müssen die erschöpften Leidenschaften erst abgeklungen sein, bevor sich die Initiationsthemen herausbilden können. Die allgemeine Stimmung war nun naturnäher, empfindsamer für die Geheimnisse der Natur und auch romantischer.

Als die neuen Heldengedichte Gestalt annehmen, scheint daher alle Verbindung mit den früheren wie abgebrochen. Einmal macht der archaische Gott dem zivilisierten Helden Platz, zum anderen werden die religiösen Vorgänge nuancierter, aber auch konkreter. Der offenkundige Bruch zwischen beiden Epochen wird durch den Untergang der Antagonisten, der zwei Stiere, markiert. Der Tod CUCHULAINNS und CONCHOBARS bildet nur noch den unerheblichen Schluß.

Das Entstehen einer Sage geht nicht viel anders vor sich als das eines Kunstwerks. Es müssen Gestalten von hoher Geburt erdacht und mit esoterischem Wissen ausgestattet und deren Genealogien nachgezeichnet werden, Konflikte, Freundschaften und Feindschaften müssen entstehen, kurz: erst wird das Gerüst der Hauptgeschehnisse geschaffen, dann werden die Lücken mit Episoden überbrückt.

Der junge Held FINN muß sich den Zügen anpassen, die ihm die Zauberkraft des AMAIRGIN verleiht, einem Bild von altem tellurischen Geist, doch bereichert durch „solare" Erfahrung. Es ist wieder das eines einzigen, aus der Unterwelt aufgestiegenen, von „Söhnen" umgebenen Gottes. Um dieses Thema zeitlich anzupassen, erhält der Held nicht nur „Söhne", sondern eine „Miliz" in Gestalt von Jagd- und Herrscharen, in „supranationaler", aus allen Stämmen gemischter Zusammensetzung: die Fiana (oder Fenier), die geografisch nicht fixiert werden deren Wohnraum vielmehr die Wälder Irlands in ihrer ganzen Ausdehnung sind.

FINN, vom Oberkönig mit der Verteidigung Irlands betraut, befehligt diese Schar, deren Historizität Fiktion war, was lange Zeit nicht erkannt wurde. Die ihr zugeschriebenen Waffentaten bestanden keineswegs in wirklichen, gegen auswärtige Eroberer geführten Feldzügen; im dritten Jahrhundert, der mutmaßlichen Entstehungszeit der Sage, fanden keine Einwanderungen in Irland statt. Die Lochlannach, der König von Griechenland sind mythische Gegner — nicht als Vorwände, um die Voraussetzung für die eigentlichen Vorgänge, für den rätselhaften Kern zu schaffen. Die edelste Aufgabe des FINN — Irland zu „schützen“ — lag daher im spirituellen Bereich, und seine „Soldaten“ geben sich der Jagd hin, wobei sich ihnen durch eine wunderbare Erscheinung das Heilige offenbart.

Dieser neue Mythos hat strukturell weitgehend von den früheren Erfahrungen profitiert; trotz der veränderten Zeiten kann er sich organisch der Reihe der Heiligen Schriften angliedern. Seine in der Realität angesiedelten Grenzen und seine poetische Fantasie gehen mit dem Heiligen eine so glückliche Verbindung ein, daß dieser Mythos lange erhalten blieb. Noch in jüngster Zeit pflegte er abends im Hochland vor einem der alten ruhmreichen Tradition noch verbundenen Zuhörerkreis erzählt zu werden.

DIE FIANA, CERVIDISCHE GENIEN

Betrachtet man diese Krieger des FINN etwas genauer, wird man über die ungewöhnlichen Bedingungen erstaunt sein, die ihre Rekrutierung erforderte: „... Keiner wurde unter die Leute des FINN aufgenommen, der nicht hervorragend gelehrt und mit den zwölf Büchern der Dichtkunst vertraut war. Und auch keiner, der nicht mit seinem Schild und einem mehr als einer Elle langen Haselnußstecken in einem dergestalt ausgehobenen Loch Platz fand, daß es ihm bis zum Gürtel reichte; es mußten neun Krieger, von denen jeder neun Speere hatte, aus einer Entfernung von sechs Furchen ihn angreifen und alle zugleich auf ihn zielen; und wenn er nicht wachsam genug war und ein Speer ihn berührte, konnte er nicht unter die Fiana aufgenommen werden. Keiner wurde zugelassen, der nicht, das Kopfhaar in Flechten gebunden, in vollem Lauf quer durch die Wälder Irlands zu jagen vermochte... Wenn im Wald ein Zweig eine Strähne aus seinem Haar löste, wurde er nicht zugelassen. Knackte ein dürres Holz während des Laufes unter seinem Fuß, wurde er nicht aufgenommen. Konnte er nicht zumindest in vollem Lauf eine in Stirnhöhe errichtete Stange überqueren und auch gebückt eine andere in Kniehöhe errichtete passieren, wurde er ebenfalls nicht aufgenommen. Und schließlich: brachte er es nicht wenigstens fertig, sich im vollen Lauf mit dem Fingernagel einen Dorn aus dem Hacken zu reißen, konnte er nicht einer der Fiana sein; verstand er sich aber auf alle diese Fertigkeiten, gehörte er zu den Leuten des FINN."

Man wird erkennen, daß der wilde Lauf „quer durch die Wälder" eine kaum verhüllte Anspielung auf die CERVIDEN ist, und ebenso verweisen die „Flechten" auf dem Kopf auf das Hirschgeweih. Aber was hier nur angedeutet wird, zeigt sich in vollem Licht, wenn man erfährt, daß die erste Frau des FINN, die Mutter seines Sohnes OSSIAN, eine Hindin war. Daher ist OSSIAN, Leib und Seele der Fiana, cervidischen Wesens, eine Inkarnation des NEMED und des CERNUNNOS, der Götter des „göttlichen Denkens", das heißt zur Zeit der Finn-Sage der Dichtkunst. Lautet es nicht in den Aufnahmebedingungen ausdrücklich: „Keiner wurde unter die Leute des FINN aufgenommen, der nicht hervorragend gelehrt und mit den zwölf Büchern der Dichtkunst vertraut war?“

Von dieser Geistigkeit wird man vergebens etwas in den Gesprächen der Fiana suchen; sie ist vielmehr dem Gleichnis der denkwürdigen Ereignisse zu entnehmen, von denen ein jedes je nach Verständnis immer tieferen Sinn offenbart. Die Fiana, ein symbolisches Heer, gibt den Hintergrund für den FINN-Zyklus ab. Sie machen den Waffenlärm hinter den Kulissen, sie beleuchten den Mythos und dienen als heroisches Milieu (Abb. 86/S. 150).

DER SONNENHELD FINN

Geht man davon aus, daß die Fiana göttlicher Abstammung sind, müßte ihr Oberhaupt ebenfalls ein Gott oder zumindest ein Halbgott sein. Doch was für einer? Die Professoren MURPHY und O'RAHILLY halten beide mit entsprechenden Vorbehalten eine Identität von LUG und FINN für möglich, und zwar im Hinblick auf ihre jeweiligen Kämpfe gegen die beiden „Brandstifter" BALOR beziehungsweise AILLEN, zwei Versionen ein und desselben mythischen Grundgedankens; sie schlagen vor, FINN wie BALOR als „solare" Helden zu betrachten.

Frau M. L. Sjoestedt, ein rationalistischerer Geist, sieht in FINN einen Unruhe stiftenden, sogar antisozialen Helden, der am Rande der menschlichen Gesellschaft lebt; ihrer Meinung nach unterscheidet er sich von CUCHULAINN, dem Volkshelden dadurch, daß er sich von den Menschen abseits hält.

Haben wir erkannt, daß diese Mythen als Etappen einer organischen Evolution des keltischen Geistes zu verstehen sind, werden wir auch die Persönlichkeit des FINN als Protagonisten der Endphase dieser Entwicklung vor dem Beginn der Christianisierung zu erfassen suchen.

Die Legende schildert ihn als einen Übermenschen: „.... Er war ein König, ein Seher, ein Dichter, Druide und Weiser, und alles was er sagte, tönte den Seinen lieblich im Ohr... Seine Hand war überaus großzügig in der Verteilung von Reichtümern wie von Lohn; ein Fürst, der, selbst wenn ein Mann nichts anderes als einen Mund zum Essen und ein Paar Beine, um ein Geschenk zu bringen und davonzutragen, hatte, ihm niemals etwas verweigerte; und bis zum Ende hat niemand sagen können, ob Furcht ihn bewegte, denn niemals machte er kehrt oder blickte er hinter sich. (R. CHAUVIRE, Contes Ossianiques. Paris 1949)

Wenn das kundige Auge eine schon weit entfernte Perspektive von archaischer Strenge zu korrigieren versteht, erkennt es an den Zügen des

Helden, daß aus der alten Fruchtbarkeitsgottheit ein Gott des Überflusses geworden ist. Was auf den ersten Blick wie Übertreibung und Großsprecherei in bezug auf einen sterblichen Menschen aussieht, enthüllt sich bei näherem Hinsehen als bildliche Darstellung eines Halbgottes.

In diesem späten Stadium der mythologischen Nutzanwendung hat sich der Aspekt der Fruchtbarkeit geändert; der metaphysische Boden religiösen Wissens hat sich durch das romantische Sehnen nach Erweiterung und Vermehrung verlagert, deren anschauliches und populäres Symbol der freigiebig verteilte Reichtum ist. In diesem Fall handelt es sich jedoch weniger um ein materielles Begehren als um seelischen Hunger, um ein sehnsüchtiges Verlangen nach dem unzugänglichen Wunderbaren, das man, um es auszudrücken, in einen traumhaften Surrealismus übersteigert.

Zwischen den neuen und den alten Sagen besteht ein beträchtlicher Unterschied. CuChulainn war ein Muster an unbeugsamem Mut, ein Urbild des außergewöhnlichen „*Einzelmenschen*", war die Entdeckung des mit ins *Übermenschliche* überhöhten Zügen ausgestatteten Individuums. Finn ist mutig, gewiß: Mut ist die Voraussetzung jeden Heldentums. Doch provoziert er die Abenteuer nicht, vielmehr zieht er sie an, unterliegt ihnen, akkumuliert sie, ist Katalysator. In den Wäldern mit ihren Pflanzen und Tieren lebend, läßt er sich in ihre unbekannten Tiefen locken und begegnet dort dem Übersinnlichen.

Nicht mehr das Gemetzel bewegt die Zuhörer der Finn-Sage. Es ist die Heldentat, das Geheimnis, das sie begeistert. „Noch nie," sagte der König zum Barden, nachdem er einen Bericht über die Abenteuer des Finn rezitiert hatte, „noch nie hast du eine vortrefflichere, geheimnisvollere Geschichte erzählt" (S. 297).

Diese poetische Durchdringung des Religiösen war es, die die Erschaffung der Gestalt des Finn und seiner Fiana zur Folge hatte (Abb. 144).

Abb. 144: Das Tier ist halb Pferd, halb Hirsch; Schweif und Geweih evozieren die Schlange. Um das Traben des Pferdes anzudeuten, reduziert der Künstler die Beine und läßt das Hinterbein in einer Kugel enden. Diese mit Abb. 124 verwandte Darstellung könnte als Emblem des Finn-Zyklus dienen, da auf ihr die cervidischen Elemente der Fiana mit den Pferde-Elementen des Finn, ihres Führers, verbunden wurden.

FINNS INITIATION

FINN bedeutet „der Weiße, der Blonde" (weiß = walisisch *Gwynn*, keltisch *vindos*). Eigentlich hieß er DEMNE; er wurde als Kind heimlich aufgezogen und vor den Feinden verborgen gehalten, die seinen Vater getötet hatten. Nachdem er erstaunliche Beweise für seinen Mut und seine Geschicklichkeit abgelegt hatte, begab er sich zu FINNEGAS an den Ufern des Boyne in die Lehre: „... denn Druiden, Dichter und Weise wissen wohl, daß ihnen dort alle Kenntnisse offenbart werden."

FINNEGAS lebte bereits *sieben* Jahre im Boyne-Tal, wo er dem Lachs der Weisheit auflauerte, denn einer Prophezeiung zufolge sollte, wer ihn verzehrte, Allwissenheit erhalten. Dieser Lachs hieß FINTAN (*tan* = Zeit, Dauer) und war ein Gott; man konnte ihn essen, ohne ihm dadurch das Leben zu nehmen. Im siebenten Jahr kam DEMNE zu FINNEGAS, der ihn als seinen Schüler annahm. Er hieß ihn, den Lachs zu braten, verbot ihm jedoch, davon zu essen, und sei es auch noch so wenig. Als der junge Mann ihm den gebratenen Salm brachte, fragte ihn FINNEGAS:

„Hast du auch nicht das Geringste von dem Lachs gegessen?"

„Nein", antwortete DEMNE. „Doch als ich den Fisch am Spieß drehte, platzte eine Blase auf seiner Haut, so daß ich mir den Daumen verbrannte, den ich deshalb in den Mund steckte."

„Wie heißt du, Kind?" fragte der Dichter.

„DEMNE."

„Nicht mehr", erwiderte der Alte. „Von nun an heißt du FINN. Denn es wurde geweissagt, daß es FINN zukäme, den Lachs der Weisheit zu verzehren, nicht mir; in Wirklichkeit mußt du FINN sein."

Also gab er FINN den ganzen Lachs zu essen, und von diesem Augenblick an besaß FINN die Allwissenheit. Das bedeutete, stets wenn er den Daumen an seinen Weisheitszahn hielt, wurden ihm, ohne daß er Beschwörungsformeln zu Hilfe nahm, alle Dinge dieser Welt plötzlich offenbar. (R. CHAUVIRE, op. cit., p. 87)

Als FINN kein junger Bursche mehr war, begab er sich am Samuin in die Halle des Oberkönigs nach Tara, „um ihm seine Dienste anzubieten und seine Freundschaft zu gewinnen."

Alljährlich kam seit *neun* Jahren zur Zeit des Samuin ein Mann aus dem unterirdischen Schloß von Finnahaidh aus dem Norden, der dem Geschlecht der Söhne der Göttin DANA angehörte und Tara in Brand gesetzt hatte. Es war AILLEN, Sohn des MIODNA, und stets pflegte er auf die gleiche Weise zu erscheinen: Er spielte die Musik aus den Zauberschlössern so schön, daß alle, die ihr lauschten, in Schlaf fielen; und als alle eingeschlafen waren, warf er einen Flammenstrahl aus seinem Mund hervor und blies ihn, bis Tara in Schutt und Asche lag.

In dieser Nacht erwartete man AILLEN. Der Oberkönig bot dem, der ihn besiegen würde, die kostbarsten Geschenke an, und FINN setzte seine Ehre darein. Mit der unfehlbaren Lanze, die FIACHA, Sohn des CONGA und ein guter Freund seines toten Vaters ihm trug, entkräftete er den Zauber des Brandstifters und besiegte ihn, indem er ihm seine magischen Instrumente, Dudelsack und Harfe, entriß und Tara und „alles, was in ihm war", rettete.

Für diese Großtat wird FINN zum ersten Mann von Irland nach dem Oberkönig und zum Anführer der Fiana ernannt, deren Befehlshaber GOLL MAC MORNA, sein Erbfeind, sich vor ihm neigt und ihm die Würde zurückgibt. (CHAUVIRE, loc. cit.)

SPUREN DES WASSER-KULTES

FINN erhält, da er den Lachs der Weisheit ißt, Anteil am aquatischen Prinzip, was an die letzte Verwandlung des TUAN MAC CAIRIL erinnert, der in Lachsgestalt gegessen und dann als Mensch zur Welt gebracht wurde. Auf diese Weise wird der Hinweis auf FINNS aquatischen Ursprung eingeflochten. Diese kultische Verbindung des FINN wird in einer Legende um einen Streit noch hervorgehoben, im Verlauf dessen CAOILTE aus seinem Grab aufsteigt, um die Identität des FINN mit MONGAN, dem Enkel des Meeresgottes (H. ARBOIS DE JUBAINVILLE, *Cours* ... II, S. 344) zu bezeugen. Daß auch das Seepferd, der HIPPOCAMP, der komplexen Symbolik impliziert wird, geht aus der Erzählung über *Finn und die Gespenster* hervor, in der FINN, wie wir gleich lesen werden, sich weigert, vom Fleisch des Pferdes zu essen, was fraglos Auskunft über weitere Elemente seiner Herkunft gibt.

Der Gegensatz Wasser-Feuer wird durch die Episode mit AILLEN, dem Brandstifter, einem der gefallenen uranischen Götter, die nunmehr das Sid bewohnen, evoziert. AILLEN will die verlorene Macht zurückerobern und begibt sich am Totentag mit der Harfe des DAGDA, deren drei Melodien — eine davon ist die Weise des Schlafes (der Tod) — „unwiderstehlich" sind, nach Tara. Es ist also die aquatische Magie des FINN, die das entfachte Feuer löscht und die Revolte niederschlägt. Die gleiche Rolle spielt er in dem Gedicht *Die drei Fothad* (Feuergifte): Wasser gegen Feuer.

Hinzugefügt sei, daß FINN den GOLL MAC MORNA *(goll* = einäugig, mor = Meer) nicht tötet, obwohl er der Mörder seines Vaters ist, sich vielmehr mit ihm, zumindest zu Anfang verbindet. Auf den Grund dafür weist der Beiname des GOLL, *aedh* (die Idee Feuer und Stier) hin, die ihn als Avatar des urzeitlichen Stieres RUDRAIGE, den Sohn des PARTHOLON, wie auch seine Verwandtschaft mit BALOR, der wie er einäugig ist, erkennen läßt.

Der Dualismus Wasser-Feuer zeigt sich im FINN-Zyklus in zwei Aspekten: einem ergänzenden und einem gegnerischen.

Um FINN von jeglicher Parteilichkeit freizuhalten, versieht ihn die Sage mit einem „solaren“ Hinweis: Sie macht ihn zum Enkel des NUADA, des uranischen Fruchtbarkeitsgottes SILBERHAND. Dieses Symbol übernimmt er auf den Münzen, wo in der künstlichen Hand des NUADA (Abb. 21/S. 47) tatsächlich die gleiche Vorstellung Ausdruck

findet, wie im erhobenen Daumen der armorikanischen Reiter. Die Praxis des FINN, den Daumen auf den Weisheitszahn zu legen, das heißt an ihm zu saugen, um das übernatürliche Gesicht in Tätigkeit zu setzen, verbindet sich mit der Geste der Zeugung.

Die mit göttlichen Attributen überhäufte Hauptperson des FINN erlaubt es, den FINN-Zyklus in die Entwicklung der keltischen Mythologie wieder einzufügen, die sich nach Überwiegen des Solaren nun wieder der ersten lunaren Offenbarung zuwendet. Die anderen Figuren in der Umgebung des FINN, obwohl stark vermenschlicht, sind dazu ausersehen, den Rahmen auszufüllen, indem sie weitere religiöse Prinzipien beisteuern, die sie vertreten.

Bei dieser Rollenverteilung ist FINN die Inkarnation des PARTHOLON-LIR, und sein Gegner GOLL MAC MORNA die des BALOR-Stieres Die cervidische Natur des OSSIAN, des von einer Hindin-Mutter abstammenden Dichter-Kriegers und Sohnes von FINN macht ihn zur Inkarnation des CERNUNNOS-Hirsches, während OSKAR, FINNS mit beispiellosem Mut ausgestatteter Enkel, der in der letzten Schlacht der Fenier den Oberkönig tötet und selbst fällt, sich dadurch dem Oberkönig gleichsetzt und nun zu ESUS-Eber in Beziehung steht.

Bei der umsichtigen Verteilung der Prinzipien wird nicht vergessen, in der intimsten Umgebung des FINN die „solare“ Komponente einzufügen. Der eingegliederte uranische, kaum unterlegene Kult wird durch DIARMAIT vertreten, der „Wangen rot wie die Beeren der Eberesche“, des uranischen Baumes, hat. Er ist „Schüler“ des solaren Gottes, AENGUS des Jüngeren, des Sohnes von DAGDA, und wird der Geliebte der GRAINNE, der zweiten Frau FINNS, die er an deren Hochzeitstag entführt.

Die Generationenfolge im FINN-Zyklus entspricht den Metamorphosen des TUAN MAC CAIRIL und stellt eine Verschlüsselung der verschiedenen Phasen der „Menschwerdung“ dar.

Die anschließenden Erzählungen und ihre Deutung werden uns zeigen, daß ausschließlich das religiöse Klima weiterhin im Mittelpunkt des Interesses stand: nichts interessierte das Auditorium mehr, als die geheimen Aktionen der Götter.

DIE DREI JUNGEN KÄMPEN AUS NORWEGEN

Nach R. CHAUVIRE, Contes, Paris 1949, S. 157:

Als sie einmal bei zwei Dolmen lagerten, erzählte CAOILTE dem König die Geschichte dieser Gräber: Eines Tages geschah es, daß wir, die drei Scharen der Fiana, an diesen Hügel kamen. Dort erblickten wir drei junge Kämpen mit einem Spürhund, die uns erwarteten. In der ganzen Welt gab es nicht solche Farben, wie sie auf dem Fell des Tieres zu sehen waren, das im Vergleich zu anderen Hunden riesig groß war. Die Kämpen setzten sich vor FINN nieder, und er befragte sie:

„Woher kommt ihr jungen Leute?"

„Aus dem großen Land Iorouath oder Norwegen im Osten."

„Welcher Grund hat euch hergeführt?"?

„Wir wollen in eure Dienste treten und eure Freundschaft gewinnen."

„Welchen Vorteil wird es uns bringen, wenn ihr bei uns bleibt?"

„Wir sind, wie du siehst, unserer drei, und ein jeder von uns hat eine besondere Gabe."

„Welches sind eure drei Gaben?"

„Ich kann an Stelle aller Fenier Irlands und Schottlands die Wache halten", sagte der eine.

„Bei jeder Gefahr in der Schlacht oder im Zweikampf, die ihnen zustößt, werde ich sie befreien, und sie brauchen sich nur ruhig zu halten", sagte der zweite.

„Ich werde jeder Mißlichkeit entgegenzutreten wissen, die meinem Herrn entstehen könnte, und jeder Bitte nachkommen, die an ihn gerichtet wird", sagte der dritte. „Was den Spürhund betrifft", fügte er hinzu, „solange es Damwild in Irland gibt, wird er den Fiana eine Nacht um die andere dienen, und in den anderen Nächten werde ich es tun."

„Was verlangt ihr dafür, wenn ihr unter diesen Umständen bei uns bleibt?"

„Drei Bedingungen stellen wir", antworteten sie. „Die eine ist: hat sich die Nacht herabgesenkt, darf niemand, sei es über eine große oder geringe Entfernung, sich unserem Lager nähern. Die andere ist: kein Anteil an Nahrung, sei es viel oder wenig, darf uns von den Deinen gereicht werden. Und die letzte: die Fiana von Irland sollen uns lediglich das unergiebigste ihrer Jagdgebiete zuteilen."

„Bei meiner Seele", sagte FINN, „warum wollt ihr, daß niemand euch sehe, wenn es Nacht ist?"

„Wir haben einen Grund dafür", erwiderten sie. „Doch solange wir den gleichen Pfad teilen, fragt nicht danach. Hört vielmehr dies: von den drei Kriegern, die wir an Zahl sind, ist jede dritte Nacht einer tot, während die beiden anderen bei ihm wachen, und deshalb wollen wir, daß niemand uns sieht."

Nun, FINN wollte keinen Toten sehen, der nicht durch Waffen umgekommen war; doch wußte er sofort ein Mittel: niemand durfte sich der Befestigung der drei jungen Kämpen nähern.

Da kamen sieben Weise von den Leuten des Druiden KITRUADH zu FINN, um den Preis für ein Gedicht zu fordern: sie verlangten dreimal fünfzig Unzen Gold, und ebenso viele in Silber; die sollten nach Tara geschafft werden.

„Dazu brauchen wir Hilfe", sagte ein Krieger.

„Nun, ihr Männer der Kunst", sagten die drei jungen Kämpen, „wollt ihr den Preis lieber heute am Abend oder am anderen Morgen?"

„Morgen wird früh genug sein", erwiderten die gelehrten Dichter.

Also begaben sich besagte Kämpen zu dem Strohlager ihres Hundes, das etwas abseits von ihrer Feste lag; vor ihnen erbrach der Hund eine Menge Gold und Silber, das sie den Weisen gaben, die es mitnahmen.

Was werden die drei Scharen der Fiana tun", sagte FINN, „wenn sie kein Wasser haben?"

„Wieviele Trinkhörner besitzt FINN?" fragte der eine der drei.

„Dreihundertundzwölf", erwiderte CAOILTE.

„Gebt mir die Hörner in die Hand", sagte der junge Kämpe, „und was darin sein wird, trinkt alles aus."

Sie füllten sie dreimal mit Bier, und beim dritten Mal verwirrte sich der Sinn derer, die getrunken hatten, und sie begannen fröhlich zu schreien. Deshalb erhielt dieser Ort den Namen „Feste der Wunder", fügte CAOILTE hinzu. Und auf diese Weise blieben die drei ein ganzes Jahr bei den Fiana.

... Eines Tages verschworen die Fiana sich, sie zu töten. Welchen Grund hatten sie, den in ihren Diensten Stehenden nach dem Leben zu trachten? Es geschah, weil sie das Verhalten der drei Kämpen nicht verstanden; sie fragten sich, weshalb sie ihr Lager abseits aufschlagen mußten und es mit einem Wall von Flammen umgaben und niemand sie bis zum Aufstehen am nächsten Morgen sehen durfte. Doch FINN sagte:

„Um keinen Preis werde ich zulassen, daß man sie tötet, denn von allen Männern der Welt sind sie die besten im Speerwerfen und durch ihre Kraft. Und sie besitzen drei Künste, die es allein wert sind, daß man sie nicht umbringt."

Sie selbst töteten zwei Krieger, deren riesige Gräber Ihr hier seht, fuhr CAOILTE fort. Die drei lagerten abseits der Fiana und hatten den Hund in ihrer Mitte. Und wenn die Nacht kam, umgab sie eine Mauer von Flammen, so daß niemand sie auch nur anzublicken wagte. In dieser Nacht übernahmen die zwei Söhne des Königs von Ulster, DON und DUVANN, die Wache bei den Fiana und machten dreimal die Runde um das Lager. Beim dritten Mal indes sahen sie die Flammenmauer, und DON sagte:

„Es ist ein seltsames Ding, wie die drei Kämpen seit einem Jahr leben und ihren Hund bei sich haben. Denn sie haben verboten, daß niemand sie ansehen geht, wenn es Nacht geworden ist."

Und die Söhne des Königs von Ulster durchquerten die Mauer aus Flammen; und als sie darinnen waren, nahmen sie ihre Waffen in die Hand und spähten nach den jungen Männern und dem Hund. Doch der gewaltige Spürhund, den sie alle Tage auf der Jagd bei sich hatten, war in diesem Augenblick nicht größer als ein Schoßhund, wie ihn Damen oder Herren von hohem Rang bei sich tragen. Der eine der drei hielt mit dem blanken Schwert in der Hand Wache vor dem Tier, während ein anderer ihm einen Becher aus hellem Silber vor die Schnauze hielt. Und es waren die besten Getränke, wie sie sich keiner der drei besser wünschen konnte, die der Hund beständig aus seiner Schnauze in den Becher spie.

Da sagte einer der jungen Kämpen zu dem Hund:

„Du bist es, der Gute, Edele, Gerechte und Großherzige! Hüte dich nun vor dem Verrat des FINN!“

Daraufhin bewegte der Hund den Schwanz mit großer Kraft, so daß ein zauberkräftiger Wind entstand und die Schilde den Männern von der Schulter, die Schwerter von ihrer Seite fielen und sie gegen die feurige Mauer geschleudert wurden. Dann erschlugen die drei die Söhne des Königs von Ulster. Danach wandte der Hund sich gegen sie und blies seinen Atem auf sie und machte sie zu Schutt und Asche, so daß man keine Spur von Blut oder Fleisch oder Knochen mehr von ihnen fand. Ihre Gräber sind die Hügel, nach denen du mich befragtest, schloß CAOILTE seinen Bericht. Aber außer Erde und Sand werden die, die sie aufdekken, nicht das Geringste finden.

„Noch nie“, sagte der König, „hast du, CAOILTE, eine vortrefflichere, geheimnisvollere Geschichte erzählt.“

DAS MYSTERIUM DER AUFERSTEHUNG

Die Andere Welt, die sich in FINN manifestiert und mit ihm verbunden wird, das heißt, ihn als die repräsentative religiöse Macht anerkennt, ist hier in Norwegen angesiedelt.

Thema der Fabel ist die Auferstehung, was übrigens einer der drei dem FINN auseinandersetzt. Genauer gesagt, wir erfahren von der Unverletzlichkeit eines Geheimnisses, in das nicht vorzudringen FINN sich verpflichtet. Seltsam, es sind immer die gleichen, die das neutrale Gesetz der Natur übertreten: die uranischen Ulter, hier in Gestalt der zwei Söhne des „Königs von Ulster". Sie durchdringen den Flammenkreis, um die verbotenen Vorgänge zu *erspähen,* was andeuten soll, daß sie sie kennenlernen und sich aneignen wollen, trotz FINNS Versprechen und zweifellos gegen seinen Willen und in dem Wunsch, ihre verlorene Herrschaft wiederzugewinen und ihn zu ersetzen.

Der Fortbestand der kultischen Typen ist um so bemerkenswerter, als die fortschrittlichen Kräfte hofften, den Streitigkeiten zwischen den beiden traditionellen Lagern zugunsten der Einheit der Fiana ein Ende zu machen. Deshalb wurden die Fiana als ein „intertribalistisches" (aus Angehörigen aller Stämme bestehendes) Heer konzipiert, dessen Befehlshaber FINN allen Stämmen und kleinen Königtümern übergeordnet war. Die tiefer verankerten Divergenzen scheinen innerhalb der Einheit indes weiter bestanden zu haben, und die nie versiegende Quelle der Konflikte dürfte der Dualismus gewesen sein, an dem man nach wie vor festhielt.

Wie in der *Geschichte vom Schwein des Mac Datho* steht auch hier der Hund im Mittelpunkt des Geschehens, mehr noch, er nimmt die gleiche Rolle des Schiedsrichters zwischen den von FINN auf der einen und den Söhnen des Königs von Ulster auf der anderen Seite vertretenen Kulte ein. Das Goldspucken, Silber- und Zaubertrankspukken — des keltischen Lebenselixiers — ist nur eine volkstümliche Formulierung seiner schöpferischen Natur. Das ist das Bild, das sich auf unterster Ebene bietet. Die wahre Hierophanie geht im Verborgenen vor sich: in der Nacht stirbt jeweils einer der jungen Leute, um durch den Hund innerhalb der von Feuer umgebenen Einfriedung, auch einer Lokalisierung der Anderen Welt, wieder zum Leben erweckt zu werden.

Am Tage dezimiert der Jagdhund die Scharen; nachts verkleinert er sich, was auf den vorgeburtlichen Zustand anspielt: Das Leben geht aus dem Tod hervor. Einer der jungen Männer redet ihn an: „Wie gut du bist, edel und gerecht und großherzig!" Denn der Hund ist Zerberus, Wächter des Mysteriums der Auferstehung, in das sich der Totengott hüllt. Der Tod ist der Zeugende.

Der Erzähler versichert, es gäbe auf der ganzen Welt keine Farbe, die denen im Fell des Hundes gleichkäme. Nun, diese Farben von Himmel, Erde, Wald, Wasser, Feuer, Sonne und Mond sind die gleichen, die CUCHULAINNS Haar und Wangen schmückten und auch die gleichen, die bezeichnenderweise den Hund in der keltischen Sage von *Tristan und Isolde* auszeichnen, dessen Glöckchen so süß läuteten, Tröster der beiden Liebenden.

Hier gehen, wie in den meisten Sagen des FINN-Zyklus, die alten Gottheiten des Feuers und der Finsternis selbst oder in Gestalt ihres Avatars zum Angriff auf die neue Ordnung vor; sie werden mit Hilfe der Waffen, der List oder der Gegen-Magie zurückgeschlagen. In dieser Mannigfaltigkeit fantastischer Verkleidungen und strittiger Themen, im Gewebe der Verwicklungen und Händel, das sich um das Mysterium des Uranfangs spinnt, liegt der Reiz dieser Erzählungen, die ihre Zuhörerschaft unfehlbar in Bann schlugen.

FINN UND DIE GESPENSTER

Handschrift von Leyden, 16. Jahrhundert. Nach der französischen Übersetzung von L. C. Stern in *Rev. Celt.* XIII, S. 12—17. Dieser Abschnitt wurde von G. Dottin, in L'Epopée Irlandaise, Paris 1926, S. 157 übernommen:

Eines Abends wird Finn, begleitet von Caoilte und Ossian, unweit des Hügels von Bairnech vom Einbruch der Nacht überrascht. Auf der Suche nach einer Unterkunft bemerkt er im Tal ein Haus, das er zuvor noch nie gesehen hatte. Aus dem Hause tönten Klagen und Schreie. Vor ihm hielt sich ein Riese auf ... Seine beiden Augen waren rund wie die Eier einer Amsel, schwarz wie der Tod und flinker als ein Hase; seine Zahnwurzeln waren grau wie der Stumpf einer Stechpalme, die Spitzen seiner Zähne gelb wie Gold. Er hatte sehr dünne Beine mit spitzen schwarzen Fersen. Ebenso waren seine Gelenke am ganzen Körper schwarz wie Kohle von der Feuerstelle.

Der Riese hieß sie willkommen und stellte ihre Pferde in den Stall. Er schloß die Haustür hinter ihnen mit eisernen Ketten. „Gegrüßet seist du, o Finn", sagte der Riese. „Es ist lange her, daß du nicht bei mir warst, damit ich für dich sorge." Sie setzten sich alle drei auf den Rand eines Bettes, und der Riese wusch ihnen die Füße. Er zündete für sie ein Feuer aus Holunderholz an, und es hätte wenig gefehlt, daß sie am Rauch erstickt wären.

Da erhoben sich die Hausleute aus den Winkeln, in denen sie sich aufgehalten hatten, und wandten sich dem Feuer zu. Fürchterlich waren diese Wesen, die nunmehr den Kopf hoben: das eine war eine Alte mit drei Köpfen und schwarz wie der Rauch; der eine Kopf weinte, der andere lachte und der dritte schlief. Das andere war ein Mann ohne Kopf, mit einem Auge auf der Brust.

„Unterhaltet den König der Fiana ein wenig", sagte der Riese, „die Hausleute mögen sich daran begeben, denn wir haben keinerlei Imbiß für euch, bis nicht die Mahlzeit bereitet ist." „So soll es geschehen", sagte die Alte.

Aus der einen Ecke an Finns Seite erhoben sich neun Körper, aus der anderen neun Köpfe. Sie stießen neun durchdringende, rauhe, fürchterliche, entsetzliche, sehr laute Schreie aus. Die Alte, der Hausverwalter und der Mann ohne Kopf antworteten darauf. Diese Gesänge hätten den Männern das Blut aus den Köpfen fließen, die Toten aus der Erde auferstehen und die Schwachherzigen in Ohnmacht fallen lassen. Die Weise des kopflosen Mannes war die schrecklichste von allen. Menschen, die diese Schreie hörten, sprangen fast die Knochen im Kopf entzwei.

„Schweigt einen Augenblick", sagte der Riese, „damit dem König die Mahlzeit bereitet werde." Endlich waren sie still. Der Riese stand auf und tötete das Pferd des FINN, zog ihm alsbald das Fell ab und zerlegte das Pferd in Stücke. CAOILTE wollte auf den Riesen losgehen. „Verhalte dich still", sagte FINN. „Wir wollen ihm Dank wissen, daß er uns verschont. Wenig kümmert uns das Los unseres Pferdes." Das Hausgesinde nahm den gleichen Gesang wieder auf. „Es ist recht, euch so gut aufzunehmen", sagte der Riese. „Die Musik, die sie machen, ist wunderbar."

Der Riese fertigte fünfzig Spieße aus Ebereschenholz an, steckte den Kopf des Pferdes darauf und stellte sie vor das Feuer. Anstatt abzuwarten, bis das Fleisch gar war, reichte er FINN sogleich davon. „Behalte deine Nahrung, o Riese", sagte FINN. „Wir sind bei uns nicht gewohnt, etwas dergleichen zu essen. Wenig schadet es, wenn wir einmal ohne etwas sind." „Euer Besuch bei uns ist vom Übel", sagte der Riese. „Es hat vor euch noch keine Jagdgesellschaft unsere Nahrung abgelehnt und uns gekränkt. Ich kündige euch an, daß wir uns gegen euch wenden werden."

Daraufhin erhoben sich alle im Hause. Das Feuer war erloschen. FINN wurde in die Ecke gedrängt, getreten und geschlagen. Auf diese Weise trieben sie es die ganze Nacht mit Schreien bis zum Morgen. Sie ließen nicht ab von FINN und seinen Gefährten, bis diese ausgestreckt auf dem Boden lagen und in Unbeweglichkeit und Todesstarre verfielen. So blieben sie, wie Leichname, bis zum Morgen des nächsten Tages.

Als sie am nächsten Tage aus ihrer Ohnmacht erwachten, sahen sie weder das Haus noch die Leute auf der Ebene, die sie von allen Seiten umgab. Ebenso erwachte auch FINN; sein Pferd war an eine Stange gebunden, und es war unversehrt. Sie berieten sich untereinander, wer ihnen so übel mitgespielt haben mochte. FINN stimmte einen *Teinm laida* (Gesang an das Licht) an und steckte seinen Daumen in den Mund auf den Weisheitszahn, und es wurde ihm alles klar. „Wahrhaftig", sagte er, „es sind die drei Gespenster von Hibarglend (Tal der Eiben), die uns angefallen und uns so übel mitgespielt haben, um ihre Schwester GUILLEND CRAISLETNE zu rächen, die von uns getötet wurde."

Dann brachen sie auf nach Fantur und Etrachtaige und erzählten den Männern der Fiana diese Geschichte von ihrer Reise.

DIE RACHE DER CHTONISCHEN GÖTTER

Die Geschichte von den Gespenstern beginnt mit der Suche nach Obdach bei Anbruch der Nacht. Das Erscheinen des verschwundenen Hauses in der einsamen Landschaft, seine Vergrößerung zu einem Schloß und schließlich sein spurloses Verschwinden sind im keltischen Erzählgut Manifestationen der Anderen Welt. Das ist für die Deutung ein gesicherter Schlüssel.

Der Riese, der FINN erwartet, und dessen Auge „so rund wie Amseleier" und Gelenke „so schwarz wie Kohle aus der Feuerstätte" sind, wird durch die Zeichen des Himmels (Vogel), der Erde (Kohle) und der Schöpfung (Ei) charakterisiert. Er ist der Hüter oder Wächter des „Hauses" und damit zweifellos der Repräsentant des höchsten Gottes des gegnerischen Kultes.

Die „Gespenster" sind mit Hilfe der figürlichen Skulpturen aus der gallisch-römischen Epoche unschwer zu identifizieren. Ihre Beschreibung beweist sogar, daß sie mit den gallischen beziehungsweise irischen Gottheiten in etwa identisch sind. Man begegnet hier der „Alten mit drei Köpfen", eine Replik der dreiköpfigen Frau von Cébazat bei Clermont und der Statuetten der sogenannten „dreifachen Hekate". Ihre drei Gesichter, „ein weinendes, ein lachendes und ein schlafendes", erinnert an die magische Harfe des Dagda mit ihren drei unwiderstehlichen Weisen des „Seufzens, des Lachens und des Schlafes". In dem Gespenst ohne Kopf mit dem einen Auge auf der Brust erkennen wir den Hippophorus von Neschers aus dem Museum in Vichy wieder, den Riesen mit Schlangenleib, der seinen Kopf auf der Brust trägt: ein Pferd mit einem Reiter reitet ihn, indem er ihm seine Beine auf die Schultern legt. In einer anderen, namnetischen Version (Abb. 34/S. 303, Legende S. 149) stützt der Hippophorus, dessen Hüften aus dem Mondzeichen hervorgehen, mit seinen erhobenen Händen Reiter und Pferd.

Es sind die alten, chtonisch gewordenen Gottheiten, die FINN in seiner Extase — seiner Verhexung durch den Riesen — sieht: Lebendige bedrohliche Schatten, die durchaus imstande sind, Druck auszuüben und einen Schimpf zu rächen,

indem sie ihre Feinde bei Nacht in Entsetzen stürzen; übrigens kämpfen sie mit der Waffe in der Hand. Nichtsdestoweniger bleiben sie Schatten, die keine Macht über FINNS Supremat haben und sich auflösen, ohne eine Spur zu hinterlassen, nachdem der Zauber, ihre ehedem so mächtige Magie, die Wirkung verloren hat.

Unsere sich auf die gallisch-römischen figürlichen Darstellungen stützende Identifizierung läßt erkennen, daß sich diese Gottheiten in ihrer virtuellen Macht in Gallien länger gehalten haben als in Irland, das zu seinem früheren tellurischen Kult zurückkehrte. Diese Tatsache führt uns zu dem Schluß, daß die religiöse Entwicklung der Gallier nach der Niederlage von Alesia genau in dem Augenblick zum Stillstand kam, als AMAIRGIN die Herrschaft antrat, das heißt, eine Synthese der beiden Kulte erreicht war. Der solare Kult sollte jedoch in Gallien durch die Berührung mit der solaren Dominante der griechisch-lateinischen und orientalischen Kulte, die die römischen Legionen ins Land brachten, wiederbelebt werden. In den bildlichen Darstellungen auf den gallischen Münzen halten sich die Zeichen der verschiedenen Lehren annähernd das Gleichgewicht, während in Irland die Mythologie zum nächtlichen Mysterium tendiert.

Wir empfinden gewisse Hemmungen, den Initiationsgehalt der Gestalt des Riesen mit dem klassischen Bild des Jupiter zu vergleichen, hinter dessen hoher Stirn die ganze Weisheit des Universums konzentriert war. Und dennoch! Welche der beiden Erfahrungen trägt mehr der Zwietracht Rechnung, die in der Welt von gestern wie in der von heute regiert? Für den Kelten ist der göttliche Plan ein Mysterium, zu dem es keinen Schlüssel gibt: Die Götter sind in einem Räderwerk gefangen, dessen Knarren und Knirschen für den „Riesen“ eine „wunderbare Musik“ war.

DAS ENDE DER KELTISCHEN MYTHOLOGIE

Weder eine Erschöpfung seines religiösen Inhalts noch die Evangelisation Irlands bereiteten dem FINN-Zyklus ein Ende. Der Tod seines Helden ist lediglich eine Episode, der es übrigens an der pathetischen Größe fehlt, die den Tod ARTHURS kennzeichnet, der zu seinem letzten Wohnsitz entrückt wird. Will man den Zeitpunkt des endgültigen Unterganges der Heldensagen bestimmen, wird der Schlußstrich erst um die Mitte des vorigen Jahrhunderts zu ziehen sein, als fast die Hälfte der irischen Bevölkerung infolge einer katastrophalen Hungersnot nach Amerika auswanderte. Erst durch diese Umwälzung brach die lebendige Verbindung zur mythischen Vergangenheit ab.

Setzt der Tod des FINN der Fabulierung weiterer Legenden auch kein Ende, so bezeichnet er doch die Vernichtung der lebendigen Kräfte der keltischen Religion. Und als der Oberkönig durch OSKARS Speer fällt, wird in Wirklichkeit der höchste der Götter, der letzte Gott, ausgelöscht.

Die lange Reihe der FINN-Legenden zeigt uns einen alternden FINN mit weißem Haar, an dem die Eifersucht nagt. Sein „Edelmut“ nimmt von Stufe zu Stufe ab. Die Tapferkeit verläßt ihn, und ebenso seine magische Kraft. Seine Frau entflieht mit DIARMAIT, sein Sohn OSSIAN folgt der Göttin NIV in das Land der ewigen Jugend, OSKAR, sein Enkel, fällt bei Gaoura. FINN bleibt nichts übrig, als zu verschwinden und seine wenigen Gefolgsleute der Fiana „mürrisch und mutlos“, ohne Führung und ohne Glauben, zurückzulassen.

Als Mitte des 18. Jahrhunderts der ossianische Sagenkreis oder vielmehr seine allzu persönliche Fassung durch den Schotten J. MACPHERSON veröffentlicht wurde, rief dies, zumal unter den englischen und deutschen Literaten, ein gewaltiges Echo hervor. Es dürfte nicht übertrieben sein, dieser Publikation die Vaterschaft für die sentimen-

Abb. 43: Die quadrierte Tafel, die der Reiter dem androcephalen Pferd voranschleudert, ist ein Vierer-Motiv des Nachthimmels. Unter dem Pferd der Heilige Baum, die auf einem Halbmond wachsende Eibe. Jeder Zweig trägt drei Beeren.

tale Strömung zuzusprechen, die für jene Epoche so typisch war und auch GOETHES *Werther* in Mode brachte. Im Gegensatz zu den Werken der klassischen Antike, die sich dank der eklektischen Bedürfnisse der gebildeten Schichten noch immer größter Beliebtheit erfreuen, wurde die wiederentdeckte keltische Dichtung zur Herzenssache, die an ein tiefeingewurzeltes Gefühl rührte.

Die „romantische" Anregung ging vor allem von den letzten Legenden aus, die von der Rückkehr des OSSIAN aus dem Land der ewigen Jugend berichten; er erhält Urlaub, um die Seinen wiederzusehen, die er jedoch nicht mehr antrifft. Dem Verbot der NIV, nicht vom Pferd zu steigen, zuwiderhandelnd, wird er in dem Augenblick, da er den Boden berührt, ein blinder hilfloser Greis. Der Heilige PATRICK nimmt ihn bei sich auf. Die Klagen der beiden sowie die des CAOILTE (des anderen Rückkehrers), sind voll von Sehnsucht nach der glorreichen Zeit, durchweht von Todesgedanken, in deren Zeichen gerade die Romantik entsteht.

Die verbindende Kraft der pankeltischen Religion

DIE THEOGONIE DER KELTEN

Lange Zeit wurde die Religion der Kelten für ein jeder Eigenständigkeit entbehrendes Konglomerat verschiedener Glaubensvorstellungen gehalten, und doch blieb sie allen Versuchen einer Rekonstruktion nach griechisch-römischem Muster unzugänglich. Freilich sind den Mythologien der Griechen, Italer und Kelten zahlreiche gemeinsame indo-europäische Elemente erhalten geblieben, und so ist es nicht überraschend, daß man gewisse Übereinstimmungen unter ihnen für Entlehnungen hielt und sie summarisch unter „Heldenkulte des Römischen Reiches" zusammenfaßte.

Da ich von einem anderen Gesichtspunkt aus an die Erforschung dieser Religion herangegangen bin, übernehme ich bewußt die volle Verantwortung für meine Darstellung, um so mehr, als sich meine Untersuchung auf drei solide Säulen stützt, von denen andere bisher wenig Gebrauch gemacht haben.

Da ist einmal das Thema der Metamorphosen des Tuan mac Cairil, die Arbois de Jubainville noch für eine christliche Hinzufügung mittelalterlicher Redaktoren hielt, die dazu dienen sollten, die verschiedenen „Invasionen" in einen zusammenhängenden Rahmen zu bringen. Ich messe diesen Metamorphosen deshalb kapitale Bedeutung zu, weil auch Gestalten des walisischen Sagenkreises wie Gwydyon und sein Bruder die gleichen Verwandlungen in Hirsch und Eber durchmachen, die wiederum bei den Münzbildern an erster Stelle stehen, was erlaubt, Einwanderung und Tier zueinander in Beziehung zu setzen. Diese im irischen, walisischen und gallischen Sagengut vorhandenen Parallelen haben mich dazu angeregt, nach der ursprünglichen zoomorphen Natur dieser Gottheiten im archetypischen Sinn zu forschen. Indem wir die den Tieren in den Sagen zuerkannten symbolischen Werte wieder einfügten, fanden wir die Personen wieder, die den mutmaßlichen Bedeutungen entsprechen könnten.

Die zweite Basis für die von mir angewandte Methode sehe ich in der Perennität des anfänglichen Dualismus, der in seinen Seinsweisen aktiv-passiv, schöpferisch-zerstörerisch wieder auflebt. Gewiß, die uranischen Götter haben die Konzeption der Triade eingeführt, indem sie der tellurisch-aquatischen Bipolarität (Leib-Lebensodem) die Sakralität des luftigen Prinzips (des Geistes) hinzufügten. Doch rief das dualistische Denken in der Folge einen neuen Antagonismus ins Leben, den der solaren und lunaren Kulte, deren frühere Divergenzen in anderer Form, doch im gleichen dualistischen Sinn, wiederauftauchen.

Drittens lieferte der keltische Hang zur Vereinung und damit Neutralisierung der diametralen Gegensätze diesem speziellen, sich ständig ausbalancierenden und ergänzenden Dualismus das tragende Fundament.

Die nach diesen drei Säulen ausgerichtete und auf ihnen basierende Dokumentation läßt die Entwicklung und den Sinn der keltischen Theologie erkennen. In der Erwartung, daß wir unsere Untersuchung der walisisch-keltischen Mythologie noch erweitern können, fassen wir die in den vorangegangenen Kapiteln geschilderten Entwicklungen noch einmal zusammen.

Die erste Bekundung der Genese ist die Fruchtbarkeit, wiedergegeben durch das Schlangenei, das ursprüngliche Ungeteilte, auf der Stele von Toulouse als zweigeschlechtliches Wesen dargestellt. Dieses ist der Totengott, die Quelle des Lebens. Weitere Totengötter, terrestrische oder aquatische, tauchen auf, wie Lir, Teutates und Bile; sie sind bereits männlichen Geschlechts und Familienväter. Die Folge dieser verschwägerten Götter entspricht der Evolution; der älteste hat am Anfang aller Zeiten den exemplarischen Akt vollbracht oder ist aus ihm hervorgegangen; die anderen sind ihm gefolgt und signalisieren durch diese Wiederholung den unaufhörlichen Vorgang der Schöpfung.

Diese aus der Schlange hervorgegangenen Gottheiten des ersten Stammes sind schlangenförmig; zu ihnen gehört die Schlange mit dem Delphinkopf und die Schlange mit dem Vorderleib des Pferdes, des Hundes oder des Menschen sowie die gehörnte Schlange. In der Zeit, als die mündliche Überlieferung schriftlich fixiert wurde, sind diese ophidischen Götter bereits anthropomorph, werden jedoch auf den Münzen in Tiergestalt evoziert. In Wirklichkeit sind sie weder das eine noch das andere; diese Gestalten sind nur Symbole (Abb. 125/S. 310)

Die erste Götterschicht ist bereits dualistischer Natur. Sie teilt sich in zwei Stämme: in die ansässigen, die sich Fomori nennen, und die aquatischen, die bei der Invasion des Partholon landeten. Die Tatsache, daß beide Stämme letzten Endes marinen Ursprungs sind, und daß sie sich parallel der gleichen Tierform bedienen, läßt vermuten, daß sie komplementäre Beziehungen ein und derselben „Rasse“ oder, im übertragenen Sinn, der gleichen göttlichen Realität darstellen.

Wie sich diese Religion auch entwickeln mag, in diesem ersten Fundament ist bereits das wesentliche Glaubensrepertoire enthalten. Durch die Ankunft der zweiten Welle unter Führung des Nemed, des die urzeitliche Intelligenz symbolisierenden Hirschgottes, sowie der dritten, von dem die Hoheit des Oberkönigs symbolisierenden Ebergott (in Gallien Esus) angeführten Welle wird sie erheblich angereichert. Doch fügen diese Ankömmlinge dem religiösen Grundstock kein neues Prinzip hinzu. Der Hirsch ist eine entwickeltere Form der Vorstellung vom göttlichen Denken, das schon im Atem (Wort) impliziert wurde, während der Eber als eine moderne Formulierung des Wohlergehens dienen wird, die zum Wohlstand eines Königreichs geworden ist und für den sich das Symbol der Ziege als zu begrenzt erwies.

Die Landung der Luftgötter brachte die etablierte religiöse Struktur ins Wanken. Der Stamm der Göttin Dana führte die immateriellen Werte, die Magie und die List ein, jene Hauptcharakteristika des Demiurgen. Die Zuordnung der Intelligenz zur Schöpfung und auch Begriffe wie Lebensenergie, Intelligenz und Seele lassen sich im Rahmen unserer Dokumentation kaum voneinander trennen; das Ur-Pferd und der Ur-Hirsch haben diese Qualitäten schon zu gewissem Grade besessen. Der Widerstand des traditionellen Kultes ent-

Abb. 125/S. 310: Transponierung des klassischen (solaren) Löwen in einen schlangenförmigen Hirsch; in seinem weit geöffneten Maul ein Ei. Eine das Ei durchquerende Schlangenlinie evoziert die Schlange. Das Ganze ist eine Darstellung der „Solarisierung“ des tellurischen Hirsches.

flammte genau daran, daß man dem Geist den ersten Platz in der Ordnung der Schöpfung zuerkannte und so die als nicht personal geltende „natürliche" Ordnung (die Fruchtbarkeit) durch die als personal empfundene Kraft der Magie ersetzte. Mit anderen Worten: Kann man das Naturgesetz gegen den freien Willen austauschen?

Nichts kann die Problematik der keltischen Religion besser verdeutlichen als die Auseinandersetzung dieser beiden Prinzipien: Wohnte die Schöpferkraft dem Naturgesetz inne oder dem Geist des Demiurgen?

Da er die „druidische" Magie, das schlagkräftigste Instrument der Luftgötter mit einbringt, wird DAGDA, deren Oberhaupt, zum allmächtigen Druiden/Gott. Die drei „unwiderstehlichen" Melodien, die er souverän auf seiner Harfe zu spielen versteht, sind Manifestationen der Seele (des Lebens). Seine triadische Konzeption (ein Anschlag auf den Dualismus) findet auch in der Ikonografie im Auftreten der Dreierfiguren, wie der dreiköpfigen Person und dem dreiköpfigen Hund, dem Gott mit den drei Hörnern, dem dreigehörnten Stier und Eber oder dem Pferd RUDIOBOS mit der zu einem Drei-Horn-Motiv verknoteten Mähne aus dem Museum von Orleans ihren Ausdruck, und das dank der „Solarisation" ihrer ursprünglich lunaren Natur. Von den Luftgöttern wird jetzt die Adlergöttin die Stelle der Pferdegöttin einnehmen. Der „starke Mann" OGME, der *Psychopompos,* der „Seelengeleiter" mit dem „solaren Gesicht" (*grian ainech*), der Dichter der Anrufungen, der Gott-Arzt und die Zauberinnen treten nun auf.

Die erste Schlacht von Mag Tured läßt bereits die Schwäche eines Kultes erkennen, der sich hauptsächlich auf die Zauberkraft stützt. Die Erfindung der Handwerke, insofern eine Schöpfung des Geistes, wird zur betont „solaren" zivilisatorischen Aufgabe von höchster Dringlichkeit. Gleichermaßen solar war die Idee, die *„sieben Weltwunder"* mit Hilfe der List zu vereinen. Dennoch war für die Durchführung eines derart erweiterten Programmes ein neuer Gott, der an beiden gegnerischen Kulten schon durch seine Geburt teilhatte, unerläßlich.

Durch tellurisch-uranische Hierogamien lieferte der Mythos ihrer zwei: einerseits LUG und zum anderen die Triade der *Söhne des Tuirill,* die gleichermaßen zum Befehlshaber der Neuorientierung qualifiziert waren. LUG ging als Sieger und Nutznießer aus der Prüfung hervor, indem er die Söhne des TUIRILL eliminierte. Sein Kriegsrat, dem die Götter des Handwerks angehörten, war bereits mit der Modifizierung der solaren Doktrin beschäftigt, in der LUG den DAGDA in der Hierarchie ersetzt und den Sieg der zweiten Schlacht von Mag Tured sichert.

Trotz ihres Erfolges war die heliakische Lehre nicht lebensfähig. Es scheint, daß die Sonne weder in der Mythologie noch in der Dichtkunst das lebensspendende Bild erhält; der Tag hat keine sakrale Wertigkeit. Es ist das Gestirn der Nacht, das hier seit undenklichen Zeiten als Lebensquell und Verheißung der ewigen Wiederkehr verehrt wird, während das Tagesgestirn, der Seelengeleiter, den Zusammenhang aller Lebenszyklen nicht zu demonstrieren vermag. Wir wohnen damit einer Inversion der anerkannten Werte bei: Bei den Kelten ist es der Mond, der das Leben bedeutet; die Sonne bedeutet Tod.

Das Manifest des AMAIRGIN, der dazu berufen war, dem solaren Kult ein Ende zu machen, indem er dessen Götter dazu zwang, sich in das unterirdische Sid unter den großen Dolmen zurückzuziehen, verkündete die tellurische Vorherrschaft. Indes, die Eliminierung der Sonnengötter ließ andere entstehen, ebenso wie die lunaren Götter unter neuem Namen wiedererschienen sind. Der gleiche Kampf wurde zwischen den Ultern, der jungen uranischen Generation, und den Connachtern, die den tellurischen FOMORI neue Gestalt geben, fortgesetzt.

Schließlich trägt der Glaube an die erste, die aquatische Offenbarung den Sieg davon, und der Lachs der Weisheit, der schweigsamste der Initiatoren, wird FINN an die Macht bringen. Seine Herrschaft verläuft alles andere als ruhig. Die heliakischen Götter schlafen nicht, sie verwandeln sich in chtonische Geister. In der Erzählung von

Finn und den Gespenstern setzen sie dem Helden schwer zu, und in der Geschichte von der *Verfolgung von Diarmait und Grainne* (R. CHAUVIRE, op. cit.) unterstützen sie DIARMAIT, der sie inkarniert, im Kampf gegen FINN. In *Donn mac Midir oder die Jagd von Slievenamban* (R. CHAUVIRE, op. cit.) liefern sie ihm eine Feldschlacht, die letzte, in großer Verstärkung, ohne ihm die Herrschaft streitig machen zu können.

An der Schwelle der Christianisierung bekundet der Tod des FINN und des ARTHUR das Ende der keltischen Religion. Doch der „nächtliche", jenseits des religiösen Rahmens konsolidierte Geist wird diese Helden und auch die heroische Kultur überleben (Abb. 36 und 37).

Dieser Verlauf des theogonischen Abenteuers bildet das Gerüst der keltischen Religion. Über die religiösen Exerzitien ist uns wenig bekannt; es gab Riten, Opfer, Feiern und Feste. Doch ihren Geist und ihre Logik verdeutlichen die Heldensagen; sie lehren uns, in der Religion der Kelten nicht eine Glaubensanschauung, sondern eine Denkweise zu sehen. Hat man dies einmal erkannt, unterscheidet sich die keltische Dialektik, zumindest die der Elite, insofern von anderen, als Profanes und Heiliges hier eine Ehe eingehen. Doch weder das eine noch das andere besteht im Reinzustand: Die Religion ist nicht reine Religion, und der Bereich des Profanen ist keineswegs nur profan.

Die Mythologie der Kelten ist von dem historischen Charakter der Bibel und der ätiologischen Bemühung der griechischen Sagen wie auch von dem spekulativen Mystizismus der Hindu oder von der christlichen Moral gleich weit entfernt. Sie ähnelt einem Bildteppich, gewebt aus gelebter Erfahrung, auf dem für künftige Offenbarungen noch Raum frei bleibt.

Die hier skizzierte Darstellung läßt eine gleichgewichtige Beteiligung am fortwährenden Schöpfungsprozess zu, unabhängig davon, ob man dem Genie des Demiurgen oder dem Wesen der Natur das Primat zuerkennt. Eine Trennungslinie könnte bewirken, daß die Gesamttendenz unerkannt bleibt. Diese Religion, die Bewegung ist, muß man im Blick auf ihre Orientierung erfassen und definieren. Sie ist nicht endlich, vielmehr eine nie endende Suche, — nicht nach „Werten", sondern nach dem jenseitigen, in der übersinnlichen Welt angesiedelten Geheimnis des Lebens.

Abb. 36: Der angedeutete Helm besteht aus einer Kugel (Ei), aus der ein Federbusch in Gestalt zweier Bovidenhorn-Motive hervorgeht. In Visier und Nackenschutz klingen die gleichen Motive noch einmal an.

Abb. 37: Die Relativität der Erscheinungen, die eine Reihe von Künstlern durch die Simultandarstellung von Frontalgesicht und Profil vermittelten, wird hier durch das Diadem und die beiden einander abgekehrten, ineinander verschränkten Profile gegeben. Sie heben sich gegenseitig auf, um nur noch die Zahl sprechen zu lassen: Das Auge (Ei), das binäre Motiv der beiden Kreise am Diadem, und das ternäre, aus den Einrollungen von Bart und Haar bestehende Motiv.

DIE ANDERE WELT

Das Leben entspringt dem Tode, der Tag entspringt der Nacht, der Frühling geht aus dem Winter hervor, — das ist die Konzeption der Kelten. Die Schöpfung vollzieht sich in der nächtlichen Finsternis, ebenso wie das für tot gehaltene Ei den Keim des Lebens in sich trägt. So gesehen, ist das Reich der toten Seelen alles andere als ein makabrer Ort, vielmehr vielgestaltig und allgegenwärtig.

Im Gegensatz zu den dogmatischen Religionen, die alles ganz genau zu wissen vermeinen, kennt die keltische Religion nur eine Gewißheit: die der Unsterblichkeit der Seele (durch Analogieschluß nach der sich ewig erneuernden Natur).

Ist die Andere Welt auch das Land der Toten, ist sie es doch nicht ausschließlich. Sie ist auch *Mag Mell*, das „liebliche Gefilde" und auch *Tir na n-og*, das „Land der ewigen Jugend". Die Art ihrer Evozierung in den Legenden beruht auf den verschiedensten von den Mythengestalten durchlebten Erfahrungen, — individuelle, doch kohärente Erfahrungen, die den verschiedenen Aspekten ein und derselben rätselhaften Tatsache entsprechen.

Die ersten mythischen Bewohner Irlands kamen über das Meer aus geheimnisvollen Regionen, die man in Spanien, in den nordischen Ländern oder auf fernen Inseln ansiedelte. Die Zweideutigkeit ist nicht auszuräumen: kamen sie über das Meer oder stiegen sie aus dem Meer? ELATHA, der Vater des BRESS, wurde von den Wogen herangetragen, um ERIU, die Göttin, der Irland den Namen verdankt, zu umarmen (Hierogamie, Himmlische Hochzeit von Erde und Meer). Der Stamm der Göttin DANA landete in einer Wolke. Hat diese Wolke sie verborgen? Oder hat sie sie herangetragen?

Bei der Geburt des CUCHULAINN zeigt die Andere Welt eine andere Szenerie: eine abgelegene Hütte, die zuvor noch keiner bemerkt hatte, nimmt die Reiter auf; sie verwandelt sich in ein Schloß, und nach der Manifestation des Heiligen verschwindet sie, ebenso wie später PARZIVALS Burg des Heiligen Grals am Morgen verschwunden ist. Ein anderes Bild des Jenseits bietet das Haus der Gespenster, in dem der Riese den FINN erwartet. Und auch die „Schmiede" des CAULANN, die von einem Zerberus bewacht wird, den CUCHULAINN in Stücke reißt, ist ein Bild der Anderen Welt. Ein weiteres ihrer Gesichter ist die „Herberge" des MAC DATHO mit ihren 350 zwischen sieben Türen stehenden Betten.

Wiederum einen Aspekt bietet der „Zauberbeerenbaum" in der Sage von *Diarmait und Grainne*. Der Stamm der DANA ließ bei seinem Durchzug durch den Schwarzen Wald einen Spierstaudenzweig fallen, dessen Saat purpurfarbene Nüsse entsprossen. „Wer davon ißt, wird niemals krank sein oder Mangel leiden, und der Greis wird seine hundert Jahre vergessen und wieder jung werden, und die Jungfrau, die davon ißt, wird zur Schönheit erblühen." Aber es muß hinzugefügt werden, der Baum wird von einem schwarzen Riesen aus „Norwegen" bewacht: die Präsenz des Übersinnlichen.

Die Andere Welt sind auch jene verwunschenen Inseln, wohin BRAN, CUCHULAINN und OSSIAN den verlockenden und unseligen Feen nachjagen, wobei sie sich in die Wogen stürzen oder im Schiff das Land des Ewigen Frühlings des Meeresgottes ansteuern. Sie ist auch das Sid, der unterirdische Zufluchtsort der heliakischen Götter. Sie liegt auch in den Tiefen der Wälder, wo ihre Boten, Hirsch, Hindinnen und Hirschkälber, dem Jäger aus den Augen entschwinden, so daß er sich allein in einer Grotte, einem See oder einer Anhöhe und Erscheinungen gegenüber sieht, die ihm bestimmt sind. Auch das Ufer der Boyne, wo FINEGAS sieben Jahre auf den Lachs der Weisheit wartet, ist die Andere Welt, desgleichen die Furt, in der CUCHULAINN gefährliche Kämpfe durchsteht, wie auch die Burg Tara in Emain Macha, die Residenz der „Könige". Kurzum, sie ist der eigentliche Schauplatz des keltischen Epos.

Dieses Jenseits ist allgegenwärtig, — auf der Erde, unter der Erde und in den Wellen des Meeres. In nächster Nähe oder in der Ferne, verhüllt oder offen, gibt es sich allerorts und in allen Dingen zu erkennen. Die reale Welt existiert in den keltischen Sagen praktisch nicht. Dennoch gibt es diese Landschaften und Flüsse in Wirklichkeit, doch handelt es sich um eine transponierte Geografie, ein Land, das nicht von Menschen bearbeitet wird, mit unheimlichen Wäldern und Feldern, die kein Getreide tragen.

Wer gebietet nun über dieses polymorphe Universum eines unerschöpflichen Mysteriums? Nacheinander treten PARTHOLON, NEMED, LIR, DAGDA, LUG, OGME, MANNANANN, MAC DATHO, der Riese auf den Plan, es erscheinen Namen ohne absolute Macht, Sterbliche, Götter ihrer Generation, und werden von den nachfolgenden begraben. Sehen wir hier nicht Schlange, Hirsch, Geier, Eber, Pferd, Lachs und Hund, — die wahren Überbringer der Botschaft, — in zeitlicher anthropomorpher Gestalt? Sie selbst aber sind nur Geschöpfe des entrückten Einen.

Selbst wenn man unter dem absoluten Sammelbegriff Schöpfung-Zerstörung die einander folgenden Repräsentanten des Einen wiederzufinden suchte, und dabei bis auf PARTHOLON zurückginge, der die Erde schuf, doch sein Volk vernichtete, würde man doch auf den Dualismus PARTHOLON-Fomori stoßen, und nachher auf den, der sich im Gegensatz NEMED-Fomori ausdrückt. Das ist nicht der Eine. Bleibt noch der Meeresgott der Meeresvölker und das *menschenfressende Ungeheuer* aus dem Museum in Calvet d'Avignon der kontinentalen Völker mit seinem ithyphallischen Attribut, der sich mit seinen Pranken auf zwei abgeschlagene

Köpfe stützt (Abb. 153). Außer all diesen gibt es noch LADHRA, den ersten Liebenden und den ersten Toten. Dies könnte er sein, hätte er nicht den zweigeschlechtlichen Gott hinter sich (Abb. 1/S. 39):

Abb. 153: Das dramatischste Werk der gallischen Skulptur, das menschenfressende Ungetüm von Noves mit dem ithyphallischen Symbol. Es stützt sich mit seinen Pranken auf zwei abgeschlagene Köpfe, während aus seinem gewaltigen Maul ein halb verschlungener Arm heraushängt. Der allmächtige Herr des keltischen Universums, Schöpfer und Zerstörer zugleich.

Die zahlreichen Darstellungen von Hunden (Abb. 146; 147; 149; 148/S. 317, Legende S. 165), Löwen und ihren Varianten (Abb. 151, 152) beziehen sich alle auf diesen Gott, der jenseits aller Anrufung essentiell unerreichbar und unbegreiflich bleibt.

Abb. 146: Epona als Wagenlenkerin mit ophidischem Unterkörper, den Daumen erhoben, lenkt das androcephale Pferd mit der strahlenförmigen Mähne. Sie schleudert das keltische *vexillum,* jenes die Auferstehung symbolisierende Fünferzeichen. Unter dem Pferd der Zerberus mit stilisiertem Schlangenschwanz.

Abb. 147: Ein Zerberus mit Schlangenkörper schwebt über dem ternären Haarmotiv der Muttergöttin. Von den vier kleinen Totenköpfen an den Enden der Perlenkurven ist nur einer sichtbar, die anderen sind assoziativ angedeutet. Um das Ohr rollt sich das Widderhorn, aus dem wieder wie auf Abb. 8/S. 42 ein Tausendfüßler wird.

Abb. 149: Geflügelter Hund mit bedrohlichen Klauen. Im Abschnitt ein ophidisches Ornament, halb Pflanze halb Schlange, dessen Kopf aus einem aus fünf Kugeln gebildeten V besteht.

Abb. 151: Gehörnter Greif, der die eine Pranke auf den Kopf, die andere auf die Brust einer am Boden liegenden Gestalt legt, wieder eine Darstellung des menschenfressenden Ungeheuers, jenes Gottes der Anderen Welt, der in mannigfacher Gestalt über Leben und Tod entscheidet.

Abb. 152: Schlangenförmiger Löwe, am Schwanzende das Ei: Eine der letzten aus der Reihe der stilistischen Abwandlungen des griechischen Prototyps des Löwen von Massilia. Eine andere zeigt Abb. 66/S. 82.

DER MENSCH UND DIE ANDERE WELT

Im Gegensatz zu anderen Heiligen Schriften des Altertums, in denen die Götter menschlichen Maßstäben angepaßt und befragt werden, ist es in den keltischen Sagen der Mensch, auf den es letztlich ankommt. Dieser Mensch ist jedoch buchstäblich gesichtslos, — Teil der amorphen Masse einer „Schar“, die befehligt wird oder vielmehr ihn mit sich zieht. Er ist tapfer, gehorsam, metzelt andere und läßt sich selbst niedermetzeln. Dennoch werden ausdrücklich Menschen erwähnt: zum Beispiel, unter der Herrschaft von Bress, dem geizigen, leidet das „Land“ unter Hungersnot, oder die nackten Jungfrauen der „Stadt“ werden CuChulainn entgegengeschickt, auf daß er das Land nicht verheere, oder auch in der Geschichte vom Kampf der Stiere, wo der Braune ein Blutbad unter der „Bevölkerung“ anrichtet. Doch erscheint der Mensch in diesen Episoden in der Rolle des Passiven, Verängstigten, — unfähig in ein Gespräch mit den Göttern einzutreten.

Das Interesse des bereits durch seine Nichtigkeit eingeschüchterten Publikums gilt weniger dem Verhältnis zu den Göttern, sind doch seine Beziehungen zu ihnen höchst eingeschränkt: sie bestehen in unergründlicher Abhängigkeit, obligatorischen Opfern, rituellen Praktiken und all dem, was die Priester verlangen. Was die Kelten an den Sagen leidenschaftlich interessiert, ist das verborgene Handeln der Götter, die sich nicht um den Menschen kümmern, es sei denn, sie verwickelten ihn in ihre rätselhaften Abenteuer. Der Mensch verlangt daher nichts von ihnen und läßt alles mit sich geschehen. Diese Götter sind Angehörige himmlischer Stämme, sie jagen, halten Gelage, kämpfen, lauschen den Barden, rächen sich für „Schmach“, verzaubern andere und werden selbst verzaubert. Vor allem sind sie auf der Suche nach „Allwissenheit“, die die Legende dem einen oder anderen zuteil werden läßt, doch stets nur vorübergehend und niemals im absoluten Sinn.

Man fragt sich also, wo sich in all dem die berühmte Religiosität der Kelten ausdrückt. Nun, gerade in diesen Erzählungen selbst, deren Dichte bei wachsendem Verständnis ihres tieferen Sinnes zunimmt, denn sie geht den Menschen unmittelbar an. Es steht uns nicht zu, hier über die Belegung mit Symbolen zur Absteckung der Themen hinauszugehen, obwohl ihr Inititiationsgehalt erst jenseits davon beginnt. Man ist sofort überzeugt, daß sich noch zahlreiche unentdeckte Fäden in diesen Begebenheiten verknüpfen, die noch tiefere Bedeutungen enthüllen würden.

Schon allein das Wort „Schar" zur Bezeichnung von Menschen läßt die wahre Natur der keltischen Gesellschaft erkennen, in der der Einzelmensch nichts als ein Glied im Gefüge des Stammes war. Wie hätte ein solcher Mensch seine Götter mit individuellen Attributen ausstatten können, die außerhalb seines Bewußtseins und seiner Erlebniswelt lagen? Es ist nur natürlich, daß er sie als Angehörige eines Stammes, als Sohn einer bestimmten Göttin oder als Gefolge, kurz, in tribalistischer Abhängigkeit konzipierte. Es war ein Fehler von Cäsar, die gallischen Götter mit Hilfe der Namen lateinischer Götter charakterisieren zu wollen, deren individuelles Handeln dem Kollektivverhalten eines keltischen Gottes nicht entsprechen konnte. Erst wenn man die keltische Theogonie von dieser irrigen Perspektive befreit, zeigen diese Götter wie auch ihr Handlungsfeld — die Andere Welt — ihr eigentliches Wesen.

Die Synthese zwischen gallischer Ikonografie und irischer Literatur wäre indes ohne den walisischen Beitrag unvollkommen. Erst eine zusammenfassende Sicht dieser drei Bereiche wird es erlauben, gültige Schlüsse über den Anteil der Kelten an der Entwicklung unserer eigenen Kultur zu ziehen. Sie wurde gewiß von der klassischen Antike beeinflußt, nicht aber aus ihr geboren.

DER NÄHRBODEN DER WALISISCHEN MYTHOLOGIE

Die walisische Tradition, in ihren Grundfesten durch die angelsächsische Besetzung und die Christianisierung erschüttert, fiel der Vergessenheit schneller anheim als die irische, die sich auf die außergewöhnliche Gedächtnisleistung der Iren stützte. Sei es aufgrund ihrer ethnischen Mannigfaltigkeit, sei es aufgrund ihrer geographischen Lage, fehlte es ihrer mündlichen Überlieferung zur Zeit der schriftlichen Niederlegung sichtlich an der Fülle und an dem reichen Initiationsgehalt der irischen Texte.

Die mythischen Episoden, die in großer Zahl in diese Erzählungen eingeflochten sind, waren schon längst aus ihrem allgemeinen Zusammenhang gelöst, und man ging so frei mit ihnen um, daß man sie mit den farbigen Glasstückchen in einem Kaleidoskop vergleichen könnte, die sich bisweilen zu den unvorhergesehensten Mustern fügen.

Der Einfluß der Christianisierung wirkte sich auf die beiden Literaturen und später auf den gälischen und kymrischen Geist völlig verschieden aus: Die Iren waren konservativ und doktrinär, die Waliser progessistisch und liberal. Die Iren hielten an den ehrwürdigen Texten fest, deren sakraler Inhalt vom Christentum aufgesogen wurde, die Waliser entdeckten einen neuen Weg ihrer Literatur. FINN, der letzte der irischen Helden, verläßt sein Land nicht; ARTHUR, der Waliser, in dem Augenblick geboren, da FINN stirbt, wird in der Gotik aufwachsen, eine keltische Renaissance inspirieren und die kontinentale Verbreitung des Sagenguts über die ethnischen Grenzen hinaus ausdehnen.

Im Rahmen unserer Studie soll die Erforschung der walisischen Mythologie auf den einen Aspekt der einander folgenden religiösen Etappen beschränkt werden. Mögen ihre Originalthemen auch noch so verdunkelt und das symbolische Gerüst nicht mehr klar zu erkennen sein, sicher ist, daß in den ersten vier Kapiteln der Sammlung *Mabinogion* die religiöse Evolution umschrieben wird. Wir werden versuchen, dies herauszuschälen.

Natürlich wird man die keltische Religion nicht allein aus den in der walisischen Literatur enthaltenen Elementen rekonstruieren können. Indes hat die Analyse der Heldensagen auf den vorangegangenen Seiten erlaubt, einen theogonischen Rahmen zu errichten. Mit Hilfe dieses Vorgehens werden wir manche Episode wiedererkennen und sie in den gemeinsamen Bildteppich einfügen können. Beim Vergleich mit den irischen Mythen werden wir gemeinsame Züge entdecken, die nicht nur manche Lücken ausfüllen, sondern auch wertvolle Aufschlüsse über die Einheit des pankeltischen Nährbodens vermitteln werden.

OPHIDISCHER ZERBERUS UND OPHIDISCHES FÜLLEN

PWYLL, FÜRST VON DYVED

Nach J. Loth, Les Mabinogion, Paris 1913, deutsch: M. Buber, Die vier Zweige des Mabinogi, Leipzig, 1914:

Im Verlauf einer Jagd begegnet Pwyll in der Tiefe des Waldes einem seltsamen Ritter. Er gibt sich als Arawn, den König der Unterwelt zu erkennen. Dieser bittet Pwyll, mit ihm die Rollen zu tauschen, wobei jeder die Gestalt und das Aussehen des anderen annimmt, Gemahl seiner Gattin und Herr seines Reiches wird. Ein Jahr lang soll Pwyll anstelle von Arawn regieren, ohne daß irgend jemand seine Stellvertreterschaft gewahr wird, und umgekehrt. Dann muß Pwyll eine rätselhafte Persönlichkeit, den König des Nachbarreiches besiegen, dem Arawn alljährlich eine Schlacht liefert, der aber, obwohl er ihn enthauptet, unbesiegbar bleibt.

Nachdem Pwyll diese Aufgabe erfüllt hat, kehrt jeder wieder zu den Seinen zurück, und Pwyll erhält aufgrund dieser Identifizierung mit Arawn von nun an den Titel *Häuptling des Abgrunds*. Durch die Initiation, hier in Form einer Transfiguration in der Anderen Welt, wird Pwyll zum Vater des Pryderi ausersehen, der in der walisischen Sagenwelt als Stammvater der Briten gilt (Ableitungen von Pryderi: Priteni, Pritani, Britanni, Bretonen — Th. O'Rahilly, Early Irish History and Mythology, Dublin, 1946).

Eines Tages sieht Pwyll vom Gipfel eines Hügels aus eine Reiterin vorbeireiten. Er schickt einen seiner Männer aus, um zu erfahren, wer sie ist. Doch so schnell der Knappe auch hinter ihr her jagt, er vermag sie nicht einzuholen. Diese Szene wiederholt sich drei Tage und bringt die schnellsten Pferde des Fürsten zur Erschöpfung. Schließlich nimmt Pwyll die Verfolgung selbst auf. Da wendet sich die Reiterin ihm zu, und im Lauf ihres Gespräches gibt sie zu erkennen, daß sie Rhiannon (die walisische Epona) ist.

Nachdem sie Pwylls Frau geworden ist, bringt sie einen Sohn, Pryderi, zur Welt. In der Nacht nach seiner Geburt verschwindet dieser auf rätselhafte Weise. Des Kindesmordes beschuldigt, wird die Mutter, Rhiannon, dazu verurteilt, vor dem

Tor (zur Anderen Welt) auf dem Trittstein niederzuhocken und allen, die „ankamen“ (die Toten) anzubieten, sie auf ihrem (Pferde-) *Rücken* ins Schloß *zu tragen.* Zur selben Zeit findet ein Mann ein Kind in seinem Stall (initiatorische Geburt des Helden), wo seine Stute gerade gefohlt hat (Identifikation PRYDERI-Pferd). Der Knabe und das Füllen wachsen zusammen auf, bis der Mann eines Tages, von der Bestrafung RHIANNONS hörend, sich darüber klar wird, daß der Knabe der verschwundene Sohn PWYLLS sein muß. Er beschließt, ihn seinen Eltern zurückzugeben.

In der Kleinplastik taucht das gleiche Thema auf: Sie zeigt die Stute (EPONA, RHIANNON), geritten von einem ophidischen Zerberus (PWYLL) mit ihrem Füllen (PRYDERI), das anderswo schlangenförmig dargestellt ist (Abb. 162/S. 143; Abb. 163). Auf einer anderen Münze sehen wir eine Variante (Abb. 164), eine zugleich deutlichere wie auch verschleiertere Illustration des Themas; die Göttin und der Hengst (TEUTATES?) sind formal kombiniert, während der Zerberus sich als Band in der Haartracht tarnt.

Abb. 163: Schlangenförmiges Füllen, expliziteste Gestalt des Pryderi, Sohnes des ophidischen Zerberus.

Abb. 164: Darstellung des gleichen pankeltischen Mythos auf einer Münze aus dem Donaugebiet. Die beigefügte Skizze der Haartracht läßt den im Haarband versteckten Zerberus erkennnen. Die Münze ist nicht, wie manche meinen, ein durch versehentliches Übereinanderprägen (eines Bildnisses und eines Pferdes) verdorbenes Stück, vielmehr die Gestaltung eines Eingeweihten; sie will die Verbindung des ophidischen Zerberus mit der Pferdegöttin/Muttergöttin veranschaulichen.

Bemerkenswert die Ausgestaltung des Haares am Hinterkopf, das „Pferdeschwanz“-Form annimmt und dessen Innen-Konturen zusammen mit dem Ohr zwei männliche sackförmige Kurven unter dem Pferdebauch ergeben (s. Skizze). Ebenso überraschend die Pferdebeine vor dem Mund der Göttin. Sie ergeben nicht nur ein Zahlenspiel, sondern erinnern auch an den aus dem Mund hervorgehenden „göttlichen Odem“.

Diese auf der Inselwelt wie auch auf dem Kontinent auftauchenden Beispiele bestätigen die Existenz eines pankeltischen Mythos über die Entstehung aus Urschlange, -hund und -pferd, — einem der geheimnisvollsten und wenigst bekannten Themen der keltischen Mythologie.

Vergleicht man die Sage von Pwyll mit dem ersten Kapitel der irischen Mythologie, entdeckt man den gleichen Ur-Dualismus: der Antagonismus Partholon-Cen-Chos ist hier durch den Kampf Arawn-König-Nachbar wiedergegeben und bedeutet den Tod, der das Leben ist, da der König-Nachbar, obwohl stets enthauptet, alljährlich wiedergeboren wird. Eingewoben sind auch die Motive des Elternmordes des Partholon (die Zerstörung des urzeitlichen Ungeteilten) wie auch des Ladhra (des ersten Todes mit seiner Anspielung auf den schöpferischen Tod). Der Totschläger Pwyll zeugt in der Tat den Stammvater Pryderi/Pferd.

Bei den Darstellungen auf den angeführten Münzen liegt der Akzent auf der Vaterschaft des ophidischen Zerberus. Im Mythos von Partholon wird aus dem Zerberus der Hund der Delgnat, einer der fünf Frauen des Partholon. Nun, zu den Taten des Partholon beziehungsweise den Taten, denen er ausgesetzt ist, gehört *der erste Ehebruch,* den Delgnat und der Aufseher begehen. Partholon tötet daraufhin in seiner Wut mit einem Schlag seiner Hand den sagenhaften Hund des Todes, wobei der Tod mit der Frau (Fruchtbarkeit) gleichgesetzt wird.

Der Ehebruch wirft ein neues Licht auf die walisische Version. Das gleiche Motiv taucht im Frauentausch zwischen Pwyll und Arawn wieder auf. So abwegig und dunkel und in mancher Hinsicht verfremdet diese Spuren auch scheinen mögen, sie kreisen um die gleichen Vorstellungen: die Zerstörung des ursprünglich Ungeteilten in der Anderen Welt, das Hervorgehen des Menschen aus einem ophidischen Zustand, die Auslösung der Fruchtbarkeit und die Geburt des Stammvaters.

Der aquatische Bezug, in Irland recht ausgeprägt, tritt in der walisischen Sage erst im zweiten Kapitel auf den Plan, in dem, von einem fortgeschritteneren Stadium ausgehend, die Abenteuer der Kinder des Meeresgottes Llyr, der Entsprechung des irischen Lir, geschildert werden.

DAS EINGEMAUERTE HAUPT

BRANWEN, TOCHTER LLYRS

Nach J. LOTH, op. cit.:

LLYR, der Meeresgott, hatte fünf Kinder, darunter eine Tochter. Eines Tages trifft mit dreizehn Schiffen MATHOLWCH, König von Iwerdonn (Irland) auf der Insel ein, um diese Tochter, BRANWEN, zur Frau zu erbitten. Nach der Hochzeitsfeier „verunstaltet“ EVNISSYEN, einer der Brüder BRANWENS, die Pferde MATHOLWCHS in einer Weise, daß sie nun wertlos sind, angeblich aus Rache, weil man nicht ihn (sondern BRAN, einen anderen Bruder BRANWENS) wegen der Heirat seiner Schwester um Erlaubnis gebeten habe. Obwohl es diesem, BRAN dem Gesegneten, König von Llundein (London), gelingt, den Zorn der Gäste für den Augenblick zu besänftigen, indem er ihnen den Schaden ersetzt, kann er den Ausbruch von Feindseligkeiten zwischen den beiden keltischen Ländern nicht verhindern.

In Irland wird BRANWEN gefangen gesetzt und schmählich behandelt; sie bittet die Ihren um Hilfe. Um ihre Befreiung kommt es zu einem Krieg, der lange Jahre dauert. Schließlich verläßt BRAN, der sich alt und müde fühlt, mit seinen Mannen, unter ihnen BRANWEN, die Insel Irland und befiehlt ihnen, ihm den Kopf abzuschneiden und ihn in die Festungswälle von London einzumauern.

Es wird allgemein angenommen, daß es sich hier um ein magisches Verteidigungsritual handelt. Indes könnte diesem mythischen Vorgang eher ein religiöser als ein militärischer Sinn innewohnen, wenn man nämlich darin eine Sakralitätsgarantie für die um das göttliche Haupt errichteten Wälle sieht und zudem in diesem Fall davon ausgeht, daß das abgeschnittene Haupt über die Mauern hinweg stieg, daß nämlich das Haupt die Festung CENN CRUACH (Blutendes Haupt) selbst ist, ein mit Gold und Silber geschmücktes Bauwerk, das im 5. Jahrhundert in Irland noch stand.

Vergleicht man diese Festung mit der, die NEMED errichtete, ist die Verwandtschaft augenfällig. Zunächst einmal haben beide Festungen etwas mit den Initiativen von verschiedenen Inkarnationen des Meeresgottes zu tun. Dann stellen beide den zweiten Akt des Schöpfungsvorgangs dar, der unter dem Zeichen des Hirsches steht, was erlaubt, CERNUNNOS, NEMED und BRAN auf ein und dieselbe Entwicklungsstufe zu stellen. Stets geht in Irland der durch diese Götter herbeigeführte kultische Wandel in Gestalt einer „Invasion“ vor sich, während er sich in Wales in ein und derselben Familie, in diesem Fall in der des LLYR, vollzieht.

Vorläufer des Richtungswandels war EVNISSYEN, der in seinem zerstörerischen Handeln an BALOR erinnert. Die über das Meer gekommenen (*also aus ihm hervorgegangenen*) Pferde, die er verunstaltet, bedeuten den umstrittenen und entstellten Kult des marinen Pferdes (PARTHOLON, TEUTATES). Das Opfer des BRAN vollzieht sich im Feldzug gegen Irland, das in dieser Sage anscheinend lediglich den Kult repräsentiert. Das Abschneiden des Kopfes fällt mit dem Ende des Krieges zusammen (der nur eine theologische Auseinandersetzung ist), und dieses Ende ist das Symbol für eine neue Offenbarung.

DER DACHS IM SACK

MANAWYDDAN, SOHN LLYRS

Nach J. LOTH, op. cit.:

Nach dem Tode BRANS beginnt ein neues Kapitel der Mythologie. Es hat die erste Phase des „solaren" Kults zum Inhalt, dessen Held MANAWYDDAN sein wird.

Die sieben, nach den Kämpfen gegen Irland übrig gebliebenen Mannen haben BRAN des Gesegneten Wunsch erfüllt und ihn begraben. MANAWYDDAN, Bruder BRANS und dessen Waffengefährte, „verließ die Seinen" und „suchte ein anderes Gewerbe, das ihm zu leben gewähre." Mit dieser Formel rationalisiert die Sage die Notwendigkeit des kultischen Wandels, der sich vollziehen wird.

MANAWYDDAN begegnet seinem Freunde PRYDERI, der nach dem Tod seines Vaters PWYLL von ARAWN ein Geschenk erhielt: die seltsamen Schweine der Anderen Welt. Auf diese Weise findet der Eber, Symbol der Königswürde, in die walisische Sagenwelt Eingang und macht PRYDERI zum ersten, von der neuen göttlichen Macht geweihten König.

PRYDERI will seine nunmehr verwitwete Mutter RHIANNON wieder verheiraten. Dem Drängen ihres Sohnes nachgebend, heiratet sie dessen Freund MANAWYDDAN. Während des Hochzeitsfestes taucht ein geheimnisvoller anderer Freier namens GWAWL auf. Er fordert, RHIANNONS Geschick durch eine Partie Schach zu entscheiden. GWAWL gewinnt das Spiel. Der Ehrenkodex schließt ein Zuwiderhandeln gegen die Spielregeln aus, läßt aber die Möglichkeit der Revanche nach Ablauf eines Jahres offen. Die Frist verrinnt, da ersinnen die beiden Liebenden eine List: MANAWYDDAN soll als Bettler verkleidet vor GWAWL hintreten und ihn bitten, ihm den Sack, den sie ihm gegeben hat, mit Nahrung zu füllen. Dieser Sack aber ist ein Zaubersack, und so viel man auch hinein tut, wird er doch niemals voll. GWAWL erfüllt seine Bitte. Als GWAWL ihn fragt, ob denn der Sack niemals voll werde, sagt MANAWYDDAN, es müsse ein edler und mächtiger Mann mit beiden Füßen in den Sack hineintreten und sagen, „Man hat genug hinein getan." GWAWL steigt selbst hinein, MANAWYDDAN wendet den Sack, daß GWAWL bis über den Kopf darin steht und schnürt ihn eilig zu. Jeder von MANAWYDDANS Leuten tut einen Schlag auf den Sack oder schlägt mit dem Knüppel zu und fragt: „Was ist da drin?" „Ein Dachs," antworten die anderen. „Das ist das Spiel des Dachses im Sack". So wird GWAWL arg verprügelt.

Seine Rache läßt freilich nicht auf sich warten. Er verwüstet Dyved, die königliche Residenz, und vernichtet die Ernten, und PRYDERI und MANAWYDDAN und ihre Frauen müssen sich auf die Flucht begeben. MANAWYDDAN, von unerschöpflichem praktischen Geist, übt nacheinander die Gewerbe der Sattlerei, der Schuhmacherei und der Schildmacherei aus und erweist sich in ihnen derart vollkommen, daß sich dort, wo er sich niederläßt, die anderen Handwerker gegen ihn verschwören und er immer weiterziehen muß, um ihnen zu entgehen.

Auf der Suche nach dem Rückweg folgen sie den Spuren eines Ebers, die sie zu einem verzauberten Schloß führen (die Königswürde PRYDERIS ist bedroht). Von Durst getrieben stoßen PRYDERI und RHIANNON im Hof des Schlosses auf einen Brunnen; auf seinem Rand steht eine Schale; sie ist an Ketten befestigt, die in der Luft hängen und deren Enden unsichtbar sind. Kaum haben sie die Schale berührt, bleiben sie mit Händen und Füßen an der Schale und auf dem Marmorfußboden haften und verlieren die Sprache. Entsetzt kehrt MANAWYDDAN allein nach Dyved zurück, um wieder die Arbeit auf den Feldern aufzunehmen.

Das Getreide verspricht bereits reiche Ernte, als ein Heer von Mäusen in seine Felder einfällt und das Getreide bis auf den letzten Halm abfrißt. MANAWYDDAN gelingt es, eine der Mäuse zu fangen, doch als er sich anschickt, sie totzuschlagen, erblickt er einen Bischof mit seinem Gefolge. Dieser verspricht ihm ein Vermögen, wenn er die Maus freiläßt. Nach langem Hin und Her gesteht der Bischof, daß er ein verkleideter Freund des GWAWL und der Urheber der Verwüstungen und Verfolgungen, Rächer im Auftrag GWAWLS sei.

Um die hohe Entschädigung für die Maus zu rechtfertigen, gesteht der Geistliche schließlich, daß sie seine Frau ist, die er mitsamt allen Hausleuten in ein Heer von Mäusen verwandelte. Als Gegenleistung für die Freilassung der Maus fordert MANAWYDDAN, daß er den Zauber von PRYDERI und RHIANNON nehme. So werden sie frei.

In diese bereits aus späterer Zeit stammende Fabel sind schon christliche Motive eingeschoben (die Tarnung als Bischof), dennoch enthält sie sehr beredte heidnische Elemente. Bekanntlich ist die Maus das tellurische Tier par excellence; sie figuriert zum Beispiel auch auf dem Tympanon des gallisch-römischen Altars des CERNUNNOS in Reims. Die Maus repräsentiert den aufgegebenen tellurischen Kult. Der Dachs, ebenfalls ein tellurisches Tier, macht GWAWL als Erdgottheit der alten Zeit kenntlich. Der Eber, der PRYDERI führt, ist das Symbol der Königswürde. So gesehen, erklärt sich die ganze Handlung als romanzenhafte Umschreibung der kultischen Evolution.

Die Vermutung, daß MANAWYDDAN, Sohn des LLYR, „solaren" Charakters war, wird durch seine irische Parallele, MANANNAN, Sohn des LIR, bestätigt, dessen „Freundschaft" mit LUG offenkundig ist. Hält LUG nicht das Pferd und die berühmten Schiffe des MANANNAN? Die Parallelen sind hier auffällig: MANAWYDDAN spielt in der walisischen Version die gleiche Rolle wie LUG, der ja der Erfinder des Handwerks war, in der irischen.

Wenn also MANAWYDDAN der Promotor des walisischen Sonnenkultes ist, wird die erste Etappe der „Solarisation" durch PRYDERI ausgelöst, indem er MANAWYDDAN die Heirat mit seiner verwitweten Mutter anbietet. Zur Darstellung des kultischen Wandels erhalten die Eheschließungen demonstrativen Charakter. So sollen die Hierogamien BRESS-DANA und CIAN-EITHNIU die tellurisch-uranische Synthese realisieren. Gleiche Bedeutung haben die beiden Verbindungen der RHIANNON; sie machen die Übernahme der Muttergöttin durch den neuen Kult verständlich; ihre Verehrungswürdigkeit legitimiert zugleich diesen Wandel. Die gleiche Rolle spielt in der irischen Sage TALTIN, Königin der Fomori und Ziehmutter des LUG, die in zweiter Ehe einen solaren Gott heiratet. MACHA geht ebenfalls aus diesem Grund eine zweite Ehe mit NEMED ein.

Und was könnte überzeugender als die unaufhörlichen Attacken des GWAWL dazu dienen, PRYDERI, RHIANNON und MANAWYDDAN von dem tellurisch-aquatischen Kult zu lösen, dem sie aufgrund ihrer Geburt angehören, und sie dem solaren Kult einzugliedern? GWAWLS Feindschaft, dargestellt als Rache, ist in Wirklichkeit die verschlüsselte Formulierung für den Kampf der beiden Doktrinen, der mit dem Untergang der alten endet.

Für diese Umwandlung vom Aquatischen ins Uranische in der Person ein und desselben Gottes, hier MANAWYDDAN, gibt es übrigens eine griechische Parallele: den APOLLO *delphinios,* der wahrscheinlich aus dem keltischen Norden unter dem Zeichen des Delphins nach Delphi gelangte. Sich in eine solare Gottheit verwandelnd, wird er nacheinander zum Vernichter der Schlangen (APOLLO *sauros*), der Wölfe (APOLLO *lykios*), der Heuschrecken (APOLLO *parnopios*) und der Mäuse (APOLLO *smintheos*), kurz, zum Vernichter dieser tellurischen Tiere. (RIDGEWAY, Classical Review, t. X, S. 21)

Mit diesem Beispiel berühren wir gemeinsamen indoeuropäischen Boden. Die vielen Windungen folgende religiöse Entwicklung hat offensichtlich die gleichen Phasen durchlaufen, wiewohl sie zu stark differierenden metaphysischen Inhalten gelangt ist.

DIE ZAUBERER DES KULTES

MATH, SOHN MATHONWYS

Nach J. Loth, op. cit.:

Die zweite Phase der Solarisation ist in der walisischen Sage das Werk einer „Familie“ von Zauberern.

Math, „Vater der Magie“, kann nicht anders leben, als daß seine beiden Füße im Schoß einer Jungfrau ruhen, — Sinnbild für das im Mutterschoß ruhende Ungeteilte der Urzeit. Um diese Einheit zu spalten, bedient sich der Mythos der zwei Söhne des Vetters Don. Der eine verliebt sich in diese Jungfrau, und der andere. Gwydyon, hilft ihm, sich ihr zu nähern. Ihre erste Sorge ist, Math von der Jungfrau zu entfernen, also einen Krieg zu provozieren — die einzige Gelegenheit die Math dazu bewegen kann, den Schoß zu verlassen.

Gwydyon stiftet Math, den Herrn des Nordens, dazu an, von Pryderi, dem Herrn des Südens, die in dessen Besitz befindlichen Schweine der Anderen Welt, Tiere, die Math unbekannt sind, zu erbitten. Gwydyon raubt ihm die Schweine durch Betrug: Er bietet Pryderi im Tausch für die Schweine zwölf herrliche Hengste an, die er jedoch durch Zauberkraft geschaffen hat. Da der Zauber aber nur einen Tag dauert, waren sie am nächsten Morgen spurlos verschwunden. Gwydyon marschiert bereits nach Norden, als der Schwindel entdeckt wird. Pryderi fällt in Verfolgung des Diebes mit seinem Heer in das Land des Math ein.

Die Abwesenheit Maths, der im Feld ist, nutzend, raubt der Verliebte die Jungfrau. Doch soll diese Missetat den beiden Brüdern eine seltsame Strafe einbringen. Math verwandelt sie nach und nach in einen Hirsch, einen Eber und einen Wolf beiderlei Geschlechts, und wenn sie sich ihm am Ende jeden Jahres vorstellen, raubt er ihnen ihre Jungen. Nichtsdestoweniger verleiht er ihnen nach Büßung des Verbrechens wieder menschliche Gestalt.

Gwydyon bietet nun Math an Stelle von Goewin, der gefallenen Jungfrau, seine Schwester Arianrod an, die auf Befragen erklärt, Jungfrau zu sein. Um ihre Keuschheit zu beweisen, muß sie einen Schritt über MATHS Zauberstab tun. In diesem Augenblick fallen ihr zwei Kinder aus dem Schoß; MATH aber merkt es nicht. Der eine der Knaben kriecht zum Meer und schwimmt so gewandt, wie der schnellste Fisch. Den anderen hat GWYDYON versteckt, um ihn, der Feindseligkeit seiner Mutter entzogen, selbst aufzuziehen.

Die Empfängnis der Kinder erscheint „unbefleckt" und fragwürdig zugleich, desgleichen die Vaterschaft des MATH. Diese Zweideutigkeit ist beabsichtigt, denn die Namen der Kinder bedeuten Feuer und Wasser ...

Der eine verrät unverzüglich seine Verwandtschaft zu den Fischen, der andere erst später seine Vogelnatur, als er, vom Wurfspieß getroffen, in Gestalt eines Adlers davonfliegt — dank GWYDYON seine menschliche Gestalt jedoch wiedererhält (Wiedergeburt des Helden aus dem Adler auf dem Weg der Initiation) wie auch sein Königreich, ein Geschenk des MATH. Dieser König mit Namen LLEW LLAW GYFFES ist der letzte der solaren Könige.

Der walisischen Version zufolge durchläuft der solare Kult, wie in der irischen, drei Phasen. Dort sind sie durch DAGDA, LUG und CONCHOBAR gekennzeichnet, hier durch MANAWYDDAN, MATH und LLEW. Doch folgen die beiden Abläufe nicht ganz der gleichen Logik und Ordnung. In der walisischen Mythologie geht die Erfindung des Handwerks, im Gegensatz zur irischen, dem Erscheinen des Gottes der Magie voraus; und GWYDYON, die bedeutendste Persönlichkeit der Epoche und zugleich ihr Verfechter wie CUCHULAINN die der seinen, ist in erster Linie ein Magier. Der Raub der Schweine, eine Wirkung magischer Kraft und der *casus belli*, bedeutet die Übertragung der Königswürde auf MATH; der Mord an PRYDERI durch GWYDYON während der Schlacht ist ebenfalls nichts anderes als ihre Wirkung. Umgekehrt ist auch die verwandtschaftliche Beziehung des Kämpfers zu seinem König: CONCHOBAR ist der Vater (einer der Väter) des CUCHULAINN; GWYDYON ist der Ziehvater des LLEW.

Die Muttergöttin dieser Generation ist ARIANROD (Silberkreis), was eine lunare Valenz impliziert. Ihre Heirat mit MATH ist eine Hierogamie des gemischten Typus, wie sie DANA mit BRESS und CIAN mit EITHNIU einging. Aus dieser Sonne-Mond-Verbindung sind die beiden Söhne hervorgegangen, der eine Fisch, der andere Adler (Abb. 131).

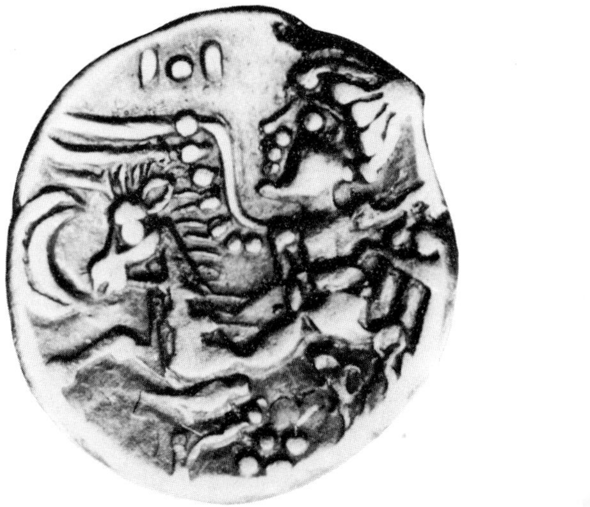

Der Schlüssel zu dieser neuartigen genealogischen Gruppierung liegt in den Metamorphosen des GWYDYON und seines Bruders — sie wurden in Hirsch, Eber und Wolf verwandelt — wodurch sie auf die Transformationen des TUAN MAC CAIRIL verweisen. Auf diese Art bringt der Mythos die beiden Söhne in die religiöse Entwicklung mit ein und kann dann den großen Sagenkreis mit seinen beiden letzten Phasen schließen: mit Adler und Lachs.

Abb. 131: Die Adlergottheit schwebt über dem Renner mit der strahlenförmigen Mähne. Sie breitet ihre aus Kugeln hervorgehenden Finger über seinen Kopf. Im oberen Feld das Zeichen der Triade; vor dem Pferd die Mondsichel; unter ihm das Ei im Perlenkreis.

Die Magie als schöpferische göttliche Qualität gerät in einen Engpaß mit GWYDYONS Fähigkeit, durch Beschwörung aus Blüten und Stauden menschliche Wesen zu erschaffen. Auf diese Weise schuf er für LLEW eine künstliche Gattin, die sie BLODENWEDD (Blütenangesicht) nannten. Doch sie hat keine Seele, und schlimmer noch, sie wird LLEW zum Verhängnis. In GROWN PEBYR verliebt und von ihm dazu verführt, verrät sie ihren Mann, indem sie GROWN seine verwundbare Körperstelle offenbart, der nun dem hinterhältigen Haß des anderen ausgesetzt ist.

Wie in der irischen Sage erweist sich auch in der walisischen der solare Kult der Magier durch die Übersteigerung der Schöpferkraft und des schöpferischen Geistes alsbald den Naturkräften gegenüber als negativ und schwach. Könnte man hieraus auf eine schon damals vorhandene weise Voraussicht schließen, die die Gefahr erkannte, die jede Wissenschaft heraufbeschwört, wenn ihre Ziele der Ordnung der Natur zuwiderlaufen?

Die abschließenden Akte der insularen Erfahrung bekräftigen noch die Ablehnung des „apollinischen Feuers". Sie bestehen in der Rückkehr zum nächtlichen, die emotive Seele inspirierenden Himmelslicht. Die Sagenkreise des FINN und des ARTHUR sind förmlich durchtränkt von diesem silbrigen Fluidum, das alle festen Formen verwischt und jene sublimen flüchtigen Empfindungen erweckt, die jeglicher Schwere und Bindung an irgendeine Hierarchie der Werte abhold sind.

Diese wenigen „archaischen" Kapitel des MABINOGION enthalten das Beste, was von der walisischen Theogonie in Erinnerung geblieben ist. Die Mehrzahl der anderen Erzählungen sind eher dem Mittelalter zuzuordnen und beziehen sich nicht auf die religiöse Vergangenheit der Kelten, die uns hier interessiert.

DAS „WUNDERBARE“

Die Christianisierung der britischen Insel veränderte die geistige Welt der Kelten von Grund auf. Die irische Literatur behält zwar ihren religiösen Charakter. Sie ist voll von Erzählungen über Druiden, den Gegnern der christlichen Heiligen, und ihren Disputen über die uralten Streitfragen, nur mit dem Unterschied, daß nunmehr der Druide stets bekehrt aus ihnen hervorgeht. In der walisischen Literatur scheint der Bruch zwischen Heidnischem und Christlichem vollzogen, aber auch überbrückt. Dank ihrer Fähigkeit zur Erneuerung und zur Anpassung an die historischen Bedingungen konnte die walisische Literatur ihre geistige Zielsetzung modifizieren.

Obwohl die alte kultische Bindung unter dem Licht des Kreuzes endgültig gelöst wird, vermochte die Frohe Botschaft die Aspirationen in ihrer Gesamtheit nicht zu befriedigen. Der neue, auf den Christus ausgerichtete Glaube brachte das neue Weltbild von einem statischen und moralischen, endlichen und manifesten Universum mit. Das dynamische Wesen der Kelten, nach deren Auffassung die Schöpfung noch unvollendet, für die sie ein unzugängliches Mysterium war, blieb dem Irrationalen geöffnet. Zentrales Thema der emotiven keltischen Fantasie war die flüchtige „Chimäre“, und diese Fantasie wendet sich nun in der Literatur dem „Wunderbaren“ zu.

Damit ist der ursprüngliche Dualismus wiederhergestellt. Er heißt künftig christlich-keltischer Geist. Die traditionellen polaren Quellen haben sich erneuert, und der Mensch wird weiterhin mal aus der einen, mal aus der anderen schöpfen, je nach den wechselnden Bedingungen der Epochen.

Die Literatur des 12. Jahrhunderts ist diesbezüglich recht aufschlußreich. Die um die Tafelrunde des Königs Artus kreisenden Versromane entspringen nicht einfach der Vorliebe für das Pittoreske; das Wunderbare ist nicht Ziel an sich. Vielmehr sind die Themen der Epen um den *Heiligen Gral* und um Tristan und Isolde zur Zeit der Gotik von besonderer politischer, religiöser und moralischer Aktualität. Jean Marx hat dies für die Gralssage, Denis de Rougemont für die Tristansage nachgewiesen.

Zwei große Probleme stellen sich der Epoche: das der Souveränität des Königs und das der Liebe. Nachdem der Kirche unter der Regierung Karls des Grossen eine supranationale Vorrangstellung eingeräumt wurde, erwachte das Nationalgefühl, und die Könige und die sie stützende Ritterschaft suchen nach einem Gegengewicht gegen den bedingungslosen Machtanspruch Roms. Dieser supranationalen Sakralität gegenüber wird nun der Heilige Gral mit einer unklar empfundenen nationalen Sakralität belegt und kann jetzt den Platz auf der anderen Schale der Waage einnehmen. Ein sich auf die keltische Vergangenheit berufendes Nationalgefühl zentriert sich um Artus: die christliche Sakralität enthält in der keltischen Sakralität einen Gegenpart.

Artus wird nun mit allen Attributen der keltischen Gottheiten ausgestattet. Sein Ziehvater und Förderer ist Merlin, der Magier, Avatar des Cernunnos. Seine Ritter legen die Hand auf den legendären Eber zum Beweis seiner königlichen Legitimität. Sein unfehlbares Schwert erinnert an das des Tethra; der Amboß, auf dem er es schmiedet, ist das Zeichen des gallisch-römischen Gottes Vulcanus. Der Stein, der ihn durch sein Brüllen als rechtmäßigen König bestätigt, ist der Steinpfeiler Fal der solaren Götter. Und die geheimnisvolle Hand schließlich, die aus dem See auftaucht und ihm ein zweites Mal sein Schwert darbietet, gehört Llyr, dem Gott der Gewässer: Das Repertoire der heiligen keltischen Attribute ist komplett.

Der auf diese Weise ins 12. Jahrhundert übernommene keltische Geist wird an seinen literarischen Ornamenten kenntlich. Da er zur offiziellen Haltung im Gegensatz steht, ist seine Botschaft geheim. Trotz des Mangels an diesbezüglichem „Realismus" revolutioniert diese die Gemüter und spielt für die Entwicklung des abendländischen Geistes im Mittelalter eine wesentliche Rolle.

Das *Tristan*-Problem besteht in der von der Kirche verurteilten Geschlechterliebe. Hier sucht das Mittelalter der höfischen Poesie, der Frauenverehrung und des Liebeskults seine Rechtfertigung. Dies wird noch einmal mit Hilfe der Argumente der keltischen Sakralität geschehen. (L. Lengyel, Le moment historique de la prise de conscience de l'amour-passion et le symbolisme dans les sources celtiques du mythe de Tristan. In: Le Surréalisme. Paris 1957, Nr. 2, S. 12 ff.)

Es ist falsch, in der *Tristan*dichtung das Hohelied des Ehebruchs sehen zu wollen. Dieser Eindruck wird zwar erweckt, doch nur, um von zwei Göttern, einem keltischen und dem christlichen, entkräftet zu werden. König Marke (kelt. *marc* = Pferd), läßt als unwiderleglichen Beweis dafür, daß kein Ehebruch stattgefunden hat, gelten, daß die beiden Liebenden mit einem blanken Schwert zwischen sich nebeneinander geschlafen haben. Der andere, einigermaßen vage gezeichnete Gott, sitzt dem „Gottesurteil" vor: Isoldes Hand wird von dem zur Weißglut erhitzten Eisen nicht verletzt, der Beweis, daß sie unschuldig ist. Diese beiden Richter für Komplizen zu halten oder aber für naive Deputierte wäre ein Mißverständnis und hieße die Botschaft der Dichtung und den Ernst des Problems nicht verstehen.

Das Leitmotiv Ehebruch ist nur um der Reinheit der über jede eheliche Bindung erhabenen Liebe willen da, und der Liebestrank nur, um die Liebenden — die zunächst einmal Todfeinde waren — von jeder persönlichen Schuld zu befreien. Der Trank ist das Symbol für den überpersönlichen Ursprung der Liebe, der die beiden trotz allem verfallen und um deretwillen sie die endlosen Leiden auf sich nehmen, die sie erwarten. Diese Liebe, die stärker ist als der Haß, stärker als die Ehre und stärker als der Tod, sie ist das Geheimnis der Kelten — das Geheimnis der schicksalhaften Mächte.

Es ist das Verdienst der irischen Literatur, daß sie uns den orthodoxen Geist der keltischen Mythologie überliefert hat, und das der aus ihr hervorgegangenen walisischen Literatur, daß sie ihre kämpferische Erneuerung auf dem — der Strömung bereits folgenden — mittelalterlichen Kontinent fand. Ebenso wie das uns überkommene gallische Erbe, dürfen beide bei einer Rekonstruktion der spirituellen Basis des prähistorischen Westens nicht fehlen.

DIE DREIHEIT
WORT — SEELE — SCHÖPFER

Den Höhepunkt der keltischen Offenbarung erblickt man auf einer bescheidenen Münze der Veliocassen (Abb. 161/S. 45), die auf den ersten Blick

nichts anderes als einen Eber darzustellen scheint, unter dessen Bauch eine Nabelschnur hängt und in einer dicken Kugel, die Frucht seiner Eingeweide darstellend, endet. Die Vergrößerung des Stückes wird uns mehr darüber verraten (siehe die ganzseitige Abb. S. 336).

Über dem Rücken des Ebers sieht man eine Perlenkurve, die in einen Pferdekopf ausläuft. Er berührt die einzigartige Figuration der beiden in einem gemeinsamen Körper ohne Flügel vereinigten Vögel, die hier einen Schlangenschwanz haben. Das Vogelpaar sitzt auf den Rückenborsten des Ebers an seinem Nacken. Darüberhinaus sind die drei Tiere untereinander durch eine Art Nagel verbunden, der vom Kopf des ophidischen Pferdes ausgehend auf dem Kopf des Ebers endet. Diese eigentümliche Kombination suggeriert eine Dreieinigkeit, bei der das Pferd den uranfänglichen Atemhauch, das Vogelpaar die Seele und der Eber die Fruchtbarkeit symbolisiert.

Aufschlußreich ist ein Vergleich dieser Gestaltung mit der von LUKAN (PHARSALIA I. 444) erwähnten Triade TEUTATES-ESUS-TARANIS, denn sie bringt die gleiche Idee zum Ausdruck. TEUTATES ist in der Tat der Pferde-Urahn und der zeugende Atem, ESUS, der Holzhauer, bedeutet König-Eber-Befruchter, während der vogelgestaltige TARANIS die Urseele, sozusagen die frühe heidnische Form des keltischen heiligen Geistes verkörpert.

Zwei Skolien erinnern daran, daß die dem Gott TEUTATES geopferten Menschen mit dem Kopf in ein Wasserfaß getaucht und ertränkt wurden (Unterbrechung des Lebensodems); die dem ESUS Geopferten hängte man an Bäume und vierteilte sie (Evozierung von Wald und Schwert); TARANIS zu Ehren wurden sie in großen Behältern aus Stroh und Holz verbrannt (Vernichtung der luftigen Seelenessenz). Die Opferrituale trugen also nicht nur der Natur der jeweiligen Götter Rechnung, sondern unmittelbar auch der auf den erwähnten Münze abgebildeten Trinität.

Nachdem wir uns einmal auf diesen Pfad begeben haben, setzen wir die Untersuchung fort, indem wir die auf dem berühmten Altar im Museum von Cluny dargestellte gallisch-römische Triade ESUS-JUPITER-VULCANUS einer genaueren Prüfung unterziehen. Dazu fordert uns die Präsenz des ESUS in beiden Triaden heraus. Über die Identität von TARANIS und JUPITER besteht kein Zweifel; sie ist ihren gemeinsamen Attributen, Vogel und Blitzsymbol, zu entnehmen. Um im italischen VULCANUS (der hier nichts mit HEPHÄSTOS zu tun hat) den keltischen TEUTATES wiederzuerkennen, brauchen wir uns nur des Brauches bei den Vulcanalia, seinem Hauptfest, zu erinnern, bei denen man lebende Fische ins Feuer warf (der gebratene Lachs der Finnsage). VULCANUS besaß also aquatische Wertigkeiten. Dies geht auch aus den Dedikationen hervor, die man in Gallien in Fluß- und Seehäfen (in Lutetia, Nantes, Arles) fand, auf deren Abbildungen er in der einen Hand seine Schmiedezange, in der anderen das Steuer hält. (P.-M. DUVAL, Les dieux de la Gaule, Paris 1957, S. 87)

Die enge Verbindung von Wasser und Feuer, die dafür bestimmend war, daß man TEUTATES mit dem lateinischen VULCANUS gleichsetzte, wiederholt sich in frappanter Weise bei Erwähnungen des gallischen Heerführers VIRIDOMARUS, im Jahr 222 Sieger in Norditalien. Dieser war nach FLORUS (Epitome, XX) ein „dem VULCANUS Geweihter", und PROPERZ zufolge (IV, IX, 41, 12) rühmte er sich, der „Sohn des Rheins" zu sein. Dies läßt erkennen, daß der gallische Heerführer der gleichen Verbindung zugeordnet wurde, die ARTUS charakterisiert: Er bekommt sein Schwert von einem Amboß und erhält es ein zweites Mal aus einer Hand, die aus dem „verzauberten" See herausragt.

Dieses Thema Wasser-Feuer-Vegetation wird schließlich auf der vierten Fläche des besagten Altars aufgegriffen: dort ist der Stier (Feuer) mit drei Kranichen auf dem Rücken (Wasser) vor einem Baum dargestellt, was zudem noch die Triade beinhaltet.

Vergleicht man nun Abb. 161 (S. 336) mit den Metamorphosen des TUAN MAC CAIRIL, wird man bemerken, daß das marine, schlangenförmige Pferd, der Eber und der Vogel bei beiden vorkommen: Sie repräsentieren die gleichen Etappen der „Hominisation". Diese drei Tiere der Dreifaltigkeit sind auf der Münze gleichzeitig zu sehen, in der Heldensage aber erscheinen sie nacheinander im Verlauf der Etappen. Man kann also den Schluß ziehen, daß diese Komponenten der Triade die Beiträge und Leistungen der einander folgenden Zeitalter verkörpern.

Da der Hirsch-CERNUNNOS in diesen Triaden fehlt, werden wir auf den gallisch-römischen Altar in Reims aufmerksam, wo er, zwischen APOLLO und HERMES, Mittelpunkt einer Triade ist. (Siehe Abb. 122/S. 222)

Da wir in CERNUNNOS (Abb. 74/S. 339) das Wort in seiner höheren Entwicklungsform als schöpferischen Odem erkannt haben, wird es nicht schwer fallen, die Harfe des APOLL der Seele und den geflügelten (Schlangen)Stab des MERKUR dem beständigen Schöpfungsvorgang gleichzusetzen. Damit ergibt sich ein weiteres Bild derselben Dreifaltigkeit.

Diese verschiedenen Versionen der gleichen Idee werden uns überzeugen, daß das religiöse Denken der Kelten dogmatische Formulierungen stets ablehnte, um sich den Weg zu anderen Erfahrungen offenzuhalten. Ebenso werden sie uns überzeugen, daß die pankeltische Dreifaltigkeit als Synthese dreier einander folgenden Zeitalter konzipiert wurde, die drei theogonische Etappen der „Humanisation“ darstellen.

Kehren wir zum letzten Akt dieser Evolutionsstufe zurück, in der TUAN MAC CAIRIL, in einen Lachs verwandelt, gefangen und von der Königin verspeist und daraufhin als menschliches Geschöpf von ihr zur Welt gebracht wird. Wollen wir diese Geburt unter den exemplarischen Vorgängen ansiedeln, dürfen wir davon ausgehen, daß diese „Königin“ die Ahnin der Menschheit, die Matrix, EPONA ist, die an einer Wende der Evolution, vor Einsetzen der aquatischen, wiedererscheint.

In der Sage gibt es zwei solcher Schwangerschaften „durch Absorbierung“. Bei der Geburt des TUAN MAC CAIRIL ist der von der Königin (Stute) verzehrte Lachs der Erzeuger; bei der Empfängnis des CUCHULAINN wird der Vater, LUG, von der Mutter, DECHTIRE (Vogel) in Gestalt einer Wespe verschluckt. In beiden Fällen ist der Gott der Anderen Welt der Vater, der durch seine Inkarnationen, im einen Fall einer aquatischen, im anderen einer luftigen, wirksam wird und auf diese Weise mit der jeweiligen Qualität der beiden Muttergöttinnen korrespondiert.

Durch solche Eingliederung der Geburt des Menschen in die Theogonie gelangt die logische Entwicklung der Helden- und Königssage lückenlos zu ihrem Ende.

Abb. 74: Kopf mit Hinterkopf-Horn. Das Eibenblattmuster des Haares, eine Abwandlung des Hischgeweihs, läßt vermuten, daß es sich hier um eine Darstellung des Cernunnos handelt, von dem keine prä-römischen Bildnisse bekannt sind. Diese Vermutung stützt sich auf die Darstellung des von einer üppigen stilisierten Mähne bedeckten besonders starken Nackens. Varianten der gleichen Serie, wie Abb. 123/S. 223, bestätigen dies.

ÜBERSICHT ÜBER DIE KELTISCHEN GOTTHEITEN UND IHRE ENTSPRECHUNGEN IN ANDEREN KULTUREN

Diese vergleichende Aufstellung der vielen göttlichen Wesen der keltischen Mythologie ist ein Versuch; er erfolgt mit dem Vorbehalt, daß in der vorgeschlagenen Reihung nichts anderes als parallele Evolutionsphasen zu sehen sind. Diese Gottheiten sind nicht im eigentlichen Sinne identisch; vielmehr bestehen hier lediglich Bezüge zwischen Doktrinen, die in Tiergestalten symbolischen Ausdruck finden.

Dieser Hinweis ist um so notwendiger, als auch die gallisch-römischen Gottheiten mit ihren lateinischen Namen und damit auch das römische Gallien in den Überblick miteinbezogen werden. CÄSAR erwähnt sechs Götter, die er lateinisch benennt: DISPATER, MARS, JUPITER, MERKUR, APOLLO und MINERVA. Zeitgenössische Bemühungen konnten nicht mehr als vier von ihnen identifizieren. Und es handelt sich dabei nur um Annäherungen, ohne Aufklärung der jeweiligen Funktionen.

MARS war zum Beispiel im romanisierten Gallien ein Beiname, den man drei auf dem Schlachtfeld durch mitgeführte militärische Embleme gekennzeichneten Personalitäten zuordnete, dem Pferd, dem Eber und dem Adler. Es sind dies TEUTATES-Pferd, der Stammvater, ESUS-Eber, der König, und TARANIS-Adler, Garant der Sakralität der Waffen. Jeder von ihnen garantierte auch die Auferstehung der Tapferen, doch war keiner von ihnen ausschließlich ein Kriegsgott, ebenso wenig wie das Kruzifix in der Hand des Feldpredigers CHRISTUS zu einem Kriegsgott macht.

Ohne dem besonderen Wert beizumessen, wollen wir die beiden noch offenstehenden Fälle, den des APOLLO und der MINERVA zu klären versuchen. Man wird sich an den Altar des SUCELLUS und der NANTOSUELTA (Abb. 132/S. 232) erinnern, auf dem dieser Göttin das Häuschen auf einem Stock, das Emblem des Handwerks, beigegeben ist. Dieses Emblem ist auch Attribut der Göttin MINERVA. Erinnern wir uns auch, daß der Avatar, also die Inkarnation der DANA — damit auch der NANTOSUELTA — nach Meinung von M. L. SJOESTEDT BRIGANTIA, die HEILIGE BRIGITTE, Patronin der Heilkundigen, Gelehrten und Schmiede ist. NAN-

Römische Götter	*Gallien*	*Irland*	*Wales*	*Symbole*	*Index*
Dispater	Ungeheuer v. Avignon	Ladhra; Bile; Mile, CennCruach Mutter v. Cichuil	Arawn (7) Beli Pwyll (3)	d. Andere Welt Zerberus	1
	Wassergott Seeungeheuer	Lir; Elatha	Llyr, Bran d. Gesegnete Dylan Eil Ton	Wasser Fisch	2
	Stele v. Oo	Cichuil Cen Chos Eriu, Bodb	Nachbar-König v. Arawn	Erde-Wasser Schlange	3
	Teutates (2, 3, 5) Rudiobos (8) Epona (2)	Partholon (2, 3) Marc mac Dela Nera, Finn (2, 6, 7) Domnu, Macha, Medb, Amairgin	Pryderi (3, 7) Rhiannon (2, 8)	Wasser-Feuer Pferd	4
Vulcanus	Stier Sirona	Rudraige (2) Balor (2, 4) Goibniu (8) Eithnui; Morrigan (8)	Evnissyen (2) Govanon	Feuer-Wasser Stier	5
—	Cernunnos Merlin	Nemed (2) Ossian (4)	Gwawl Gwyn (2)	Denken, Luft Hirsch	6
Mars	Esus Arduina	Oberkönig Nuada (2, 8); Tethra Conchobar (8) Ailill; Bress (2)	Artus (2, 5, 6)	Erde-Wasser Eber	7
Jupiter	Taranis Kopf mit drei Gesichtern	Dagda Druide Midir	Math	Luft-Feuer Magie Vogel	8
Merkur	Lug	Lug (1, 2, 5) Manannan (2, 4) Handwerker	Manawyddan (1, 2) Llew (1)		
Apollo	Sucellus Grannus Borvo	Dian Cecht Cian Coirpre	Don, Gwydyon (1, 4, 7)		
Minerva	Nantosuelta	Dana (4) Dechtire Zauberinnen	Arianrod (2) Keridwen (2)		
Herkules	Ogmios (1)	Ogma Aengus d. Jüngere (1) CuChulainn	Grown Pebyr (5)		

TOSUELTA wird also MINERVA und als Göttin der Gesundheit zugleich auch die *Valetudo* des Heiligtums von Glanum sein.

Im römischen Gallien wurde dem Gott der Heilkraft verschiedentlich der Name APOLLO beigegeben. Nun, die ärztliche Kraft des SUCELLUS entspringt seiner engen Verbundenheit mit NANTOSUELTA. Er ist demnach das Äquivalent des irischen Gottes der Heilkunst, des DIAN CECHT, und wird jener heilkräftige APOLLO sein, dem unter verschiedenen Namen gewisse Thermalquellen des Landes ihre Wirkung verdanken.

Unter den Kuriositäten der gallisch-römischen Plastiken entdeckt man indes noch einen zweiten Apoll; dieser, obwohl ein solarer Gott, hat sich der lunaren Göttin SIRONA, die einen Halbmond im Haar trägt, verbunden, und dieses Paar ist das Abbild der lunaren-solaren Hierogamie gleicher Art, wie sie CIAN und EITHNIU vollzogen. Diese beiden Apolls sind, wie DIAN CECHT und CIAN, Vater und Sohn.

In der walisischen Version wird die Verwandtschaft DAGDA—DIAN CECHT durch die Vetternschaft MATH—DON wiedergegeben. Die Tochter des DON, ARIANROD, ehelicht MATH. ARIANROD bedeutet Silberkreis (das Bild des Mondes), es handelt sich demnach bei dieser Verbindung um die gleiche Hierogamie oder Heilige Hochzeit wie bei der vorigen.

Abb. 41: Über dem Haupt der Muttergöttin schwebt ein Vierermotiv in Gestalt eines Sterns. Von den fünf Haarlocken wellen sich drei nach hinten und zwei nach vorn. Die Stirnlocke geht in die Augenbraue über und bildet mit der Nase ein Dreiermotiv. Die Wange besteht ebenfalls aus einer Dreiecksform, der Mund aus den bekannten zwei Stengeln mit Kugel. Doch konnte die Berücksichtigung all dieser symbolischen Bedeutungen den großartigen Rhythmus der Gestaltung nicht mindern.

Abb. 42: Die Swastika am Nacken unterhalb des Helms ist im keltischen Repertoire ungewöhnlich, das sonst die Sonne durch das Triskel wiedergibt. Dieses Hakenkreuz besteht aus einem Fünfer-Mittelstück, um das sich vier Mondhörner drehen; so verwandelt sich dieses andernorts solare Motiv bei den Kelten in ein lunares. Der Helm ist von Symbolen bedeckt, die Wange mit einem aquatischen Motiv tätowiert.

DON könnte das Äquivalent des Heilkundigen DIAN CECHT sein; das würde die heilkräftige Qualität seines Sohnes GWYDYON erklären. Dessen magisch-gynäkologischs Eingreifen bei der Niederkunft seiner Schwester ARIANROD wie auch seine Fähigkeit, aus Gräsern lebende Wesen zu erschaffen, scheinen dies zu bestätigen. GWYDYON ist HERKULES, der Magier, der PRYDERI die Schweine stahl, aber auch, nach TALIESIN, der Führer und Befreier der Bretonen.

In diesem Bild bleibt kein Raum für die 400 Lokalgottheiten, die TOUTAIN für das römische Gallien ermittelte. Nach der Zerstörung der religiösen Einheit kann eine solche Vermehrung nicht ungebührlich oder überraschend erscheinen. Seitdem die Druiden verfolgt wurden, konnten die einzelnen Regionen, die sich gefährdet sahen, sich nur auf sich selbst und ihre eigenen Götter zurückziehen. Spricht man nicht in gewissen Gegenden heute noch von „*unserer* Liebfrauen"? Das ist es, was aus den gallischen Muttergöttinnen geworden war: MATRE NEMAUSICAE in Nîmes, MATRE GLANICAE in Glanum, MATRE TRAVERAE bei den Treverern, MATRE VEDIANTIAE bei den Vedianten in Nizza. Stets ist es die Gesamtheit der Göttinnen EPONA, NANTOSUELTA, SIRONA, ROSMERTA oder BELISANA gewesen, die im Lauf der Zeit degradierten, um schließlich in den von Legionären mitgebrachten „Isis"-Kult einzugehen. Sie lebten bis zur Einführung des Marienkultes in Frankreich durch den Franziskanerorden Anfang des 12. Jahrhunderts noch weiter.

Vermutlich ließe sich die gleiche Reduzierung bei den männlichen Lokalgottheiten feststellen, wenn man die jeweiligen Orte und die latinisierten Namen der Götter ermitteln könnte. Aufgrund der Zusammenschau ihrer Gottheiten gibt es in der keltischen Konzeption keine funktionelle Differenzierung der Götter im Sinn der klassischen antiken Mythologie. Mag es auch im Stamm des DAGDA Heilkundige oder Handwerker geben, sind sie doch in die metaphysische Gesamtheit des göttlichen Stammes integriert: der Heilkundige oder die Handwerker verkörpern lediglich die vielzähligen *Aspekte der schöpferischen Magie,* die DAGDA, später LUG, zu Gebote standen.

Alle diese Gottheiten stehen unter dem Zeichen der Fruchtbarkeit, die indes keine individuelle Besonderheit, sondern Teil des göttlichen Zustands ist.

Das Hauptmerkmal dieser Personalitäten besteht fraglos in ihrer Polyvalenz, die sie den verschiedenen, mehr oder weniger stark von ihr vertretenen Prinzipien verdanken. Um die jeweils unterschiedliche Dosierung der verschiedenen Prinzipien zu verdeutlichen, erhalten bestimmte Namen auf der Tabelle die gleichen Indexziffern wie die ihnen entsprechenden Tiere. Bei TEUTATES erscheinen zum Beispiel die Ziffern 2, 3 und 5; sie sollen zu erkennen geben, daß er neben seiner pferdhaften Wertigkeit auch wässrige, ophidische und stierhafte Valenzen besitzt. TEUTATES kann ebenso gut durch den DISPATER oder den lateinischen VULCANUS wiedergegeben werden, wobei solche Parallelsetzung lediglich eine annähernde ist, — das Ergebnis eines Kompromisses zwischen Besiegten und Besatzern.

Das westliche Denken vor der Römerzeit

AUF DER SUCHE NACH EINER PHILOSOPHIE

Will man sich über die Philosophie der Kelten ein Bild machen, sieht man sich angesichts der Eigenart der keltischen Mentalität zu einer Analyse ihrer logischen Elemente genötigt. Hierbei bedarf es um so größerer Behutsamkeit, als das Wort Philosophie ein griechisches Wort und die im geistigen Klima der westlichen Welt entwickelte Philosophie ganz und gar nach dem griechischen Vorbild ausgerichtet ist. Selbst bei HEIDEGGER gibt es kaum eine begriffliche Formulierung, die nicht sogleich zu griechischen Begriffen in Bezug gesetzt wird. Zweifellos war er vom absoluten und obligatorischen Wert der griechischen Philosophie für jegliches gültige Denken überzeugt.

Wie hätte denn auch die geistige Einstellung der Kelten die Entstehung einer Philosophie im griechischen Sinn des Wortes zur Folge haben können, da sie doch das Supremat der Fakten als Basis des Denkens ablehnte und, nur die Erscheinung gelten lassend, jeder „klaren und unmißverständlichen" Ausdrucksweise mißtraute und das Gegenteilige für gleichermaßen wahr und möglich hielt. Solche Denkweise mußte zwangsläufig jede starre Selbstbehauptung ablehnen. Sie fand nur in schwebenden Gleichungen Ausdruck, die auf rätselhaften, vieldeutigen Handlungen und Geschehnissen beruhten, und umging jeden Disput.

Tatsächlich enthalten die keltischen Schriften keine kategorischen Behauptungen und keine Demonstrationen. Es werden keine Anstrengungen gemacht zu überzeugen. Stattdessen wird eine unwahrscheinliche Geschichte erzählt, und zwar einem Auditorium, das sich keineswegs zum Narren halten läßt. Es hat sich nicht zur Unterhaltung eingefunden; es ist wissend und eingeweiht und durchaus dessen gegenwärtig, was ihm geboten wird. Die Offenbarungen, die ihm zuteil werden, bleiben unbestimmt in der Kontur, sind ebenso voll von Licht wie von Dunkel. Dieses Publikum ist sich bewußt, daß die hindernden Umstände des Geschehens, in der Erzählung absichtlich gehäuft, durch eine einzige, harmlose aber entscheidende Prüfung in nichts zerrinnen können; und es sucht die Tragweite des Ergebnisses im Voraus zu bestimmen. Es rechnet damit, daß der Erzähler, nachdem er alle Kunstgriffe zur Neutralisierung der Vorteile wie der Verluste erschöpft hat, aus den Vorgängen eine Lehre ableiten wird, die sich indirekt aus den Verwicklungen ergibt und nicht unmitelbar aus dem Erzählungsinhalt. Nur langsam reift in jedem die Schlußfolgerung heran und wird zur — niemals restlosen — Quasi-Gewißheit mit all ihrem stets gegenwärtigen, stets in der Schwebe befindlichen Für und Wider.

Dies ist eine Philosophie der Relativität, der Un-Gewißheit, der Halb-Wahrheit, die zugleich allem Widersprechenden Raum läßt. Und sie stimmt mit den Figurationen ihrer Ikonografie überein.

Der Vorzug dieser Konzeption besteht zunächst darin, daß sie nicht zu einer Gegenthese provoziert, da sie ja selbst keine starre These vertritt. Nachdem sie alle Türen offengelassen hat, bleibt sie darüber hinaus im Stande, sich alle späteren Offenbarungen einzuverleiben, und das ohne Erschütterungen und ohne die früheren von Grund auf für nichtig zu erklären.

Obwohl es für sie im menschlichen Bereich keine absolute Wahrheit gibt, ist für die Kelten doch eines gewiß: das unsichtbare Ziel, dem sie zustreben, die Andere Welt, jene Fixierung des „Wunderbaren". Mag diese Andere Welt auch Fiktion sein, ist doch diese Hinneigung höchst real und über den Ablauf der Zeiten erhaben. Da dieser Elan zu ihren originalen ethnischen Eigenarten gehört, hat er die römische Okkupation überlebt. Er hat sich im Christentum behauptet und sich in den aufsteigenden Linien und Formen der Gotik Ausdruck geschaffen. Er hat das Mittelalter überdauert und überall und in jeder Hinsicht Spuren hinterlassen. Von Schritt zu Schritt hat er an Kraft zugenommen bis auf den heutigen Tag. Jetzt hat er ein weiteres Mal Namen und Gegenstand gewechselt, um sich in dem närrischen Kurs, „Fortschritt" genannt, zu enthüllen.

Man ist geneigt, in diesem Fortschritt eine „Verbesserung" zu sehen, doch ist sie nur eine Nebenwirkung und nicht das eigentliche Ziel. Jede Verbesserung im Sinne des Fortschritts ist nur ein Ausgangspunkt in Richtung auf andere, wiederum weiterführende Ausgangspunkte. Ausgangspunkte wohin? Entsetzt befürchtet der christliche, russische Denker Berdjajew, daß die aus dem angeblichen Fortschritt resultierende Perfektion des irdischen Komforts den Glauben in die göttliche Vollkommenheit schwächen wird. Sieht man indes genauer hin, wird man entdecken, daß die Technologie alles andere als das einzige Ziel des Fortschritts ist.

Andere wollten in diesem Fortschritt ein universales Phänomen sehen, eine Auswirkung der Evolution. Aber nicht doch. Er ist ganz einfach eine Folge des sich die Welt untertan machenden westlichen Tatendrangs und sogar das Gegenteil der *latinitas* des Petrarca und unserer Humanisten.

Die Griechen haben den Weg des Fortschritts im westlichen Sinn abgelehnt und sich ausschließlich der „ästhetischen Vollkommenheit" gewidmet. Stellt man sie einander gegenüber, sind die griechische Vollkommenheit und der westliche Fortschritt entschiedene Antagonisten: der griechischen Vollkommenheit haftet der Wert des Statischen an, und in diesem Sinn ist sie monolithisch; sie drückt sich formal aus. Der Fortschritt dagegen ist seinem Wesen nach Bewegung, die auf die Erforschung des Nichtsichtbaren und Nichtoffenbaren abzielt. Alle Grenzen wie im Fieber „überschreitend", wird er total und tatsächlich universal. Zu unserer Zeit ist er im Begriff, alle historischen Kulturen zu zerstören und sie durch eine einzige, durch *eine Weltkultur* zu ersetzen.

Dem Fortschritt liegt also ein mystischer Antrieb zugrunde: die Sehnsucht nach dem Unendlichen, nach *Überwindung der irdischen Kondition durch Beherrschung der Materie.* Mit einem Wort: er ist *der Marsch hin zum „Wunderbaren"*, das nicht in Komfort besteht, sondern in der Gesamtheit aller Erscheinungen.

Ohne das Problem der griechischen, römischen, christlichen und keltischen Perennität oder deren Synthese im „abendländischen" Denken (nicht minder in der Philosophie) voreilig anschneiden zu wollen, besteht die Voraussetzung für seine Lösung doch in der präzisen Bestimmung dessen, was keltisch ist und was nicht. Und um dies gemäß welcher Logik auch immer zu erkennen — wenn es in der Evolution eine gibt, — wurde die westliche Zivilisation und Kultur zu dem, was sie ist. War es Zufall oder Bestimmung, die sie geformt hat und sie infolgedessen auch künftig gestalten wird? Oder ist es der im Westen weiterentwickelte griechisch-römische Geist, der unser heutiges Universum schuf? Oder war dieses Universum im Keim schon in der keltischen Wiege des Westens vorhanden?

Auf diesen Keim, die zivilisatorische Leistung des Keltentums, soll sich der letzte Akt unserer Untersuchung konzentrieren.

ÜBERLEGUNGEN ZU EINER REKONSTRUKTION DER HEILIGEN TEXTE

Bei der Durchforschung der Texte im Hinblick auf eine Definition des keltischen Geistes stoßen wir bald auf beträchtliche Lücken: Die keltischen Texte sind zu großem Teil noch nicht in unsere modernen Sprachen übersetzt. Nichtsdestoweniger können wir schon jetzt eine Zusammenstellung der Hauptthemen der Schriften unternehmen.

Die rechte Lektüre der Texte in ihren einzelnen Kapiteln und Episoden hat bis dato ergeben, daß sie in übertragenem Sinn folgende Themen zum Inhalt haben:

Schöpfungsmythen, Mythen vom Ursprung des Menschen, Etappen der „Hominisation"; Bezüge auf urzeitliche Vorgänge: auf die Entstehung des Erdreliefs, auf das Auftreten von Tugenden und Schwächen der Menschen, den ersten Tod, den ersten Kampf, die ersten Festungen, den ersten Ehebruch, die erste Besteuerung; auf die ersten Prinzipien und ihre Manifestationen und Personifizierungen, Entwicklungen und Metamorphosen, auf Aufstieg und Untergang religiöser Doktrinen; eine Definition ihrer Ausstrahlung und ihres Wesens, sei es durch den dynamischen Dualismus von Erde und Wasser, Erde und Feuer, Erde und Luft, Wasser und Feuer, sei es durch die Einführung von Tier-Symbolen; Umwandlung von Dualismen in triadische Konzeptionen sowie ihre Rückwandlung in einen lunar-solaren Dualismus; religiöse Auseinandersetzungen, transponiert in bewaffnete Kämpfe oder Heilige Hochzeiten, die die Herrschaft des Kultes zum Ziel haben; Aspekte der Anderen Welt, deren Besucher und der ihr Entronnenen, ihre Zeugnisse, Bemühungen um ihre Kontrolle; sakrale Geburten, Lehrpläne für Initiationen und schließlich Abenteuer der Götter.

In großen Zügen gesehen, fragen diese Texte nach dem Endzweck, nach dem Sinn des Daseins, Fragen, die zu beantworten jede Heilige Schrift bemüht ist, seien es die Bibel, die Veden, die Upanishaden, die Lehre des BUDDHA, des KONFUZIUS, des LAOTSE, des PYTHAGORAS oder ZARATHUSTRA. Die keltischen Heiligen Schriften unterscheiden sich indes von den anderen in einigen fundamentalen Punkten, zunächst einmal dadurch, daß sie kein Zwiegespräch zwischen Mensch und Gott kennen. Es gibt auch keine himmlische, dem Menschen zugedachte Botschaft und auch keine an Gott gerichteten Hymnen.

Kein göttliches Gesetz wird hier dem Menschen auferlegt, Riten und Opfer sind nicht vorgeschrieben. Die Einstellung des Gläubigen zu Gut und Böse wird nicht durch Vorbilder oder Beispiele suggeriert, nicht der Verzicht auf unrechtmäßigen oder übermäßigen Gewinn gefordert. Das weltliche Leben gilt nicht als sündig, Askese und Einsiedlertum werden nicht gepriesen, Vollkommenheit wird nicht verlangt, — ausgenommen im Kampf.

Religion und Moralgesetze wurden von den Druiden vermittelt (beispielsweise folgende Maxime: „Haltet die Götter in Ehren, tut nichts Böses, beweist euren Mut!“). Sie hielten sich eng an die Schriften, zogen indes das Erfahrungsniveau des Volkes in Betracht, dem die tiefere Bedeutung der Schriften entging.

Wo bleibt die legendäre Religiosität der Kelten? Aus welcher Quelle schöpfen sie ihren Fanatismus, der sich in Opferfeiern und Ritual bis zur Grausamkeit steigern kann? Es handelt sich hier um einen *neuen Typus von Religion mit neuen Typen von Göttern.* Darüber darf uns die gallo-römische Skulptur nicht hinwegtäuschen. Ihr Anthropomorphismus ist nicht keltisch, sondern römisch und leicht korrumpiert. Auch die Sagengestalten dürfen uns nicht täuschen. Wir werden bald sehen, daß sie nicht von Fleisch und Blut sind.

Diese geistige Einstellung ist von Gnostizismus ebenso weit entfernt wie von Agnostizismus, zum einen, weil sie sich nicht in ätiologischen Spekulationen verliert, andererseits weil sie eine Personalisierung Gottes zwar ablehnt, jedoch nicht an der Existenz einer kosmischen Schöpfermacht zweifelt, von der die Vielzahl der Götter lediglich ein Reflex ist.

Will man in diese Religion eindringen, sollte man sie einfach umbenennen, sie nicht als Religion, sondern als Glauben bezeichnen. Das Komplexe dieses Glaubens besteht in folgenden Auffassungen: Im Menschen ist das Übermenschliche wirksam, das ihm eine zivilisatorische Aufgabe stellt, deren Früchte erst reifen, wenn der ungeduldige Gläubige seine Erwartung täglicher Wohltaten und deren unmittelbarer Wirkung zurückschraubt. Es bedarf einer Legion von Inbrünstigen, die sich bewußt sind, nichts als ein gehorsames Instrument im Dienst der undurchschaubaren Anderen Welt zu sein.

Dies ist ein Traum. Die römischen Eroberer weckten die Kelten aus diesem Traum und erinnerten sie an die objektive Realität des alltäglichen Lebens. Doch ganz verflog der Traum nicht. Von nun an sollten sich im Lauf der langen geschichtlichen Entwicklung, die mit diesem Traum ihren Anfang nahm, Tag und Nacht ablösen.

Vermochten wir bei unserem Studium der Ikonografie unmittelbar aus einer Fülle von eingehenden Beispielen schöpfen, so wird das Studium der Texte sich auf die Übersetzungen von Sprachforschern stützen müssen, deren Bemühungen um Genauigkeit durch ein leider noch sehr unvollkommenes Vokabular sehr schnell ihre Grenze erreichten. Es gibt bis heute nur wenige (deutsche, französische, englische) Publikationen von irischen und walisischen Texten; die meisten davon sind Bruchstücke und noch dazu in einem Dutzend — in den letzten fünfzig Jahren erschienenen — Fachzeitschriften verstreut.

Zwar liefert die hier ausgebreitete Materie immerhin ein Gerüst für unser Gebäude. Will man jedoch ein einigermaßen lückenloses Bild des Ganzen erhalten, ist eine Rekonstruktion der Epoche bis ins kleinste Detail unerläßlich. Ist die von uns angewandte Methode für eine solche Rekonstruktion geeignet? Ist sie objektiv und sachlich genug, um den Anspruch der Wissenschaftlichkeit zu erheben? Kurz, kann sie als Basis für eine *hermetische,* der Besonderheit des keltischen Geistes angepaßte Bemühung dienen?

Eine erste Divergenz ergibt sich indes schon im Gebrauch des Wortes „wissenschaftlich“, wie ihn Gebildete und Gelehrte zur Bezeichnung ihres

Verfahrens bei ihren jeweiligen Operationen verwenden. Der Mann der Wissenschaft versteht es, die Erscheinungen zu beherrschen und übergeht in diesem Zusammhang alle Hypothesen, die den Sinn dieser Phänomene und ihre Beziehungen untereinander erhellen könnten. Dagegen gilt in der Wissenschaft die Souveränität der Fakten; man beschränkt sich darauf, materielle Zeugnisse zu klassifizieren, ohne ihren Sinn zu kommentieren. Die natürliche Folge ist, daß jemand Theorien vertreten kann, die von den Gelehrten für „doktrinär“ in der negativen Bedeutung von „mangelnder Objektivität“ gehalten werden.

Nun, unsere Darstellung hat diese Sagen im Blick auf ihre Bedeutung zur Debatte gestellt. Die orthodoxe Wissenschaft dagegen, auf Objektivität bedacht, hat sich bei der Untersuchung des Sagengutes mit ihrem scheinbaren Inhalt befaßt. Wer hat nun recht?

Sir John Rhys, der Ordnung in die Fülle der Episoden bringen wollte, hat sie thematisch wie folgt klassifiziert: nach dem Davontreiben von Herden, nach Seefahrten, Gastmählern, Belagerungen, gewaltsamen Toden der Helden und anderen Abenteuern, denen sich die verschiedenartigsten Handlungsabläufe einordnen — oder fehlordnen — lassen. Arbois de Jubainville hatte mit der Redaktion seines *Catalogue* der keltischen Literatur, die er alphabetisch nach den Anfangsbuchstaben der Titel ordnete, auch nicht mehr Glück.

Unsere Methode bestand in dem Versuch, sich auf das objektive Repertoire der symbolischen Zeichen zu stützen, die zugleich Schlüssel sind. Diese Zeichen sind relativ simpel und kommen von einer Erzählung zur anderen so oft vor, daß sie die unterschiedlichsten Aspekte zu vermitteln vermögen, derer es für eine gedrängte Bestimmung bedarf. Diese Entdeckung hat nichts Außergewöhnliches, denn es ist nur natürlich, daß Initiierte, Autoren wie Zuhörer, sich der gleichen Schlüssel bedient haben, die einen bei der Komposition der Gesänge oder Geschichten, die anderen, um die darin enthaltene Information aufzunehmen. Es war daher nötig, daß diese Zeichen/

Symbole von den Autoren nach einer bestimmten Konvention und einer bestimmten Manier plaziert wurden, damit sie dem auf diese Weise aufmerksam gemachten Auditorium nicht entgingen. Nachdem dieser Brauch einmal anerkannt worden war, boten die Erzählungen mühelos ihre doppelte Struktur dar: sie bestand in der *Evozierung symbolischer Assoziationen, denen die Stoffe der Rezitation als Träger dienten.*

Anhaltspunkte waren Schlüsselfiguren, Geburt, Farbe, Schlüsselzahlen, Verwandtschaften, Schlüsselfunktionen, Schlüsselworte, Schlüsselthemen, Schlüsselmotive und sogar Schlüsselsituationen und Schlüssellösungen.

Unter den Schlüsselworten geben die Familiennamen am besten Aufschluß über die symbolische Bedeutung. Sie enthalten folgende Aussagen: Anführer, Tag, Nacht, stark, weit, alt, stumm, einäugig, lahm, Arm, Silberhand, Tod, solares Gesicht, glänzende Stirn, Meer, Woge, Abgrund, Hund, Pferd, Stier, Ziege, Hirsch, braun, rot Feuer, Flamme, weiß, Rad, weise, allwissend. Diese Worte kennzeichnen neben anderen Schlüsselworten die Personen in ihrer symbolischen Bedeutung oder als Verkörperung von Prinzipien, die durch ihre Funktionen bestätigt werden.

Symbolisch sind auch die geografischen Lokalisierungen: Connaught, Ulster, Leinster, Tara, Emmain-Macha, Alvainn, Boyne, Usnech und andere Orte, deren sakrale Bedeutung auf die betreffenden Kulte hinweisen.

Dieses durchaus sachlich gehandhabte Werkzeug dürfte strengen hermeneutischen Anforderungen genügen.

Unter den unzähligen, noch nicht übersetzten Texten gibt es einige, die wahre Fundgruben der Initiation darstellen; andere bieten Parallelepisoden an, die der Koordinierung dienen. Bisweilen ufern sie in Nebenhandlungen oder in überflüssige Wiederholungen aus. Sicher ist jedenfalls, daß die geistlichen Gelehrten beim Zusammentragen der mündlichen Überlieferung in den verschiedenen Fassungen auch Fragmente vergessener oder nicht mehr gefragter Mythen miteinflochten. Unbestreitbar ist, daß mit Beginn der Christianisierung zumal in der walisischen Literatur mediterrane und orientalische Elemente in die verblassende Tradition Eingang fanden und auch im Lauf der Zeit persönliche Aspirationen der Dichter die Oberhand zu gewinnen begannen.

Ehe man jedoch den ersten theoretisch begründeten Katalog zusammenzustellen vermag, muß der Linguist den Texten ihren originalen Glanz wiederverleihen. Ihm fällt die diffizile Aufgabe zu, sich in alle eventuell möglichen Bedeutungen der verwandten und vieldeutigen Ausdrücke einzufühlen, die wörtlich oft nicht wiederzugeben sind, und jenes Äquivalent zu finden, das ihren Geist am besten vermittelt. Solche sklavische Treue ist nur scheinbare Sklaverei, denn in Wirklichkeit wird sie ihm seine Aufgabe erleichtern: die Zahl der Synonyme wird sich auf solche reduzieren, die in übertragenem Sinn textkonform sind.

Zur Bestimmung der organischen Aufeinanderfolge der Sagen sollte eine Reihe von Monografien über die hervorragendsten Persönlichkeiten, die Verkörperer von Prinzipien, verfaßt werden. Die Geschichte dieser Götter und ihrer sukzessiven Inkarnationen ihres Prinzips werden durch Dekkungsgleichheit zu zahlenmäßigen Reduktionen führen, die allein eine richtige Plazierung der Episoden und ihrer strukturalen Position sowie ihres zivilisatorischen Beitrags gewährleisten werden.

Für eine systematische Erforschung der gesamten keltischen Literatur des Altertums werden zumindest ebensoviele Bände erforderlich sein, wie es Hauptsagenkreise gibt, wenn man an die Fülle von Exegesen denkt, zu denen allein schon die mittelalterlichen Tristan- und Gralssagen Anlaß gegeben haben. Indes ist die Aussicht auf eine baldige Realisierung solcher Pläne gering. Die Keltologie leidet ohnehin unter dem immensen Gewicht von Betrachtungen aus einem ganz anderen Gesichtswinkel, und ebenso unter der Skepsis der Spezialisten in bezug auf Aktualität und Zukunft der orthodoxen Keltologie, die uns, wie POKORNY bemerkt, in der Forschung beträchtlich zurückwarf.

Wenn die westliche Welt es versäumt, von der Existenz ihrer eigenen „Heiligen Schriften“ Kenntnis zu nehmen und sie eines intensiveren Interesses für würdig zu befinden, wird sich diese Situation noch verschlimmern.

DAS MENSCHLICHE DER SAGENGESTALTEN

INDIVIDUUM, TYPUS ODER SYMBOL

Bei der Betrachtung der keltischen Münzen hat sich ergeben, daß ihre rhythmische Gestaltung von zwei Faktoren bestimmt wird: von Dynamik und Abstraktion. Sie nehmen entscheidenden Einfluß auf die figürliche Gestaltung, denn die beiden entgegengesetzten Auffassungen — die Figürlichkeit bei den Griechen und die dynamische Rhythmik der Kelten — findet sich in transponierter Form auch in der Literatur wieder, wo sie zwischen den Personen den gleichen Antagonismus hervorrufen.

Wo der gegenständlichen Gestaltung der Vorrang eingeräumt wird, werden Individuen nachgeschaffen, Menschen aus Fleisch und Blut, die zu vernunftbestimmtem Denken und überlegtem Handeln tendieren. Dieser klassischen Auffassung entsprechend stellt jedes Wesen einen Sonderfall dar: ACHILLES, AGAMEMNON, ODYSSEUS, ÖDIPUS, ELEKTRA — sie sind in ihrer Art einmalige Fälle.

Die zur Auflösung tendierende rhythmische Darstellungsweise der Kelten versagt den Gestalten solche Individualität; hier sollen sie über alles Menschliche hinaus ein komplexes Prinzip repräsentieren. Was wir damit andeuten wollen, läuft auf etwas anderes hinaus als das, was für die Archäologie von Interesse ist: Es zielt auf eine verborgene Gegebenheit der westlichen Literatur ab und wird uns ermöglichen, ihre Intentionen besser zu erfassen. Viele bekannte Figuren der westlichen Literatur, König Lear, Othello, Macbeth, der Geizige, der eingebildete Kranke, Tartüff, Candide, Faust, Gretchen, Cola Breugnon sind nämlich *aus keltischen Gestaltsymbolen* hervorgegangen. Man könnte diese Liste noch mit einer ganzen Reihe von Hauptfiguren aus Meisterwerken der westlichen Literatur verlängern, von denen die Charakteristischsten ganz bestimmte *Typen* verkörpern.

Hier gilt es, zwischen der „individuellen" Person der Griechen, zwischen dem westlichen „Typus" und der „symbolischen" Person der Kelten zu differenzieren: Die erste bezeichnet einen Einzelfall, der zweite eine allgemeine Erscheinung und die dritte ein nicht personales Prinzip.

Zwar handelt es sich in der keltischen Mythologie um Götter, doch mischen sich Menschliches und Göttliches in beabsichtigter Doppeldeutigkeit miteinander, und zwar nicht, um die Götter nach klassischer Manier zu vermenschlichen, sondern um den Menschen am Göttlichen, besser noch, an der Schöpfung teilhaben zu lassen. Vergebens wird man nach der Verherrlichung einer spezifisch menschlichen Eigenschaft suchen, zum Beispiel des Guten oder Bösen. Das Keltische bleibt jenseits der Welt der täglichen Erfahrung, sogar jenseits des Irdischen. Für die Kelten sind Mensch und Leben noch keine Evidenzen.

Die Akteure handeln zwar, doch gemäß einer Logik, die sie selbst nicht erfassen. Sie werden von einer Initiative zum Handeln gedrängt, die außerhalb ihrer Macht ist. Sie verleiht den Personen eine Spontaneität der Reaktion, deren Motiv — alles andere als ein Ausfluß ihres inneren Wesens — auf der determinierten Wirkung ihrer Rollen beruht. Der Eigeninitiative sind sie so weitgehend beraubt, daß selbst CuChulainns Werben um Emer zum Beispiel von einer Anziehungskraft diktiert wird, die außerhalb beider liegt.

Indes ist die „Symbol"-Gestalt keineswegs eine Marionette. Ihre unergründliche Abhängigkeit hindert sie nicht daran, ihren Empfindungen Ausdruck zu geben, und das ist es, was den ungewöhnlichen Vorgängen ihre tiefe Menschlichkeit verleiht. Zwischen diesen beiden Extremen spielt sich die Helden- und Königssage ab.

Die Figuren sind Träger der Prinzipien, die in den verschiedenen Sagenkreisen unter wechselnden Aspekten eine Rolle spielen, deren Bedeutung aber konstant bleibt. Ihre Anzahl wird auf ein Minimum beschränkt. Es sind dies: der König, der Kämpfer, die Ziehväter oder -mütter, die Frau, der Druide, der Riese, eine exotische Persönlichkeit, der Mittler und der Ränkeschmied.

In diesen Schriften ist nirgendwo von Königtum in politischem Sinn die Rede. Als Personifizierung der Fruchtbarkeit hat der König die Funktion, den Wohlstand gemäß der religiösen Doktrin, deren Verfechter er ist, zu gewährleisten. Sein Schwert ist ein männliches Fruchtbarkeitssymbol; er mischt sich nicht in die hitzigen Kämpfe der Krieger, es sei denn durch seine passive Präsenz: Er ist lediglich ein Zeichen (Abb. 69).

Die Bezüge zwischen König-Gott und historischem Königtum sind so wenig konkret, daß man äußerste Vorsicht walten lassen sollte, wenn man versucht, aus dem Sagengut Rückschlüsse auf die reale politische Struktur des Königtums zu ziehen.

Der Kämpfer und Held repräsentiert die Lebenskraft und den dynamischen Aufstieg des Kultes. Dessen imperialistische Expansion stellen die nicht endenden Kämpfe dar, die wie alle Sageninhalte in übertragenem Sinn zu verstehen sind. Der Kämpfer wird mit einer neuen religiösen Lehre geboren und geht später mit ihr zugrunde. Die ihn umgebenden Helden sind nur dazu da, um ihn durch Kontrastierung seiner Einzigartigkeit auf ein noch höheres Piedestal zu heben. Häufig geben sie zu mannigfaltigen Nebenepisoden Anlaß.

Abb. 69: Kopf mit Helm. Seine Wange ist mondförmig, der Helm bedeckt die Augen. Sie werden durch das gleiche Zeichen wiedergegeben, das auf Abb. 68/S. 223 zur Darstellung der Beine des Hirsches diente. Auf dem Helm sieht man den Eber, dessen Kopf hier geneigt ist.

Die Rolle der Zieheltern dient dazu, den kultischen Anteil des Jugendlichen durch die Abweichung von seiner eigentlichen Herkunft zu präzisieren und damit seine eigene Abweichung zugunsten der Aufgabe, die zu erfüllen er berufen ist, zu betonen. Es ist für die Schriften charakteristisch, daß die legitimen Eltern im Schatten bleiben, um die Unbestimmtheit ihres Verhaltens aufgrund einer Mischehe zu verstehen zu geben ...

Die Frau evoziert in den Sagen die Muttergöttin. Sie ist weder Liebende, noch ein Muster an Schönheit. Den Gott ergänzend, ist sie seine Gefährtin und seine kluge Beraterin. Sie bringt menschliche Wesen nicht zur Welt: sie erschafft sie. Die Niederkünfte von MACHA, DECHTIRE, von ARIANROD vollziehen sich in einer Doppeldeutigkeit, die Assoziationen an „Unbeflecktheit" wachruft. DECHTIRE ist die Schwester von CONCHOBAR, DANA die Tochter von DAGDA. Eheliche Liebe und Mutterliebe kommen nicht vor. Wenn von ihnen die Rede ist, soll damit etwas anderes verborgen werden: NIV, die OSSIAN ihre Liebe gesteht, ist die Botin des Todes, und die Liebe, in der OSSIAN zu ihr entbrennt, ist die Todesagonie.

Ebenso wenig wie der König gehört der Druide einer realen Gesellschaft an. Er ist die magische Quelle der solaren Götter und selbst der solare Gott, die stützende Säule des Kultes, der sich in DAGDA personifiziert. Indem sie sich unter die großen Dolmen flüchten und in Unterweltsgottheiten verwandeln, wird aus der weißen Magie, die sie beherrschen, eine schwarze Magie. Bei der *Belagerung von Druin Damghaire* kommt es zu einer Schlacht zwischen den Druiden, bei der sich Feuer gegen Feuer und Wasser gegen Wasser als furchtbare Waffen erweisen.

Die als Riese bezeichnete Sagengestalt ist nicht größer als die anderen Figuren, da sich die riesige Größe eines Gottes implizite von selbst versteht. DAGDA ist ein Koloß; wie hätte er sonst eine Grube voll Suppe leeressen können? Und „FERGUS, er war wahrhaftig von großer Gestalt", heißt es einmal in der Sage, „denn der siebente Teil seines Leibes übertraf an Größe jeden anderen; er brauchte jeden Tag sieben Schweine und sieben Ochsen als Nahrung und sieben Fässer Bier zum Trinken; er hatte die Kraft von siebenhundert Männern, und wenn er sein Schwert schwang, nahm es die Größe eines Regenbogens an."

Unter Riese versteht die Sage ein namenloses symbolisches Wesen. Der Erzähler bediente sich der Gestalten von Riesen, um die Abenteuer der Reiter mit schaurigen Erlebnissen anzureichern. Von zeitlosem Alter, ist der Riese ein Repräsentant der Anderen Welt und der Schlüssel zu ihr.

Personen, die von weit her kommen, umweht das Prestige des Jenseits; die drei *Kämpen aus Norwegen* oder die beiden Magier aus Indien in der Erzählung vom *Lästigen Diener* (die eine Flotte hervorbringen, auf der sich dann FINN einschifft), der König von Persien wie auch der von Siogar mit ihren Schätzen, sie repräsentieren die Andere Welt und ihre Wunder. Diese bietet sie den keltischen Göttern dar oder auch denen, die sich ihrer durch List oder Gewalt zu bemächtigen verstehen.

Bei der keltischen Art des Konflikts zwischen zwei Lagern darf weder der Mittler noch der Ränkeschmied fehlen. Sie knüpfen die Bande zwischen den Gegnern oder säen Zwietracht, die zu Feindseligkeiten führen, deren Verlauf der Initiationsgegenstand zu entnehmen ist.

Vermittler und Unterhändler ist auch FERGUS. Von CONCHOBAR um sein Königreich gebracht, flüchtet er sich zu AILILL, nicht um sich für die erlittene Schmach zu rächen, sondern um zu besänftigen, zu regeln und zu klären. Mittler ist auch FER LOGA (kelt. = Mann des LUG), der, nachdem er CONCHOBAR besiegt hat, ein Jahr an seinem Hof lebt, um durch seine Anwesenheit die Übernahme des gegnerischen Kultes zu sichern.

BRICRIU hingegen ist der Ränkeschmied. In der Sage von *Bricrius Gastmahl* gefällt er sich darin, die Eifersucht der Helden zu reizen, sie zum Kampf um den Vorrang anzustacheln und entsprechend die Eifersucht ihrer Frauen um den Vortritt, wobei es zu grotesken Szenen kommt. Das alles dient als Anlaß, um die entscheidende Prüfung in die Erzählung einzuführen. Unwissentlich wollen sich die großen Helden LAEGAIRE, CONALL CER-

NACH und CUCHULAINN gegenseitig umbringen lassen. Als die allgemeine Konfusion ihren Höhepunkt erreicht hat, betritt ein unbekannter, schrecklicher Mann mit einem sehr scharfen Beil den Saal und bringt folgendes zum Vorschlag: der Tapferste solle ihm den Kopf abschneiden unter der Bedingung, daß er sich umgekehrt am Tage darauf von ihm den Kopf abschneiden lasse. Die beiden ersten trennen ihm munter den Kopf vom Rumpf, der Mann aber steht auf, nimmt seinen Kopf und geht hinaus. Doch als er am nächsten Tag wiederkehrt, gehen sie ihm aus dem Weg und halten ihr Versprechen nicht. Nur CUCHULAINN, der sich auch an der Prüfung beteiligt, will lieber sterben, als sein Wort brechen und legt seinen Hals auf den Block. Daraufhin hebt der Mann sein Beil bis ans Dach, läßt es jedoch mit der Rückseite auf CUCHULAINNS Hals niedersinken und erklärt ihn zum Sieger. Es war der höchste Gott, Schiedsrichter in letzter Instanz.

Humor und Symbolik schließen sich nicht unbedingt aus. Dieser Mischung begegnen wir in der Geschichte von CONNAN MAC MORNA, dem Großmaul, der schon aufgrund seiner Unförmigkeit Anlaß zur Heiterkeit gibt. Einmal ist er mit den anderen in einer Hütte, die sich in einen prächtigen Palast verwandelt hat; die Tische biegen sich unter der Last der köstlichen Speisen und berauschenden Getränke. Als die Wirkung des Zaubers aufhört, beginnt der Palast zusammenzuschrumpfen und alle suchen sich durch die Tür ins Freie zu retten, die so eng wie der Eingang eines Dachsbaues ist. CONNAN aber fesselt seine Gefräßigkeit noch immer an den Tisch. Die Freunde reißen ihn endlich weg, und so energisch, daß ein Stück seiner Haut auf der Bank kleben bleibt. Um die peinliche Wunde auf seinem Hintern zu bedecken, können sie nichts besseres finden als ein Stück schwarzes Schafsfell. Zur Erheiterung der Fiana blieb es für immer dort kleben. Nun, auch solchen derben Anekdoten fehlt es nicht an einem tieferen Sinn: Die Silbe *mor* in seinem Namen erinnert an die ophidische Rasse der Fomori. Durch die ungewöhnliche Kombination von Schlange und Schaf wird diese Gestalt zur karikaturistischen Umkehrung der „Widderkopfschlange", der tellurisch-uranischen Synthese (Abb. 40).

Was ihre Rollen betrifft, könnte man die Zahl der Akteure auf dem ersten Plan auf zwei Gruppen reduzieren. Der König, sein Kämpe, Ziehvater und Muttergöttin sind Vertreter der Fruchtbarkeitsdoktrinen. Die anderen, Exoten, Riese und unvermutet hinzukommende Gestalten sind Botschafter der Anderen Welt.

Die Beziehung zwischen der Fruchtbarkeit und der Welt des Übersinnlichen ist das Hauptproblem der keltischen Dialektik. Dieser Dualismus zwischen Fleischlichkeit und Transzendentalem existiert bei den gegnerischen Doktrinen, ja sogar im Rahmen einer jeden Doktrin; er steckt in jeder Person, in jedem Phänomen und in jedem Vorgang. Er begleitet die Stufen der Evolution, paßt sich neuen Gegebenheiten an, modifiziert die Szenerie wie auch die Form der Konflikte und die Personen der Handlung.

Abb. 40: In der Frühzeit der religiösen Erfahrung der Kelten, als sie noch unter Einfluß der Lehren der klassischen Antike standen, vermochte der Künstler die keltische Zahl 4 nur auszudrücken, indem er die Pferdeköpfe durch vier Kugeln ersetzte. Unter den Pferden: Triskel (Sonnensymbol) und Halbmond.

Die Fassade der Volkserzählung, der Feenmärchen, der Heldenepen zerbröckelt. Wie in der mit plastischen sichtbaren Mitteln geschaffenen Ikonografie tritt auch in der Literatur die abstrakte Struktur zutage (Abb. 80).

Ihre vom Realen wie vom Irrealen ebenso weit entfernt angesiedelten Personen bewegen sich zwischen dieser Welt und der Anderen Welt des Übersinnlichen. Die Vorgänge mit ihrem Doppelgesicht, dem Verborgenen und dem offenbaren Schein, entsprechen den bildnerischen Darstellungen, in denen Zeichen für das Leiblich-Gegenständliche stehen oder verschiedene, gleichzeitig bestehende Ansichten zu einem einzigen Bilde verschmolzen sind.

Die Magie, der sich die Autoren in reichen Maße bedienen, ist im Entwurf einzig und allein dazu da, das Reale mit dem Irrealen zu verschränken, um das Trügerische der sinnlichen Erscheinungen zu demonstrieren, doch nie — man kann es nicht nachdrücklich genug betonen —, um grundlos ein Wunder zu bewirken.

Abb. 80: Stilisierter Helm, Variante von Abb. 36/S. 312. Der Helmbusch hat die Form von Bovidenhörnern, der Nackenschild ist dreiteilig. Das mit der Nase verbundene Visier sowie das Auge sind V-förmig. Rund um die Wange, ein Halbmond, die üblichen Zahlensymbole. Trotz der freien Verteilung der Motive, wird das Ganze durch ihren Rhythmus zusammengehalten.

Übertreibungen aller Art dienen nicht zur Überhöhung der Realität, vielmehr sollen sie die Grenze zum Überwirklichen markieren. Die Sagenfiguren sind aus der intuitiven Überzeugung von der Nichtigkeit aller gegenständlichen Wahrnehmung und in Übereinstimmung mit dem dialektischen Relativitätsbegriff konzipiert, und ihre rätselhaften Handlungen entspringen letzten Endes dem eingewurzelten Mißtrauen in bezug auf die Begrenztheit menschlichen Wissens, während sie zugleich die göttliche Weisheit für unerforschlich halten.

Wie erstaunlich sie uns daher auch vorkommen mögen, sind diese Symbol-Gestalten letzten Endes dem Menschlichen doch sehr nah. Vergebens würde man sie diesem menschlichen Boden zu entreißen versuchen.

DIE ETHNISCHE WURZEL DER KELTISCHEN METAPHYSIK

Bei gründlicher Prüfung der keltischen Münzen wie auch der Sagenbruchstücke der keltischen Literatur sind uns bestimmte, häufig wiederkehrende Züge aufgefallen. Wir haben sie aufgegriffen und uns nach ihrer Bedeutung gefragt. Stück für Stück aneinandergereiht, verbinden sie sich zu einem homogenen Ganzen: zu einer Theorie der Dynamik.

Im Bereich der Metaphysik umfaßt der Begriff der Dynamik, soweit er das Konzept des Absoluten betrifft, die Idee, daß *Gott Bewegung* ist, was impliziert, daß ebenso *Schöpfung und letzten Endes auch Existenz Bewegung ist.* Alle antiken Schöpfungsvorstellungen gingen von einem Demiurgen, einem Weltschöpfer aus, dessen Werk in der Zeit beendet wurde, und dessen Schöpfung, mit dem dynamischen Konzept der Kelten verglichen, als *statisch* bezeichnet werden kann.

Die Begriffe statisch und dynamisch haben in der Metaphysik eine andere Bedeutung als in der Mechanik. Obwohl sie auch hier Bewegung und Ruhe einbegreifen, sind sie doch nicht als Bewegung im Sinn von Fortbewegung oder Ruhe in Form von Stillstand zu verstehen. Bewegung, im Verständnis der Kelten, ist die aktive schöpferische Kraft der Durchdringung, der Umwandlung und der unablässigen Erneuerung: sie ist Evolution in Reinkultur.

Die statische Schöpfung manifestiert sich in materieller partikularisierter Form; die dynamische Schöpfung ist fließend und für den ewigen Wandel und seine Folgen bestimmend: für die Unstabilität der sich bewegenden Form. Zwar hat HERAKLIT ein dynamisches Weltbild konzipiert, doch die Urheber seines *panta rhei* waren anthropomorphe Götter und hatten selbst nichts von Bewegung.

Mit Recht kann man behaupten, daß der keltische Dynamismus nicht eine Frucht von Spekulationen ist. Vielmehr beruht er auf ihrer ethnischen Eigenart und einem ihr angeborenen Wissen. Zumindest zu Anfang der menschlichen Erfahrung lag diesem nach Ausdruck suchenden Dynamismus keine bewußte Intention zugrunde, und so ist er zum Zeitpunkt seines Erscheinens in der Kunst fraglos auf bio-physische Zusammenhänge zurückzuführen. Als das Bewußtsein der Kelten für das Göttliche erwacht, wird dieser Dynamismus aktiv und veranlaßt die Erschaffung der Muttergöttin EPONA und des Stammvaters TEUTATES: Herabgestiegene Bewegung, die sich in diesen marinen Pferdegestalten symbolisiert, erreichen sie, die Wellen reitend, die Erde, während sie zugleich selbst Wellen sind.

Der keltische Dynamismus rührt noch aus dem Ur-Impuls. In ihm mischt sich die noch ungeteilte Ursache und Wirkung mit jener einen Quelle, die dem Universum ihr Gesetz aufprägt und sich alles Seiende unterwirft, ohne daß der Quellengrund dem menschlichen Geist zugänglich wäre.

Offensichtlich übertrugen die Kelten den ihnen eigenen Dynamismus auf das Himmelsgewölbe und nahmen ihn rückwirkend als dessen Gesetz entgegen. Nicht weniger sicher ist, daß sie, die der Schöpferkraft der Bewegung Sinn und Ausdruck geben wollten, dazu bestimmt waren, den rhythmischen Elan mit allen seinen bildnerischen und dichterischen Modalitäten zum künstlerischen Thema zu machen.

Zum Übergewicht des rhythmischen Elements kam es erst im Lauf der Zeit. Die gesamte keltische Kunst war darauf ausgerichtet, — auf die *Auflösung des Gegenständlichen mit Hilfe des gestalterischen Rhythmus,* der das tragende Element des Universums ist. Für dieses Geheimnis des Universums, für das, was Rhythmus beinhaltet, hätte keine Philosophie eine bessere Formulierung finden können: *das nicht-personale, nicht-körperliche Mysterium einer endlos wiederkehrenden Erneuerung.*

Dieser Dynamismus gilt auch für die Ideen, die als Bewegung und als mit anderen Ideen im Widerstreit liegend konzipiert werden. Der Durchbruch von Ideen wird in Irland als „Invasion" vergegenständlicht — als Landungen göttlicher Stämme, die aus dem Meer oder aus der Luft kommen und die durch frühere Landungen eingeführten Ideen angreifen oder aufgreifen und sich mit ihnen zu einer neuen Synthese verbinden.

Der Impuls, der Elan ist ebenfalls und vor allem psychischer Natur: sein Sitz ist *die Seele.* Ehe der Kelte sich der Welt in ihrem materiellen Zustand hingibt, hat er erkannt, daß die Essenz des Lebens und des Göttlichen in einer unvorstellbar großen Gemütsbewegung besteht. Bei den meisten Skulpturen sind die Köpfe mit halbgeschlossenen Augen dargestellt: erwachende Totenköpfe, Götterhäupter mit seltsamem Ausdruck, sie suggerieren die überpersönliche, aus dem Nichts hervorgegangene Emotion. *Das keltische Schöpfungswort ist eine Gemütsbewegung.* Die Schöpfung begreift der Kelte nicht als die erschaffene sichtbare Welt, sondern als einen ununterbrochenen Prozeß. Er erlebt daher die göttliche Fügung nicht als bedrohliches Verhängnis, er identifiziert sich vielmehr mit ihr und paßt sein Verhalten dem an, was er als Realität des Universums versteht.

Seine Hoffnung auf ein Weiterleben (Abb. 71/S. 360, Legende S. 361) klammert sich an den Beweis der beobachteten zyklischen Erneuerung der Natur. Der Mensch kann an dieser ewigen Wiedergeburt teilhaben, wenn er radikal eliminiert, was dieser Beobachtung widersprechen könnte. Um daraus *gültige* Argumente für die Amoralität der Seele zu gewinnen, negiert der Kelte die Realität des Leibes und sieht sie als unwichtige Größe. Negieren ist vielleicht nicht das rechte Wort, denn er vergißt dennoch das Leibliche nicht; was er verneint, ist die ausschließliche und göttliche *Realität der Materie.* Für ihn ist sie die *zeitliche Erscheinung einer absoluten Wirklichkeit, die jenseits des sinnlich Wahrnehmbaren liegt.*

Dies zu demonstrieren, wird mit den speziellen Mitteln der Kunst versucht, mit den Mitteln der Entmaterialisierung, der Entpersonifizierung und Verfremdung, wobei der Rhythmus als Katalysator zum gemeinsamen Nenner wird.

Tastend schreitet der Mensch auf dem schmalen Grat zwischen Rationalem und Irrationalem voran und erkennt, daß er selbst aus einer Vielzahl von austauschbaren Seinsweisen besteht. Wie es der Barde TALIESIN in seinem Gedicht (S. 200) in Worte faßte: „Bin schon in vielen Aspekten erschienen, ehe ich gültge Gestalt mir errang." Doch ist auch dieser letztgültige Zustand kein unabän-

derlicher, sondern ein gleitender. Im selben Gedicht geht er ins Irrationale über: Der Mensch verwandelt sich in einen Baum, der sich im Befreiungskampf „zur Schlacht reiht“.

Hier setzt eine Abstraktion der Fleischlichkeit und ganz allgemein aller Erscheinungen ein. Die auf Tausenden von Münzen realisierten Versuche in dieser Richtung legen davon ein beredtes Zeugnis ab und geben Aufschluß über die einzelnen Etappen. Gesichtszüge und Figuren werden unter dem Grabstichel des Künstlers in eine Vielzahl von Einzelelementen auseinandergebrochen, um dann einer neuen, abstrakten, vom Rhythmus diktierten Ordnung eingegliedert zu werden. Diese Überschreitung einer uns vertrauten Realität stößt alle konventionellen Begriffe über den Haufen.

Indes, welchen Mathematiker würde die großartige Logik dieser Gleichung nicht in Erstaunen versetzen, die unglaubliche Kühnheit, mit der hier der Beweis für die Unsterblichkeit der Seele erbracht wird: Der Auflösungsprozeß wird auf den Lebenden projiziert, den man, wie auf den Münzen zu sehen, formal zergliedert. Reziprok sieht man im Zerfall des Toten seinen vorgeburtlichen, prä-formalen, ja sogar über-formalen Zustand, nicht einen endgültigen und objektiven. Diese Umwandlung des sensoriell Wahrnehmbaren geschieht absichtlich. Wie könnte man sonst „vernünftigerweise“ die Unsterblichkeit der Seele als Seinsweise der Existenz einbringen, wenn die Extreme dieser Existenz, Tod und Leben, nicht deckungsgleich werden? Am Ende dieses beständigen Wechsels zwischen Wirklichkeit und Überwirklichkeit verschränken sich die gesicherten Zustände. Vergangenheit, Gegenwart und Zukunft verschmelzen *zu einem Kontinuum: zur Totalität des absoluten Seins.*

Abb. 71: Die liegende Harfe bedeutet Tod, doch der Hammer, den das Pferd im Maul hält, sowie der parallel verlaufende „Odem“ signalisieren die Hoffnung auf Auferstehung. Der Spieß unterhalb des Pferdeleibes spielt auf die Erscheinung des „einbeinigen Pferdes“ aus der Sage an. Der Stock, der in der Kruppe steckt, bildet zusammen mit ihr das gleiche Fruchtbarkeitsmotiv, das der im Strahlenschmuck dargestellte Reiter in der Faust hält.

In seinem Entsetzen angesichts der Begrenztheit des Seins konzipierte der Kelte, der die Vorstellung des unwiderruflichen Todes nicht zu akzeptieren vermochte, die Schöpfung als ewig unvollendeten Vorgang, und das weniger, um ihre Vervollkommnungsfähigkeit als vielmehr ihre Unbegrenztheit zu betonen. Tatsächlich verneinte er, daß sich die Wirklichkeit auf die Materie begrenzte. Ebenso wie später in der Baukunst der Gotik die unzähligen, auf den höchsten Punkten angebrachten Kreuzblumen lediglich dazu dienten, die „feste Seinsweise“ des Steins auszunutzen, ebenso konnten die winzigen Details an den Rändern der Kleinreliefs (Abb. 53/S. 148, Abb. 54/S. 150) den Rhythmus der Darstellung nicht min-

dern. Von diesen End- und Grenzpunkten der Materie gehen außersinnliche Wirkungen aus, die sich die Dimensionen eines unbegrenzten Raumes eröffnen, dem das Greifbare lediglich als letzter Anhaltspunkt im Diesseits dient. (Siehe die Konvulsionen des CuChulainn, S. 261)

Die Wahrnehmung eines Unvollendeten, Essentiellen hat den Blick für die Unendlichkeit erweckt, — nicht im Sinn einer geometrischen Größe, sondern für die *Unendlichkeit des Unzugänglichen,* das sich dem Menschen entzieht, „im gemessenen Schritt der Göttin Rhiannon“ immer wieder in die Ferne rückt, unerreichbar für alle, nur für Pwyll nicht, den „Häuptling des Abgrunds“. Der Spiegel dieser Unendlichkeit ist das Gemüt.

Die Essenz dieses Unerreichbaren zu beschreiben, ist das Anliegen der Barden, — nicht vage als etwas, von dem man nichts weiß, sondern als das nicht kommunikable Mysterium, das sich in nicht wahrnehmbaren, alle als beseelt vorgestellten Dinge verbindenden Zusammenhängen offenbart. Das Unbegreifliche ist überall; er zeigt es auf: das Ineinandergreifen der Attribute und Befugnisse der Götter, so daß Feuer und Wasser, Leben und Tod ineinander übergehen. Die gleiche Tendenz äußert sich auch in der bildenden Kunst; dort lösen sich die Bildnisse der Götter in Linien auf, — in Projektionen von Kraftfeldern, die kosmischer Bewegung unterworfen sind (Abb. 104/363; Abb. 103—108/S. 180—183, Legende S. 180).

Das hitzige, ungebärdige, zwischen zwei Extremen pendelnde Wesen der Kelten fiel den alten Römern nur zu deutlich auf. Doch sahen sie lediglich seine kriegerische Seite. Dennoch rührte das leidenschaftliche, zum Maßlosen, zur fanatischen Übertreibung neigende Temperament der Kelten aus tieferen Ursachen. Auf den Kleinplaketten verrät sich dieser exzessive Ungestüm in Überladenheit, in einer rustikalen Kalligraphie und in einer unerschöpflichen Fülle von Einfällen. Diese finden ihre Entsprechung in den Gesängen und Erzählungen in Form von endlosen Aufzählungen und Wiederholungen. Doch unter all diesem Überschwang verbirgt sich etwas ganz anderes.

Dem soeben Dargestellten zufolge war das dynamische Weltbild der Kelten etwas grundlegend Neues. Einer Menschheit, die im Begriff war, die Schwelle vom Altertum in die Neuzeit zu überschreiten, eröffnete es eine noch unbekannte Dimension. Als Folge einer psychischen Mutation gelangte es in dem Augenblick zum Durchbruch, als die Antike am Ende war. Insofern werden wir in dieser Maßlosigkeit das wohlbekannte Indiz jeglicher Revolution, ihre Übertreibungen inbegriffen, wiedererkennen.

In Wahrheit sind die Exzesse der Kelten noch kein Beweis dafür, daß sie ausschließlich brutal gewesen wären, obgleich manche sich darin gefallen haben, von der „Roheit“ der Gallier zu sprechen. Man sollte sich gelegentlich in die Gedichte der walisischen Barden vertiefen. Welche erlesene Subtilität entdeckt man am anderen Ende des breiten Registers: Die leidenschaftliche Seele verströmt sich bis in ihre zartesten Regungen. Und diese beiden Extreme halten sich die Waage, bedingen sich gegenseitig. Hier aufbrausende Gewalttätigkeit, dort sensible Empfindsamkeit, — sie reißen uns in die Höhen und Tiefen der keltischen Gefühlswelt mit fort.

Hinter allen Attacken auf die Realität der Klassik steckte das neue *Bewußtsein für die Relativität der Erscheinungen.* Da der Kelte noch keine wissenschaftlichen Erklärungen für sie vorlegen konnte und sich selbst über die elementarsten Begriffe des Denkens nicht klar war, und da er sich außer Stande sah, die neuen Vorstellungen an ihren praktischen Konsequenzen zu erläutern und auch an seinem Unvermögen, der griechisch-römischen Welt seine Sicht nahezulegen, litt, hüllte er sich in undurchdringliches Schweigen.

Wie hätte diese Art von Wissen auch überzeugen können? Es ging ja nicht vom Menschen aus und trug nicht dazu bei, das Repertoire des antiken Wissens zu erweitern und schien auch keinen unmittelbaren Nutzen zu versprechen. Dennoch stellte es die Antike in Frage, machte mit ihren Werten tabula rasa und schuf einen Ausgangspunkt für eine neue Zivilisation. Dieses grandiose Projekt — es mußten erst zwei Jahrtausende vergehen, ehe man es heute als Projekt zu sehen vermag — beginnt mit dem Stamm der Götter, in dem der Mensch seinen Platz finden wird.

In einem rigoros auf außermenschliche und überpersönliche Probleme begrenzten System war für die Funktion von Gut und Böse kein Raum. Dieses absolute Nichtvorhandensein irgendeiner Ethik ist gleichbedeutend mit ihrer Verneinung, sowohl im Ablauf der Schöpfung als auch im göttlichen Wesen: Der keltische Gott ist weder Träger noch Verkünder des Heils. Im Glauben des Volkes und den Volksbräuchen entsprechend ist er es freilich doch, — welches Volk wollte nicht seinen

Göttern opfern? Doch was den Initiationsgehalt betrifft, weisen die Heldenepen dem Menschen nicht den Weg zum Heil, denn dieses liegt jenseits von Gut und Böse in der Gemeinschaft des Stammes.

Die Abhängigkeit aller irdischen Vorgänge von einem unsichtbaren Zentrum reduziert die Welt auf einen Nebenschauplatz und macht die Andere Welt zur absoluten Realität. Ebenso stellt das Sichtbare, ins Nicht-Sichtbare transzendiert, alle geläufigen Begriffe auf den Kopf, denn das den Sinnen Unzugängliche wird zur „Wahrheit". Die spirituelle Erfahrung wirkt sich, ohne daß man sich deshalb Gedanken machte, auf das tägliche Leben uneingeschränkt aus: Dieses steht einzig im Dienst der Sehnsucht nach dem Transzendentalen.

Die begriffliche Basis der religiösen Transzendenz war zu allen Zeiten, seit BRAHMA und JAHVE, zumal seit dem Advent des CHRISTUS, eine rationale, die von der statischen, unwandelbaren Wesenhaftigkeit eines in erhabenen Höhen planenden Gottes ausging. Die keltische Transzendenz dagegen gibt sich allerorts, auf der Erde, unter der Erde, unter dem Wasser zu erkennen und ist nicht nur einem Wesen immanent. Selbst das Jenseits wird ins „Land der ewigen Jugend" verlegt, womit das reine Gefühl, der poetische Ausdruck gemeint ist.

KANT hat als transzendental alle Erkenntnis bezeichnet, die sich weniger nach den Dingen schlechthin als nach unseren *a priori* (vor und unabhängig von aller Erfahrung bereit liegenden) Vorstellungen von den Dingen richtet. Im Fall der Kelten obliegt es uns, eine leichte, wenn auch konsequenzenreiche Retusche an der KANTschen Formel vorzunehmen. Wir akzeptieren das Prinzip des *a priori,* fordern aber für die Kelten und für das spätere abendländische Denken (wie für KANT selbst) eine Unterscheidung zwischen einem dynamischen und einem statischen *a priori,* das der griechischen Transzendenz entsprechen würde. Beide Weltbilder sind tatsächlich nicht ein Ergebnis unterschiedlicher *a posteriori* Erfahrungen, sondern jeweilige Produkte eingegebenen, auf die Welt projezierten Wissens.

Indes, die keltische Erkenntnis nimmt nicht zum Begrifflichen Zuflucht, sie schöpft aus der „kognitiven Emotion" des Geistes. Und auf dieser Art der Erforschung der Welt mit Hilfe der schöpferischen Empfindung beruht die Erkenntnis des Künstlers: Im Gegensatz zur wissenschaftlichen Forschung, die sich auf die materiellen Aspekte der Phänomene beschränkt, bedient diese sich der *para-sensorischen* Fähigkeiten des Menschen, mit denen sie in die *para-materielle* Sphäre des Universums vorzudringen vermag.

Da die keltische Transzendenz auf einer dynamischen Auffassung von der Welt beruht, wollen wir sie, aufgrund ihrer Modernität, als dynamische Transzendenz bezeichnen.

Man wird uns vielleicht vorwerfen, wir brächten hier eine Metaphysik ins Spiel, die die Kelten nicht hätten formulieren können. Dennoch haben die Griechen die Druiden als Philosophen bezeichnet, was durchaus das Vorhandensein einer druidischen Philosophie impliziert, selbst wenn sie nie schriftlich niedergelegt wurde. Übrigens hätten wir den Elementen einer griechischen Philosophie mißtrauen und allein auf die Ikonografie der Münzen und einige Tragödien eingehen können. Wir hätten die drei Säulen der platonischen Philosophie, das Wahre (Logik), das Gute (Ethik) und das Schöne (Ästhetik) wiederentdecken können, um so mehr, als sie in jedem Strich und in jedem Satz evident werden.

Doch bei unserer intensiven Betrachtung der beiden Konzeptionen entgeht es uns nicht, daß der keltische Geist für jedes der drei platonisch-griechischen Prinzipien einen Widerspruch anzubieten hat. Der *„Wahrheit"* stellt er die *„Relativität"*, der *„Ethik"* ihr *„Nichtvorhandensein"* in der Schöpfung, der *„Schönheit"* die *„Emotivität"* entgegen.

Die Essenz des Universums ist kosmogonische Bewegung. Sie umfängt Götter und Menschen und alles was ist. Daher erscheinen die Götter als Ströme, die aus der Quelle hervorgehen, nicht als die Quelle selbst. Die kosmische Materie ist verdichteter Rhythmus des dualistischen Schöpfer-Zerstörer-Prinzips, die zugleich in der Erscheinung wirksam wird und sie durchdringt und verwandelt. Dieser fundamentale Dualismus ruft eine oszillierende Spannung hervor, die die Materie unstabil und zeitlich macht. Die katalytische rhythmische Kraft zersetzt die sichtbar gewordenen Substanzen und reintegriert ihre verstreuten Partikel in die schwingende Bewegung des Universums. Aus dieser Sicht wird alles Aspekt der kosmischen Materie, — das Leben wie auch der Tod, die nichts anderes als extreme Seinsweisen ein und derselben unbegrenzten Existenz sind. Das hervorragendste Mittel der metaphysischen Erkenntnis ist die kognitive Emotion. Aus all dem resultiert eine Logik, die das Nicht-Rationale so weitgehend positiv wertet, daß die Gegensätze lediglich als dualistische Zustandsformen ein und derselben Erscheinung identifiziert werden.

Diese originale, mit dem Terminus *dynamische Transzendenz* bezeichnete Konzeption empfängt ihre besondere Bedeutung aus dem komplementären Terminus *statische Immanenz*. Diese ist für das klassische Griechenland charakteristisch und an jene objektive Realität gebunden, die sich in der unzerstörbaren göttlichen Harmonie ausdrückt und sich im Sichtbaren manifestiert. Die Materie wird verfestigte Schönheit und diese zum Muster absoluter Vollkommenheit, da das Absolute nunmehr der Materie immanent ist. Der Mittelpunkt dieses Universums ist nicht der Olymp, sondern der auf ein Piedestal erhobene Mensch, Maßstab der Welt, Maßstab selbst des Göttlichen. Dieser Gott wird demzufolge nur ein Gesicht haben, das er dem Menschen zuwendet, der sich nur so weit für diesen Gott interessiert, als er ihm zum Heil sein kann. Das Universum ist endlich, die Schöpfung abgeschlossen, verständlich, erklärbar.

Aus heutiger Sicht gesehen besteht kein Zweifel, daß sich das Weltbild der Kelten auf überraschend moderne Erkenntnisse gründet. Doch war es zu seinem Schaden, vor der Zeit konzipiert worden zu sein. Zu seiner Zeit konnte es nicht reifen und auch nicht mit dem Ewig Menschlichen einen Kompromiß eingehen. Doch wird die Zeit kommen, wenn auch noch nicht gleich, da der Westen, einstmals vom Humanismus geprägt, außerhalb des Mittelmeerraums zu seiner eigenen Identität findet.

DAS VERSTRÖMEN DER SEELE

LLYWARCH-HEN, TOTENKLAGE UM KYNDYLAN, VI

J. Markale, Les grands bardes gallois, Paris 1956, S. 49.

Hélas Ffreuer, combien triste est cette nuit
après la perte des bien-aimés,
pour mon malheur ils furent tués.

Hélas Ffreuer, combien lugubre est cette nuit
après la mort d'Elvan
et de Kyndylan l'aigle de Kyndrowen.

Ce n'est pas la mort de Ffreuer qui m'enlève,
cette nuit, la joie que je trouvais ici.
Je veux rester éveillé et pleurer jusqu'au matin.

Ce n'est pas la mort de Ffreuer qui me torture
du soir jusqu'à minuit.
Je veux rester éveillé et pleurer jusqu'au matin.

Ce n'est pas la mort de Ffreuer qui me navre,
cette nuit, et jaunit ainsi mes joues,
et fait couler à flots des larmes de sang sur le bord de ma couche.

Ce n'est pas la mort de Ffreuer qui me tourmente ainsi,
cette nuit, mais moi-même qui suis faible et malade.
Je pleure mes frères et mon pays....

Ach, wie trostlos ist diese Nacht, FFREUER,
nach dem Verlust der Viel-Geliebten.
Sie wurden getötet, das ist mein Elend.

Ach, wie düster ist diese Nacht, FFREUER
nachdem ELVAN nun tot ist
Und KYNDYLAN, Adler von Kyndrowen.

Nicht dein Tod ist's, FFREUER, der diese Nacht
die Freude mir raubt, die ich hier fand.
Bis zur Früh will ich wachen und weinen.

Nicht dein Tod ist's, FFREUER, der mich peinigt
vom Abend bis Mitte der Nacht.
Bis zur Früh will ich wachen und weinen.

Nicht dein Tod, FFREUER, bereitet mir Gram,
gilbt mir nächtens die Wangen,
läßt Ströme von blutigen Tränen auf den Rand meines Lagers fließen.

Nicht dein Tod ist's, FFREUER, der mich so quält,
sondern ich selbst, der ich schwach bin und krank.
Ich weine um euch, meine Brüder, mein Land....

Die poetische Schönheit, die sogar noch durch die Zeilen der Übersetzung hindurch schimmert, konnte sich nur konkretisieren, weil ihr ein persönliches Gefühl des Dichters zugrundelag. Der seelische Reichtum, der diese ebenso schwermütigen wie wohlklingenden Strophen mit Leben erfüllt, war im Keim bereits in der Wurzel der Sagen, im Boden des Keltentums angelegt. Er scheint erst freigesetzt worden zu sein, als sich die Stammes- und die religiösen Bindungen zugunsten einer individuelleren Entfaltungsmöglichkeit gelockert hatten. Diese Befreiung förderte die Individualität des Dichters, ohne seine ethnische Solidarität zu schwächen. Es sieht sogar so aus, als habe sie ihm seine Stammeszugehörigkeit deutlicher zu Bewußtsein gebracht: Er spricht das Volk an ("meine Brüder") und empfindet seine Verbundenheit mit ihm als ein Glück.

Wie in der späteren höfischen Dichtung die Artusromane, die Liebes-, Königs- und Rittersagen geläutert scheinen, und wie von fließendem Licht umgeben, ist auch schon in der walisischen Dichtung dieses vom Volk getragene Bedürfnis nach Läuterung zu spüren gewesen. Auf sakrale Ebene angehoben, wird es zur Glaubenssache. Es lebt im pulsierenden Herzschlag der Dichtung wie in den rätselhaften bildlichen Gestaltungen, die sich jeder gegenständlichen Präzisierung entziehen: ein Bedürfnis, das reine Emotion ist.

Das dramatische, leidenschaftliche Solidaritätsgefühl des Barden überschreitet das Maß. Hierin unterscheidet er sich grundlegend von den Griechen, den Meistern der harmonischen Form. Auch Landschaftliches mag hierbei mitgewirkt haben. Die Griechen bewegten sich in einer lichtdurchfluteten Welt, deren klare Konturen von der Mittelmeersonne hervorgerufen wurde. Das Mysterium der Kelten dagegen war im Dunkel einer Realität heimisch, die sich dem Blick verbarg. LLYWARCH-HEN besingt die Nacht und beweint die Schatten. Sein Seelenzustand ist das Gegenteil des Gleichmuts, der sich im Ebenmaß ausdrückt: er gleicht einem bewegten Universum, das im Pulsschlag der Leidenschaft, seiner einzigen Konstante, stirbt und wieder geboren wird.

Der Grieche gehorcht der Vernunft, der Kelte dem Gefühl. Da der Grieche die Welt in ihrer körperlichen Wirklichkeit erlebt, fühlt er sich dazu bewegt, die Schönheit zu verherrlichen und die fleischliche Vollkommenheit mit der Vollkommenheit der göttlichen Harmonie zu identifizieren. Für den Kelten ist Realität Gefühl, das sich so stark zu entfalten und zu intensivieren vermag, daß es dem Menschen den Boden unter den Füßen fortreißt.

Der Gott des TALIESIN manifestiert sich nicht in den Proportionen des von Menschen errichteten Tempels, sondern in der Tiefe des Waldes. Und wenn der Kelte später Kathedralen baut, werden sie im Gegensatz zu den griechischen Tempeln in höchste Höhen aufstreben und bis in ihre allerkleinsten Elemente dem Ausdruck der Unendlichkeit dienen. Sein Glaube wird im Schatten der Säulen wohnen wie auch im Widerschein des dunklen, unwirklichen, durch Glasfenster einfallenden Lichts.

Der neue Klang der walisischen Lyrik wird sich in ganz Großbritannien und dann auch auf dem Festland verbreiten und nicht nur Frankreich für sich einnehmen, sondern das ganze Abendland. Zumal die Germanen erlagen im beginnenden Mittelalter seinem Zauber; dieser Einfluß wirkte sich auf sie stärker aus, als ihre eigene nordisch-germanische Tradition.

An diesem Punkt angelangt, ist das *Keltentum* nicht mehr Religion, auch nicht mehr nur ein „Haufen" von Stammesgemeinschaften, es ist das *Ferment der Zukunft*.

ENDE UND NEUER AUSGANGSPUNKT

Es ist ein neues, antagonistisches Bewußtsein, das sich dem Römischen Reich, der letzten Säule der verfallenden Antike, im Westen entgegenstellt.

Es hat sich spontan und auf geheimnisvolle Weise entfaltet, so daß man sich fragt, ob wirklich die Kelten seine Baumeister waren, oder nur seine Träger. Dynamisch, sogar aggressiv ist dieses neue Bewußtsein: Es geht aus ihm eine Kunst, eine Religion und ein Denken hervor, die der gleichen Dialektik unterliegen, die ehedem die Gesamtheit der nationalen Bestrebungen und Aktivitäten koordinierte.

Dieses geschlossene Kollektivbewußtsein machte die Kelten zu einer einzigen, ungeheuer großen Geheimgesellschaft, der größten und — „schweigsamsten" —, die es jemals gegeben hat. Unter dem Druck des lateinischen, später christlichen Roms löste sie sich auf geheimnisvolle Weise auf, ohne eine Spur zu hinterlassen.

Ohne eine Spur? Das soll das Thema unserer nächsten Studie (Das Abenteuer des Okzidents) werden, die diese Untersuchung über die Schwelle zur geschichtlichen Zeit hinaus fortsetzt.

In Unkenntnis der Leistung der verflossenen Jahrhunderte, und überzeugt, daß es vor Beginn unserer geschichtlichen Zeit keine andere Intelligenz als die mediterrane gegeben haben könnte, führten auch die eingehendsten Nachforschungen nach den geistigen Ursprüngen des Abendlands nicht weiter als bis zur Ankunft Cäsars in Gallien zurück.

Da man sich die in seinem Bericht *De Bello Gallico,* — dem eines ausgesprochenen Feindes —, geäußerten Anschauungen zu eigen machte und für das wahre Bild Galliens hielt, sah man die keltische Vergangenheit durch die verächtliche Brille der Römer und hielt sie für eine barbarische. Mangelndes Verständnis der klassischen Autoren für das Thema verhinderte eine Modifizierung dieses seit der Antike nachdrücklich von so und so vielen Autoritäten sanktionierten Bildes. Aber auch jenseits dieser Barriere, unter den archäologischen Funden, ließen sich keine gesicherten Indizien für eine eigenständige geistige Entwicklung entdecken, und wäre sie auch noch so unzusammenhängend gewesen.

Indes haben wir, nach Gewöhnung an die archaischen Besonderheiten, gesehen, daß die Wirklichkeit ganz anders war. Eine Genugtuung auf archäologischer Basis, gewiß, doch hat die Enträtselung der bildlichen Gestaltungen und der Texte weitergeführt.

Tatsächlich ist das Keltentum als „heidnischer" Glaube auch und in erster Linie eine ethnische Realität, die hohe Widerstands- und Expansionskraft besitzt. Sie beweist ihre Kontinuität trotz der ihr durch die römische Besetzung und die spätere Evangelisation auferlegten Schranken und wird sogar jenseits der ethnischen Grenzen wirksam. Doch damit erhält das nun profan oder scheinbar profan gewordene Problem des Keltentums Bedeutung für die gesamte Geschichte des Abendlands.

Je tiefer wir eindringen, desto deutlicher wird sich zeigen, daß das Aufblühen dieser Kultur einem uralten Gesetz zu gehorchen scheint. Wenn der Herd dieser Ausstrahlung nicht mehr erkennbar ist, so deshalb, weil es zu einem Bruch im natürlichen Wachstum kam. Um die Einsicht in diese Zusammenhänge gebracht, wähnt das Abendland, erst im Mittelalter im Gefolge zufälliger Koinzidenzien seine Gestalt erhalten zu haben. Wenn diese Impulse, was die spontanen Reaktionen in den verschiedensten Bereichen betrifft, sich weiterhin, aus dem Erbe der Vorväter zehrend, durchsetzten, wurden sie doch als solche nicht erkannt.

Das Christentum war gewiß Zeuge und half dabei mit: Wie verneint man seine spirituelle Erkenntnis? Aber dieses Christentum wurde zur selben Zeit auch Zeuge einer ganz anderen, der Gotik entgegengesetzten Wiedergeburt, der Renaissance des *Trecento,* dem nachgeborenen Kind des griechisch-lateinischen Genius. In beiden Fällen war die Kirche Inspirator und Rahmen der Handlung zugleich, keineswegs aber die schöpferische Kraft. Vielmehr klagte sie hie und da den alten Geist an, aus dem sie ihre Substanz bezog, und verleugnete ihn.

Während dieser geschichtlichen Phase stehen die keltischen Völker längst außerhalb jeder Diskussion. Wie das Christentum und der Buddhismus hatte sich das Keltentum von seinen ethnischen Trägern gelöst und wurde in einem weit ausgedehnteren Raum zum Ferment der fortschrittlichen Entwicklung.

Die angelsächsischen, nordischen, germanischen und anderen Erbauer des künftigen Okzidents werden nun wesentliche Beiträge leisten, die den keltischen Tendenzen im Prinzip ähneln. Um diese einzelnen Komponenten zu ermitteln, werden wir jene genauer betrachten.

Im Gegensatz zur Gewohnheit der Humanisten, in Griechenland und Rom den unfehlbaren Maßstab zu sehen, werden wir im umgekehrten Sinn vorgehen. Eine genauere Unterscheidung der beiden antagonistischen Zentren, des okzidentalen und des mediterranen, wird von Vorteil sein; ihre vielfältigen Überschneidungen überlappen sich überall in dem Europa, das unterdessen aus ihnen hervorgegangen ist.

Einige diesem Vorhaben angepaßte Schlüsselbegriffe sollen uns behilflich sein, uns über die Verschiedenheit der künstlerischen Inventare hinwegzusetzen, um lediglich den spirituellen Tendenzen Rechnung zu tragen. Im Gegensatz zu Hegel, der sich den Ablauf der Geschichte der Menschheit nur linear vorstellen konnte und in den Kulturen von Mesopotamien, Ägypten, Griechenland, Rom und Germanien deren Marktsteine sah, wollen wir diese Perspektive erweitern. Es gehen dann ganz andere zivilisatorische Veränderungen mit unterschiedlichen Tendenzen aus ihr hervor. Aus diesen aufeinanderfolgenden Strömungen, die zugleich die einzelnen Entwicklungsetappen sind, wird sich eine neue, logische Abstammungslinie des europäischen kreativen Geistes ergeben.

Aufgrund der gleichen Chronologie ist der Westen in seinem Werden zur Zeit an einem aktuellen Punkt angelangt. Seine Kunst zum Beispiel, an der Spitze die Pariser Schule, hat seit dem Siegeszug der Impressionisten unbestritten die jeweilige nationale Kunst auf allen fünf Erdteilen zurücktreten lassen und wird auch dort als gültig anerkannt.

Dieser enorme Einfluß, der den partikularistischen Schauweisen der Welt zugunsten einer einzigen ein Ende setzte, beruht nicht auf einer Modelaune, und noch weniger hat er etwas mit der Produktion einiger besonders ausgefallener Künstler zu tun. Es ist die westliche Geistigkeit, die mit der Kunst des Westens vorbehaltlos akzeptiert wurde. Worin besteht die Eigenart dieses westlichen Geistes?

Es wird eine Bewertung der Geschichte der abendländischen Kunst als Ganzes notwendig sein, — und wir werden sie versuchen, — um darzulegen, daß die Kunst der Gegenwart nicht zufällig und nicht ohne Vorläufer entstanden ist, und daß sie, ihrem tiefsten Inhalt nach, weder aus der griechischen noch der italienischen Kunst hervorging, daß ihr Geist, wenn auch unbemerkt, stets gegenwärtig und wirksam war. Wir wollen sie bei ihren tastenden Bemühungen verfolgen, sich die eigenen Ausdrucksmittel für das Immaterielle, — das emotive Licht, die verschlungene Kalligraphie, — zu schaffen. Dieser Geist wird im mystischen Halbschatten im Innern der Kathedralen, in dem von Schwere befreiten Stein, in der von „irdischer" Gegenständlichkeit gelösten Landschaft, in der Trunkenheit der reinen Farbe und des halluzinatorischen Rhythmus offenbar. Es ist immer Sie, die nie endende uranfängliche Bewegung.

Parallel und jenseits unseres Demonstrationsgegenstandes, der Kunst, wird sich die Kulturgeschichte abzeichnen, deren zentrale Antriebskraft und universelle Anziehungskraft man endlich zu erkennen und zu bewerten vermögen wird.

Stimmt man auch nur im geringsten mit den Darlegungen der vorangegangenen Kapitel überein, wird man beipflichten, daß die keltische Konzeption nach langen Abenteuern heute endlich ausgereift ist. Ihr verfrühtes Erscheinen in der Welt hatte zur Folge, wie dieser erste Band zeigt, daß sie gegenüber einer allmächtigen Antike, die man bis ins 19. Jahrhundert verlängerte, nicht über geeignete Waffen verfügte. Mittlerweile hat sie so manche Lehre erhalten und sich dabei den Erfahrungsschatz der ganzen Menschheit zu eigen gemacht.

Der Schrei „Zurück zu den Quellen!", von dem zu Beginn unseres Jahrhunderts die Welt widerhallte, kündigt den unwiderruflichen Willen der Künstler zur Emanzipation von der Antike an. Diese Tendenz ist inzwischen genügend erstarkt, um sich in dieser Welt zu behaupten und sie zu erleuchten.

Das Bewußtsein für diesen Prozeß wird unser Denken klarer und freier machen und uns in den Stand setzen, das Abendland auf seiner Suche zu begleiten und gegebenenfalls mit dort einzugreifen: in die Suche nach dem Tor, das immer offen stehen wird, welches hier zu zeigen mein Anliegen war.

Verzeichnis der Abbildungen

Bibliographie

VERZEICHNIS DER ABBILDUNGEN

Die Datierung der keltischen Münzen erstreckt sich über die drei letzten Jahrhunderte v. Chr., wobei die künstlerische Entwicklung der Darstellungen ziemlich gradlinig vom Bildnis nach griechischem Vorbild bis zur rein keltischen Abstraktion verläuft. Zuletzt tritt unter römischer Besatzung eine kurze Dekadenz in beiden Richtungen, der realistischen wie der abstrakten, ein. Was das Material der Münzen betrifft, wird das anfänglich gute Münzgold im Lauf der Zeit durch Legierungen von geringerem Wert ersetzt. Es gibt indes zu viele Ausnahmen von dieser Regel, als daß sich aus ihr eine relativ sichere Zeitbestimmung ableiten ließe.

ABKÜRZUNGEN

H = Höhe, L = Länge, D = Durchmesser, Kst = Kalkstein, Si = Silber, Br = Bronze, Sch = Scheidemünze, Pot = Potin, Fu = Fundort, BN = Collection du Cabinet des Medailles de France dans la Bibliothèque Nationale, dahinter die Katalognummer.

Bei den Seitenzahlen der Abbildungen weist die in *kursiv* abgesetzte Zahl das Erscheinen des Bildtextes (der Legende) nach.

Fotos ohne Angaben stammen vom Autor.

5 REDONEN. Kopf mit Lorbeerkranz, mit Prüfzeichen versehen. Gold, D 20 mm. BN 6757a. S. *120.*

6 VIROMANDUER. Kopf, im Mund ein Ei. Br, D 17 mm. BN 8584. S. *41.*

7 BOJER. Gehörnte Schlange. Si, D 19 mm. BN 9419. S. *41,* 215.

8 SEQUANER. Kopf mit Tausendfüßler. Gold, D 20 mm. BN 5318. S. *42,* 120.

9 PETROCORI. Eber mit Menschenkopf. Gold, D 20 mm. BN 4305. S. *45.*

10 VENETER. Pferd mit Menschenkopf und schlangengestaltigem Reiter. Sch, D 23 mm, Leihgabe v. M. Colbert de Beaulieu. S. *45,* 49, 50, 155, 163, 165.

11 BADIOCASSEN. Pferd aus symbolischen Zeichen zusammengesetzt. BN 10389. S. *43,* 46, 142, 145, 149, 164.

12 BOJER. Stute mit drei Zitzen. Si, D 15 mm. BN 9930. S. *46,* 211.

13 GROSSBRITANNIEN. Stute. Gold, D 18 mm. BN 9597. S. *46,* 147.

14 VIRODUNEN. Pferd, Kopf aus symbolischen Zeichen. Gold, D 13 mm. BN 8994. S. *47.*

15 DIABLINTER, Stamm d. AULERCI. Pferd mit Menschenkopf. Si. BN 6493. S. *47,* 61, 155, 164.

16 BOJER. Stilisierter Kopf. Gold, D 15 mm. BN 9454. S. *17.*

17 EBUVORIKER, Stamm d. AULERCI. Pferd, Reiter und Eber. Br, D 18 mm. Sammlung André Breton. S. *48,* 149.

18 UNELLI. Pferd mit Kessel der Auferstehung. Gold, D 21 mm. BN 6931. S. *48.*

19 BADIOCASSEN. Pferd, geritten von einem Vogel. Gold, D 19 mm. BN 6421a. S. *49,* 68, 114, 157, 239.

20 HÄDUER. Wagen, zum Symbol abstrahiert. Gold, 18 mm. BN 4834. S. *49.*

21 PETROCORI. Esus/Eber. Si, D 14 mm. BN 4310a. S. *47,* 49, 224, 294.

22 TREVERER. Das göttliche Auge. Gold, D 17 mm. BN 8799. S *51.*

23 UNELLI. Reiter mit Himmelsschiff. Gold, D 17 mm. BN 6927. S. *53,* 68.

24 MENAPIER. Boot. Gold, D 18 mm. BN 8744. S. *53.*

25 UNELLI. Bildnis. Gold, D 16 mm. BN 6928. S. *54,* 120.

26 REDONEN. Bildnis. Si, D 22 mm. BN 6769a. S. *55.*

27 NAMNETEN. Bildnis. Gold, D 20 mm. BN 6755. S. *55.*

28 TECTOSAGEN, Stamm d. VOLKER. Kopf. Si, D 18 mm. BN ohne Angabe. S. *56.*

29 TECTOSAGEN, Stamm d. VOLKER. Kopf, abstrahiert. Si, D 17 mm. BN ohne Angabe. S. *56,* 114.

30 BELLOVAKER. Pferd, abstrahiert, mit Symbolen. Gold, D 14 mm. BN 7881. S. *148,* 163.

31 LEMOVIKER. Menschenköpfiges Pferd mit Kriegshelm. Gold, D 19 mm. BN 3714. S. *132,* 162.

32 ATREBATEN. Kopf im verlorenen Profil. Gold, 19 mm. BN 8598. S. *121.*

33 VELIOCASSEN. Stilisierter Kopf mit göttlichem Auge. Gold, D 18 mm. BN 7231. S. *76.*

34 NAMNETEN. Hippophorus. Gold, D 24 mm. BN 6726. S. *149,* 303.

35 BELLOVAKER. Pferd und Reiter, stark stilisiert. Gold, ohne Angabe. BN 7892. S. *145,* 146.

36 CARNUTEN. Kopf mit Helm. Si, D 15 mm. BN 5970. S. *312.*

37 UNTERES DONAUGEBIET. Kopf mit Diadem, stilisiert. Si, D 23 mm. BN 9630a. S. 312.

38 HELVETIER. Pferd und Schlange. Si, D 15 mm. BN 9327a. S. *165.*

39 GALLIEN. Pferd, stilisiert. Ohne Angabe. BN 10407. S. *147.*

40 ARVERNER. Pferd mit Wagen und Reiter. Gold, D 19 mm. BN 3674. S. *356.*

41 OSISMII. Bildnis der Muttergöttin. Gold, D 20 mm. BN 6535. S. *342.*

42 EBUROVIKER, Stamm d. AULERCI. Kopf mit Helm. Gold, D 18 mm. BN 7017. S. *342.*

43 ARMORIKER. Pferd mit Menschenkopf. Gold, D 22 mm. Leihgabe von J.-B. Colbert de Beaulieu. S. *304,* 305.

44 UNELLI. Dreigehörnter uranischer Gott. Gold, D 15 mm. BN 6934, S. *66,* 78, 236.

45 BELLOVAKER. Kopf mit Lorbeerkrone. Gold, D 24 mm. BN 6934. S. *67,* 121.

46 GROSSBRITANNIEN. Ideogramm, abgeleitet aus 33. Gold, ohne Angabe. BN 9542. S. *76.*

47 NAMNETEN. Kopf der Muttergöttin. Gold, D 24 mm. BN 3731. S. *70,* 197.

48 WESTGALLIEN. Zweigespann mit Wagenlenker. Gold, D 23 mm. BN 8897. S. *69.*

49 DONAUGEBIET. Sonnensymbol. Gold, D 10 mm. BN 9471. S. *69.*

50 BITURIGER. Adler auf Pferd. Si, D 16 mm. BN 4065. S. *239.*

51 HELVETIER. Pferd mit Wagen. Gold, ohne Angabe. BN 10286. S. *126.*

52 OSISMII. Pferd mit Menschenkopf. Gold, D 20 mm. BN 6535. S. *69,* 151, 162.

53 GROSSBRITANNIEN, AUSGEWANDERTE ATREBATEN. Pferd mit Reiter. Ohne Angabe, Sammlung André Breton. S. *148,* 361.

54 CENOMANEN, Stamm d. AULERCI. Pferd mit Menschenkopf und Reiter. Sch, D 20 mm. BN 6989. S. *150,* 165.

55 TYPUS HÄDUER. Zahlensymbolisches Ideogramm. Ohne Angaben. BN 9447. S. *77,* 82.

56 BOJER. Zahlensymbolisches Ideogramm. Gold, D 18 mm. BN 9421. S. *77,* 82.

57 RHEINLAND. Kopf in Form einer Mondsichel. Gold, D 15 mm. BN 9377. S. *61*, 123.

58 BELLOVAKER. Ideogramm mit Fünfersymbol. Gold, D 18 mm. BN 7944a. S. *80*.

59 SANTONEN. Pferd mit Menschenkopf und Helm. Gold, D 20 mm. BN 4511. S. *80*.

60 HELVETIER. Pferd mit fünf Beinen. Gold, ohne Angabe, BN 10304AR. S. *80*.

61 BADIOCASSEN. Pferd, Reiter und Eber. Si, ohne Angabe. BN 6967. S. *79*, 149, 162.

62 ELUSATEN. Geflügeltes Pferd. Si, D 17 mm. BN 3596. S. *144*.

63 CARNUTEN. Adler und Adlerjunges. Br, D 15 mm. BN 6358. S. *72*.

64 CORIOSOLITEN. Kopf. Gold, D 22 mm. BN 6578. S. *79*, 81.

65 CORIOSOLITEN. Kopf. Sch, D 22 mm. BN 6620. S. *67*, 81.

66 MASSILIA. Löwe, stilisiert. Si, D 15 mm. BN 2153. S. *82*.

67 CENOMANEN, Stamm d. AULERCI. Pegasus mit Menschenkopf. Gold, D 22 mm. BN 6829. S. *165*, 239.

68 VIROMANDUER. Hirsch. Br, D 14 mm. BN 8561. S. *223*.

69 EBUROVIKER, Stamm d. AULERCI. Kopf, Ideogramm. Br, D 17 mm. BN 7028. S. *354*.

70 BADIOCASSEN. Kopf. Si, D 20 mm. BN 10389c. S. *62*, 83.

71 BELGER, KÜSTENGEBIET. Pferd und Reiter, Rückseite zu 108. Gold, D 18 mm. BN 8897a. S. 360, *361*.

72 PARISIER. Pferd, stilisiert. Gold, D 26 mm. BN 7777. S. *57*, 84, 141, 145, 148, 156, 163.

73 OSISMII. Pferd mit Menschenkopf. Gold, D 20 mm. BN 6504. S. *82*, 166.

74 AMBIANEN. Kopf, stilisiert. Gold, D 19 mm. BN 7898. S. *338*, 339.

75 AMBIANEN. Pegasus mit Elefantenkopf. Gold, D 15 mm. BN 7901. S. *84*.

76 SILVANEKTEN. Menschenfressendes Ungeheuer. Pot, D 17 mm. BN 9194. S. *69*.

77 GOLDSTATER PHILIPPs II. v. MAZEDONIEN. Kopf des Apollon. Ohne Angaben. BN ohne Angabe. S. *119*.

78 DESGLEICHEN, RÜCKSEITE. Quadriga. Ohne Angaben. S. *119*.

79 PARISIER. Kopf, stilisiert. Gold, ohne Angaben. Sammlung J.-B. Colbert de Beaulieu. S. *121*, 122.

80 CARNUTEN. Helm, stilisiert. Si, D 18 mm. BN ohne Angabe. S. *357*.

81 BADIOCASSEN. Kopf mit Helm. Ohne Angaben. Sammlung André Breton. S. *67*, 69.

82 UNTERES DONAUGEBIET. Kopf, stark abstrahiert. Si, ohne Angaben. BN 9687. S. *26*.

83 BADIOCASSEN. Kopf, stilisiert. Sch, D 19 mm. BN 6978. S. *67*.

84 CORIOSOLITEN. Pferd, Rückseite zu 65. S. *156*.

85 OSISMII. Pferd mit Menschenkopf. Sch, D 22 mm. BN 6555. S. *163*, 171.

86 GROSSBRITANNIEN. Pferd, stilisiert. Keine Angaben. Sammlung André Breton. S. *150*, 288.

87 UNTERES DONAUGEBIET. Schlangengestaltiges Pferd, stilisiert. Si, D 34 mm. BN 9607. S. *253*, 254.

88 ATREBATEN. Pferd, stark abstrahiert. Gold, D 19 mm. BN 8597. S. *126*, 150.

89 OST-KELTEN. Einbeiniges Pferd. Si, D 22 mm. BN 9923a. S. *145*.

90 BOJER. Eiformen, von Strahlen umgeben. Gold, D 8 mm. BN 9369. S. *173*.

91 MEDIOMATRIKER. Janusartiges Doppelgesicht. Gold, ohne Angabe. BN 8939. S. *70*, 174.

92 OSTGALLIEN. Ideogramm. Pot, gegossen, ohne Angabe. BN 8321. S. *175*.

93 SUESSIONEN. Zwei Profile, Ideogramm. Br, D 16 mm. BN 7729. S. *175*.

94 TREVERER. „Janus"kopf mit Lorbeerkrone. Gold, D 17 mm. BN 8735. S. *175*.

95 LEUCI. Zwei Köpfe, ideographisch. Pot, D 17 mm. BN 9126. S. *175*.

96 GROSSBRITANNIEN. „Antedrigus", zwei Gesichter in einem. Si, D 15 mm. BN 9591. S. *124*, 176.

97 VIROMANDUER. Kopf. Br, D 18 mm. BN 8577. S. *86*, 124, 176.

98 DONAUGEBIET. Zwei Köpfe in einem. Br, D 20 mm. BN 10338. S. *124*, 176.

99 BADIOCASSEN. Drei Köpfe in einem. Sch, D 19 mm. BN 6972. S. *125*, 177.

100 CORIOSOLITEN. Drei Gesichter in einem. Sch, D 25 mm. Fu Jersey. Sammlung Colbert de Beaulieu. S. *61*, 125, 177, 197.

101 UNTERES DONAUGEBIET. Vier Gesichter in einem. Si, ohne Angabe. BN 9606. S. *125*. 177.

102 DONAUGEBIET. Vier Gesichter in einem. Gold, D 15 mm. BN 10299. S. *125*, 178.

103 DONAUGEBIET. Profil, stilisiert. Gold, ohne Angabe. BN 10264. S. *180*, 181.

104 ENGLAND. Abstrakte Darstellung. Ideogramm. Gold, D 15 mm. BN 9544. S. 1, *180*, 363.

105 BELGISCHES KÜSTENGEBIET. Abstrakte Darstellung, Ideogramm. Gold, D 19 mm. BN 8701a. S. *180*, 181.

106 BELGISCHES KÜSTENGEBIET. Abstrakte Darstellung, Ideogramm. Gold, D 13 mm. BN 8598. S. *180*, 182.

107 ENGLAND. Abstrakte Darstellung. Ideogramm. Gold, D 14 mm. Sammlung André Breton. S. *180*, 182.

108 BELGISCHES KÜSTENGEBIET. Abstrakte Darstellung, Ideogramm. Gold, D 19 mm. BN 8897a. S. *180*, 183.

109 ARMORIKER. Bildnis mit Lorbeerkranz. Gold, D 22 mm. BN 6913. S. *120,* 209.

110 GALLIEN. Ideogramm. Ohne Angaben. S. 210, *211.*

111 GALLIEN. Ideogramm. Bei A. BLANCHET, Numismatique Française, 1, 1912, S. 64. S. 210, *211.*

112 REDONEN. Pferd mit Reiter. Sch, D 22 mm. BN 6817a. S. *214.*

113 CORIOSOLITEN. Pferd mit Reiter. Sch, D 23 mm. BN 6596. S. *143,* 145.

114 AMBIANEN. Pferd mit Reiter. Br, ohne Angabe. BN 4381. S. *143,* 145, 148, 214, 226.

115 SEEUNGEHEUER. Kst, H 27 cm. Archäologisches Museum Sens. S. *215.*

116 ARMORIKER (WEST). Pferd mit Seepferdchen. Sch, ohne Angabe, BN 6812. S. *142,* 148, 164, 215.

118 ARMORIKER. Seestier. Ohne Angaben. BN 6798. S. *217.*

119 EPONA. Flachrelief, Museum von Toulouse. Foto Ina Bondy. S. *216.*

120 UNELLI. Reiter mit Bovidenhörnern. Gold, D 18 mm. BN 6938. S. *236.*

122 CERNUNNOS. Mit Apollo und Merkur. Museum von Reims. S. *222.*

123 AMBIANEN. Cernunnos. Gold, D 23 mm. BN 7878a. S. *223.*

124 AMBIANEN. Pferd und Streitwagen, Rückseite von 122. Gold, D 17 mm. BN 8380. S. *147.*

125 VIROMANDUER. Hirsch, abstrahiert. Br, D 13 mm. BN keine Angabe. S. *309,* 310.

126 ARMORIKER. Eber. Gold, D 15 mm. BN 6921a. S. *226,* 265.

127 AMBIANEN. Reitender Eber. Si, D 19 mm. BN 8513. S. *226.*

128 ENGLAND. Eber, stilisiert. Si, D 15 mm. BN 9595. S. *225.*

129 LEUCI. Eber, stilisiert. Pot, gegossen, ohne Angabe. BN 9126. S. *225.*

130 VENETER. Kopf mit Eber. Gold, D 20 mm. BN 6881. S. *227,* 228.

131 BITURIGER. Adlergöttin. Gold, D 14 mm. BN 4588. S. *331.*

132 SUCELLUS UND NANTOSUELTA. Gallo-römischer Altar, Fu bei Saarbourg. Museum von Metz. S. *232.*

133 PORTIKUS. Fu bei Roquepertuse, Kst. Musee Borély, Marseille, Foto Puech. S. *233.*

134 UNGARISCHE KELTEN. Vogel mit Menschenkopf. Gold, D 25 mm. BN 10159. S. *233.*

135 DONAUGEBIET. Kopf. Gold, D 22 mm. BN 9601. S. *237,* 238.

136 EPHEBE. Psychopompos. Kst, H 15 cm. Archäologisches Museum Auxerre. Mit Genehmigung des Konservators René Louis. S. *71,* 237.

137 HAMMERGOTT. Fu bei Murgey (Côte d'Or), Kst, H 32 cm. Archäologisches Museum Sens. S. *71,* 237.

138 VIROMANDUER. Kopf mit Hahn, stilisiert. Br, D 17 mm. BN 8583. S. *73*, 239.

139 CARNUTEN. Adler und Eidechse. Br, D 16 mm. BN 4322. S. *239*.

140 PETROCORI. Hund. Br, D 14 mm. BN 4322. S. *259*.

141 BADIOCASSEN. Pferd und ophidischer Reiter. Gold, D 22 mm. BN keine Angabe. S. *272*.

142 CORIOSOLITEN. Pferd mit Menschenkopf. Gold, D 22 mm. BN 8514. S. *273*, 276.

143 AMBIANEN. Hirsch und Pferd im Kampf, Ideogramm. Si, D 15 mm. BN 8514. S. *273*. 274.

144 DOKER. Tier, halb Pferd, halb Hirsch, stilisiert. Pot, D 18 mm. BN 5527. S. *290*.

145 GALLIEN. Fantomreiter auf Pferd. Si, D 15 mm. Sammlung Jean Markale. S. *166*.

146 REDONEN. Epona als Wagenlenkerin. Gold, D 22 mm. BN 6769c. S. *316*.

147 VENETER. Bildnis der Muttergöttin. Gold, D 22 mm. BN 6832. S. *316*.

148 EBUROVIKER, Stamm d. AULERCI. Pferd und Reiter mit „langer Hand". Gold, D 18 mm. BN 7017. S. 164, *165*, 317.

149 MELDEN. Geflügelter Hund. Br. D 17 mm. BN 7686. S. *316*.

151 MELDEN. Geflügelter Löwe mit Menschenhaupt. Br, D 17 mm. BN 7064. S. *316*.

152 MASSILIA. Löwe mit Schlangenleib. Si, D 15 mm. BN ohne Angabe. S. *316*.

153 MENSCHENFRESSENDES UNGEHEUER. Kst, La Tène II., Musée Calvet, Avignon. S. *315*.

155 AMBIANEN. Zwei Eber, Ideogramm. Br, D 15 mm. BN 8518. S. *266*.

156 SENONEN. Zwei Stiere, Ideogramm. Pot, D 20 mm. BN 7468. S. *266*, 267.

157 SENONEN. Zwei Schlangen, Ideogramm. Ohne Angaben. BN 7470d. S. *266*.

158 DREIFALTIGER GOTT. Detail einer Vase. Fu nördl. Bavay. Cab. Med. S. *68*, 234.

159 REMER. „REMO", Drei Profile. Br, D 15 mm. BN 8046. S. *68*, 235.

160 DAS PFERD RUDIOBOS. Kopf, Detail. Br, Fu Neuvy-en-Sullias. Historisches Museum Orléans. Ohne Angaben. S. *68*.

161 VELIOCASSEN. Eber, Vogel, Pferd. Ideogramm. Br, D 20 mm. BN 7309a. S. *45*, 335, 336.

162 CENOMANEN, Stamm d. AULERCI. Zerberus reitet Stute. Gold, D 21 mm. BN 6901. S. *143*, 323.

163 ARMORIKER (WEST). Fohlen mit Schlangenleib. Detailzeichnung nach der Münze. BN 6769d. S. *323*.

164 DONAUGEBIET. Haupt der Epona. Gold, D 22 mm. BN 10303a. S. *323*.

BIBLIOGRAPHIE

ALLGEMEINE LITERATUR

Babelon, J.: *L'originalité de l'art Gaulois.* Préface au catalogue de l'exposition „Pérennité de l'Art Gaulois". Paris 1955

César, J.: *De Bello Gallico.* Ed. Constans. Paris 1926

Dottin, G.: *Manuel pour servir à l'étude de l'antiquité Celtique.* 2. Aufl. Paris 1915

Duval, P. M.: *La vie quotidienne en Gaule.* Paris 1952

Ebert, M.: *Reallexikon der Vorgeschichte.* 15 Bde. Berlin 1924—1929

Forrer, R.: *Reallexikon der prähistorischen, klassischen und frühchristlichen Altertümer.* Berlin 1907

Fustel de Coulange, N. D.: *La Gaule romaine.* Paris 1891

Grenier, A.: *La Gaule Celtique.* Paris 1945
ders.: *Les Gaulois.* 2. Aufl. Paris 1945

Harmand, L.: *L'occident romain.* Paris 1953

Hatt, J. J.: *Histoire de la Gaule romaine.* Paris 1949

Hubert, H.: *Les Celtes depuis l'époque de la Tène et la civilisation Celtique.* 2. Aufl. Paris 1950
ders.: *Les Celtes et l'expansion Celtique jusqu'à l'époque de la Tène.* Paris 1932

Joyce, P. W.: *A Social History of Ancient Ireland.* 2 Bde. New York 1903

Jullian, C.: *Histoire de la Gaule.* 6 Bde. Paris 1908—1926

Krause, W.: *Die Kelten.* Tübingen 1929

Loe, A. De: *La Belgique ancienne.* 2 Bde. Brüssel 1928—1931

Lot, F.: *La Gaule.* Paris 1947

Mac Neill, E.: *Phases of Irish History.* 2. Aufl. London 1920

Pernoud, R.: *Les Gaulois.* Paris 1957

Pokorny, J.: *Keltologie.* Bern 1953

Rivoallan, A.: *Présence des Celtes.* Paris 1957

Thévenot, E.: *Histore des Gaulois.* Coll. „Que sais-je?" Paris 1949
ders.: *Les Gallo-Romains.* Coll. „Que sais-je?" Paris 1948

LITERATUR ÜBER IRLAND

Arbois de Jubainville, H.: *Cours de littérature Celtique.* 12 Bde. Paris 1883—1902
ders.: *Essai d'un catalogue de la littérature épique d'Irlande.* Paris 1883

Arnold, M.: *On the Study of Celtic Literature.* London 1896

Campbell, I. F.: *Leabhar na Feinne.* London 1872

Chauviré, R.: *Contes Ossianiques.* Paris 1949
ders.: *La geste de la Branche-Rouge.* Paris 1926

Dottin, G.: *L'épopée Irlandaise.* Paris 1926

Holder, A.: *Altkeltischer Sprachenschatz.* 3 Bde. Leipzig 1896—1922

Macalister, St. u. Mac Neil, J.: *Leabhar na Gabhala.* Dublin 1934

Mac. Neill, E.: *Duanaire Finn I.* London 1908

Meyer, K.: *Fianaigecht.* Dublin 1910

Murphy, G.: *Duanaire Finn II.* London 1953
ders.: *Saga and Myth in Ancient Ireland.* London 1955

O'Curry, E.: *Lectures on the Manuscript Materials of Ancient Irish History.* Dublin 1861

O'Rahilly, Th.: *Early Irish History and Mythology.* Dublin 1946

Sanas Cormaic. Ed. von K. MEYER. Halle 1912

Stokes, W.: *Colloquy of the Two Sages.* London 1905

Thurneysen, R.: *Die irische Helden- und Königsage bis zum siebzehnten Jahrhundert.* Halle 1921
ders.: *Sagen aus dem alten Irland.* Berlin 1901

Transactions of the Ossianic Society. Dublin 1855—1861

Windisch, E.: *Irische Texte.* Leipzig 1880

LITERATUR ÜBER WALES

Gruffydd, J.: *Math and Mathonby.* Cardiff 1928
ders.: *Rhiannon.* Cardiff 1953

Idris-Bell, H.: *Lectures on Early Welsh Poetry.* London 1938

Loth, J.: *Les Mabinogion.* 2 Bde. Paris 1913

Markale, J.: *Les grands Bardes Gallois.* Pécédé de „Braise au trépied de Kéridwen" d'Andre Breton. Paris 1956

Owen-Pughe, W.: *The Myvyrian Archaelogy of Wales.* 3 Bd. London 1801/1807

Parry, Th.: *A History of Welsh Literature.* Oxford 1955

Skene, W. F.: *The Four Ancient Books of Wales.* 2 Bde. Edinburg 1868

Stephens, Th.: *Literature of the Kymry.* Landovery 1849

Williams, F.: *Iolo Manuscripts.* London 1923

MYTHOLOGIE UND RELIGION

Benoit, F.: *L'Ogmios de Lucien, la „Tête coupée" et le cycle mythologique Irlandais et Gallois.* In: Ogam Bd. 5. Rennes 1953

Duval, P.-M.: *Les dieux de la Gaule.* Paris 1957

Eliade, M.: *Traité d'histoire des religions.* Paris 1953

Gricourt, J.: *Epona-Rhiannon-Macha.* In: Ogam Bd 6. Rennes 1954

Hartmann, H.: *Der Totenkult in Irland.* Tübingen 1952

Kendrick, T. D.: *The Druids.* London 1896

Lambrechts, P.: *Contributions à l'étude des divinités Celtiques.* Brügge 1942

Lantier, R.: *La religion Celtique. In:* Gorce et Mortier: Histoire générale des religions. Paris 1948

Leroux, Fr.: *Aperçu sur le roi dans la société Celtique.* In: Ogam Bd. 5. Rennes 1953

O'Rahilly, Th.: *Early Irish History and Mythology.* Dublin 1946.

Reinach, S.: *Cultes, mythes et religions.* 5 Bde. Paris 1912—1923

Rhys, J.: *Lecture of the Origin and Growth of Religion as Illustrated by Celtic Heathendom.* London 1886

Sjoestedt-Jonval, M.-L.: *Dieux et Héros des Celtes.* Paris 1940

Squire, Ch.: *The Mythology of the British Islands.* London 1905

Toutain, J.: *Les cultes païens dans l'Empire romain.* 3 Bde. Paris 1907—1920

Vaillat, C.: *Le culte des sources dans la Gaule antique.* Paris 1934

Vendryes, J.: *Les religions des Celtes.* Paris 1948

NUMISMATIK

Babelon, J.: *Le portrait de l'antiquité d'après les monnaies.* Paris 1950

Blanchet, A.: *Traité des monnaies Gauloises.* Paris 1905

Colbert de Beaulieu, J.-B.: *Une énigme de la numismatique Armoricaine, les monnaies Celtiques des Venètes.* In: Mémoires de la Soc. Hist. et Arch. de Bretagne. Paris 1953

Fabre, G.: *Monnaies Gauloises et art moderne.* In: Bulletin de la Soc. fr. de numismatique. Paris April 1949

Hucher, E.: *L'art Gaulois ou les Gaulois d'après leurs médailles.* Paris 1868—1874

La Tour, H. de: *Atlas de monnaies Gauloises.* Paris 1892

Muret, E.: *Catalogue des monnaies Gauloises de la Bibliothèque Nationale.* Paris 1889

Sjoestedt-Jonval, M.-L.: *Légendes épiques Irlandaises et monnaies Gauloises.* In: Etudes Celtiques. Paris 1936

ARCHÄOLOGIE

Benoit, F.: *Des chevaux de Mouriès aux chevaux de Roquepertuse.* In: Préhistoire Bd. X. Paris 1948

Dechelette, J.: *Manuel d'archéologie préhistorique, Celtique et Gallo-romaine.* 7 Bde. Paris 1924—1934

Esperandieu, E.: *Recueil général des bas-relief, statues et bustes de la Gaule romaine.* 11 Bde. Paris 1905—1938. Continué par R. Lantier

Eydoux, H.-P.: *Monuments et trésors de la Gaule.* Paris 1958

Louis, R.: *Les thermes Gallo-romains des Fontaines-Salées à Saint-Père-sous-Vézelay.* In: Rev. Arch. Paris 1938

ders.: *Recherches archéologiques dans la région de Vézelay.* Paris 1944

Mangen, R. u. Thévenot, E.: *Epona.* Bordeaux 1953

Rolland, H.: *Fouilles de Glanum.* Paris 1946

Saintyves, P.: *Corpus du Folklore des Eaux en France et dans les colonies Françaises.* Paris 1934

KUNST, SYMBOLIK

Alleau, R.: *La nature des symboles.* Paris 1934

Benoit, F.: *L'art primitif méditerranéen dans la vallée du Rhône.* 2. Aufl. Paris 1955

Cassirer, E.: *Philosophie der symbolischen Form.* 3 Bd. Leipzig 1923—1931

Frazer, J. G.: *The Golden Bough, a Study in Comperative Religion.* 12 Bd. London 1911. trad. fr. 1923—1935. Ed. abrégée: Le Rameau d'Or. Paris 1924

Guenon, R.: *Le symbolisme de la croix.* Paris 1950

Hentze, C.: *Mythes et symboles lunaires.* Antwerpen 1932

Hoernes, M. u. Menghin: *Urgeschichte der bildenden Kunst.* 3. Aufl. Wien 1925

Hucher, E.: *Symbolisme dans les médailles.* In: Rev. Num. Paris 1850/1852

Jacobsthal, P.: *Early Celtic Art.* Oxford 1945

Lengyel, L.: *L'art Gaulois dans les médailles.* Montrouge 1954

Lévy-Bruhl, L.: *L'expérience mystique et les symboles chez les primitifs.* Paris 1938

Soldi, E.: *La langue sacrée.* 4 Bde. Paris 1897—1902

PERIODIKA

Annales de Bretagne. Rennes
Archaeologia Cambrensis. Cambridge
Bulletin of the Board of Celtic Studies. London
Eriu. Dublin
Etudes Celtiques. Paris
Gallia. Paris
Indogermanische Forschungen. Straßburg
Melusine. Paris
Ogam. Rennes
Revue Celtique. Paris
The Celtic Review. Edinburg
Zeitschrift für keltische Philologie. Halle